国家出版基金项目
NATIONAL PUBLICATION FOUNDATION

近代以来海外涉华艺文图志系列丛书

华北考古记

第三卷 石窟卷

[法] 埃玛纽埃尔-爱德华·沙畹 著

袁俊生 译

中国画报出版社
CHINA PICTORIAL PRESS

绪论[1]

在汉代之后，也就是说在公元2世纪之后，从目前我们所了解的情况看，中国艺术有一段两百年的空白期，只是到了公元5世纪，中国艺术才又重新焕发出活力，并以一种崭新的形态出现在世人面前，之所以出现这样的艺术形态，是为了满足佛教信仰的需要。那么这一艺术的特点究竟体现在那里呢？

当然，假如说是佛教将雕塑引入中国的，也是不准确的，我们不能断言汉代人不会用圆雕法去雕刻人的塑像，在许多古代文学作品里，我们都能看到有关雕塑的描述，这足以表明早在佛教开始影响中国之前，中国的艺术家们就已经在镌刻雕塑了。最著名、最有说服力的例子就是秦始皇在公元前221年命人铸造了十二尊青铜人像；[2]公元前115年，汉武帝命人在宫中铸造了一尊巨型铜制神像，天神用手托盘，承接清晨的露水。[3]不过，在雕塑艺术当中，真正属于佛教的东西，是它给人物塑像带来了一股灵气。在汉代石刻画里，所有的人物都是某一特定场景的参与者，他们仅以各种姿态和动作来表现自己在这一场景里所扮演的角色，但他们的面容却显得毫无生气，也无任何表情。而佛教塑像则恰好相反，每个塑像人物的脸上都露出静谧、神秘的微笑，这一微笑既让人看到希腊艺术的光彩，也让人感受到印度思想的源泉。除了佛陀的造型之外，佛教艺术还创造出菩萨和佛弟子的造型，在表现天神和金刚时，佛教艺术甚至拿出随心所欲的手法，发挥出超乎寻常的想象力：让飞天歌伎轻盈的身体在空中翱翔，她们身上的长裙潇洒、飘逸，而长裙的褶皱则显得协调、柔和；让身材伟岸的天神把守着圣殿的入口，以保护殿内的生灵；让威严的雄狮守护在香炉两旁。这一艺术用单线条的手法勾勒出盛开的莲花，从而赋予莲花一种装饰意味；给佛龛的边框刻上各种各样的花饰，甚至在岩石上雕刻出一座座小宝塔。在所有这些装饰里，已看不出任何汉代艺术的痕

---

[1] 文本卷下册侧重于研究佛教雕塑，中国金石学家完整地记录造像记文字的研究为数不多，但其中有些研究还是对造像题记作出点评，有些金石学家甚至把大部分题记都作了记录，并汇编成册。在本书的注解当中，我列出了记录造像题记金石著作的书名，这些著作全文抄录了造像碑铭，或者对碑铭作了评注，不过对于那些仅对题记作出记录的金石著作，我则用缩写字母来表示，这几部金石著作是：孙星衍（1753—1818）的《寰宇访碑录》（1802年出版）；赵之谦的《补寰宇访碑录》（1864年出版）；吴式芬的《攈古录》（大概成书于1850年）；缪荃孙的《艺风堂金石文字目》（1906年出版）。本书所研究的拓片如今都已转交给亚洲学会图书馆。

[2] 《史记》法译本第二卷，第134页。

[3] 《史记》法译本第三卷，第471页。

迹，只有供养人的造像题记图还能让人联想起山东省的汉代石刻画。

要想弄清楚这一新艺术的起源，首先就要注意到，这个新艺术是在佛教引入中国四百年后，率先出现在云冈石窟的。这从一个侧面也证明，作为来自外国的宗教信仰，佛教在很长时间内，一直徘徊不前，直到最后才赢得了中国民众的心。第一个前往西方取经的中国人法显在413年才从印度返回中国，从那时起，一批批中国人前往西方取经，佛教艺术也由此开始在中国兴盛起来。

坦诚地说，若想研究佛教艺术在中国的发展历程，就要同时关注佛教在中央帝国南北两地的境遇。实际上，中央帝国的政局分裂状态一直延续到6世纪末，从而将黄河流域地区与长江流域地区深深地割裂开来。在南方的各省份里，佛教艺术或许是经由海路直接从印度引入的，但这一艺术究竟以什么形式来表现的，我们不得而知。赛努奇博物馆在1913年展出了许多佛教艺术品，[1] 其中仅有两尊陈朝时期的小石碑，以这两尊小石碑来展现南朝时期的佛教艺术显得太单薄了。相反，在北方各省份里，佛教艺术则是由中亚地区传入的，这一艺术并不是靠借鉴赴西方取经者所带回的小佛像而形成，而是在佛教向东方逐步渗透的过程中，细雨滋润般地导入的，在这一过程中，佛教由犍陀罗国起步，穿越突厥斯坦，一直深入到中国的陕西、山西及直隶，随后又进入朝鲜和日本。这一循序渐进的过程从未间断过，将来有一天，我们能从中领悟到佛教的各个发展阶段，每一阶段都给这一艺术带来形态上的变化，让人深深地感受到佛教在跨越整个亚洲的奇妙进程中所发生的变化。如今，在我们看来，中国北方地区的佛教艺术之所以比南方的佛教艺术更丰富，就体现在那一尊尊巨大的佛像当中。最主要的大佛都集中在云冈石窟、龙门石窟及河南省巩县石窟寺里，我在中国作考古考察时，重点研究的正是这三组石窟群里的佛像，接下来我将详细描述这三组石窟群。

---

[1] 达登和戈卢贝夫：《简明画册集》，第334号和592号。第334号作品创作于588年5月20日；第592号作品没有创作纪年题记。至于说第338号作品，我认为此作品有赝品之嫌。

图 200　云冈石窟佛寺

图 201　云冈石窟佛寺

335 | 绪论

图 301 记不清拍自哪座石窟

第一章　云冈石窟

第一节　第一组石窟
第二节　第二组石窟
第三节　第三组石窟

云冈位于山西省大同府西三十余里，坐落在一条名为十里河的小河谷里。云冈村旁有一处石崖，越过此处石崖，就是广阔的晋北高原，历史文献将此陡峭的石崖命名为武州山。陡峭的岩壁上开凿出许多石窟，放眼望去，人工开凿的石窟就像蜂窝似的，每一座石窟里都供奉着雕刻了的佛像。

这是中国佛教艺术最古老的雕塑作品，大部分是在北魏时期雕刻的，即从5世纪下半叶起直至520年间，并对中国艺术产生过深刻的影响。北魏在洛阳附近的龙门开凿了石窟，把此前在大同武州山开凿石窟的做法带到了洛阳，由此把这种艺术形式引入中原，并成为佛教艺术的典范，从此以后，远东地区的佛教艺术都从这一典范中汲取灵感。

虽然云冈石窟[1]雕像是中国佛教艺术的原型，但它们绝无任何陈旧过时的征象。雕像看上去轻盈、匀称，赏心悦目，而且带有浓郁的宗教色彩；这既是开山之作，也是登峰造极的经典。将石窟改建成地下寺院的设想确实来源于印度，正如阿旃陀的著名佛教石窟以及其他知名圣殿所印证的那样。雕像的面部表情和特征都带有浓郁的传统色彩，这一传统自印度河两岸起，一直连绵不断。

云冈石窟雕塑之所以能问世，完全出自于一系列偶然事件，通过阅读史书，我们了解了其中的原委。446年，在太武帝谋臣崔浩的怂恿下，北魏政权残酷镇压佛教，[2]其残忍程度前所未有，朝廷甚至要废除佛教，并把所有佛教雕像尽数摧毁。450年，在崔浩被诛杀之后，北魏对佛教所采取的严厉举措才有所放松，直到452年，新皇帝登基之后，民众才做出强烈的反应，恰如镇压一样凶猛，于是佛教又蓬勃发展起来。基于此前所遭受的惨痛经历，佛教从此便设法避开政敌的攻击，即使有人想破坏佛教神像，也不能让他们轻易得手，因为佛像无论是用黏土制作的，还是用青铜铸造的，都很容易被摧毁，于是民众就把佛像刻在崖壁上，让佛像和山石合为一体，并雕刻出数量繁多的佛像，目的是让那些想破坏神像的人感觉毁掉佛像并非一件易事，况且民众把有些佛像雕刻得十分高大，让人根本无法够到它。[3]这就是武州山岩壁成为雕刻家首选之地的原因，他们在这块岩壁上镌刻了许多佛像，有些佛像与人体大小相同，而有些佛像则大得惊人。

554年，魏收将《魏书》编写完毕，在谈到北魏僧人昙曜在武州山率领民众开凿最重要的五座石窟时（《魏书》卷一百一十四，第6页），我们看到这样一段描述："**昙曜**白帝，[4]于京城西武州塞，凿

---

[1] 早在1902年我就指出，从考古学角度看，大同府附近的云冈石窟意义十分重大（参阅《亚洲学刊》1902年7—8月期，第139页注4及第159页，此文单行本第7页和第71页）。1906年，伊东忠太教授在《国华》杂志（第197期，第447—455页及第198期，第504—505页）上发表了一篇引人注目的文章"中国云冈石窟寺院"，他在文中还绘出云冈八座主要石窟的草图（第452—455页），并展示云冈石窟的某些装饰图案是如何出现在推古天皇时代日本艺术当中的。1907年10月23—27日，我亲临云冈石窟，拍摄了许多石窟佛像照片。1908年，奥龙少校参观了云冈石窟，对石窟作了一个简单的描述，并将此文收录到他所撰写的《最后的蛮族》一书里。

[2] 高延（Jan Jakob Maria de Groot，荷兰汉学家）：《中国的教派与宗教骚乱》，第28—32页。

[3] 朱彝尊（1629—1709）在《云冈石佛记》里解释了这些原因，这篇论著被收录到了《大同县志》（卷十九，第45—46页）当中。

[4] 此指文成皇帝（452—465年在位）。

山石壁，开窟五所，镌建佛像各一，高者七十尺，次六十尺，雕饰奇伟，冠于一世"。

这段文字也得到道宣的确认，在645—667年间撰写的《续高僧传》（卷一，第6页）中，道宣记载了类似的文字（东京版《大藏经》第三十五卷，第二册，第86页）：

> 释昙曜。未详何许人也。少出家。摄行坚贞风鉴闲约。以元魏和平年（460—465年）。住[1]北台[2]昭玄统。绥缉僧众。妙得其心。住恒安石窟通乐寺[3]。即魏帝之所造也。去恒安西北三十里。[4]武州山谷北面石崖。就而镌之。建立佛寺。名曰灵岩。龛之大者。举高二十余丈。可受三千许人。面别镌像穷诸巧丽。龛别异状骇动人神。栉比相连三十余里。东头僧寺恒共千人。碑碣见存未卒陈委。

根据上文最后一句的描述，我们认为刻在岩壁佛像旁的还愿铭记应该不胜枚数，但由于云冈一带的山石易风化，所以很难完整保存至今，我们仔细查找过，但没有发现这类铭记。

北魏的皇帝们经常到武州山石窟寺去祈福。

"皇兴元年（467）秋八月，丁酉，"显祖献文皇帝"行幸武州山石窟寺"（《魏书》卷六，第2页）；"皇兴四年（470）十有二月甲辰，幸鹿野苑石窟寺"（《魏书》卷六，第3页）；"延兴五年（475），丁未，"高祖孝文皇帝"幸武州山"（《魏书》卷七，第3页）；太和四年（480）、六年（482）及七年（483），高祖孝文皇帝"幸武州山石窟寺"（《魏书》卷七，第7—8页），借此机会，皇帝"赐贫老者衣服"。

郦道元在《水经注》里也提到武州石窟寺，《水经注》这样写道："武州川水又东南流"。又补充道："水侧有石，袛洹舍并诸窟室，比丘尼所居也。""其水又东转迳灵岩南，凿石开山，因岩结构，真容[5]巨壮，世法所稀，山堂水殿，烟寺相望，林渊锦镜[6]，缀目新眺。"[7]正如大

---

[1] 我倾向于将"住"字解读为"任"，任字仅出现在朝鲜刻本里。在我看来，**昭玄**一词含糊不清，我猜测此词是用来指代佛教。在《魏书》（卷一百一十四，第6页）当中，我们确实读到这样的文字："和平初，**师贤卒。昙曜代之，更名沙门统**"。师贤此前任**道人统**（参阅《魏书》卷一百一十四，第5页）。

[2] **北台**是指北魏的都城太平府，以便与南台即洛阳城区分开来。不过在昙曜的传记里采用这种说法显然是纪年错误，因为北魏在494年才迁都洛阳，所以根本不必用北台和南台来加以区分。

[3] **恒安镇**为隋朝置镇，唐朝时改称云州（见《旧唐书》卷三十九，第7页），其实云州就是平城，元姓氏族在创建魏朝时定都平城（参阅《大同县志》卷三，第10页），其地理位置相当于今大同城北部。

[4] 即大同府。

[5] 即以印度摩诃菩提寺的塑像为原型而雕刻的佛像。

[6] 赵一清版《水经注》将此字写为"镜"，但我看不出"镜"在佛寺里究竟能起什么作用。我倒倾向于将此字读为"**钟**"。

[7] 参阅**赵一清**所作1754年版《水经注释》（1880年刻本卷十三，第10页）。

家所看到的那样，《水经注》描写了神奇的岩壁，即灵岩壁，5世纪中叶，僧人昙曜创建了一座佛寺，亦用灵岩来命名。《山西通志》清雍正十二年（1734）版在嘉庆十五年（1810）[1]又得到重修，这部地方志也记载了这些石窟：

> 石窟十寺在（左云）县[2]东九十里，武周山云冈堡，后魏建始神瑞，终正光，历百年而工始竣。其寺一同升，二灵光，三镇国，四护国，五崇福，六童子，七能仁，八华严，九天宫，十兜率。孝文帝（471—499年在位）亟游幸焉。内有元时石佛二十龛。[3]壁立千仞，面面如来，其它石窟千孔，佛像万尊。国朝顺治八年（1651），总督佟养量重修；
>
> 康熙三十五年十二月十一日（1697年1月3日），圣祖仁皇帝[4]西征幸寺中，御书庄严法象匾额。

如今，这里所提到的北魏时期的寺庙都已荡然无存，而且后来再也没有重建过，仅有几座寺庙是在原址基础上后建的，比如**石佛寺**（图200和图201）。除了寺庙墙内的石窟得到保护之外，其他石窟都已被废弃，有些石窟甚至被附近村民拿来当作谷仓用。

为了更好地研究云冈石窟佛像，我将所有石窟划分为三组：第一组为石窟寺院墙内所容纳的石窟；第二组为石窟寺东面，紧挨着道路的石窟；第三组为石窟寺西面，村子后面的石窟。

---

[1] 虽然20世纪初有新刻本问世，但我手中只有嘉庆十五年的版本。

[2] 乾隆二十六年（1761），原隶属于**大同县**的**云冈堡**划归**左云县**管理（见《大同县志》1830年刻本，卷十四，第26页）。

[3] "内有元时石佛二十龛"这句话，我觉得应该这样来理解：我们可以推测在元字的后面也许漏写了一个**魏**字。《大清一统志》（上海刻本版卷一百零九，第8页）也引述了这段文字，但却写成"**内有元载所修石佛十二龛**"。虽然这句话有些含糊不清，但显而易见的事实是，这些石窟在元代时曾经修葺过。1734年修订的《山西通志》仅想指出，武州山石窟寺包括二十（或十二）尊石佛龛，这些佛龛都是北魏（元姓氏族当政）时镌刻的。

[4] 这是康熙皇帝的谥号，康熙帝巡幸云冈石窟一事，陪同皇帝的张诚是这样描述的："途中我们经过当地一座著名的高塔，因为那一带有许多沿山壁凿成的石窟，佛像也都凿在石壁上。皇帝驻足观看这座高塔，并拿起我们随身携带的半圆仪去丈量那尊最大的佛像，认为此像高达五十七尺。有一条小河从这尊巨大的佛像前缓缓流过"[参阅杜赫德（Du Halde）的《中华帝国全志》对开版第四卷，第352页]。

第一节　第一组石窟

第一窟

我们从最东边开始，首先参观了第一窟，第一窟的入口处被修葺工程给遮挡住了，在图200的右侧可以看到修葺工程，但在图201上却看不到这一工程。其实修葺工程无非是在石窟前面搭一个脚手架，然后经脚手架上的木梯走到窟顶，假如不考虑修葺工程的脚手架，我们注意到，依照云冈石窟通常的做法（参阅图254），每座石窟的正面入口并不大，石窟内部由两处开口来照明，一处开在下方为入口，另一处开在上方作明窗，在这两处开口之间，有一宽大的岩面。在第一窟里，入口宽4.5米，明窗宽2米。如果从入口进入石窟，就会看到一尊刻在岩壁上的高大佛像竖立在眼前。佛像结跏趺坐，施禅定印。佛像从左右膝盖两端量起，宽约15米，从后背至膝盖的深度为8米，高度为17米左右。旁有两尊矮小的弟子塑像和两尊稍大些的菩萨塑像。如果从入口处看，我们很难看清中间佛像的面貌，因为石窟内空间很小，即使向后退，也退不过两米，但是借助于窟外的木梯，从明窗看过去，刚好面对佛像的脸庞。

坦诚地说，窟内整个场景并没有什么让我们格外感兴趣的东西，这尊佛像除了规模较大之外，并无任何吸引人的特色，其面部表情刻板，形态呆滞，缺乏个性，这或许是后人修葺不善造成的。从总体来看，石窟寺院墙内大部分石窟并未让考古学家看到其所期待的东西，因为石窟维护得既细心，又愚蠢。有些雕像风化严重，但维护者却在石像上打了圆洞，塞进小木栓，以支撑行将散落的石块，或者抹上一层胶泥。[1] 即使有些雕像未抹上胶泥，可还是被涂上一层厚厚的石灰浆，整个佛像看上去显得脏兮兮的；而对大佛像的镀金手法也显得格外粗糙：先给佛像蒙上两三层粗纸，再往粗纸上镀金，这种拙劣处理方法让佛像最初的艺术形态化为乌有。因此，刚到达云冈的时候，我对这里的第一印象很差，但我很快就改变了这一看法：一方面，在石窟寺院墙以外，我发现有些未经修葺过的石窟，或者是后人修补的东西都脱落了；另一方面，我注意到那里所有的塑像都涂着彩绘，而且未曾修复过，因此还是能够看到最原始的雕像，雕像的外观基本没有被改动过，况且所有雕像最初都涂着彩绘，如今粉刷塑像所用的石灰浆与过去所使用的色浆没有多大差别。

我们现在回过头来看第一窟的大佛像，可以说它是目前云冈石窟里最惨不忍睹的雕像之一，另外窟内雕像巨大，内部空间狭小，照明不良都让人感到格外不便，难以把整个石窟内景拍摄下来。在此石窟里，我唯一能够拍摄的图片就从上部明窗拍摄的石窟侧壁（图202和图203）。侧壁刻成一格格的小佛龛，每龛里刻一尊小佛像。侧壁中间位置有一较大佛龛，内刻两尊结跏趺坐的佛像，在很多地方都能看到这样两尊佛像，好在这两尊佛的名字往往会标在一旁，我们由此得知他们是**多宝**佛和

---

[1]　石窟寺外的雕像上也留下修葺的痕迹，后来人们便不再去维护保养这些雕像，因修补而涂抹的柴泥脱落了，木栓也都腐朽了，只有在雕像身上凿出的密密麻麻的圆洞仍清晰可辨。参阅图237和图259。

释迦牟尼。[1]在这些小佛龛的上方，还有稍大些的佛龛（图202和图203），每龛里刻两三尊佛像。在最后一组雕像里（图202左上），我们看到的是三尊菩萨，类似这样的塑像在其他石窟里也能看得到（图235；图239和图276），因为这三个人物都戴着很高的发饰，而佛陀不戴发饰，且蓄着螺髻发，因此佛陀是很容易辨认的。

由于第一窟外面搭着脚手架，我们顺着脚手架一直攀到石窟上面，那上面有一条小径，近旁还有几座石窟（图200右侧建筑物上方），最后一座石窟恰好被第二窟前的木构楼阁屋檐给遮挡住了，窟内有一尊较大的佛像，旁有两尊弟子塑像和两尊菩萨塑像，但所有塑像都用胶泥修补过。这几尊雕像似乎是北魏以后的作品。

---

[1] 有时同一佛像会塑造好几尊，但在这种情况下，两尊相同的佛像不会放在同一佛龛里。

近旁还有几座石窟（图200右侧建筑物上方），最后一座石窟恰好被第二窟前的木构楼阁屋檐给遮挡住了，窟内有一尊较大的佛像，旁有两尊弟子塑像和两尊菩萨塑像，但所有塑像都用胶泥修补过。这几尊雕像似乎是北魏以后的作品。

图202 第一窟：上明窗东侧

图 203　第一窟：上明窗西侧

第二窟

我们把位于石窟寺院中央最里面的那座石窟命名为第二窟。它被图201右侧和图200中部的建筑物给遮挡住了。此石窟进深13米，宽13.4米，和第一窟一样，石窟内部也是靠正门和上明窗来照明的。图220和图221展现的是上明窗的两面侧壁，所有的佛像都涂着彩绘，佛像面部镀着金，但拍成照片之后，却显得黑乎乎的；在西面侧壁上（图220），能看到佛陀的爱马康特迦，它跪在佛陀面前，舔着他的双脚，向他告别。[1] 在东面侧壁上，观世音菩萨结跏趺坐，抬起右手，用食指托着脸颊，呈沉思状，在云冈其他石窟里，也能看到这一形态的菩萨雕像（图235最上面两个佛龛以及图269和图276），但在龙门石窟里却看不到这种姿态的菩萨雕像，不过在推古天皇时代（592—628年），呈这种姿态的菩萨雕像又出现在日本艺术当中（参阅《国华》1906年12月期图版中的观音雕像，此图是为刊载在522页上的文章作配图），而且很有可能出现古代朝鲜艺术当中（参阅孟斯特伯格《日本艺术史》里所展示的观音菩萨像，第一卷，第32页、图15）。

第二窟中央竖立着一座双层方塔，方塔外围总长约7.4米；方塔上层南面有一尊结跏趺坐的佛像，东面有一尊交脚而坐的佛像，北面有两尊结跏趺坐的佛像（释迦牟尼和多宝佛），西面也有一坐佛，他双腿自然下垂，双脚落地。在方塔的上层，塔柱边缘镂空，形成一条空道，四角各设一根小柱子，柱子刻成宝塔状，塔柱中间部分每一面都突出显示出一尊立佛（图218），四角每一根小柱子前，都有一尊小菩萨像，图217展现的是背靠东北方向宝塔柱的菩萨像，图218右侧最里面的那尊雕像就是这一尊菩萨像。

石窟两面侧壁在上明窗隐约照亮的位置上刻着佛像，每尊佛像两边各有一尊菩萨雕像，许多乐师[2] 和青少年簇拥着他们。在由一佛两菩萨构成的每组雕塑之间，有一弟子像。[3]

---

[1] 参见位于法塔赫布尔西格里的浮雕[福歇（Alfred Foucher）：《犍陀罗国的希腊式佛教浮雕》第363页及图185，还可以拿本书的图1737左下雕像去对比《亚洲艺术》第二卷第46号图版所展示的雕像]。针对我的考古成果，佩特鲁奇先生（Raphael Petrucci）撰写了一篇文章（《布鲁塞尔大学学报》1910年4—5月刊，第503页），在这篇文章中他这样写道："在云冈第二窟里，那尊菩萨雕像在我看来更像是旧形态的观音塑像，在菩萨脚下，能看到释迦牟尼的白马。"他是以菩萨雕像的面部表情来解读的，这尊菩萨的表情确实是观世音菩萨所特有的。但是如果仔细观看图221（我辨认出这是观音菩萨），就会发现这尊菩萨雕像与面前卧着白马的那尊菩萨雕像（图220）在发饰上有明显的差别。实际上，图221里的菩萨发饰中间是用线条勾勒出的莲花图案，而图220里的菩萨头上戴的发饰是另一种图案，虽然他们的面部表情极为相似。因此，我认为图220和图221当中的两尊菩萨像并不相同。如果图221的菩萨是观世音，那么我完全有理由相信图220里塑像是释迦牟尼，那时候他还没有成佛，仅仅是一位菩萨。

[2] 参阅图215，在距右边缘25毫米与上边缘35毫米的交会处，能看见一人在弹曼陀林琴；在图216上，在距左边缘25毫米与上边缘27毫米的交会处，能看见一人在吹排箫，下面一人在吹笛子，左上角一人身上挂着鼓。

[3] 就是在图215和图216里中间靠下的那尊雕像。

在这些拜神者的上方有一条装饰带（图215），再往上就是一尊尊坐佛，他们的模样都差不多。

在石壁的下面部分镌刻着一组很有意思的浮雕画，虔诚的佛教徒到石窟寺祈福时，要沿着塔柱作右旋礼，也就是说，要让塔柱始终处于自己的右侧，因此在观看浮雕画时，就要依照右旋礼的顺序，从最左边看起。因此，当我们走进第二窟时，就先从靠近入口的南壁看起，至今依然保存完好的浮雕画仅有两组（图213和图214），这些浮雕画描述的有可能是《本生经》里讲述的故事，即释迦牟尼成佛之前的生活经历，但到目前为止，这两组浮雕画所表现的内容依然未鉴别出来。[1]浮雕画沿西侧石壁一直排列下去，但遗憾的是，此处石壁已完全风化，刻在石壁上的一组组浮雕画已荡然无存。在北侧石壁上，一组组浮雕画在一座很大的佛龛前戛然而止，此佛龛深四米，分成三格，中间设一尊坐佛塑像，两边各设一尊菩萨立像。但浮雕画接着又出现在东侧石壁上，并延续到南石壁上，直至石窟入口处。[2]

我们首先看到的是射箭比赛的场景（图204），未来的佛陀一箭把排列在一起当作箭靶的铜鼓都给射穿了，由此显示出其非凡的力量（参阅福歇的《犍陀罗国的希腊式佛教浮雕》第332—333页及图170和图171a）。我们在此看到三个人物都罩着光环，释迦有可能变身为三人，让箭同时射中挂在树上的三个箭靶，这种树也许就是古代用其树叶来书写文字的多罗树，其中的一棵树下有一只猴子。接下来，浮雕描绘出释迦快乐无忧生活的场景，此时释迦再次变身为三人：一人坐在自己家里；一人搂着一个女子；另一人躺在伏地而卧的女子身旁，相对于犍陀罗国艺术而言，这个题材在此表现得更放肆。[3]

下一个场景难以确定是在描绘什么故事，因为浮雕上涂了一层胶泥。

图206所描绘的场景也很难鉴别：释迦跪在一个人物面前，此人坐在带宽敞靠背的木榻上，似乎在听释迦陈述，而释迦在此人面前表现得恭恭敬敬，这个人只能是释迦的父亲。由此，我们可以看到，在讲述佛陀的生活经历时，中国人加入这么一段小插曲，以维护孝的观念，他们猜测太子要告诉父王，自己打算舍弃王族生活，出家修道。[4]尽管如此，我们在此还应指出，这段故事应该放在出游四门的故事之后，但石窟雕刻者却将其放到前面来了。

后面三组浮雕画（图207—图209）描绘的是太子出游四门，最先碰到老人、病人和死人的场景。太子骑马走出迦毗罗卫城，浮雕画上只刻着一所房子，以代表这座城市，太子身后跟着一位侍从，侍

---

[1] 在图213里，人物头部最初有可能绘着一轮光环，但被后人所涂抹的一层层色彩给盖住了，如果这一推测成立的话，那么我们在此看到的就是著名的"尸毗王本生"：栖息在树上的飞鹰向尸毗王索要白鸽，尸毗王怜悯白鸽，愿割下自己身上的肉来换取白鸽的性命。

[2] 我们将要介绍的各组浮雕画的长度为：1.55米、1米、0.9米、1.50米、1.50米、1.90米、1.25米、1.15米、0.95米、1米。

[3] 福歇：《犍陀罗国的希腊式佛教浮雕》，第338页及图178a。

[4] 威格（Léon wieger）：《佛陀在中国》，第43—44页。

从为他撑着华盖，表明他是一位王子，在他前面飞翔的神是**五净居天**，根据传统的说法，[1]正是这位天神让老人、病人、死人神奇地出现在太子面前，再往后，又让他遇到沙门，以便让太子能感受到神赋予他的使命。

在展现太子遇到死人（图209）和沙门（图210）之间的这段时空里，云冈石窟的雕塑者插入另一场景，遗憾的是这一场景的塑像损毁严重，仅能看到画格最右边的两个人物（图210左侧），单凭如此粗略的提示，根本无法鉴别出这幅画要表现什么内容。

在描绘遇见沙门之后（图210），浮雕画展现出女子酣睡的场面（图211）：躺在床上睡得格外香甜的是耶输陀罗，太子坐在她床前沉思着，下面是一个个昏昏欲睡的女子，她们手里拿着各种各样的乐器。通过观察画面人物的排列形式，我们发现这幅浮雕画与大英博物馆所收藏的犍陀罗国的一幅浮雕画十分相似。[2]

下一幅塑像是此系列浮雕画的最后一幅，表现出太子趁着黑夜离开迦毗罗卫城，离家去修道的场面：四大天王托着他的马蹄子，生怕马蹄声惊醒迦毗罗卫城的卫士，[3]释提桓因本人亲自为太子撑着华盖，[4]而在图208、图209及图210画面里，则是一位侍从为他撑着华盖。

这组浮雕画是中国介绍佛陀生平最古老的艺术表现形式，它们在艺术史里占有非常重要的地位，因为这些浮雕画向世人表明，犍陀罗国的雕刻传统是如何在远东扎下根来的。

在我们刚刚描述过的这组浮雕画边缘上面，还刻着许多小佛像，在此我只想着重指出，莲座上坐着的那尊佛表现的是释迦在鹿野苑里讲道的场景，在方坛两边各卧着一只鹿，方坛上竖着三个法轮标志。[5]高昌有一幅壁画[6]，与这幅浮雕画极为相似，我们发现在高昌的那幅壁画上，鹿被改画成了羚羊，这倒也符合印度的传统说法。

---

[1] 《过去现在因果经》（南条文雄：《汉文大藏经目录册》第666册；东京版《大藏经》第十三卷，第十册，第9页下、第9页上、第10页下）。

[2] 福歇：《犍陀罗国的希腊式佛教浮雕》，第351页及图179。

[3] 福歇：《犍陀罗国的希腊式佛教浮雕》，第357页及图182。

[4] 《过去现在因果经》（东京版《大藏经》第十三卷，第十册，第11页）。

[5] 在图208上，我们仅看到下面两轮，其实在这两轮之上还有一轮（参阅《亚洲艺术》第二卷，第47号图版）。关于以单轮或三轮、或三轮相连再顶一单轮来象征讲道的题材，参阅福歇的《犍陀罗国的希腊式佛教浮雕》，第427—432页。

[6] 勒科克（Lecoq）：《高昌：吐鲁番古代艺术珍品》第38号图版。

图 204　第二窟：年轻释迦射箭图

图 205　第二窟：年轻释迦无忧无虑的生活场景

图 206　第二窟：年轻释迦与父亲谈话的场景

图 207　第二窟：出游四门碰到老人

图 208　第二窟：出游四门碰到病人

图 209　第二窟：出游四门碰到死人

图 210　第二窟：出游四门碰到沙门

图211 第二窟：侍女酣睡图

图 212 第二窟：年轻释迦离开王宫

图 213　第二窟：场景难以辨明

图 214　第二窟：场景难以辨明

图 215　第二窟：东壁及西壁上部画面

图216 第二窟：东壁及西壁上部人物画面

图 217　第二窟：中央宝塔柱一角上的人物雕像

图218　第二窟：中央宝塔柱一面上的佛像

图 220　第二窟：上明窗西侧

图 221　第二窟：上明窗东侧

第三窟

第三窟位于第二窟的西面,由两部分组成,即前室和后室,在其他石窟里也能看到类似的布局。这座石窟被当地僧人拿来作库房了,这真让人感到恼火,因为石窟里堆满了杂七杂八的东西,让人很难看清楚石窟里的塑像,更不要说给石窟各壁上的塑像拍照了。在前室与后室之间的门拱处,能隐约看出两尊佛像,它们与第四窟里的多臂多首雕像类似,在看第四窟时(图224和图226),我们再作详细介绍,不过第三窟的这面石壁上已涂满胶泥,几乎把雕像都给盖住了。

第四窟

第四窟位于第三窟的西面,如同第三窟一样,第四窟也被当地的和尚拿来作库房,只不过石窟里倒没有塞满乱七八糟的杂物,此石窟名为**佛赖洞**,石窟前竖着一块牌子,上面写着这三个字。在前室与后室之间的门拱处刻着几尊雕像,这几尊雕像意义重大(图222和图225),在东面一侧,有一尊比真人略高大些的立像(图222和图223),他抬起左手,抓住一把三叉戟,头上戴的帽子有双翼,右手臂搂着一个物件,因石壁风化脱落,很难看出是一个什么物件。带双翼的帽子显然是墨丘利的典型标志物,大家由此自然会联想到古希腊及古罗马艺术的影响。这个奇特的造像将墨丘利的双翼帽、涅普顿的三叉戟和巴克斯的双柄大酒杯汇集于一身,这也许只是后罗马时代诸神的一个代表,人们将其称作潘特,因为他把象征各神的标志物都汇集到自己身上,或者至少将其中若干个神的标志物拢到自己身上。这尊神像看上去很像是金刚手菩萨,双柄大酒杯在他手里则变成金刚杵。这尊神像与图219右侧的雕像有相似之处,图219的那尊雕像显得更有佛教色彩。

在这尊立像上面,刻着一头公牛,公牛卧在地上,背上驮着一个天神(图222和图224)。

公牛被套上了鞍辔,显然是被拿来当坐骑用,牛背上有一套鞍具,绳索从牛的前胸和臀部穿过去,将鞍具固定在牛背上;牛头上套着缰绳,一只圆环穿过牛的鼻孔。天神身穿宽松的衣袍,把全身盖得严严实实,只露出脸和手脚。他左手叉在腰间,右手拿着一串葡萄,放在胸前。中间头像上戴着一顶王冠,两边各冒出一头,头上戴着高冠。天神的右侧又长出三只手臂,其中一手托着太阳,一手举着弓,另一手拿着一块玉璧。天神的左侧能看到两只手臂,其中一只举着弯月,一只拿着箭,左侧还应该有另外一只手臂,与右侧持玉璧的手臂相对应。这尊三首天神与另一尊五首天神截然不同——后文在讲解第六窟时,我们将详细介绍五首天神(图226)——但却与第六窟里的三首天神极为相似,在第六窟里,这尊三首天神像与另一尊五首天神像呈对称排列状(图232、图233和图234),只不过第六窟的三首天神仅有四只手臂,而不是八只手臂。斯坦因第一次在中国进行考古发掘时(《古代和田》上册,第60号图版),曾在丹丹乌里克遗址发现一块木板画,上面就绘着一尊三首天神像,由此我们注意到,这尊三首天神像与木板画上的三首天神像也很相似。尽管在不同的艺术作品里,神的标志物及手臂多寡各有不同,第六窟里被当作坐骑的牛与丹丹乌里克遗址所发现的木板画上绘制的牛也不尽相同,但我们依然凭此辨认出这尊神就是湿婆,正如斯坦因所阐述的那样(《古代和田》上册,第279页),婆罗门教的湿婆转眼变成多种形态的观世音菩萨,这样一尊天神像出现在一座佛寺里也为这一论断提供了佐证。

在窟内门拱的另一侧（图225），一尊立像外表涂了一层厚厚的胶泥，完全破坏了雕像原有的造型，如果靠近仔细观察的话，就会发现这尊雕像与门拱东侧与其相对的塑像极为相似，他的头饰看上去很怪异，也许是要遮住佩塔索斯帽上的飞翼，左肩上那个用布带打成的花结大概是想把双柄大酒杯或金刚杵遮挡住，因为这个布带花结在此没有任何作用，右手原本也涂上了一层胶泥，但幸运的是胶泥脱落了，露出手中握的三叉戟。

在这尊雕像上方，一只老鹰嘴上叼着一个圆球或一颗珍珠，背上驮着一个神（图225和图226），神穿着宽松的衬裤，在脚踝处收口，露着肚皮，雕像上能看到他的肚脐，手臂的上方系着链子。此神有五个头，每个头像都露出笑脸，像是在张口喊叫，而他的身形则略显肥胖；神祇有六臂，最上面两臂各托着太阳和弯月；中间两臂一只拿弓，另一只残缺不全，似乎应该拿着箭；下面左臂把一只公鸡搂在胸前，从鸡冠可以辨认出这是一只公鸡。此神对面有一神骑在牛背上，这一场景也出现在高昌的一幅壁画上。[1]而骑牛的天神也同样出现在第六窟里，只不过他的造型并不是骑在牛背上。

第四窟的整个北壁都曾被修复过，但修复得很粗糙，石窟西壁已完全损毁。不过石窟南壁、上明窗两侧以及东壁（图227）上的部分雕塑还是值得关注的。坦诚地说，窟内所有主雕塑的头像上都敷着厚厚的胶泥，但佛龛的边缘依然保持原始的模样。在东壁，下面有一佛龛，四周刻着许多长着胖乎乎脸蛋的小精灵，他们有的手里拿着锤子，有的拿着利剑，有的拿着弓箭；右上第二排有一小精灵吐着舌头，这是一尊很典型的造像，在阿旃陀石窟[参阅约翰·格里菲斯（John Griffiths）的《阿旃陀石窟》第一卷，第8号图版]的壁画上也有一幅相类似的画像，这个小精灵几乎画在同一位置上，他吐出的舌头被绘成蓝色，呈一条毒蛇状。因此，如同阿旃陀石窟壁画所描绘的场景一样，此处所表现的是魔罗大军。在上面的佛龛里，有四人跪在佛陀面前，每人手里拿着一只碗。福歇先生在此辨认出是四大天王给佛陀献上四碗食物，而佛陀神奇地将四只碗变成了一只碗。[2]

在正门两侧的石壁上，刻着一个敲鼓者和一个吹笛子的人，这两个人物造像很不错，本来也应该拍照下来，但逆光拍出的照片清晰度很差，制版人根本无法采用。

---

[1] 勒科克：《高昌：吐鲁番古代艺术珍品》第32号图版。为神当坐骑的老鹰和牛依然清晰可辨，但骑在老鹰和牛背上的神却几乎看不清了。

[2] 福歇：《犍陀罗国的希腊式佛教浮雕》，第417页及图210；《法显行传》理雅各英译本第35页；《宋云行记》，载《法国远东学院学报》，1903年，第433页；《亚洲艺术》第二卷，第48号图版。

图 222　第四窟：入口处东面

图 223　第四窟：入口处东面，下部雕像

图 224 第四窟：入口处东面，上部雕像

图 225 第四窟：入口处西面

图 226　第四窟：入口处西面，上部雕像

图 227　第四窟：东壁

图 228　第四窟：东壁下部

第五窟

出了第四窟继续向西走，就会看到由五窟组成的一组石窟，这一组石窟都有彩绘，而且都被修复过，当初这五座石窟前面应该有一所寺庙，如今寺庙早已不见踪影，仅见寺庙的一段矮墙，此墙将这五座石窟围起来，不过石窟最初都是分隔开的。我们将在下文从东往西陆续介绍这几座石窟。

图229展现的是第五窟的外景，我们能看到两个门拱，下门拱是入口，但很大一部分门拱已用砖砌死，仅留一个很窄的小门；上门拱则被木头和窗纸做的遮护板挡住了一部分，石窟周围的岩壁上刻着佛龛，佛龛里镌刻着佛像。下面紧靠着石壁竖放着一些木板——那是当地僧人放在那里的。

第五窟也分成前室和后室。前室宽12米，进深4.5米。图231展示的是前室门楣上的装饰，门楣将门与上窗分隔开，在装饰画的屋檐上栖息着三只鸟，中间一鸟展现的是正面，而两边的鸟则露出侧影，屋檐两端各生出一只牛角。再往下就是一个个飞天造像，她们俯身抓住一条条细带，细带另一端挂着一幅光彩华丽的帷幔。

图219展示的是前室东壁上的主佛龛，一位菩萨双脚交叉坐在莲座上，两边各有一头狮子，在北魏时期的造像里，交脚坐佛像还是很常见的，但到了唐代，呈这类坐姿的佛像似乎都被淘汰掉了。佛龛旁立着一尊金刚手菩萨，他右手拿着一支弩，左手将金刚杵扛在肩膀上。

第五窟后室宽10.8米，进深7.5米。最靠里面是一尊巨大的坐佛，坐佛双腿自然下垂，双脚落地，两脚之间的距离为4.5米。他两边各有一菩萨，菩萨塑像明显是修复过的。坐佛前有一条甬道，一直通到坐佛的身后，以便让朝圣者能对坐佛行右旋礼。

图229　第五窟入口

图 219　第五窟：位于主窟入口处左侧的前室

图 231　第五窟：前室入口与上明窗之间石壁

第六窟

第六窟前室宽10.9米，进深4米。图232、图233和图234展现的是石壁上的门楣装饰，门楣设在后室上明窗与下明窗之间。门楣装饰左右两侧各有一神，虽然神胯下并无坐骑，但明显能看出来，他与第四窟里的神极为相似（参阅图224和图226）。右侧的神有三头四臂（图234），上面两臂分别托着太阳和弯月。左侧的神生五头六臂（图233），上面两臂托着太阳和月亮，中间两臂拿着弓和箭。两个天神面前各有一个小人物雕像（图232），他们跪在地上，面前有两条缠绕在一起的蛇，在蛇的上面和下面刻着四足兽和飞鸟，这象征着人类世界里的所有动物。再往下有十二个人物，不过我们仅能看到这些人物的上半身，他们每人用双手拽着一条垂花饰，垂花饰固定在一幅帷幔上，在垂花饰所形成的椭圆框里，能看到一棵树、一只飞鸟和十一只四足兽，右侧能清楚地看出野兔和猪（图234），左侧也辨别出老鼠（图233）。不过，这里展现的肯定不是中国人的十二生肖，因为没有龙和蛇，况且展现的是十三个动物。

图235展现的是后室的最西端，在上层佛龛里雕刻着一组三世佛像。下面能看到释迦牟尼结跏趺坐像，旁边有一立佛，转过来右边是弥勒佛坐像，他双腿自然下垂，双脚落地。

后室宽11米，进深10.2米，里面刻着一尊巨大的佛像，佛交脚而坐，两侧各有一个菩萨，但佛像和菩萨像都带有明显的修复痕迹。和前一石窟一样，这尊坐佛前也有一条甬道，一直通到坐佛后面。

图 232　第六窟：前室入口与上明窗之间石壁

图 233　第六窟：前室入口与上明窗之间石壁：西侧

图 234　第六窟：前室入口与上明窗之间石壁：东侧

图 235　第六窟：后室西壁

第七窟

第七窟宽9.5米，进深10米，此窟并无前室，中间有一方塔柱，直至窟顶。方塔柱四面下方各有一立佛。再往上，南面有一菩萨交脚而坐，旁边有两尊稍小的菩萨像，两个菩萨都呈半结跏趺坐状。

在石窟的东壁上，我隐约看见一题记，上面刻着太和七年（483），不过遗憾的是，题记所刻的位置较高，也许看得不是很准确，这是我在云冈石窟里看到的唯一一则题记。

第八窟

前室宽7.25米，进深4.3米。

后室宽6.45米，进深6.3米。在距离地面4米高处，有一尊（弥勒）坐佛，佛的双腿自然下垂，双脚落地。

第九窟

第九窟宽10.5米，进深9.25米，但没有前室。石窟内有一尊巨大的交脚坐佛，坐佛的面容和双臂都镀着鎏金。此窟各壁在1894年都被重新描绘过，描绘工程是在**马师傅**的指导下完成的，马师傅是**天镇**人，他将自己的名字及描绘日期写在东壁上，此外，这位匠人还在壁画上添加了一些美化装饰，比如那个"**佛**"字、竹子以及"**便是西天**"几个字，在图230上能清楚地看见他所添加的装饰。就在清代匠人添加装饰的这几处地方或许曾书写着北魏时期留下的题字，不管怎么说，后人的涂描还是令人感到遗憾，尽管如此，雕塑或壁画虽经过重新描绘，却依然保持着最原始的形态，比如在图230的下方，那些跪在地上的人物手里拿着不同的标志物；再比如那些画在佛龛下面的供养人画像（图230），这些都是最原始的画面。

图230　第九窟：东壁下部

第二节　第二组石窟

　　走出佛寺之后，在佛寺的东面，在云冈至大同府的道路旁，还有几座石窟，我们由西向东参观了这几座石窟。

　　出了佛寺向东走上几分钟路，有一间造纸的小作坊，小作坊修建了几堵很长的墙，将刚制作出的纸张铺到墙上晾干，这几堵墙把好几座石窟都给遮挡住了，其中一座石窟里有一尊大佛和两尊菩萨（图236—图238），菩萨的头像不但没有修复过，而且保存得很好。

　　从造纸小作坊走出来，沿着道路一直往东走，我们又看到两座石窟。第一座石窟正中央有一大方塔柱（图241），方塔柱的每一面刻着佛像和菩萨像，有的佛像交脚而坐，有的垂足而坐。我把刻在入口门拱石壁上的雕像以及另一面刻满雕像的石壁都给拍摄了下来（图239和图240）。最后一座石窟中央也有一方塔柱（图242），但与前一座石窟内方塔柱（图241）所不同的是，这座方塔柱上宽下窄。在石窟最里面的石壁下方有一组浮雕画，这一组浮雕画所讲述的内容与第一组第二窟浮雕画（图204—图214）的内容相似：左边的场景展现的是太子骑马走出迦毗罗卫城；在下一幅浮雕画里，能看见释迦骑着马在射杀猎物，身后跟着两个骑马的侍从，其中一人带有光环，应该是一位菩萨，另一人用双手撑着伞。图244[1]展现的是本石窟保存最完好的塑像，只不过下面佛龛里的佛像头是修复过的。

---

[1] 图245展现的佛像与图244佛龛上面那些佛像的姿态类似，但我想不起来这张照片是在哪座石窟里拍摄的。

图 236　佛寺东侧石窟

图 237 佛寺东侧石窟

图 238　佛寺东侧石窟

图 239　佛寺东侧倒数第二座石窟，入口东面及西面

图 240　佛寺东侧倒数第二座石窟，入口东面及西面

图 241　佛寺东侧倒数第二座石窟的中央方塔柱

图 242　佛寺东侧最后一座石窟的中央方塔柱

图 243　佛寺东侧最后一座石窟，东壁下部

图 244　佛寺东侧最后一座石窟，西壁

图 245　记不清拍摄于哪座石窟

第三节　第三组石窟

在石窟寺外墙西面还有许多石窟,在围墙之内,我们由东向西看了九座石窟,并为其做了编号,现在我们依然沿用这一编号,只不过仅把那些重要的石窟编上号码,而那些不甚重要的石窟就没有排到编号里,对于最西边的小石窟,我用字母来代替罗马数字排序。

图246:第十窟的西石壁。在远景处有一幅装饰图案,[1]上面刻着一座三层宝塔,宝塔每一层有一尊佛像,宝塔顶端有三根等长的直杆。在图253里也能看到三层宝塔图案,另外这幅装饰图案还出现在图244、图307、图362、图364、图384和402(左下)里,但图案本身或多或少都有一些变化。

第十一窟(无照片)里刻着几百尊小佛像,但如真人一般大的佛龛里所雕刻的佛像已完全损毁。

图247—图251:在第十二窟里,最上面一排佛像的头都是用胶泥修复过的,不值得关注,在此我仅想指出一点,在石窟后壁最上面那一排佛龛里(图247),刻着三世佛像,当中那尊雕像是菩萨,而两边是佛像;在中间那排佛龛里,几尊塑像雕刻得极为完美,堪称北魏艺术的瑰宝(图249和250)。中间那排佛龛的西佛龛(图249左侧)和东佛龛(图251)展现的是多宝佛和释迦牟尼,而最下边那排佛龛,中间是佛像,两边是菩萨像。

图252—图253:在经过几座小石窟之后,我们来到一座大石窟面前(第十四窟),石窟有两个开口,下开口作入口,而上开口则当作明窗。我给门拱两侧石壁上的雕像拍了照片(图252和图253),至于说石窟里的那尊大佛,在图252右下方能隐约看到大佛的膝盖一角。这尊大佛身上布满了小孔,这是后人为嵌入小木栓,以固定修葺胶泥而打的孔,这无形中给雕像造成了损坏。

图254—图258:第十六窟、十七窟和十八窟构成一组雕像,即第十七窟当中有一尊正佛像,在第十六窟和第十八窟里各有一尊侧佛像。第十六窟保存完好,在图254上能看到此窟的两处开口:透过上明窗,能看到佛的头像,而透过下明窗所看到的是袈裟衣裙。在这座石窟的左边,能看到第十七窟的两处开口(图254),由于没有足够的间距,中间那尊佛像无法拍摄下来,不过我还是把南石壁门拱旁那个非常漂亮的小佛龛拍摄了下来(图255和256),佛龛中间那尊佛像比真人略高大些,他身旁有两尊菩萨像,佛龛外面有两尊弟子塑像,在图256上能看到其中的一尊。第十八窟的外石壁已坍塌,窟内的佛像则完全暴露在外(图257和258),这尊大佛像与第十六窟的佛像隔窟相对,只不过佛像举起的右手是用胶泥修复过的,在图258上能看到人们用砖石将右手与身躯粗糙地连接在一起。在佛像下方、袈裟褶皱里(图257),能看到四个人物像,他们有可能是出资造窟的供养人。第十六、十七和十八窟的三尊雕像也许应被看作是三世佛像,与我们在下文将要介绍的三世佛像类似。

图259—261所展示的是云冈石窟所能拍摄的最大佛像,这是一尊坐佛,高约十五米,在他的前臂上能看到许多小孔,这是用来嵌入木栓,以挂住胶泥的,但是修葺时所涂抹的胶泥已脱落,这尊佛像虽残缺不全,但却呈现出5世纪末造像时的模样。这尊大佛占满整座石窟北面,石窟的前面与窟顶已坍塌,坐佛两侧各有一立佛,其中一立佛因前壁坍塌已不见踪影,而保存下来的立佛(图260右

---

[1]　在图246上,在距右边缘33毫米与上边缘60毫米的交会处,能看到宝塔图案。

侧）则如福歇先生所指出的那样，"身披通肩衣，偏袒右肩，如犍陀罗国壁画所描绘的那样，右手结施无畏印"。在我们引用的这篇文章里，[1]福歇先生明确指出，我们在此所研究的三世佛亦属于舍卫城大神变的造像范畴，大神变展现出佛陀本人所具有的神变本领，雕塑在此仅展现三世佛，象征着佛陀那无限的神变能力。

越过这尊巨大的坐佛，还可以看到另外一座巨大的石窟，我们给石窟内壁拍摄了照片（图262），在这幅照片上，能看到多宝佛和释迦牟尼雕在同一佛龛里，佛龛上面还有一尊交脚而坐的菩萨。

再往西走，能看到一组组小石窟，图273展现的是小石窟的外景，在此很难详细描述这些小石窟。在此，我仅想强调一点，在图270的下方，能看到一组供养人的雕像，每一位供养人旁都有榜题，上面也许刻着他们的名字。在图275当中，上面左侧场景展现的是佛陀降生人世，在此能看到摩耶夫人抬起手，抓住一棵娑罗树枝，佛陀从她的左胁降生，当然依照印度的传统说法，佛陀是从摩耶夫人右胁降生的，中国浮雕画的作者也会依照这一传统说法去展现这一场景，如图432和图1735所展示的那样，但我们不能因雕像当中出现差异就否认这是表现佛陀降生的场景。我们知道中国人在佛教经文当中也常常会把佛陀从摩耶夫人右胁降生改为从左胁降生，因为中国人的礼仪是以左为上。[2] 在下面那幅场景里，背后带光环的小童应该就是少年佛陀；在最下面的场景当中，左边能看到佛陀在接受那伽的洗礼；稍靠右边，小释迦牟尼在一轮光环的衬托下，一手指天，一手指地，高声宣称，天上天下，唯我独尊（参阅图1735）。

---

[1] 福歇：《舍卫城大神变》（载《亚洲学刊》1909年1—2月期，第54页）。

[2] 参阅拙作：《汉文大藏经五百寓言故事集》第一卷，第380页注1。

图246 第十窟西壁

图 247 第十二窟后壁

图248 第十二窟：后壁西侧

图 249　第十二窟：西壁及后壁西侧

图 250　第十二窟：后壁东侧

图 251　第十二窟：东壁及后壁东侧

图 252　第十四窟：入口西面

图 253　第十四窟：入口东面

图 254　第十六窟：外景

图 255 第十七窟：紧靠入口处的佛龛

图 256　第十七窟：佛龛旁的菩萨及弟子像

图 257 第十八窟：佛像正面

图 258　第十八窟：佛像侧面

图 259　大佛正面

图 260 大佛西侧面

图 261 大佛东侧面

图 262　第二十窟

图263　A号窟：西壁

图 264　D 号窟：西壁

图 265　B 号窟：西壁

图 266　B 号窟：东壁两佛龛之间石壁

图 267　C 号窟：西壁，下部佛龛

图 268　F 号窟：西壁

图 269　C 号窟：后壁

图 270　E 号窟：西壁

图 271　E 号窟：后壁西侧

图 272　F 号窟：后壁

图 273 （佛寺）西侧石窟外景局部图

图 274　F 号窟：后壁东侧

图 275　H 号窟入口左侧及外面

图 276　G 号窟：东壁

图 277　G 号窟：后壁

第二章　龙门石窟

第一节　潜溪寺内的石窟

第二节　E组石窟：距潜溪寺最近的石窟

第三节　双窟（G号窟）

第四节　石狮窟（H号窟）

第五节　石塔窟（I号窟）

第六节　双窟与石塔窟之间的小石窟

第七节　毗邻石塔窟的南窟

第八节　在全景图上标示J和K之间、紧邻道路的石窟

第九节　K号窟

第十节　L号窟

第十一节　M号窟

第十二节　不平整的洞穴（N号窟）

第十三节　Q号窟

第十四节　S号窟

第十五节　T号窟

第十六节　大佛（U号窟）

第十七节　V号窟

第十八节　X号窟，又称老君洞

第十九节　Y号窟

第二十节　伊水东侧石窟

第二十一节　龙门题记碑文所包含的信息

图957　龙门伊河左岸石窟全景图

龙门（图957）距离河南府城南二十五里。龙门有两座小山，两山如同两座石阙，伊河从两山中间缓缓流过，**伊阙**的名字便由此而生，此名最初是指这两座小山，后来就用来指代这条隘路。从公元前516年起，人们用**阙塞**来称呼这条隘路。[1]

阙塞西崖壁（图278—285及图957）位于伊河左岸，长约一公里，一座座石窟星罗棋布般地占满整个岩壁，石窟的内壁雕刻着类似云冈石窟那样的雕像。[2] **潜溪**寺把守着阙塞，将三个主要石窟的入口给遮挡了起来。

伊河的右岸还有一座寺庙，它与潜溪寺隔河相对，这就是**香山寺**（图956），诗人**白居易**（772—846）不但为香山寺撰写长文，而且还自称为"香山居士"，从而让香山寺名气大振。伊河东岸岩壁上开凿的石窟不如西岸多，规模也不大，在东岸崖壁的尽头处，能看到**看经**寺的庙宇建筑（图960）。

---

[1]　《左传·昭公二十六年》（理雅各英译本，第五卷，第717页a）。

[2]　李希霍芬（Ferdinand von Richthofen）是第一个报道龙门石窟的西方人，他的报道（《中国》第二卷，第505页）引起了大家对龙门石窟的考古兴趣。1899年勒普兰斯-林盖（Leprince-Ringuet）先生参观了龙门石窟，并带回许多照片和拓片，凭借这些照片和拓片，我撰写了一篇论文，并将其发表在《亚洲学刊》1902年7—8月期上，1905年，我在《法国铭文学院报告》（第186—204页）上又发表了一篇文章。菲利普·贝特洛（Philippe Berthelot）先生对宾阳洞的雕像做了极为生动的描述。1907年，我也来到龙门参观考察，自7月24日抵达后，一直住到8月4日才离开，那时候郑州至河南府尚未开通火车，不过现在旅行者可以乘火车一直抵达河南府，这样去龙门石窟参观就方便多了。

这三座寺庙，即潜溪寺、香山寺和看经寺，是如今在龙门仅能看到的寺庙。然而，过去这里有多座寺庙，白居易在832年撰写的一篇颂文中曾指出，香山寺是龙门十寺当中首屈一指的寺庙。[1]另外七所寺庙如今已荡然无存，我们仅知道其中一所寺庙的遗址，即**奉先**寺。奉武则天皇后之令所雕刻的龙门大佛就位于奉先寺遗址的后面，但那里却看不到寺庙的任何遗迹，只有镌刻在大佛莲花座上的铭记（图633）告诉后人，这里此前曾是座寺庙。此外，还有两则铭记（图736和图1333；图701和图1427）提到了**敬善**寺，旧版的《洛阳县志》错误地将其称为**嘉善**寺。[2]除了上述五所寺庙之外，我们在《洛阳县志》里[3]还能看到**乾元**寺、**广化**寺、**崇训**寺、**宝应**寺和**天竺**寺。这样龙门十寺就全部聚齐了，十寺的名单也有了，正如白居易所说，"龙门十寺，观游之胜，香山首焉"。

要想知道在佛教鼎盛时期龙门地区呈现出什么样的景象，就要设想每座大石窟前都有寺庙建筑，僧人都住在里面，石窟本身倒成为寺庙的正殿了，而寺庙住持的居所往往就会变得格外狭窄，不过要是真有这种居所的话，会给当地的景色带来明显的改变。

我们还应做一番想象，当时所有的雕像都被画上鲜亮的色彩。坦诚地说，和云冈石窟一样，龙门石窟最原始的五彩斑斓的彩绘几乎全部化为乌有，只不过所有的雕像都保存得更完好，因为这里色泽偏深的岩石更坚硬。在龙门石窟里，很少能见到用胶泥修补原始雕像的情况，因此在雕像身上也就看不到类似云冈石窟雕像上的那种小孔，后人在云冈石窟雕像上打出小孔，塞进木栓，再抹上胶泥，据说这样做是为了掩饰雕像的风化状态。从总体来看，龙门石窟的雕像要比云冈石窟的保存得更完好。凭借这些完好的雕像，我们可以轻松地想象出龙门石窟鼎盛时期的壮丽景象，即使经过千百年岁月的摧残，如今这些雕像依然能让我们真切地领略6—8世纪时期的佛教艺术。

---

[1] 《图书集成·职方典》卷四百四十一，第5–6页。

[2] 《洛阳县志》卷二十二，第14页。

[3] 《洛阳县志》卷二十二，第14页。

第一节　潜溪寺内的石窟

潜溪寺（图278）内有一组佛寺建筑群，建筑群从道路一侧一直延伸到隘路的南端，寺内还有几座石窟，其中最重要的三座石窟当属**宾阳洞**，因为这三座石窟都面朝东，它们像迎接远方的客人那样，迎接冉冉升起的太阳。潜溪寺始建于宋代，[1]石窟最初是可以随便出入的，在潜溪寺外墙的地基上，如今还能看到最初在岩石上开凿的台阶，[2]沿着台阶就能一直走到宾阳中洞。如果从北往南走（图278从右向左），能看到这样一些建筑物：一座敞开型建筑，夏季夜晚供大众乘凉用，旁边有一方形水池，每边长约8米，泉水从水池底部向外喷涌，转而朝路边流去；此池名叫**禹王池**，在水池的西侧，有一石头树干，表面粗糙，呈暗绿色，看上去像是一棵古树木化石，由于粗糙的树干上结着许多根瘤，中国人便给它起了一个名字，称它为**石瘿**。水池旁耸立着一座小方亭子，亭子是用石头砌起来的，亭子里竖着一尊石碑，是供奉龙门土地爷的，上书**龙门土地**四个字。在亭子的北侧，有一石碑，立于1806年，碑文回顾了龙门宾阳洞的开凿过程。接着能看见一大门，大门就矗立在一级级石头台阶[3]的最上面一层，参观者离开大路之后，要经过一级级台阶才能进入潜溪寺。进入潜

图278　龙门西山（1）

---

[1]　《洛阳县志》卷二十二，第11页。

[2]　见图278左边缘25毫米与下边缘20毫米交会处。

[3]　见图278右边缘31毫米与下边缘20毫米交会处。

图 279　龙门西山（2）

图 280　龙门西山（3）

图 281　龙门西山（4）

图 282　龙门西山（5）

X V U T S R Q P O

图 283　龙门西山（6）

图 284　龙门西山（7）

429 | 第二章　龙门石窟

图 285　龙门西山（8）

图 955　从潜溪寺望台上看到的龙门伊阙

图 956　龙门伊河右岸的香山寺

溪寺后，又见一亭子，亭内有几尊石碑，其中有龙门阙塞的风景图，[1]这幅风景图是1865年由余崇德绘制的。这时，还要爬一段斜坡，斜坡下面有一座三米见方的水池，水池是用砖石砌的，池内有一眼温泉，温泉涌出的水朝大路流去。也许正是这一眼泉水为寺庙赢得"潜溪"的美名。沿着斜坡往上走，在斜坡的右侧，竖立着三座石碑，分别立于1835年、1765年和1789年，但三座石碑意义不大。斜坡的顶端立着一个牌楼，牌楼用砖砌成，上面盖着铺瓦屋顶。接着是一条平坦的小径，沿小径行至半路时，左侧有一座用红砖砌的小亭子，在小亭子处可以俯瞰整个道路。亭子对面，即在小径右侧，有一座石窟，石窟宽9.6米，进深6.4米，窟内有一尊大坐佛，坐佛左右两侧分别是阿难陀和迦叶佛，还有两尊菩萨像及两尊天王像，这组佛像是龙门石窟里最常见的一组佛像。佛像的面容风化得很厉害，或许大部分面容都用胶泥修补过。窟顶藻井刻着一朵盛开的莲花。

　　窟内堆放着四根八角石柱的碎片，八角石柱又被称作"幢"，因为"幢"在古代表示悬挂在木杆上的旗帜，这四根八角石柱仅存一根，虽然此柱已碎成两截。石柱高1.1米，八角的每一面宽13厘米。石柱上刻着《佛顶尊胜陀罗尼经》（南条文雄：《汉文大藏经目录册》第348册；东京版《大藏经》第二十五卷，第六册，第55页），经文是宋宝元二年闰腊月十四日（1040年1月31日）镌刻的。有两块碎片明显是另两根石柱上的，上面刻着《佛顶尊胜陀罗尼经》的片段，在其中一块碎片上，能看出是有关佛陀波利的经序，在另一块碎片上仅有陀罗尼，但无任何经文。至于说第四根八角石柱，这里也仅存一块碎片，上面刻着《千手千眼观世音菩萨广大圆满无碍大悲心陀罗尼经》（南条文雄：《汉文大藏经目录册》第320册），但经文镌刻日期已被磨掉了。

---

[1]　此图复制版刊载于《亚洲学刊》1902年7—8月期上，第159页之后。

在石窟的外面，能看到岩壁上刻着多幅近代人书写的题字，其中有刻于1864年的"魁星"，我将其收录到图谱集里（图1178）。在稍远些的地方，还是在小径的右侧，在凹凸不平的岩壁上也有一些近代人书写的题字，书写题字的地方过去可能是佛龛，其中有镌刻于1857年的"寿星"（图1176）；有僧人**智水**绘制的龙门山水图，此图于1882年镌刻在石壁上；还有一幅书法作品，是**希夷先生**的亲笔手迹，希夷先生本名**陈抟**（卒于989年；参阅翟理斯的《古今姓氏族谱》第257条），而这幅所谓的书法杰作由十个字组成：**开张天岸马，奇逸人中龙**。这两句话是在暗喻道士，也许就是指陈抟本人。1868年，智水将这幅书法作品摹勒上石，而上文所提到的龙门山水图也出自智水之手。

这时再穿过一个大门，大门的上部是观音阁的内殿。这座建筑是1808年复建的，殿内有一尊观音菩萨塑像，她在膝上抱着一个孩子。

穿过这座大门之后，小径一下子变宽了，形成一个眺望台，将龙门的美景尽收眼底（图955）。从这里出去向右转，就来到潜溪寺的内院。

内院的西侧是岩壁，三座石窟就开在岩壁上。下面是由北至南宾阳三洞的简单介绍：

一、宾阳北洞

宾阳北洞宽9.5米，进深9.9米。窟内正中有一尊高大的坐佛，左右两边各有一弟子和菩萨。在大坐佛前，有一两米高的立佛。石窟内壁损毁严重，仅有上部和下部的几处佛龛依然存世。地面是黑色岩石，刻着莲花及几何图案装饰。

图324　潜溪寺院子当中的画像石

在石窟门拱的一侧，刻着一正方形面板，面板共有16行，每行刻20尊小佛，这样整幅面板上就有320尊小佛像（见图324右侧，面板的一端）。

接下来有一个像石阙样的东西，旁边有一尊天王雕像，上面覆盖着挡雨披檐，这尊天王雕像高4.5米，宽1.7米；再往前就是宾阳中洞的门拱了，门拱旁也有一尊天王雕像，但雕像损毁严重，另外还有一座石阙，石阙上有铭记，事后我们才发现这是刻于641年的铭记（图656）。

图286　宾阳中洞：正壁大佛

图 287　宾阳中洞：南壁（1）

图 288 宾阳中洞：南壁（2）

图 289 宾阳中洞：北壁（1）

图290 宾阳中洞：北壁（2）

图 291　宾阳中洞：东北角

图 292　宾阳中洞：东北角，北面

图 293　宾阳中洞：东北角，东面

图 294　宾阳中洞：东南角

图 295 宾阳中洞：东南角，南面

图 296 宾阳中洞：东南角，东面

二、宾阳中洞

如果仔细观察第一座石阙（图324），就会发现在中间和下面刻着一则相当长的铭文，但铭文已残泐，难以辨认：

第一幅拓片（未复制）

铭文标题为：**洛州乡城老人佛碑**，依照铭文的解释，这是由**吉万岁**等三十四人敬造的**尊仪一龛**。铭文右侧的佛龛或许正是这座尊仪龛，记载年号的文字已残泐，不过还能大致读出其塑造年代：**大唐贞观十九年正月廿一日**（645年2月27日）**功讫**。[1]

《金石萃编》（卷二十七，第1页）对此铭文作了解读，但由于从那时起，碑铭一直饱受岁月的摧残，而我手中的拓片又极不清晰，很难去核实王昶所解读的文字是否准确。铭文开篇列举三十四人的姓名，其中至少有十六名男子和六位女子的姓名是完整的。铭文接着又以最常见的手法阐述了造像的缘由，铭文甚至在此还暗喻三辆分别由羊、鹿和牛拉的车。[2]

在此石阙与宾阳北洞之间竖立的那尊天王雕像高4.5米，宽1.7米，他身上穿着服装，看不出他的肌肉组织；他左手拿着一根狼牙棒，右手张开，举到胸前，仿佛要击退恶魔般的敌人。

在天王塑像旁边，能看到几块石碑残片，仅有一块字迹还算清楚，能看出这样几个字：**郇王阿妳造**。[3]另外一则石碑铭文告诉我们，**像主**名叫□□□，他与妻子携手**敬造菩萨二躯**。

在宾阳中洞的入口处，悬挂着一块牌匾，上书**宾阳洞**三个大字，窟内宽11米，进深9.6米，中央有一坐佛（图286），结跏趺坐在莲花座上，莲花座向前探出2.6米。坐佛抬起右手，左手下垂，手心

---

[1] 《洛阳县志》（卷五十九，第24页）和《中州金石记》（卷一，第25页）均以为年号前的两个字应读**大齐**，这样就将碑铭的制作时间提前到北齐（550—577年）。《金石萃编》（卷二十七，第1页）则在"大"字后面留了三处空白（1893年刻本则错误地在"大"字后写上"齐"字），并猜测碑铭应是在北魏太和十七年（493）镌刻的。《平津读碑记》（卷二，第24页）只是在年号最前面写下北魏两字。《艺风堂金石文字目》（卷四，第1页）则将其写为贞观十六年。其实，从我制作的拓片上看，可以清楚地看到"大"字后面那字上部笔画，这两个笔画只能是"齐"或"唐"的上半部分；此外，在"年"字前可以清楚地看到"十九"两字，因此认为年号应为北魏的推测可以排除掉了，因为在论及北魏时，前面绝不会放一个"大"字。尽管如此，这里当然也与北齐无关，因为北齐只是一个短命王朝，不可能出现一个长达十九年的朝代纪年，因此我们建议将其解读为大唐贞观十九年（645年）。这样洛州乡城老人佛碑的镌刻年代（645年）就与洛阳父老等卅四人造像记的（650年）十分接近了，我们对后一则碑铭依然有印象（参阅《中州金石记》卷二，第3页；《攈古录》卷七，第8页下，但我手中没有后一则碑铭的拓片）。

[2] 雷慕沙（Jean-Pierre Abel-Rémusot）：《佛国记》，第10—11页。（法华经以羊车喻小乘，鹿车喻中乘，牛车喻大乘。——译注）

[3] 《艺风堂金石文字目》卷四，第4页上；《攈古录》卷九（唐朝），第49页，法译文可能不是很准确；参阅图1331。

向外；他背后的光环刻着棕榈叶饰，在光环饰的下部，能看到六个虔诚的小菩萨，他们跪在地上；坐佛前面还有两头狮子，但狮子雕像损毁严重；坐佛左右两侧各有一弟子和一菩萨。在窟内两侧石壁上，各刻着一组三世佛，即一尊立佛并有两菩萨相伴左右（图288和图290），所有这些塑像都被漆上了红、黑、黄和蓝色彩绘。窟顶中央画着一朵盛开的莲花，周围有瑞云相伴，瑞云当中有十位飞天乐伎。

在介绍云冈石窟时，我们已经解释过三世佛所代表的含义，本石窟内的三世佛也象征着佛陀的变化本领，正如佛陀在舍卫城大神变时所做的那样。

在窟内东侧的拐角石壁上，我们注意到一组非常奇特的浮雕画（图291—图296）：在东北角的最高处，[1]有两位站立者，均背带光环；一位体态更强壮的人物，背带光环，端坐在莲花座上；一位弟子躬身向前，那种姿态就像图407和图408礼佛图里排在最前面的弟子一样，弟子正在献祭。在下一层画面上（图291），有一飞天形象；在飞天的下方，一人坐在长满叶子的七根枝条前，这七根枝条也许就是用单线条勾勒出的大树；另有两人身穿礼服，而飞天则双手合一，面朝他们，也许是在向他们行礼。在下一层画面上（图291、图292、图293），有一礼佛图：[2]一位头戴尖帽的男士走在队列最前面（图293），尖帽就是一种幞头，带有几个幞脚。他身后的随从都戴着后垂披幅帽，随从当中有侍从为主人撑着华盖，华盖上装饰着绸带子；还有侍从为主人撑着两柄障扇。在石壁的最下方，有五个人物蹲在地上（未摄入照片），这让我们联想起图404、图405和图406当中的类似人物。

在窟内东南拐角的最高处，一人席榻而坐，左肘撑在一只垫子上，右手拿着一把扇子。在下一层画面上（图294），右侧有一苦行者，待在洞穴里，接着有一站立者，手里拿着一根木棍，旁边站着两个孩子；还有两人坐在一旁，在我看来，他们倒像是太子须达拏和妻子曼坻，拿木棍的人也许是婆罗门，太子把自己的儿子和女儿交给婆罗门，那位苦行者或许就是僧人阿丘塔。[3]左侧有一男一女各抱着一个孩子，这是太子须达拏和妻子在抱着孩子过河（图432第三层左侧）。左侧最后一幅场景表现的是，父王因震怒要罚太子须达拏去静思过，太子临行前向父王告别，如果这一猜测成立的话，那么右边两个人物就是太子和他妻子，左边两个人物就是国王和首相。[4]下一层画面表现的是女子礼佛图（图294、图295、图296），[5]这与窟内东北角的男子礼佛行列遥相呼应，只不过这里的主人

---

[1] 见图290右上，可以看到下文所描述的四人当中的前三人。

[2] 沃驰先生曾在赛努奇博物馆展出一幅拓片，拓片所展现的内容与图293相似（参阅佛教艺术展《目录册》，1913年，第683期）。

[3] 有关太子须达拏的传说故事，请读者参阅拙作《汉文大藏经五百寓言故事集》第三卷，第362—395页。

[4] 泷先生为此场景左侧拍摄了照片，照片拍摄得十分清晰，并将其刊载在《国华》杂志上（1911年6月期，第351页）。

[5] 沃驰先生曾在赛努奇博物馆展出一幅拓片，拓片所展现的内容与图296相似（参阅佛教艺术展《目录册》，1913年，第684期）。佩特鲁奇在《伯灵顿杂志》（1910年12月期，第十八卷，第138—144页）上发表了一篇文章，题为"远东佛教艺术"，此文采用了我的照片（图293）。

看上去像是两位女子（图296），通过头饰可以辨认出她们是女子，她们用一种复杂的羽毛饰把头发盘起来，羽毛饰呈螺旋状在头两侧垂下来。三位女士围在两位女主人身旁，后面还跟着好几位女仆，其中两位女仆的发型有点像阿尔萨斯女子盘的发髻。礼佛行列后面（图295）也都是女子，其中两人撑着障扇。有两位女子站在最前面（图296左侧），迎接礼佛行列，其中一人向客人奉献莲花，另一人则献上一只香盒。我们注意到献香盒女子身上穿的服装，合体的上衣倒像是一件宽松的罩衫，长长的衣袖垂下来，袖子肘部还带有流苏装饰。我认为，无论是男子礼佛行列，还是女士礼佛行列，他们所代表的正是供养人，也就是说，是魏王泰及其两位王妃。如果这一猜测准确的话，那么我们这里所看到的就是7世纪王室服装的实物图像。在礼佛行列的下方，有五人呈下蹲姿势的雕像（未摄入照片），这五个人与东北角下方的人物相似。

出了宾阳中洞之后，继续由北向南走，又见到一天王雕像，这与我们在前文提到的天王雕像对称而立，只不过此雕像损毁严重；接着又见一石阙，石阙上镌刻着写于641年的铭文。现在我们就来介绍这座石碑和碑铭（图656和图1274）。

石碑含碑额总高2.88米，宽1.64米。此碑因风化剥落，看不出是哪一年镌刻的，也不知道是谁撰写的碑文。不过当年石碑状态完好时，欧阳修曾见过此碑，并告诉我们（《集古录》卷五，第10—11页）此碑镌刻于贞观十五年（641）十一月，碑文由**岑文本**撰写，书法家**褚遂良**书写。岑文本是唐代著名文学家，而褚遂良（596—658，参阅翟理斯的《古今姓氏族谱》，第494条）比岑文本的名气还大，其书法成就无与伦比，此碑文甚至被人看作是大书法家最优美的作品之一。尽管如此，我们在此并不是要研究其楷书的清秀字体，更不是去探讨其书法特征的美感，我们要在碑文中探究更有意义的内容。这则碑文是提醒大家，宾阳中洞的佛龛是魏王泰为已故母亲**长孙**皇后所建，长孙皇后谥号**文德**。[1] 长孙皇后卒于636年，去世时年仅三十六岁，虽然她的一生很短暂，但因高风亮节而享誉朝廷内外；除此之外，她还很有文学才华，撰写出一部十卷本的《**女则**》[2]。至于她儿子李泰（620—652），在636—643年被封为魏王，却在652年不幸去世，他生前也撰写了一部极为有名的地理著作，名为《**括地志**》，此书出版于642年，但如今已失传，后人根据《史记》评注家的只言片语，重现了此书的部分内容。魏王泰是太宗的第四子。

碑文开篇就非常奇怪地拿世俗智慧与佛教智慧作对比，佛教智慧自然显得更优秀，而且是唯一的普世智慧，作者热衷于佛教，以至于不惜对儒生所尊崇的圣人采用激烈的措辞，甚至这样写道："升彼岸而舍六度，则周孔尚溺于沈沦"。我们在后文会看到另外一则碑铭（第三十八幅拓片，图1549），此碑文同样对儒教提出批评。645年，王玄策出使印度，并在耆阇崛山竖立一碑，碑文（第二节）一再强调佛教优于道教及儒教。[3] 通过阅读这些历史文献，我们体会到，有关三种教义价值孰优孰劣的

---

[1] 长孙皇后的传记见于《唐书》卷七十六，第2页（参阅《旧唐书》卷五十一，第2—3页）。她儿子李泰去世之前被晋封为濮王，参阅《唐书》卷八十，第3—4页；《亚洲学刊》，1902年7—8月期，第144页。

[2] 此书为**女四书**之一部。

[3] 《亚洲学刊》1900年3—4月期，第334页。

辩论已反映到文献当中，辩论一直持续到元代。

碑文第二部分是在为长孙皇后歌功颂德，而第三部分则颂扬魏王在龙门所行的善事。碑文最后一部分为诗句，但这一部分残泐较甚。

下面是碑文的原文：

第二幅拓片（图656和图1274）

[碑文拓片，竖排文字，以下按自右至左、自上而下顺序移录]

寧身安心帛賤珠玉之寶志絕名瑤九族所以增睦萬
邦所以至道宏寬圖籍雅好藝文酌黃老之清静窮萬
以□博遠因早成妙果降神潤溪明四諦以契無生慮加
蹟昭陽駟三車以濟有結故縣區表剎希金嶠須達之
園排空八藏頓現四處而已共左武候大將軍恒州
利深入八藏願騰雜梁懷抱著海日擱□四禪俯輕未
才藝兼雍州牧魏王體明詮明流於學海日擱三賦俑
載紀騰驚越朝頃百畐摠九流於學海日擱三賦俑
望階深衰於霜露凱樂羣樹於安養傳求報恩之津
陵而無運薩寶樹於安養傳求報恩之津
誓悲泉之思方願投白亭而必拔於中州尊託生成道之
域以為百王建園天必拔於中州尊託生成道之
□於遥地惟此三川窟磴曲昊營定鼎
之基伊闕帶□文命關襄檻六合王城險
岡林□隱洞穴藏金雲生罄谷橫石室而成蓋霞舒乎

居給園仁舟戢弱智炬排昏燦發現跡□終遅淨色身
塋掩靈照遠鏡布金降眞攻玉圖聖五道有截三乘無
競　帝唐御紀文以定祥功濟赤縣德穆紫房十品
散馥三慧騰光廣歸香地載紐元綱卓爾英王至哉茂
則丹青神匄鹽梅王國擒□横海眞德孝思不匱
報恩岡忞肆修淨業于茲勝境梯危紫□□□翠嶺為
石表相因山墓□□□雖遥求心寧永豪□□□
近松□□□祇樹樓似增成飛泉瀍漢石臨星嚴垂日
　　　□□□宜勝業戴圓邪山滅地傾下

伊闕佛龕碑
一萬六尺六□□□□□□□行五十
□夫藏室延閣□□□□□□□□□□□
□□下於百氏莫不美天地大□□□遂文其教始於六
經其流□於百氏莫不美天地廣大遂□□□□□□
備物致用則上聖所以裁成雲壁雲川列仙軆匠受
化歧乃蘊潤□之專業殊方外之天府踰驗表而稱焉
翰□帝宇乃先而請嵩神豈非衛教邊於塔井者未從海老
烏瀆夫□□□□□□□□□□□□□□□□□□□□□
而詠天地也粹岭琼于塊身界未託山祇而顯地粒也
三藏洎乎出□器之外寂萬越筌蹄之表三界方於咫

踰也殆大林之四視於侯服也若籠宮之方
蜍升彼岸日捨□處則周孔尚溺於□謝常樂而
揖一乘之軌輒由是見眞妙之□孫酒俗
□其化於迦葉而丹青發揮善於屢□□□□□□
諦之幻化八儒三墨之所稱莫若夫七覺□□□□□□
之未匪其□□□□□□罷纂柱史絲圖吏
滅而降夔魔以顏𦥑物於有為之域是以遠悉所攷
便之力至矣□叔雅軑表於色窗而竝妙扣拖室而實神
也便魔以顏𦥑物於有為之域標其實相神
百億日月荡萬方□□□□□□於下土□□□然
成侫與典而等範坏氏滅假若相□□□□法雲怛大
則□□□□□□仁敷金□□初迷壞林豈智墨於
□□□□□□□□□□斯酒懷纪而詐怨其末功既
麓蒼𦥑望山發祥紫宅邦嗣徴色露下心鉴薦勤行鴻俊約胎教之
正位而眞玄關求賢歐宗頑頒重輪□□□□德忠
讓吳於垂衹於下□□驚萬□□□□敬申於
宗紀至絨所感清明鮑於
□本枝冠於三代闢政攸叙宮掖光於　文德皇后
上至柔所被𥘵萃凝非相石□□驎俊約胎教之
　　　　　　　图1274

图 656 刻在宾阳洞前的伊阙佛龛碑（刻于 641 年）铭文

伊阙佛龛[1]

　　□夫藏室[2]延阁[3]之旧典,蓬莱[4]宛委[5]之遗文,其教始于六经,其流分于百氏,[6]莫不美天地为广大,嘉富贵为崇高。备物致用,则上圣□其发育;[7]御气乘云,则列仙体其变化,[8]兹乃尽域中之事业,殚方外之天府,逾系表而称笃论,□帝先而谓穷神。

　　岂非徇森漫于陷阱者,未从海若[9]而泳天池[10]也;矜峻极于块阜者,未托山祇而窥地轴[11]也。焉识夫无边慧日,垂鸿晖于四衢;无相法宝,韫善价于三藏。洎乎出□器之外,[12]

---

[1] 《金石萃编》卷四十五,第5页。本书图1274所展示的碑文就是从此书翻印下来的。《中州金石志》卷二,第1—2页;《金石文字记》卷六,第22—23页;《古墨斋金石跋》卷三,第7—8页;《清仪阁金石题识》卷二,第42—43页;《校碑随笔》,第141—143页;《补寰宇访碑录》卷三,第2页下;《攈古录》卷七,第3页下;《艺风堂金石文字目》卷四,第2页下。

[2] 藏室是指保存书籍的地方,正如司马迁所说(《史记》卷六十三,第1页):"老子者周守藏室之史也"。

[3] 延阁的字面意思是指加长的楼阁,但从《六典》当中的一句话来看,延阁是汉代一家书院的名字(参阅《佩文韵府》的相关解释)。

[4] 蓬莱山是指东海里的一座神岛,岛上住着长生不老的神仙,不过也有人说,道家的奇书都保存在岛上,由此才引出《后汉书》里的那句评注:"东观为老氏藏室道家蓬莱山"。

[5] 宛委是一座山名,根据《吴越春秋》(卷四,第3页)讲述的传说,"禹登宛委山发金简之书"。此山位于浙江省绍兴府会稽县东南十五里。总之这里引用了四种说法,都是指保存书籍的地方。

[6] 这里是指世俗作家,他们仅满足于在经典书籍里去挖掘道义。

[7] 此指远古君主教民众穿衣、住宿、生火等技艺。

[8] 此指道家的神奇技能。

[9] 海若是海神的名字,《楚辞》曾提到这个海神。

[10] 即大海本身。

[11] 换句话说,满足于欣赏世俗文章的儒生是领略不到佛教伟大意义的。

[12] 虽然器字前面那个字被磨掉了,但这里器字还是含有孔子所说"君子不器"的意思,也就是说,君子的智慧不限于器(《论语》第二章,第12段)。

寂焉超筌蹄之表。[1] 三界[2]方于禹迹[3]也。犹大林之匹豪端；四天视于侯服也。龙宫之方蜗舍。升彼岸[4]而舍六度，[5]则周孔尚溺于□沦；证常乐而捐一乘，[6]则松高[7]莫追其轨辙。由是见真如之寂减，悟俗谛之幻化。八儒三墨[8]之所称，其人填□陇[9]矣；柱史园吏[10]之所述，其□犹糠秕矣。若夫七觉[11]开□正分涂，离生灭而降灵，排色空而现相。唯妙也掩室[12]以标其实，唯神也降魔以显其权。故登十号而御六□，绝智于无形之□；□□而冥五道，[13]应物于有为之域。是以慈悲所及，跨恒沙而同跬步；业缘既启，积僧祇而比崇朝，[14]故能使百亿日月，荡无明于□□，□□□□，隋法云于下土。然则功成道树，

---

[1] 渔民可用网捕鱼，猎人能观察野兽留下的踪迹，因为鱼和野兽总是待在有限的空间内，但宗教却不会有任何约束。

[2] 三界是指欲界、色界和无色界。

[3] 此指《禹颂》所描述的中国。

[4] 此指达到涅槃境界。

[5] 六度具足方能到达彼岸，而一旦到达涅槃境界，还要能够舍弃六度。如果《金石萃编》在此解读的舍字准确的话，那么这句话就应该这样理解。

[6] 佛教所说的乘是用来达到永福的，当人们相信能得到永福时，也就不再需要乘了。

[7] **赤松子**和**子高**是神仙（参阅《史记》法译本第五卷，第91页注3及结尾部分）。他们在此象征道教，同样在前面那句话里，周孔象征儒教。

[8] **八儒三墨**一词出现在《北史》里，《佩文韵府》引用了《北史》当中的这句话。八儒是指孔子的八个弟子，为《韩非子》作注的人列举了儒家的八个流派：**子张**之儒、**子思**之儒、**颜氏**之儒、**孟氏**之儒、**漆雕**氏之儒、**仲良**氏之儒、**孙氏**之儒、**乐正**氏之儒。三墨可能是指墨子的三个流派，但我没有找到这三个流派的名字。

[9] **陇**字前因缺一字，这里比较难解释，大家知道**陇**字往往指陕西，不过后一句与其对仗的字并不是地名。

[10] 这是指老子和庄子。司马贞告诉我们，老子为周**柱下史**（《史记索隐》卷六十三，第1页），通过阅读《史记》（卷六十三，第2页），我们得知庄子曾在山东任**漆园**吏。

[11] 有关**七觉**分的解释，可参阅艾特尔的《汉梵字典》之"七觉支"词条。

[12] 掩室似乎是指佛教徒静思的场所。

[13] 这里也许是指佛教中的五道，即天道、人道、地狱道、饿鬼道、畜生道，不过这段文字比较晦涩。

[14] **崇朝**一词源于《诗经·河广》。

非炼金[1]之初；迹灭坚林，[2]岂断筹之末？[3]功既成，俟奥典而垂范；[4]迹既灭，假灵仪而图妙。[5]是□□□□□。[6]□其化于迦维；载饰丹青，发其善于震旦。绳绳乎方便之力至矣！巍巍乎饶益之义大矣！

　　文德皇后道高轩曜，[7]□□□□，淑圣表于无疆，柔明极于光大。沙麓蕃祉，[8]涂山发祥。[9]来翼家邦，嗣徽而赞王□；[10]聿修阴教，正位而叶帝图。求贤显重轮之明，逮下□厚载之德。忠谋著于房闼，□敬申于宗祀。至诚所感，清朏魄于上，[11]至柔所被，荡震腾于下。心系忧勤，行归俭约。胎教□□，本枝冠于三代；闻政攸叙，宫掖光于二南。[12]陋锦绘之华，身安大帛；贱珠玉之宝，志绝名珰。九族所以增睦，万邦所以至道。宏览图籍，雅好艺文，酌黄老之清静，穷诗书之溥博。立德之茂，合大两仪，立言之美，齐明五纬。[13]加以宿

---

[1]　如同炼金师炼出纯金一样，若想达到大彻大悟的状态，就要经过长时间的修炼。

[2]　此指娑罗树，参阅特尔的《梵汉字典》之"娑罗树"词条。

[3]　古代用竹简记账时拿绳子把竹简串起来，割断绳索就表示账目已结清（参阅《史记》法译本第二卷，第327页）。然而佛陀涅槃并不意味着终结。

[4]　此句是说还有书籍。

[5]　此句是说还有塑像。

[6]　所缺之字的意思应该是："佛陀灭度后"……（《全唐文》则补为"以载雕金玉"——译注）

[7]　我猜测这里是指轩辕星座（参阅《史记》法译本第三卷，第348页）。

[8]　根据《春秋》记载，鲁僖公十四年（前646），有人占卜说，沙麓山将会崩塌。根据《前汉书》（卷九十八，第1页）的说法，春秋时代出现了沙麓山崩塌的怪事，占卜者预言六百四十五年过后，将会出现一位圣女。于是，到东汉末年，有人说这位圣女就是孝元皇后，她是篡权者王莽的姑姑。在这个故事当中，我们要铭记的就是沙麓山，此山让人联想起有圣女问世的预言，碑文作者借用此传说来暗喻魏王的母亲长孙皇后。

[9]　大禹娶涂山王的女儿做妻子（参阅《史记》法译本第一卷，第158页）。因此，涂山一词让人联想起贤惠女子。

[10]　《诗经·大雅》：**大姒嗣徽音**，此诗讴歌文王之妻大姒的美德，她赢得了与文王母亲太任同样的美名。

[11]　从字形上看，**朏**字表示新月的意思，《书经·召诰》用此字作阴历初三日的代称。此外"魄"字或"**霸**"字则表示新月始生的微光。我们将此句译为：皇后德高望重，让月亮光都变得黯淡无光了。

[12]　这句话的意思是女子的闺房闪耀出光辉，甚至超过《诗经·周南》和《诗经·召南》所讴歌的古代女子的闺房。

[13]　此指五大星球。

殖远因，早成妙果。降神渭涘，[1]明四谛以契无生，应迹昭阳，[2]驰三车[3]以济有结。[4]故绵区表刹，布金犹须达之园；[5]排空散花，踊现同多宝之塔。[6]谅以高视四禅，[7]俯轻末利；深入八藏，[8]顾□胜鬘。[9]岂止厘降扬蕤，轶有娀之二女；[10]载祀胜实，越高辛之四妃[11]而止已哉！

左武侯大将军相州都督雍州牧魏王，体明德以居宗，膺茂亲而作屏，发晖才艺兼苞礼乐。朝读百篇，总九流于学海；日摛三赋，备万物于词林。驱鲁卫[12]以骖镳，[13]驭梁楚[14]使扶

---

[1] 此暗喻《诗经·大雅》之诗句："文王初载，天作之合。在洽之阳，在渭之**涘**"。在此以长孙皇后比作文王之妻。

[2] 如果遵从文字对仗原则，**昭阳**在此应指古代的一位贞女，但我查不到此人究竟是指谁。

[3] 三车指羊车、鹿车和牛车。

[4] 我猜测"**结**"字在此取"**结良缘**"之意，也就是说，善事将来总会有善报。

[5] 大家知道须达多是释迦的施主，他从舍卫城王子祇陀手中购得祇树给孤独园，在园子里到处铺满金币后，将其奉送给释迦。

[6] 此指藏有多宝佛灵骨的舍利塔出现在释迦牟尼上方。参阅《法华经》布努夫（Eugène Burnouf）法译本第十一卷。

[7] 四禅是指外道、凡人、小乘佛徒及大乘佛徒修炼的禅法。

[8] 我们发现八藏划分为两种：一种是指胎化藏、中阴藏、摩诃衍方等藏、戒律藏、十住菩萨戒藏、杂藏、金刚藏、佛藏；另一种是大小乘各有经、律、论、杂等四藏，合称为八藏。

[9] 指佛陀的头发，后来也用来指代佛陀本人。

[10] 此句典出《书经·尧典》，当尧准备将两个女儿嫁给舜时，他将女儿送到沩河的转弯处：**厘降二女于妫汭**。

[11] 高辛是帝喾的名字，有关喾四妃的相关内容，参阅《史记》法译本第一卷，第40页注4。

[12] 指鲁国和卫国，鲁卫两字经常合在一起用，因为正如孔子所说，鲁卫两国如亲兄弟（《论语》第十三章，第7段；《史记》法译本第五卷，第376页注4）。

[13] 作者在此表达的看法是，魏王比鲁卫最优秀的学者还出色，甚至让他们奋起直追，好像又为他们的马车套上一匹辕马。

[14] 梁楚也是两个诸侯国，与上一句鲁卫对仗。

縠。[1]长人称善,[2]□□千里之□,通神曰孝,横□四海之滨。结巨痛于风枝,[3]缠深哀于霜露。[4]阳陵[5]永閟,[6]怀镜奁而不追;[7]閟宫[8]如在,望阶除而增慕。

思欲弭□鹫岳,[9]申陟岵之悲,鼓枻龙池,寄寒泉之思。[10]方愿舍白亭[11]而遐举,莹明珠于兜率;度黄陵而抚运,荫宝树于安养。博求报恩之津,历选集灵之域。[12]以为百王建国,图大必揆于中州;千尊托生,成道不□于边地。[13]惟此三川,[14]实总六合。王城设

---

[1] 这句话要表达的意思是,魏王推动象征梁楚文学发展的车向前疾驰,他的文学造诣要优于梁楚文人,这些人甚至甘愿去为魏王扶车轮子。

[2] **长人**的意思是使人变得高尚。圣人设法让人变得高尚,而小人则总想战胜他人。参阅《佩文韵府》引自《易经》及《家语》的例句。

[3] 《书苑》卷十,第9页:"树欲静乎风不定,子欲养吾亲不待"。根据孔子的这个比喻,人们用风枝来暗喻逝去的父母。

[4] 这句话的意思就是他对失去母亲而感到格外伤心。

[5] **阳陵**只能理解为是一座陵墓,魏王的母亲长孙皇后去世后,与太宗合葬在**昭陵**。

[6] 也就是说,他始终怀念母亲。

[7] 回想起母亲生前用过的梳妆用品,他真想能再次见到母亲,可是却再也见不到她了。

[8] **閟宫**在此大概是指长孙皇后生前居住过的宫殿。

[9] 暗喻《诗经·国风》中的一首诗,年轻士兵想登上山丘,遥望母亲的居住地。

[10] 暗喻《诗经·国风》中的一首诗,七子感念母亲,自责不能安慰母心。通过这些比喻,来描述魏王因母亲去世而感到格外伤心。

[11] **白亭**是一个地名,与其相对仗的**黄陵**也是地名,尧把两个女儿嫁给舜,女儿去世后就埋葬在**湘江**边的黄陵,白亭一词有可能是用来指代知名的女子。因此,我们可以把这几句话解读为,魏王希望颂扬母亲的名望,相比之下,过去那些讴歌知名女子的文字都会变得黯然失色,而白亭及黄陵正是这些知名女子的代名词。

[12] 也就是说,他一直想找一个地方,在那里建造一座纪念碑,能让母亲流芳百世。

[13] 这句话及后面一句解释了魏王为什么决意要为母亲在中州之地祈福。

[14] 三川地区是指三条河,即黄河、洛河及伊河流经的地域。

险，曲阜[1]营定鼎之基；[2]伊阙[3]带垌，文命[4]辟襄陵[5]之□穹窿极天，峥嵘无景，幽林招隐，洞穴藏金。云生翠谷，横石室而成盖，霞舒丹崿，临松门而建标。崇基拒于嵩山，[6]依希雪岭[7]，□流注于德水[8]，仿佛连河[9]。斯固真俗之名区，人祇之绝境也。

王乃罄心而弘喜舍，开藏而散龟贝[10]。楚般竭其思，宋墨骋其奇。[11]疏绝壁于玉绳[12]之表，而灵龛星列；雕□石于金波[13]之外，而尊容月举。[14]或仍旧而增严，[15]或维新而极妙。白毫流明，掩莲花之质；[16]绀发扬晖，[17]分檀林之侣。是故近瞻宝相，俨若全身，远

---

[1] 周成王将鲁国分封给周公，曲阜是鲁国的国都。

[2] 鼎是周朝的权力象征，位于今河南府附近的洛城据说就是周公创建的（参阅《史记》法译本第一卷，第247页及《书经·召诰》和《书经·洛诰》）

[3] **伊阙**就是指龙门，伊河从两山中间流过，那两座山就像是两座石阙。

[4] 依照司马迁（《史记》法译本第一卷，第97页）的说法，文命是大禹的名字。

[5] 《书经·尧典》在描述滔滔洪水时也采用这一说法，大禹受命去治理洪水。

[6] 伊阙山可以同中岳嵩山相媲美。

[7] 此指喜马拉雅山。

[8] 公元前221年，秦始皇颁布诏书，将黄河更名为**德水**，因为秦人认为他们以水德治国（参阅《史记》法译本第二卷，第130页）。

[9] 即印度的恒河。

[10] **龟贝**（或许就是人们通常所说的贝壳）在古代当作钱币用。

[11] 鲁班和墨翟（参阅翟理斯的《古今姓氏族谱》，第1424条和第1537条）是著名的能工巧匠。《吕氏春秋注》（卷十五，第5页）记载了鲁班在为楚王制作兵器期间，如何挖掘自己的战略想象力，先后九次去攻打宋国的都城，而守城的正是墨翟。这几句话的意思是，魏王在龙门开凿石窟，工程十分艰巨，即使让鲁班和墨翟来做也难以完成。

[12] 龙门的石壁上开凿了许多佛教石窟，有些石窟开凿在很高的地方，甚至超越了那个名叫**玉绳**的星座。

[13] 金波为诗喻，以比喻明亮的月光。遵从魏王指令所雕刻的佛像都十分高大，其高度甚至超过了挂在空中的月亮。

[14] 在讲述佛陀本生的作品里，在描述佛陀相貌时，人们常说他面如满月。

[15] 这段文字表明，宾阳三洞在645年并非完全由魏王开凿，在他之前已经有人在此处开凿了石窟。

[16] 佛陀双眉之间的白毫甚至比莲花还要美。

[17] 魏王让人为佛像作了发饰。这清楚地表明，雕像最初都是彩绘的，如果仔细观看龙门石窟的雕像，也能印证这一点。不过对于"檀林之侣"一词，我不知道作者在此要表达什么意思。

鉴神光，湛如留影。[1] 嗤镂玉之为劣，鄙刻檀之未工。[2] 杲杲焉逾日轮[3]之丽长汉，峨峨焉迈金山之映巨壑。

耆阇在目，那竭可想。[4] 宝花降祥，蔽□云之色；天乐振响，夺万籁之音。是以睹法身之妙，而八难自弭；闻大觉之风，而六天可陟。非正真者，其孰能与于此也？[5] 善建佛事，以报鞠育之慈；广修福田，[6] 以□□提之业。非纯孝者，其孰能与于此也？昔简狄生商，既轮回于名相；[7] 公旦胙鲁，亦迹遁于国城。[8] 犹且雅颂[9]美其功，同和于天地；管弦咏其德，□□于鬼神。况乎慧灯普照，甘露遍洒，[10] 任姒尊名，具之以妙觉，[11] 间平茂实，成之以种智。[12] 是用勒绀碣于不朽，譬彼法幢，[13] 陈赞述于无穷，□□□□。俾夫衣销劫

---

[1] 大家知道，在佛陀涅槃之后，他的形象或者说他的影子依然留在那揭罗耶附近的岩洞里，在一片神光之中，他的形象出现在玄奘眼前（参阅《大慈恩寺三藏法师传》儒莲法译本，第79—80页）。

[2] 与应魏王要求所制作的雕像相比，其他所有雕像，无论是石雕还是木雕，全都黯然失色。

[3] 日轮就是指苍穹。

[4] 换句话说，当我们看到这些塑像时，就好像是在耆阇崛山凝视着佛陀本人，或者是在那揭罗耶岩洞里看到他的影像一样。

[5] 唯独佛陀本人可以同魏王雕刻的佛像作对比。

[6] 所有与佛教相关的功德就像精心耕作的农田，人们可以从中收获幸福。

[7] 简狄在传说中是商始祖契的母亲，因吞下玄鸟留下的鸟蛋而怀孕。碑文的作者在此似乎在暗示这种奇迹或多或少会抹杀他的功绩。

[8] 文王将鲁国分封给周公旦时，周公旦并没有马上去其封地上任，而是留在国都辅佐成王。碑文的作者在此似乎在批评周公旦。作者用周公旦和简狄来映衬魏王和他母亲，是想让人感觉周公旦和简狄不如魏王和他母亲。

[9] 系指《诗经》的最后两部分。

[10] 这句话的意思是魏王和他母亲让佛教遍地开花。

[11] 魏王的母亲集文王之母太任及文王之妻太姒的美德于一身，而且满怀佛教的大慈大悲观。

[12] 此指河间献王刘德（卒于公元前130年，参阅《史记》卷五十三）和东平宪王刘苍（卒于公元83年，参阅《后汉书》卷四十二），但和他们相比，魏王则更胜一筹，因为魏王兼有佛教所赐予的智慧。

[13] 换句话说，刻在石碑上颂扬魏王和他母亲的碑文堪与镌刻在八角石柱上的经文相媲美。

石，与金刚而比坚，芬纳须弥，随铁围而齐固。[1] □□□□，乃作颂曰：[2]

在寺庙的内院里还有其他一些古石碑，这些石碑的碑文也可以辨认出来，其中有下列几块石碑：

第三幅拓片（未复制）[3]

石碑大但残泐甚。镌刻于隋代开皇十五年六月四日（595年7月16日）。

行参军裴慈明等诸邑子造阿弥陀佛像一龛。

第四幅拓片（图1275）[4]

蜀郡成都县募人李子斌，行至此，敬为亡父，见存母，兄弟、自身，得早还相见，造观音像一躯，并及六道四生，同沾斯福。大业十一年四月廿五日（615年5月28日）。

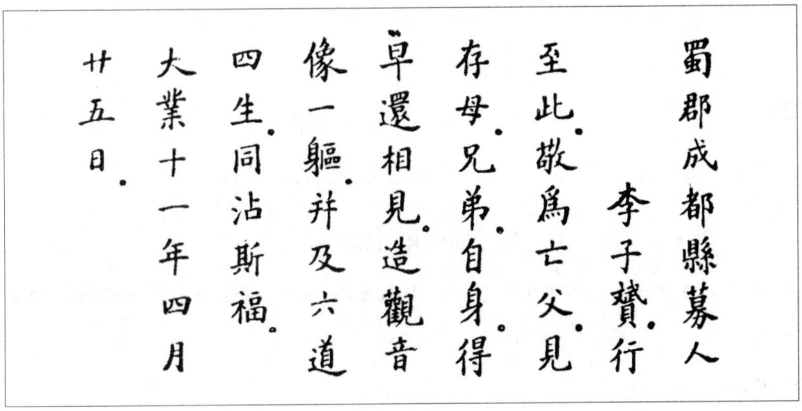
蜀郡成都縣募人
李子贇。行
至此。敬爲亡父。見
存母。兄弟。自身。得
早還相見。造觀音
像一軀。并及六道
四生。同沾斯福。
大業十一年四月
廿五日。

图 1275

[1] “**衣销劫石**”这句话没有任何意义，同样与其相对仗的“**芬纳须弥**”一句也没有多大意义。作者在此想表达的意思是，碑文非常坚固，会一代代地传下去。

[2] 颂文的最后部分损毁严重，部分段落甚至完全残泐，而且颂文本身没有任何历史意义。我认为这一部分即使不翻译，也不会对整则碑文造成影响。无论是我的拓片（图656），还是《金石萃编》的抄录（图1274），都没有注明日期，但根据《清仪阁金石题识》（卷二，第42—43页）的记载，还有一幅在明代制作的拓片，能看到上面刻着辛丑年的字样，这样《集古录》所标明的641年也就得到确认。

[3] 《寰宇访碑录》卷二，第20页下；《攈古录》卷六，第45页下；《艺风堂金石文字目》卷二，第43页下。

[4] 《寰宇访碑录》卷二，第20页下；《攈古录》卷六，第49页下；《艺风堂金石文字目》卷二，第43页下。

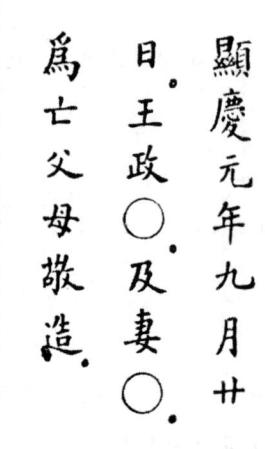

图 1276 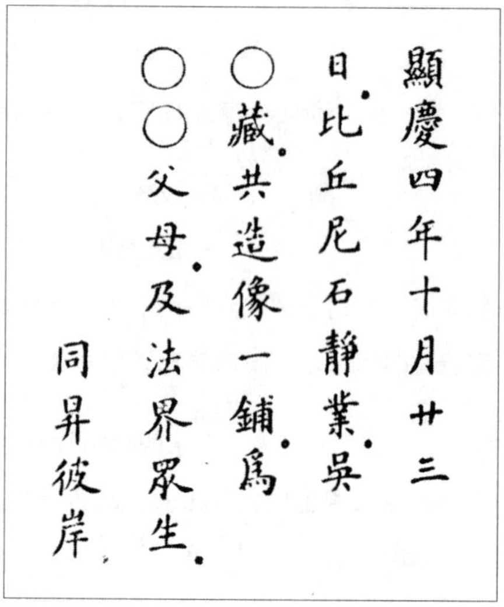　　　　　图 1277

第五幅拓片（图1276）[1]

显庆元年九月廿日（656年10月13日），王政□及妻□为亡父母敬造。

第六幅拓片（图1277）[2]

显庆四年十月廿三日（659年11月12日），比丘尼石静业、吴□藏[3]共造像一铺，为□□父母及法界众生。

同升彼岸。

第七幅拓片（图1278）

城门郎于尚范及妻韦，敬造阿弥陀像二躯。

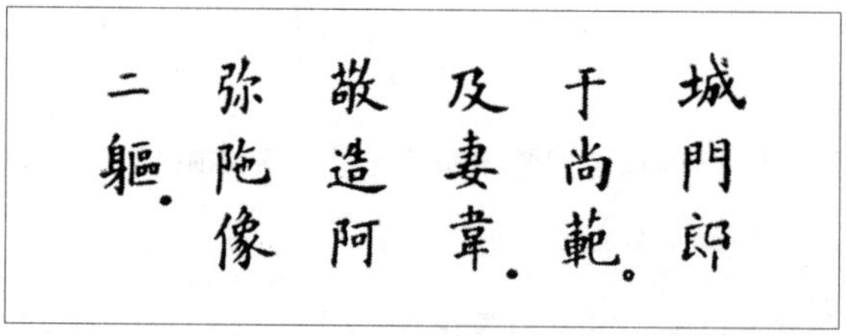

图 1278

---

[1] 《攈古录》卷七，第12页下；《艺风堂金石文字目》（卷四，第3页上）将像主解读为**王政则**。

[2] 《攈古录》卷七，第16页上；《艺风堂金石文字目》卷四，第3页上。

[3] 我们注意到这两位比丘尼将姓氏放在了教名前。

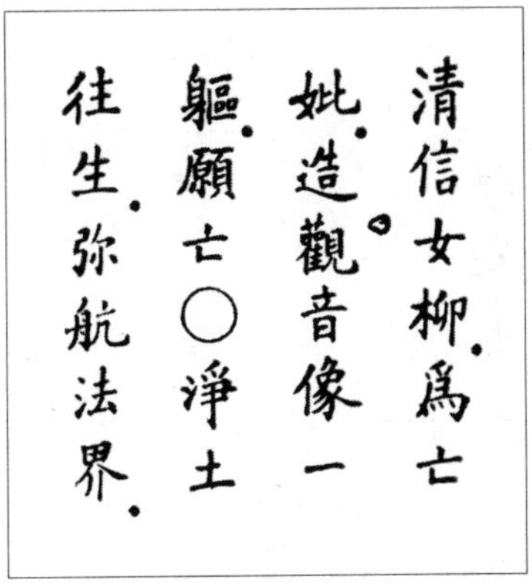

图 1279 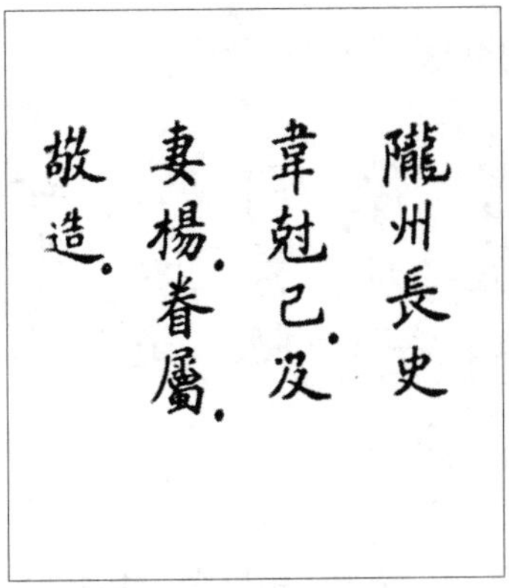　　　　　　　　　　图 1280 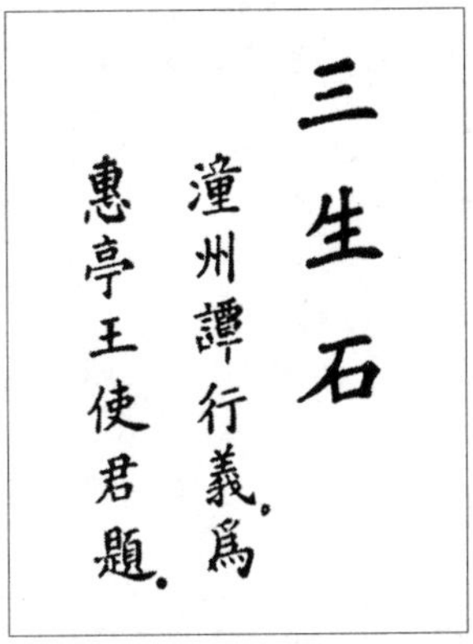　　　　　　　　　　图 1281

第八幅拓片（图1279）[1]

清信女柳，为亡妣。造观音像一躯。愿亡□[2]净土往生，弥航法界。

第九幅拓片（图1280）

陇州[3]长史韦克己及妻杨，眷属，敬造。

第十幅拓片（图1281）[4]

石碑上书三个大字"三生石"，左侧有碑文："潼川[5]谭行义，为惠亭[6]王使君题"。

---

[1] 《艺风堂金石文字目》卷四，第5页上。

[2] 空白处所缺之字应为"母"字。

[3] 陇州今隶属于陕西省凤翔府。

[4] 在我看来，这块石碑和佛教没有任何关联。在浙江省**温州**府东部的一处道教石窟里，就有用篆体字书写的"**三生石**"石碑，石碑立于元代（参阅阮元的《两浙金石志》卷十八，第59页），因此三生石一词的含义应从道教方面去理解。

[5] 即今四川省潼川府。

[6] 把惠亭解读为一个地名也许不准确。

第十一幅拓片（图1282）[1]

田文基母李，为亡姑造阿弥陀像并二菩萨。

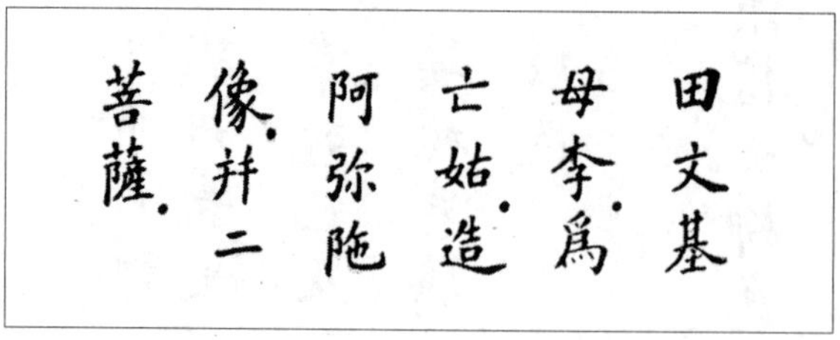
田文基
母李爲
亡姑造
阿弥陁
像并二
菩薩

图 1282

第十二幅拓片（未复制）[2]

佛弟子李氏家族第四女，为考妣敬造阿弥陀像一躯，望……

第十三幅拓片（图1283）[3]

赵士部、□□□士邦、□远、张统子、□□、恺公和同游，时政和癸巳闰四月初七日（1113年5月23日）。

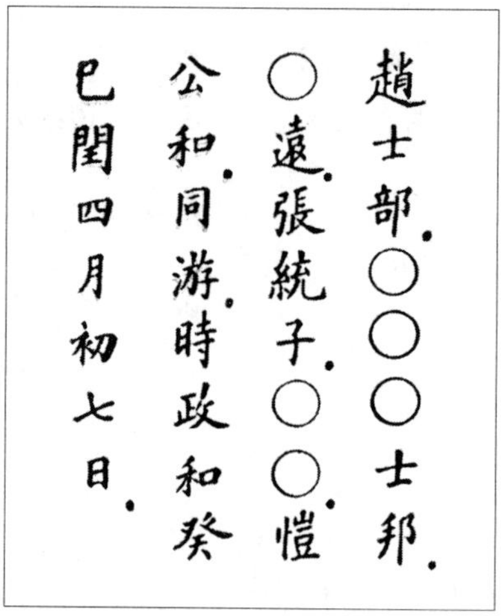
趙士部〇〇〇士邦
〇遠張統子〇〇愷
公和同游時政和癸
巳閏四月初七日

图 1283

[1] 《艺风堂金石文字目》卷四，第5页上；《攈古录》卷九（唐朝），第57页下。

[2] 《艺风堂金石文字目》卷四，第4页；《攈古录》卷九（唐朝），第53页。

[3] 《寰宇访碑录》卷八，第19页下。我们注意到此碑立得比较晚，而且碑文只是讲述若干人到龙门游玩，并无任何与佛教有关的文字。

三、宾阳南洞

这是宾阳三洞（图297—图300）里最靠南边的一座石窟。石窟宽9.2米，进深从洞口至中央佛像前为6.4米。佛像本身进深2.2米，像基座宽5米。此为结跏趺坐佛像，手势和宾阳中洞主佛像的完全一样，均结说法印。佛像背后的椭圆形光环装饰着花朵和卷曲的树枝条。佛像的面容显得有些凝重，而且面无表情。佛像两边各有一弟子和一菩萨。佛像前设置了两头狮子雕像。

石窟的北壁和南壁上开凿了许多小佛龛，有些佛龛还附带有碑铭，最长的一则碑铭高1.4米，宽0.6米。下面是碑铭的原文：[1]

图297 宾阳南洞：北壁（1）

---

[1] 《金石萃编》（卷四十七，第1页）复制了此碑铭，但在解读碑铭的过程中出现很多错误。参阅《寰宇访碑录》卷三，第3页下；《攈古录》卷七，第6页上。

图 298　宾阳南洞：北壁（2）

图 299　宾阳南洞：南壁（1）

图 300　宾阳南洞：南壁（2）

第十四幅拓片（图742和图1284）

图 742　龙门造像题记

彌勒像之碑

洛州
河南縣
思順坊
老幼等
普爲法
界敬造
弥勒像
一龕在
此碑下
近東

蓋聞至理玄微超乎言象之域真身眇邈出乎希夷之境而能人降
跡隨緣利現紫狀西誕則珠星奄輝白馬東馳則金人入夢是使三
乘之軌齊鶩八正之門洞啓日用之益可畧言焉自化洽三千之前
道光汲引塔盈八萬之後歸乎寂滅悲夫茲日難遇譬彼投針人心
易遷同茲斵石何則釋迦現於既往仰企踵而不追弥勒降於將來
俯翹足而難俟居前後而成鄣惟進退而莫逢言念沉淪喟然歎息
乃與同志百餘人等上願
皇基永固配穹天而垂拱下使幽塗載曉趣彼岸而清昇遂於茲嶺
敬造弥勒像龕一所地聳雙闕壁映千尋前泝清流却倚重岫縈帶
林薄密迩京華似耆山之接王城給園之依衛國也既資勝地又屬
神工疏鑿彫鐫備盡微妙以大唐貞觀二十二年四月八日莊嚴斯
畢於是尊儀始著似降兜率之宮妙相初成若在菩提之樹白豪月
照紺髮煙凝蓮目疑動菓脣似説其有禮◯◯足瞻仰尊顔者莫不
肅然毛豎豁尔心開寔釋梵所歸依龍天所衛護彼丹青徒煥旋見
銷毀金玉雖珍易以零落豈若因山成固同乾坤之可久刊石爲貞
何陵谷之能貿於是勒銘龕右式纘靈儀其詞曰　真如眇眇
正覺巍巍四弘動念八相流輝鹿園闡法鶴樹拂衣十方三世異軫
同歸一其猗歟邈多正真道備踵彼遐武補茲佛位兜率降神閻浮廣
利淨土◯啓玄門罔闕二其思覩聖容龕茲巖曲既彫既就將起將躅
釋梵冥感靈祇幽屬似會龍華如遊雞足三其丹巖重疊清川澋瀁松
桂攢叢聖仙來往影留怖鴿手咸狂象妙色湛然歷劫瞻仰四其

图1284

石碑的最上面用篆体字刻着五个字：**“弥勒像之碑”**。紧接着下面用大字书写一段文字：

洛州河南县思顺坊老幼等普为法界敬造弥勒像一龛，在此碑下近东。[1]

碑铭分为上下两层，下层镌刻的是老幼像主的名字，我未将其录入图1284当中；上层镌刻的碑文是这样写的：

[1] 如碑文所示，相对应于碑铭，佛龛确实就建在那个位置上。

盖闻至理玄微,超乎言象之域;[1]真身眇邈,出乎希夷之境。[2]而能人[3]降迹[4],随缘[5]利现,紫状西诞,则珠星奋辉,[6]白马东驰,则金人入梦。[7]是使三乘[8]之轨齐骛,八正之门洞启,日用之益,可略言焉。自化洽三千之前,道光汲引;塔盈八万[9]之后,归业寂然。

　　悲夫!兹[10]日难遇,辟彼投针;[11]人心易迁,同兹矸石。[12]何则释迦现于既往,仰企踵而不追;[13]弥勒降于将来,俯翘足而难俟。[14]居前后而成郫,惟进退而莫逢,言念沉沦,喟然叹息。乃与同志百余人等,上愿皇基永固,配穹天而垂拱[15];下使幽涂载晓,[16]趋彼岸而清升。遂于兹岭,敬造弥勒像龛一所。地笋双阙,[17]壁映千寻,前溯清流,却倚重岫,萦带林薄,密迩京华,似耆山之接王城,给园之依卫国也。既资胜地,又属神工,疏凿雕

---

[1] 至理名言确实既不能用书籍来表达,也不能用雕像来展示。

[2] 对于"希"和"夷"这两个字的理解,我倒倾向于取《道德经》之著名段落所赋予的意义。

[3] 我认为这里有必要把"能人"改为"能仁",因为能仁是释迦牟尼一名的含义。参阅鄂卢梭发表在《法国远东学院学报》上的文章(第十卷,第729页)。

[4] 即诞生于世的意思。

[5] **随缘**一词的意思是说,完美之人既不会生,也不会死,但他依然会出现在这个世界里,为所有的不幸者带来好处,因为他要去拯救那些遭受无知痛苦折磨的人。

[6] 我猜测这里是指某种星象,预示着佛陀将降临人世。

[7] 汉明帝在梦中看见金人,于是便派遣使团去天竺求法,使团带回许多佛教经典。

[8] 三乘即指羊车、鹿车和牛车。

[9] 据说是阿育王让人建造了八万座舍利塔。

[10] "兹"字在此意为"慈"。

[11] 这句话的意思是,要见到佛陀,则比大海捞针还难。

[12] 在《诗经·国风》当中,一女子声称"我心匪石,不可转也"。用人心来对比石头,表示人心是可以变的。

[13] 即他要离开之际。

[14] 即他要到达之际。

[15] 意为轻松治国,典出《书经·武成》:"垂拱而天下治"。

[16] 此指对人生六道有直观感受的人。

[17] 伊河从龙门的两座小山中间流过,这两座小山宛如两座石阙,于是此地便被称为**伊阙**。

镌，备尽微妙。以大唐贞观二十二年四月八日（648年5月6日），[1] 庄严斯毕。于是：尊仪始著，似降兜率之宫；妙相初成，若在菩提之树。白毫月照，绀发烟凝，莲日疑动，果唇似说。其有礼□具足，瞻仰尊颜者，莫不肃然毛竖，豁尔心开，实释梵所归依，龙天所卫护。彼丹青徒焕，旋见销毁；金玉虽珍，易以零落。岂若因山成固，[2] 同乾坤之可久；刊石为贞，何陵谷之能贸。[3] 于是勒铭岿石，式缵[4] 灵仪。其词曰：

（第一阕）

真如眇眇，正觉巍巍。四弘[5] 动念，八相[6] 流辉。鹿园[7] 阐法，鹤树拂衣。[8] 十方三世[9]，异轸同归。[10]

（第二阕）

猗欤逸多，正真道备。踵彼遐武[11]，补兹佛位。[12] 兜率降神，阎浮广利。净土□启，玄门周网。

（第三阕）

思睹圣容，岿兹岩曲。既雕既就，将起将躅。[13] 释梵冥感，灵祇幽属。似会龙华，[14]

---

[1] 此为佛陀的生日。

[2] 即在山岩石壁上镌刻佛像。

[3] **陵谷**是**陵谷代处**一词的简略写法。这句话是指在人世间里不可能出现的本末倒置现象。

[4] "**缵**"即"**赞**"的意思。

[5] **四弘**即指佛陀所作的**四弘誓愿**：一、众生无边誓愿度；二、烦恼无尽誓愿断；三、法门无量誓愿学；四、佛道无上誓愿成（参阅日文版《佛教字典》）。

[6] **如来八相**如下：一、降兜率；二、入胎；三、出生；四、出家；五、降魔；六、成道；七、说法；八、涅槃（参阅《大明三藏法数》）。

[7] 此指鹿野苑，佛陀悟道后第一次开示的地方。

[8] **佛衣**意为"准备动身"；至于说鹤树，当佛陀进入涅槃时，东西两棵娑罗树结合在一起，形成一棵树；而南北两棵树也合为一棵树，将佛陀的遗体遮盖起来，娑罗树林感到极为悲伤，由此变成白色，仿佛白鹤一般。这就是**鹤树**一词的出处（参阅《佛教字典》）。

[9] 三世即前世、今世和来世。

[10] **异轸同归**的意思是，虽然所用的方式方法不同，但目标是一致的。

[11] "**武**"字在此取"**迹**"的意思，比如《诗经·大雅》当中的"**绳其祖武**"，武字就应理解为"**迹**"。

[12] 见到佛像就如同见到佛陀本人一样。

[13] 佛像栩栩如生。

[14] 弥勒佛在龙华树下转动法轮。

如游鸡足。[1]

（第四阕）

丹巚重叠，清川混潆。[2]松桂灌业，圣仙来往。影留怖鸽，手威狂象。[3]妙包湛然，历劫瞻仰。

宾阳南洞的其他碑铭都很简短，有些石碑保存完好，碑文依然能看得清楚，这些石碑如下：

第十五幅拓片（图744和图1285）[4]

图744　龙门造像题记　　　　　　　　图1285

大业十三年七月十五日（617年8月21日），河南郡兴泰县人梁修行，为亡男世讬、大寿二男，敬造释迦像二龛，并四菩萨、香炉、狮子等，上为皇帝陛下，又为一切苍生，同登正觉。

---

[1] 指伽耶附近的鸡足山。

[2] 指伊河。

[3] 佛像正是佛陀本人的映象。佛像也如佛陀本人一样可以接纳并保护被老鹰追杀的白鸽，或者伸手变出五狮，以驱逐发怒的大象。

[4] 《寰宇访碑录》卷二，第32页下；《攈古录》卷六，第49页下；《艺风堂金石文字目》卷二，第43页下。这三部著作都把像主写为**梁伯人**，因此我们在图1285里所录入的像主名字也应作出相应的修改。

第十六幅拓片（图739和图1286）[1]

图739 龙门造像题记

覺含識共登正
一塔及一切
人亦同造像
蔣修子等五
為己身并兒
識公主姊蔣
并爲一切含
願己身平安
敬造像一塔
日豫章公主
五年三月十
大唐貞觀十

图1286

大唐贞观十五年三月十日（641年4月25日），豫章公主[2]敬造像一塔，为己身平安，并为一切含识，公主姊蒋，为己身并儿蒋修子等五人，亦同造像一塔，及一切含识，共登正觉。

第十七幅拓片（图1288）[3]

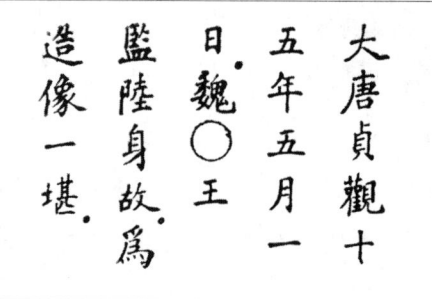

造像一堪．
監陸身故爲
日魏○王
五年五月一
大唐貞觀十

图1288

---

[1]《十二砚斋金石过眼录》（卷九，第3—4页），这部金石著作全文收录此碑铭。还可参阅《攈古录》卷七，第3页上；《艺风堂金石文字目》卷四，第1页上（在此书当中，蒋修子一名当中的字写为循）。

[2] 豫章公主是唐太宗二十一个女儿当中的第六女，嫁给了唐俭的儿子**唐善识**（《唐书》卷八十八，第2页；《旧唐书》卷五十八，第1页）。

[3]《攈古录》卷七，第3页下；《艺风堂金石文字目》卷四，第1页上，此书将碑文解读为"**魏王阿监陆**"，但这一解读是错误的。虽然**魏**和**王**字之间有无汉字难以确定，但至少在**王**和**监**之间应无任何汉字。

大唐贞观十五年五月一日（641年6月14日），魏□王监陆身故，为造像一堪。

第十八幅拓片（图745和图1287）[1]

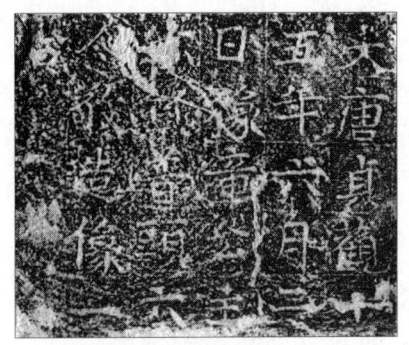

图 745　龙门造像题记

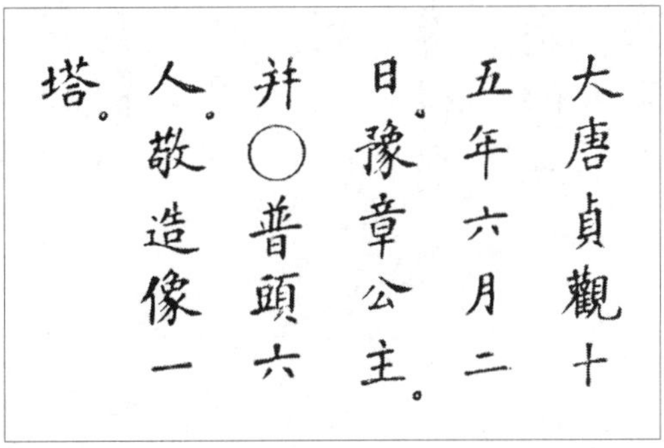

大唐貞觀十
五年六月二
日。豫章公主。
并○普頭六
人。敬造像一
塔。

图 1287

大唐贞观十五年六月二日（641年7月15日），豫章公主并□[2]普头六人，敬造像一塔。

第十九幅拓片（图1289）[3]

大唐贞观十五年六月五日（641年7月18日），朱文本[4]敬造西塔一佛、二菩萨；岑嗣宗敬造东坩一佛、二菩萨。仰愿一切含识，同登正觉。

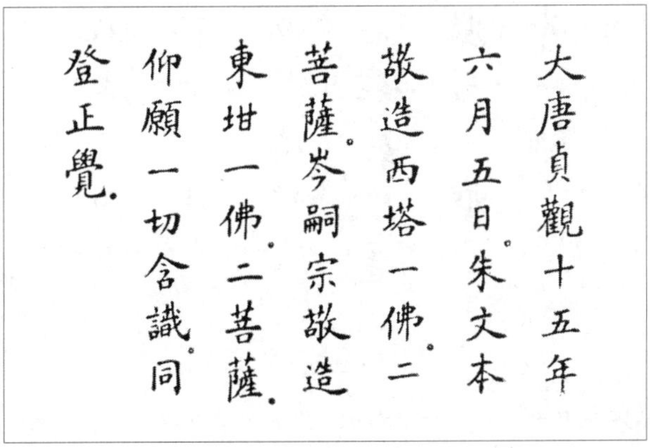

大唐貞觀十五年
六月五日。朱文本
敬造西塔一佛。二
菩薩。岑嗣宗敬造
東坩一佛。二菩薩。
仰願一切含識。同
登正覺。

图 1289

［1］《攈古录》卷七，第3页下；《艺风堂金石文字目》卷四，第1页下。

［2］《攈古录》并未采纳“**并□**”，而是写成**妳竹**，但如果是人名的话，这里怎么能断句呢。

［3］《攈古录》卷八，第3页下；《艺风堂金石文字目》卷四，第1页下。

［4］应读为**岑文本**，我们在前文已说过，《伊阙佛龛碑》的碑文就是他撰写的。

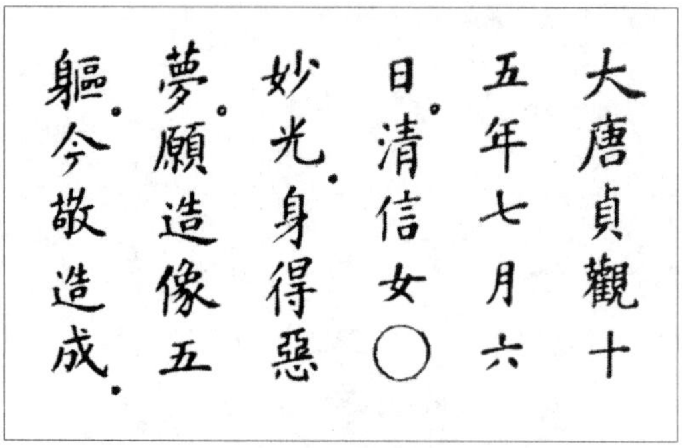

图1290

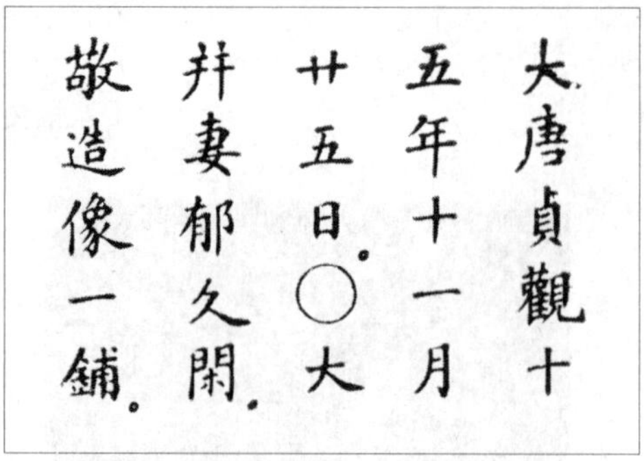

图1291

第二十幅拓片（图1290）[1]

大唐贞观十五年七月六日（641年8月17日），清信女□妙光，身得恶梦，愿造像五躯，今敬造成。

第二十一幅拓片（图1291）[2]

大唐贞观十五年十一月廿五日（642年1月1日），□大并妻郁久间，敬造像一铺。

第二十二幅拓片（图1292）[3]

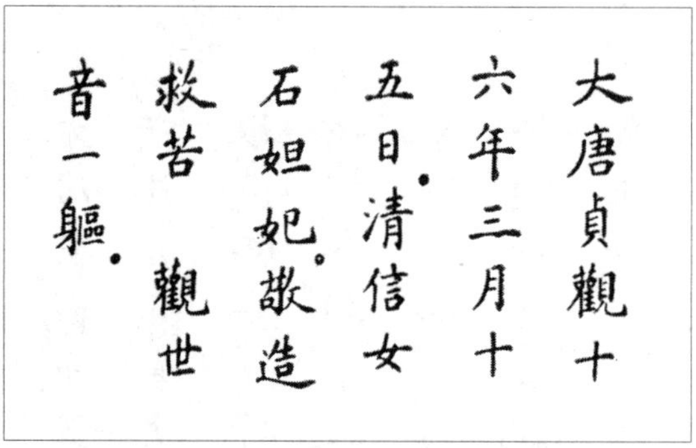

图1292

大唐贞观十六年三月十五日（642年4月19日），清信女石妲妃，敬造救苦观世音一躯。

---

[1] 《攈古录》卷七，第3页下，像主的名字解读为霍妙光。

[2] 《攈古录》卷七，第3页上及《艺风堂金石文字目》卷四，第1页下，两书将像主的名字解读为步大，将其妻的名字解读为郁久间。后一人的名字是蠕蠕公主家族的姓（参阅《北史》卷八十六，第1页），也许这个姓氏还与**妪厥律**有点关联，旅行家**胡峤**在10世纪曾介绍过这个北方部落（参阅《亚洲学刊》1897年5—6月期，第406页）。

[3] 《攈古录》卷七，第3页下；《艺风堂金石文字目》卷四，第1页下。

第二十三幅拓片（图1293）[1]

贞观十八年五月十五日（644年5月26日），前河南县丞张君尧，敬造像一龛。愿法界众生，俱登正觉，并为法界众生，敬造像一龛。[2]

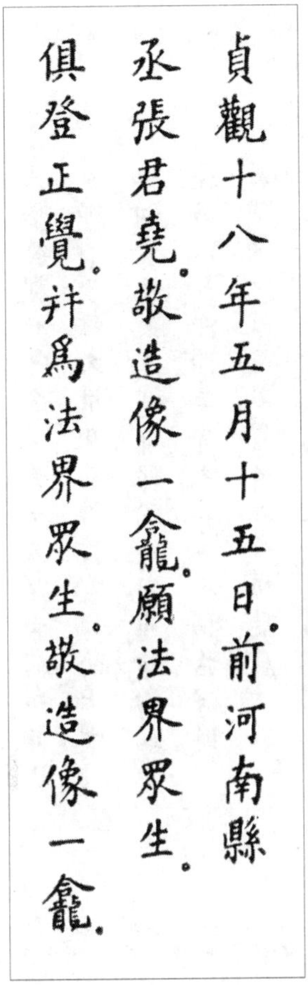

图 1293

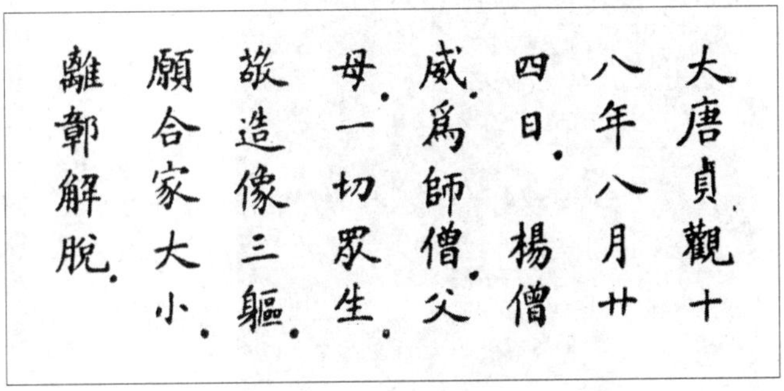

图 1294

第二十四幅拓片（图1294）[3]

大唐贞观十八年八月廿四日（644年9月30日），杨僧威[4]为师僧父母，一切众生，敬造像三躯。愿合家大小，离郓解脱。

---

[1] 《攈古录》卷七，第4页上，像主名叫**张君彦**。

[2] 最后一句话显然是多余的，因为前面已说过同一句话。

[3] 《寰宇访碑录》卷三，第2页下；《攈古录》卷八，第4页上；《艺风堂金石文字目》卷四，第1页下。

[4] 参阅后文第五十三幅拓片。

第二十五幅拓片（未复制）

石碑漫漶极甚，仅能看出敬造日期："大唐贞观十□年十月廿五日"。在石碑的结尾处能辨认出几个字，《攈古录》（卷七，第5页）将其解读为"洛阳宫留守阎武盖"，而《艺风堂金石文字目》（卷四，第1页）则解读为"洛阳宫使京兆公阎武盖"。

第二十六幅拓片（图740和图1295）[1]

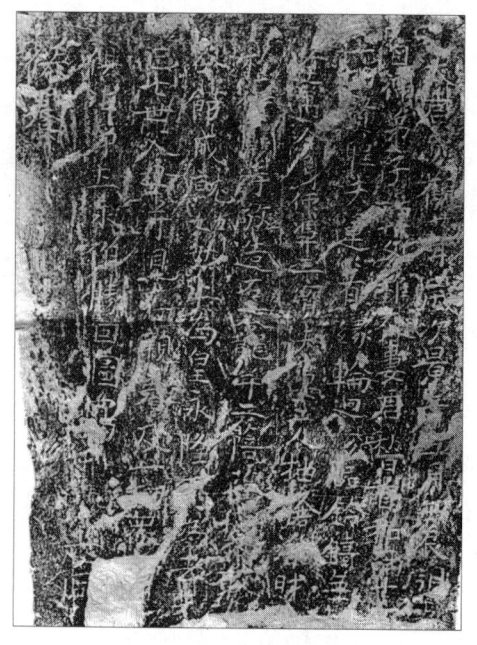

图740　龙门造像题记

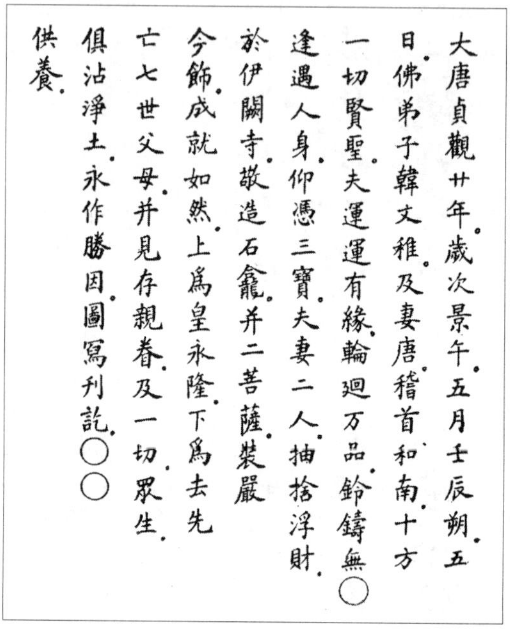

图1295

大唐贞观廿年岁次景午五月壬辰朔五日（646年6月23日），佛弟子韩文雅及妻唐，稽首和南十方一切贤圣：夫运有缘，轮回万品，铃铸无□，逢遇人身，仰凭三宝，夫妻二人抽舍浮财，于伊阙寺，敬造石龛并二菩萨，装严今饰，成就如然，上为皇永隆，下为去先亡七世父母，并见存亲眷，及一切众生，俱沾净土，永作胜因。图写刊记，□□供养。

---

[1]《寰宇访碑录》卷三，第3页上；《攈古录》卷七，第5页下；《艺风堂金石文字目》卷四，第2页上，像主名字的第三个字应为雅。

第二十七幅拓片（图1296）[1]

贞观廿年（646），石静章为七世父母，法界敬造。

第二十八幅拓片（图1297）[2]

大唐贞观廿一年三月六日（647年4月15日），洛州嵩阳县令慕容[3]敬造阿弥陀像一躯，为父母及一切含识，共同□□。[4]

第二十九幅拓片（图1298）[5]

大唐贞观廿一年十一月十五日（647年12月16日），登仕郎梁国公府长史杨宣政，□□□[6]为比丘僧道□，敬造阿弥陀像一躯供养。

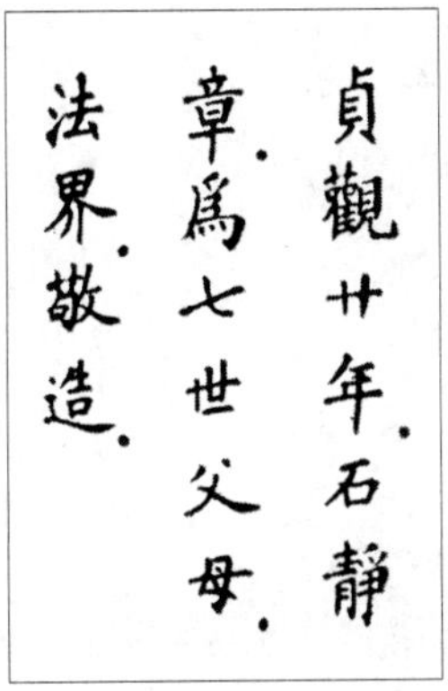

图1296

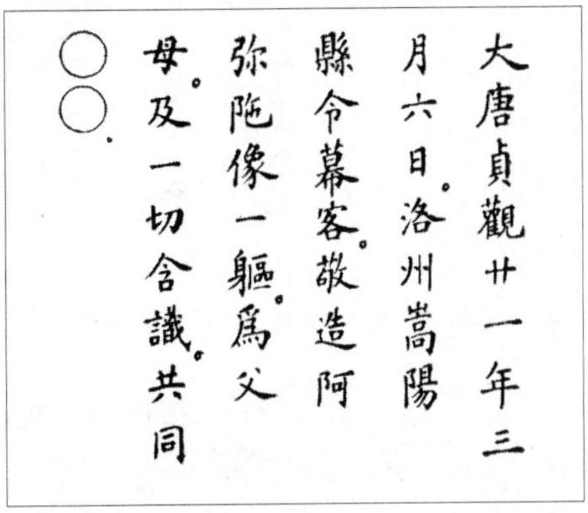

图1297

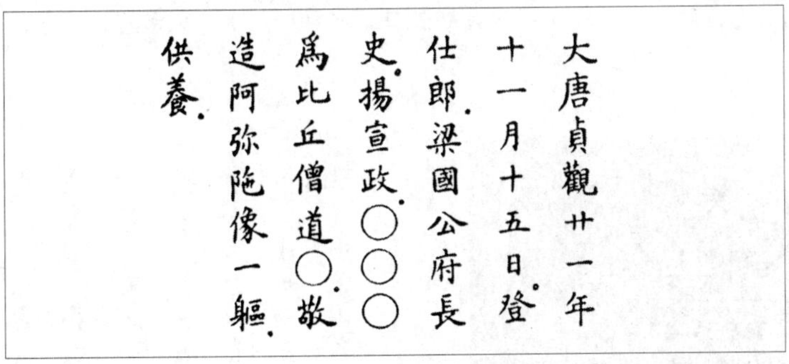

图1298

---

[1] 《攈古录》卷七，第5页上，像主的名字应读为**石静业**。

[2] 《寰宇访碑录》卷三，第3页上；《攈古录》卷七，第6页上；《艺风堂金石文字目》卷四，第2页上。

[3] **慕容**为姓氏。

[4] 最后残泐两字可读为"正觉"、"斯福"或"彼岸"。

[5] 《攈古录》卷七，第6页上；《艺风堂金石文字目》卷四，第11页上。

[6] 《艺风堂金石文字目》将所缺之字解读为"**并妻**"。

第三十幅拓片（图1299）[1]

贞观廿二年五月八日（648年6月4日），贾君才造像一龛，为男小奴，家口平安，法界众生，共登正觉。

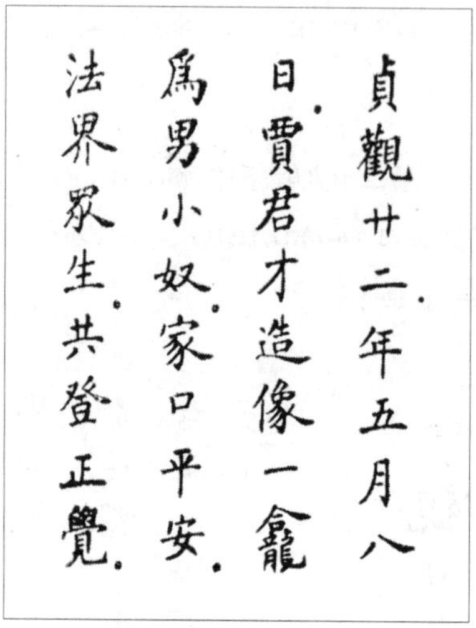

貞觀廿二年五月八
日賈君才造像一龕
爲男小奴家口平安
法界衆生共登正覺

图 1299

第三十一幅拓片（图743和图1300）[2]

清信女萧，为亡□孝子，敬造阿弥陀佛一区，并二菩萨，愿当来往生无量寿国，从今身见佛身，已业永断生□业不复为□□眷属。然□儿未舍寿以前，愿亡后即于龙门山石龛内，母子精深□本志，即以贞观廿二年八月廿五日（648年9月17日），从京□就此寺，东山石龛内，安□□。

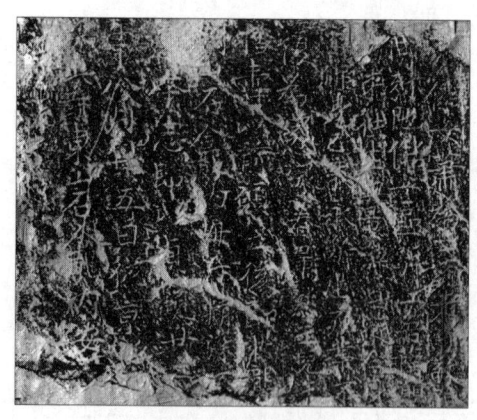

图 743　龙门造像题记

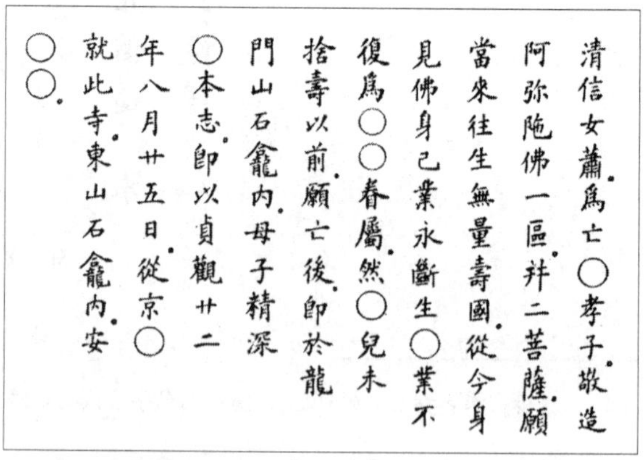

清信女蕭爲亡○孝子敬造
阿弥陁佛一區并二菩薩願
當來往生無量壽國從今身
見佛身已業永斷生○業不
復爲○○眷屬然○兒未
捨壽以前願亡後卽於龍
門山石龕内母子精深
○本志卽以貞觀廿二
年八月廿五日從京○
就此寺東山石龕内安
○○

图 1300

［1］《攈古录》卷八，第8页下；《艺风堂金石文字目》卷四，第2页上。

［2］《攈古录》卷七，第7页上；《艺风堂金石文字目》卷四，第2页下。

第三十二幅拓片（图1301）[1]

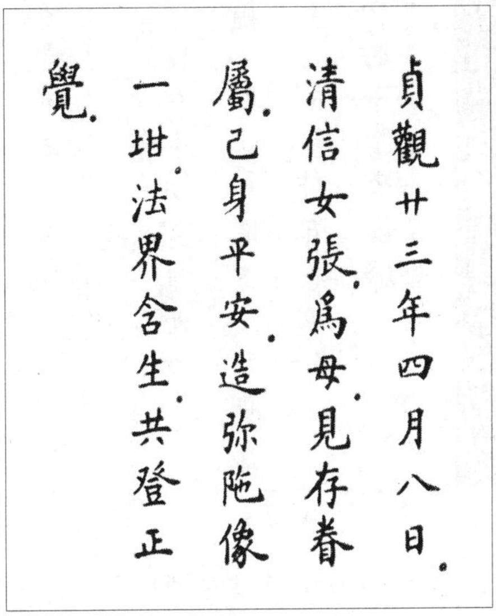
貞觀廿三年四月八日。
清信女張。爲母。見存眷
屬。己身平安。造弥陁像
一坩。法界含生。共登正
覺。

图 1301

贞观廿三年四月八日（649年4月24日），清信女张，为母、见存眷属，己身平安，造弥陀像一坩，法界含生，共登正觉。

第三十三幅拓片（图741和图1302）[2]

弟子崔贵本，敬造像一龛并二菩萨，庄严成就，愿合家人，又愿己身及阿婆等，并为法界众生，并愿去离三涂受苦，愿悉令解脱，复愿贵本，当来往生，愿见佛闻法。贞观廿三年十一月八日（649年12月17日），弟子崔贵本造。

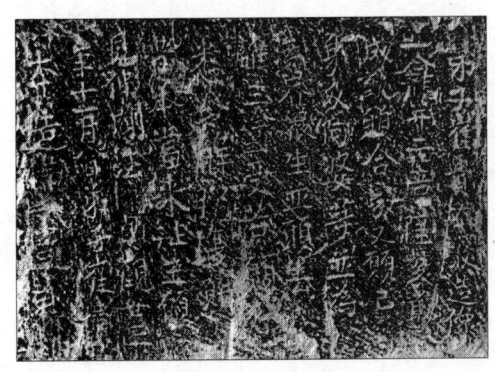

图 741　龙门造像题记

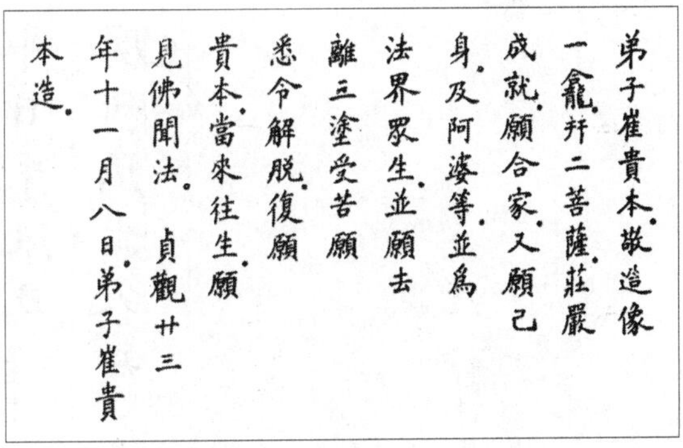
弟子崔貴本。敬造像
一龕并二菩薩。莊嚴
成就。願合家。又願己
身。及阿婆等。並爲
法界衆生。並願去
離三塗受苦願
悉令解脱。復願
貴本。當來往生。願
見佛聞法。 貞觀廿三
年十一月八日弟子崔貴
本造。

图 1302

[1]　《寰宇访碑录》卷三，第4页上；《攈古录》卷七，第7页上；《艺风堂金石文字目》卷四，第2页下。

[2]　《艺风堂金石文字目》卷四，第2页下。

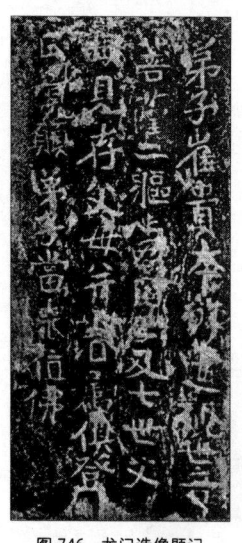

图 746　龙门造像题记 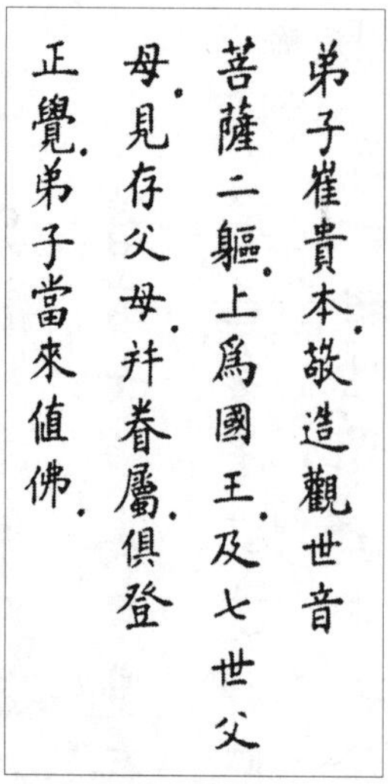　　　图 1303 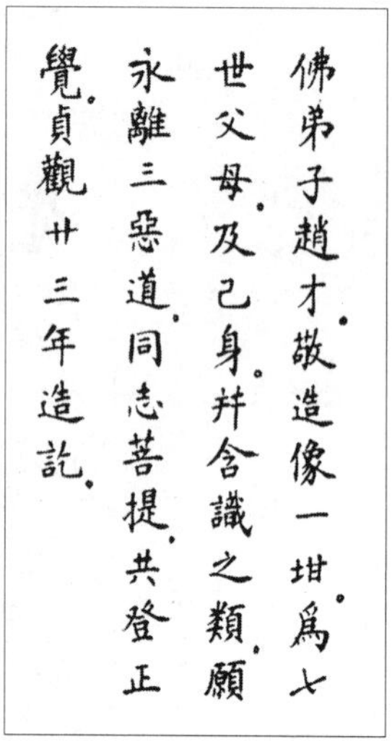　　　　　　　图 1304

第三十四幅拓片（图746和图1303）[1]

弟子崔贵本，敬造观世音菩萨二躯，上为国王及七世父母，见存父母并眷属，俱登正觉，弟子当来值佛。

第三十五幅拓片（图1304）[2]

佛弟子赵才，敬造像一坩，为七世父母，及己身，并含识之类，愿永离三恶道，同志菩提，共登正觉。贞观廿三年（649年）造讫。

第三十六幅拓片（图1305）[3]

永徽元年七月十日（650年8月12日），朱胤及妇磨利，为亡父母造。

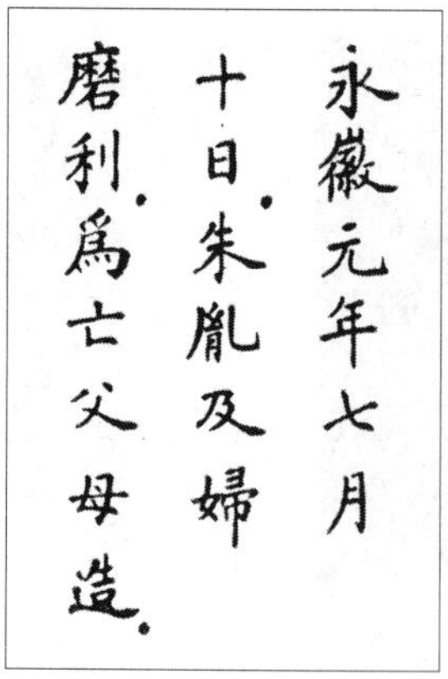

图 1305

---

[1]　《攈古录》卷七，第6页下；《艺风堂金石文字目》卷四，第2页上。

[2]　《攈古录》卷七，第7页下；《艺风堂金石文字目》卷四，第2页下。

[3]　《攈古录》卷七，第8页上。

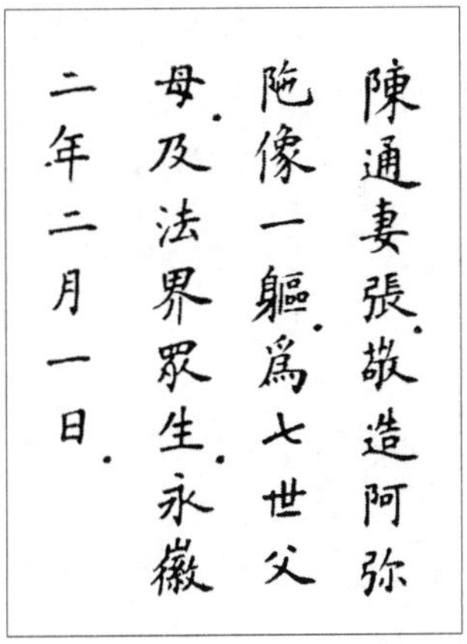
陳通妻張敬造阿弥
陁像一軀爲七世父
母及法界衆生永徽
二年二月一日

图 1306

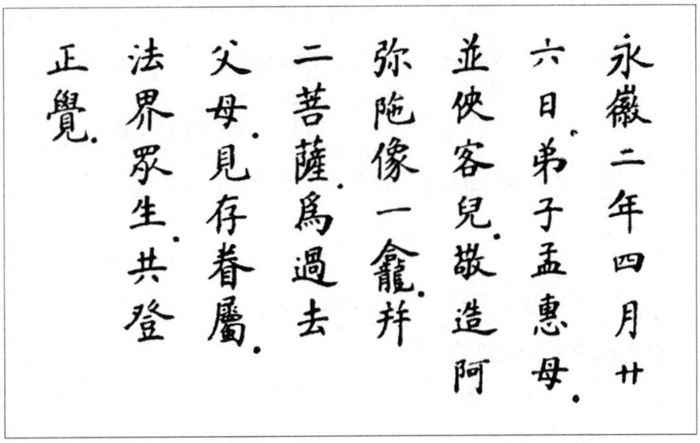
永徽二年四月廿
六日弟子孟惠母
並俠客兒敬造阿
弥陁像一龕并
二菩薩爲過去
父母見存眷屬
法界衆生共登
正覺

图 1307

第三十七幅拓片（图1306）[1]

陈通妻张，敬造阿弥陀像一躯，为七世父母及法界众生。永徽二年二月一日（651年2月26日）。

第三十八幅拓片（图1307）[2]

永徽二年四月廿六日（651年5月21日），弟子孟惠母并侠客儿[3]，敬造阿弥陀像一龛，并二菩萨，为过去父母，见存眷属，法界众生，共登正觉。

第三十九幅拓片（图1308）[4]

永徽三年三月廿三日（652年5月6日），佛弟子范清才，夫妻男女，敬造阿弥陀像一龛，愿七世父母，法界苍生。

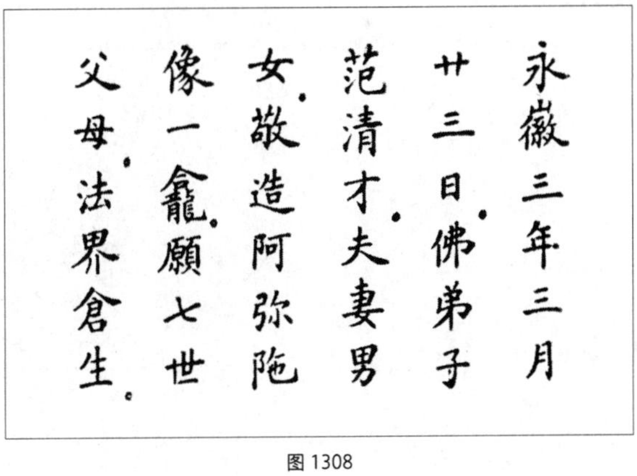
永徽三年三月
廿三日佛弟子
范清才夫妻男
女敬造阿弥陁
像一龕願七世
父母法界倉生

图 1308

---

[1] 《艺风堂金石文字目》卷三，第14页上，此书解读的日期为永徽三年。

[2] 《攈古录》卷七，第8页下；《艺风堂金石文字目》卷四，第2页下。

[3] 《艺风堂金石文字目》将此解读为**侯客儿**，同时取消**并**字。我认可这一解读，但**侯**字前肯定还应该有一个字。

[4] 《攈古录》卷七，第8页下；《艺风堂金石文字目》卷五，第2页下。像主的名字应读为**范满才**。

第四十幅拓片（未复制）

永徽三年（652）七月三日，像主为亡父及亡女造阿弥陀像一龛。

第四十一幅拓片（图1309）[1]

李力人摩诃造浮图，并作七佛供养。永□三□。[2] 比丘尼贞智造。

第四十二幅拓片（图1310）[3]

永徽四年正月十七日（653年2月19日），三洞弟子，为亡妻贾夫人，敬造阿弥陀像一龛，愿亡者灵往净境，现存获福。[4]

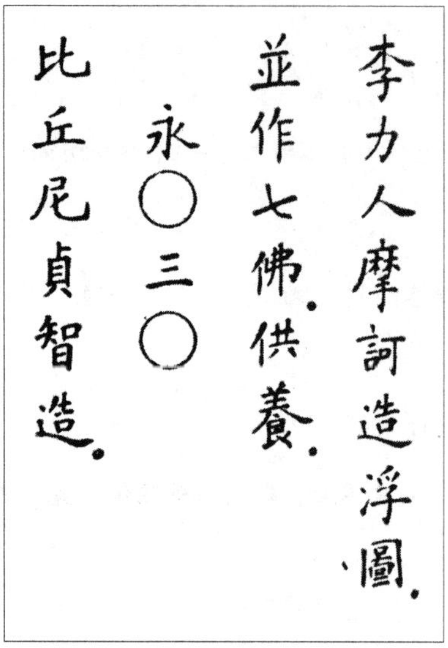

图1309

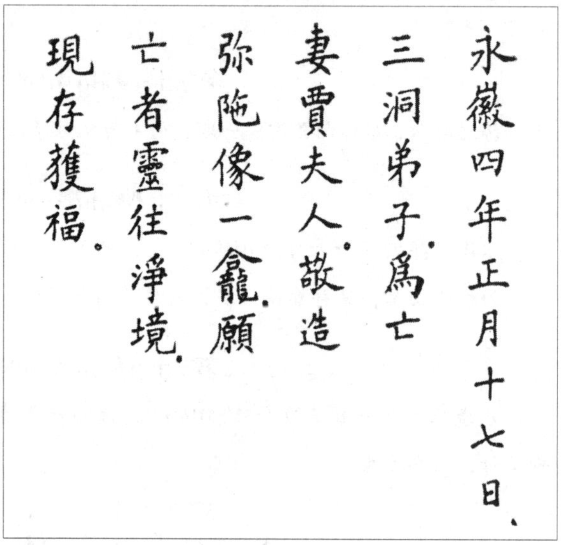

图1310

---

[1] 《攈古录》卷九（唐朝），第56页上，像主应读为**李夫人摩诃**。

[2] 所缺之字应读为"永徽三年（652）"。

[3] 《攈古录》卷七，第10页上；《艺风堂金石文字目》卷四，第2页下（及卷三，第14页下，也许这里介绍的是同一块石碑）。

[4] 这里是指其本人。

第四十三幅拓片（图747和图1311）[1]

图747 龙门造像题记

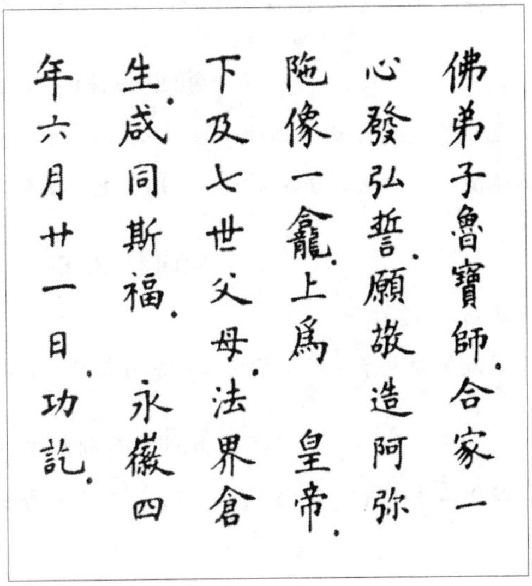

佛弟子魯寶師合家一心發弘誓願敬造阿彌陁像一龕上爲皇帝下及七世父母法界倉生咸同斯福永徽四年六月廿一日功訖

图1311

佛弟子鲁宝师，合家一心发弘誓，愿敬造阿弥陀像一龛，上为皇帝，下及七世父母，法界苍生，咸同斯福。永徽四年六月廿一日（653年7月21日）功讫。

第四十四幅拓片（图1312）

弟子張君道〇〇〇〇〇〇敬造阿彌陁像一軀願合家大小平安〇〇〇〇顯慶元年六月

图1312

弟子张君道，□□□□□□，敬造阿弥陀像一躯，愿合家大小平安，□□□□。显庆元年（656）六月。

---

[1] 《攈古录》卷七，第10页上；《艺风堂金石文字目》卷四，第3页上，像主的姓应读为曾。

第四十五幅拓片（图1313）[1]

显庆五年四月八日（660年5月22日），昭觉寺僧善德，造弥勒像一铺。

第四十六幅拓片（图1314）[2]

龙朔二年正月廿日（662年2月13日），周王府户曹刘元礼、功曹王及福、兵曹郑行严等，敬造阿弥陀像一龛，愿为皇帝陛下，一切含生，俱登斯福。

第四十七幅拓片（图1315）[3]

石碑残泐，仅能读出：

"造阿弥陀像一坩，龙朔二年三月二日（662年3月26日）。"

第四十八幅拓片（图1316）[4]

麟德二年四月八日（665年5月27日），内给事冯士良敬造。

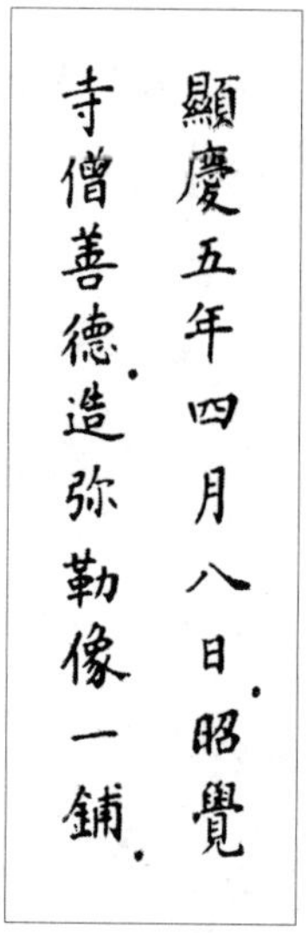

图1313

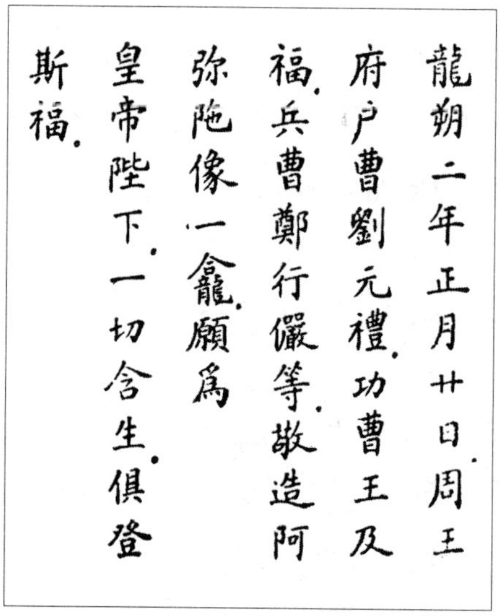

图1314

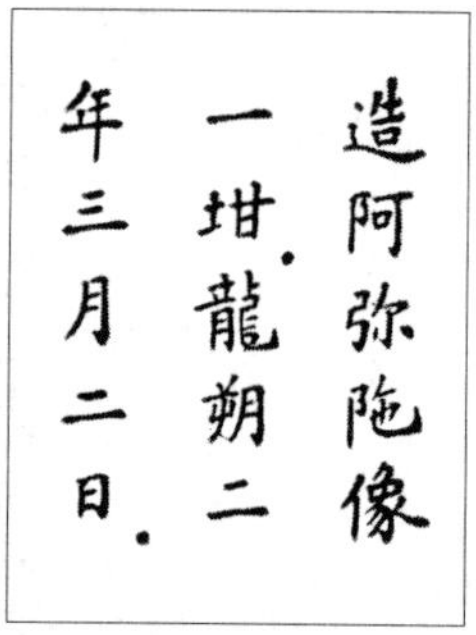

图1315

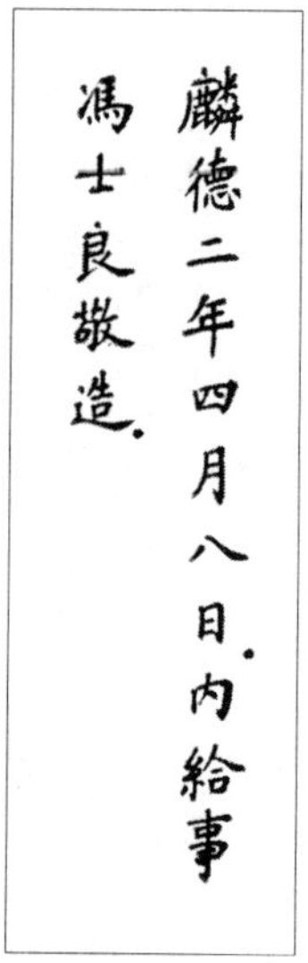

图1316

---

[1] 《攈古录》卷七，第16页下；《艺风堂金石文字目》卷四，第3页上。

[2] 《寰宇访碑录》卷三，第9页上；《攈古录》卷七，第18页上；《艺风堂金石文字目》卷四，第3页下。

[3] 《艺风堂金石文字目》卷四，第3页下。

[4] 《寰宇访碑录》卷三，第10页上；《攈古录》卷七，第20页下；《艺风堂金石文字目》卷四，第3页下。

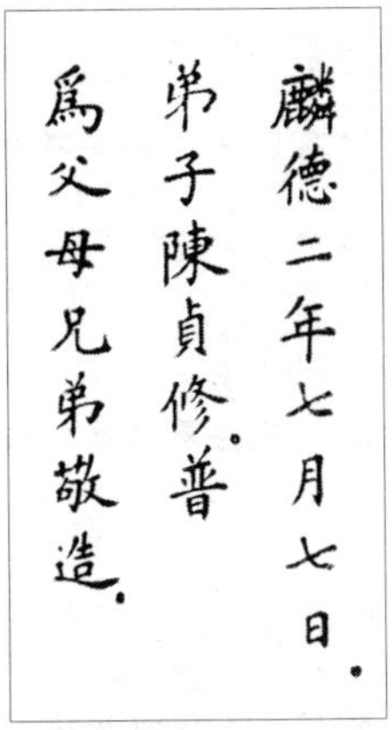

图1317 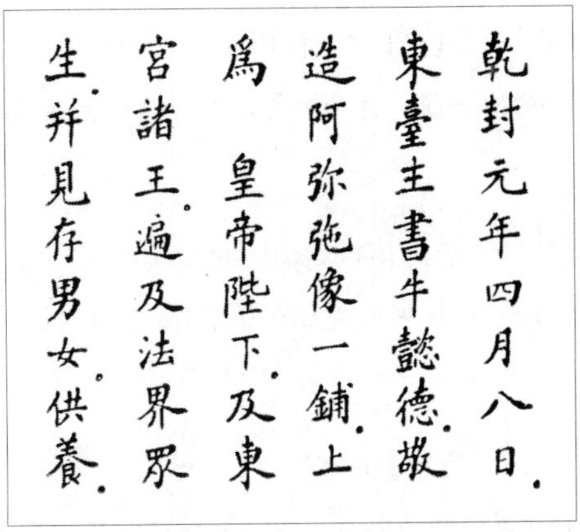　图1318　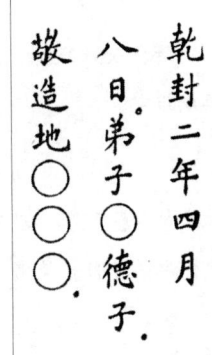图1319

第四十九幅拓片（图1317）[1]

麟德二年七月七日（665年8月23日），弟子陈贞修，普为父母兄弟敬造。

第五十幅拓片（图1318）[2]

乾封元年四月八日（666年5月17日），东台主书牛懿德，敬造阿弥陀像一铺，上为皇帝陛下及东宫诸王，遍及法界众生，并见存男女，供养。

第五十一幅拓片（图1319）[3]

乾封二年四月八日（667年5月6日），弟子□德子，敬造地□□□。

第五十二幅拓片（图1320）[4]

乾封三年（668年）二月，雍州栎阳县东面副监孟乾绪，敬造弥陀像一铺，上为皇帝陛下，及法界众生，共同斯福。

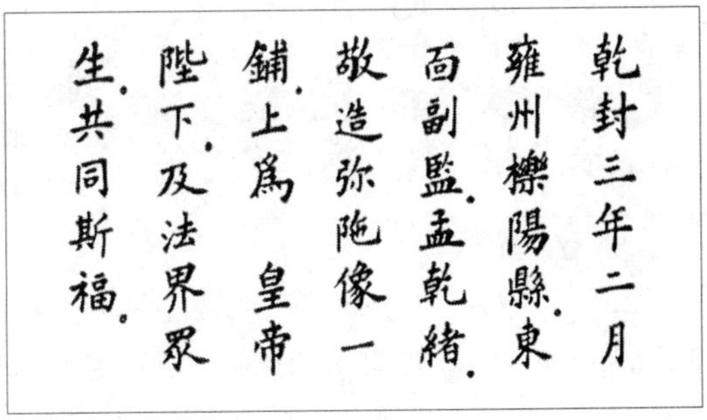

图1320

[1]《寰宇访碑录》卷三，第9页下；《攈古录》卷三，第17页下，在这两部金石著作里，像主姓名的最后一字均为空白；《艺风堂金石文字目》卷四，第3页下。

[2]《寰宇访碑录》卷三，第10页下；《攈古录》卷七，第20页下；《艺风堂金石文字目》卷四，第3页下。

[3]《攈古录》卷七，第21页下；《艺风堂金石文字目》卷四，第3页下。

[4]《攈古录》卷七，第22页下；《艺风堂金石文字目》卷四，第3页下。

第五十三幅拓片（图1321）[1]

清信女张寂□，敬造弥陀一躯，并造观音二躯，为亡父杨僧威[2]及己身，并法界众生，俱成正觉。

第五十四幅拓片（图1322）[3]

弟子□□□，敬造观世音菩萨一躯，上为国王及七世父母，见存眷，及法界众生，俱登正觉，愿弟子当来值佛。

第五十五幅拓片（图1323）[4]

王德□女少娘，为亡父敬造观音菩萨，并造法华经一部，又舍衣作石□，幸斯因果，资益存[5]亡[6]，成无上道。

第五十六幅拓片（图1324）[7]

虢王府兵曹李德信造。

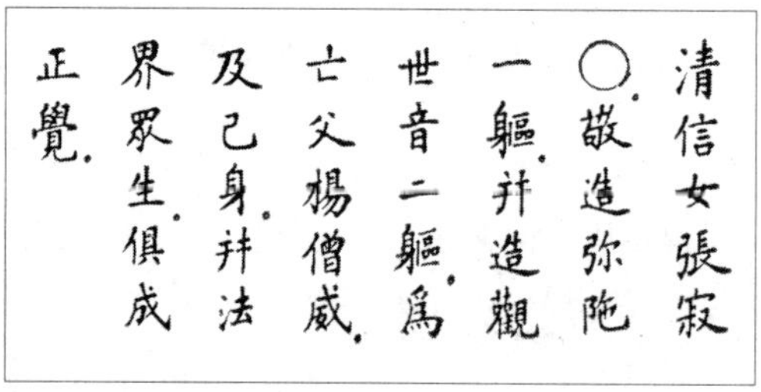
清信女張寂
◯敬造弥陁
一軀并造觀
世音二軀爲
亡父楊僧威
及己身并法
界衆生俱成
正覺

图 1321

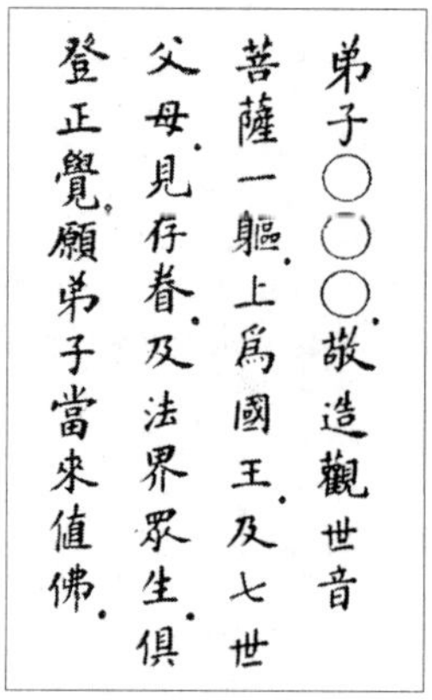
弟子◯◯◯敬造觀世音
菩薩一軀上爲國王及七世
父母見存眷及法界衆生俱
登正覺願弟子當来値佛

图 1322

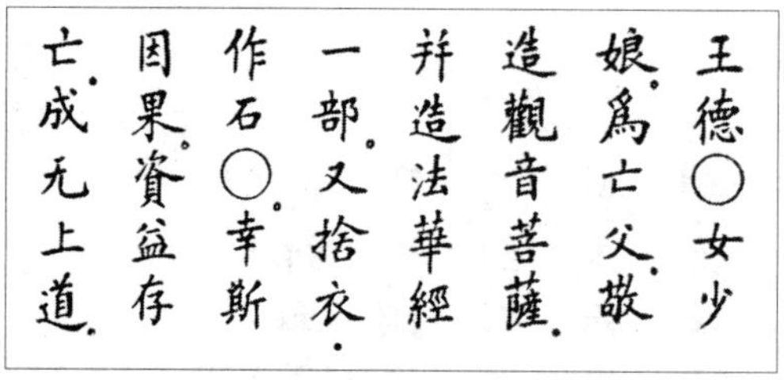
王德◯女少
娘爲亡父敬
造觀音菩薩
并造法華經
一部又捨衣
作石◯幸斯
因果資益存
亡成无上道

图 1323

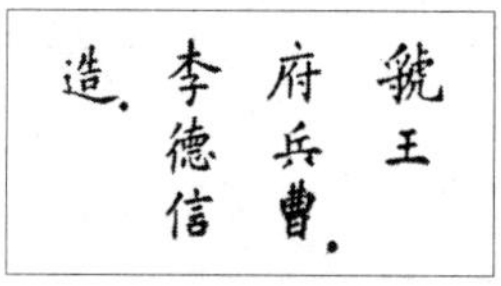
虢王
府兵曹
李德信
造

图 1324

［1］《艺风堂金石文字目》卷四，第1页下，造碑日期为贞观十九年三月十六日（645年4月17日）。

［2］杨僧威本人曾在644年为师僧父母造过佛像（图1294）。

［3］《艺风堂金石文字目》卷四，第5页下，此书将像主解读为卞道泰。

［4］《艺风堂金石文字目》卷四，第3页下，此书将像主的父亲解读为刘德仁。

［5］指少娘本人。

［6］指少娘的亡父。

［7］《艺风堂金石文字目》卷四，第4页上；《攈古录》卷七（唐朝），第58页上。

第五十七幅拓片（图1325）[1]

王顾为亡父敬造。

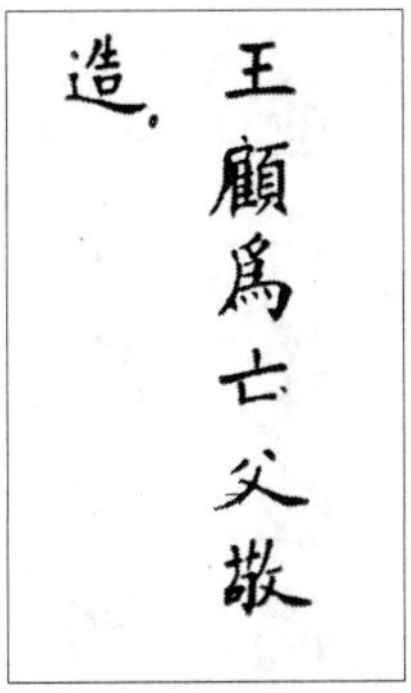

图 1325

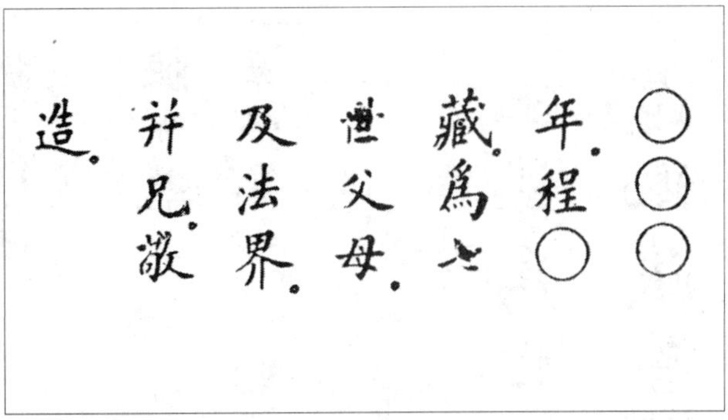

图 1326

第五十八幅拓片（图1326）[2]

□□□□年，程□藏，为七世父母，及法界，并兄敬造。

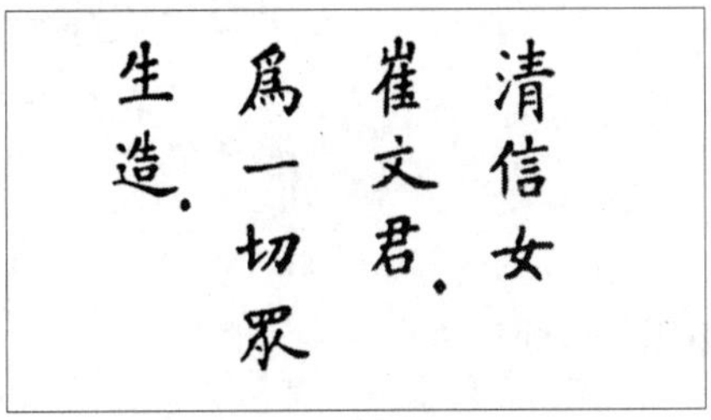

图 1327

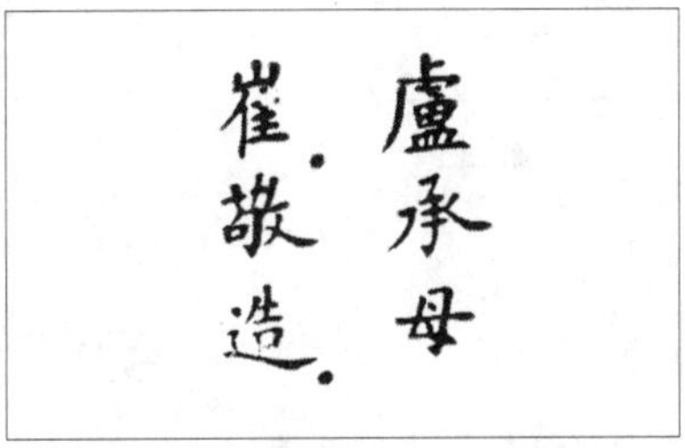

图 1328

第五十九幅拓片（图1327）[3]

清信女崔文君，为一切众生造。

第六十幅拓片（图1328）[4]

卢承母崔，敬造。

---

[1]《艺风堂金石文字目》卷四，第4页下；《攟古录》卷九，第56页上，两书均将像主的名字解读为王□。

[2]《艺风堂金石文字目》卷四，第4页下，像主的姓名解读为吴安藏。

[3]《艺风堂金石文字目》卷四，第5页上。

[4]《艺风堂金石文字目》卷四，第5页下。

第六十一幅拓片（图1329）[1]

王婆为亡妹戒静，造地藏菩萨一躯。

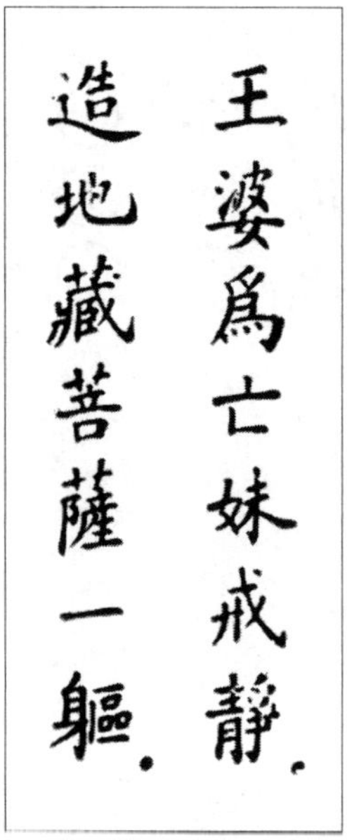

图1329

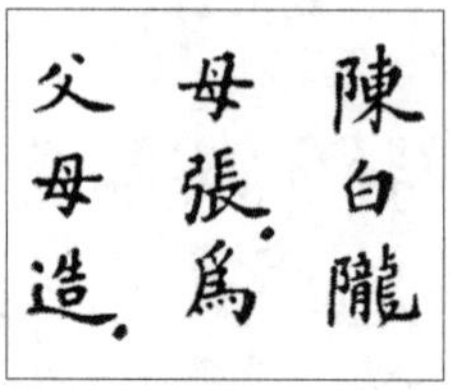

图1330

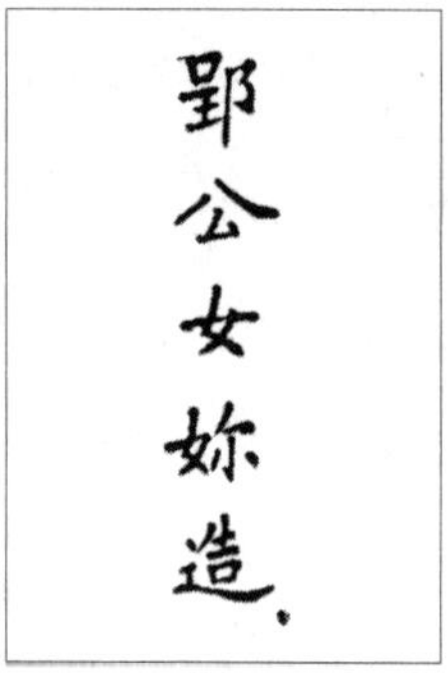

图1331

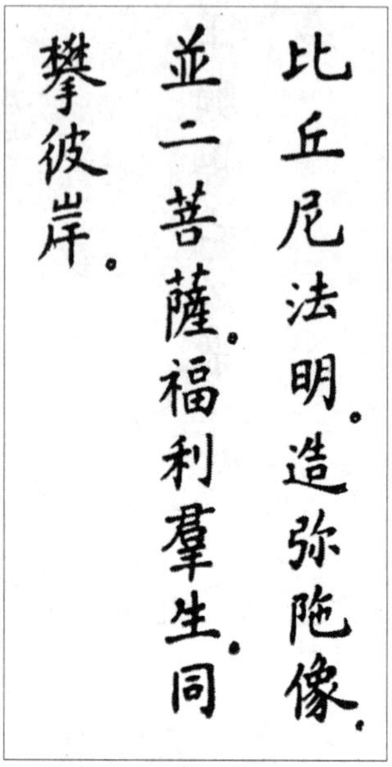

图1332

第六十二幅拓片（图1330）

陈白陇母张，为父母造。

第六十三幅拓片（图1331）[2]

郢公女妳造。

第六十四幅拓片（未复制）[3]

碑文残泐，仅能读出：

"赵氏女为亡父敬造弥陀七躯及……"

第六十五幅拓片（图1332）[4]

比丘尼法明，造弥陀像并二菩萨，福利群生，同攀彼岸。

---

[1] 《艺风堂金石文字目》卷四，第5页上。

[2] 《艺风堂金石文字目》卷四，第4页上。

[3] 《艺风堂金石文字目》卷四，第5页上。

[4] 《艺风堂金石文字目》卷四，第6页上。

第六十六幅拓片（未复制）[1]

比丘尼智道敬造。

第六十七幅拓片（未复制）

石碑原有文字镌刻于唐代，但碑文已看不清。后代人重刻的文字如下：

"大明天顺朝壬午年（1462）冬十一月廿三日，吏部尚书□城人秦民悦及皇家天文台□昌人□陈□行至此。"

潜溪寺内还有另外三块近代人镌刻的石碑，分别刻于1823年、1834年和1891年，但这几块石碑考古意义不大。

---

[1] 《艺风堂金石文字目》卷四，第6页上。

第二节　E组石窟：距潜溪寺最近的石窟

离开潜溪寺之后，如果沿着伊河左岸继续往南走，首先就会看到一组石窟，这组石窟我在图279最上方用字母E来标示。这组石窟里的雕像并不十分出色，况且我也没有拍摄照片，但是这里却有几则很知名的碑铭，其中一则碑铭为中国金石学家所熟知。此碑铭是为纪念纪国太妃所营造的佛像完工而立。纪国太妃是唐太宗（626—649年在位）的妃子、纪王的母亲。有一则碑铭曾提到纪王妃于665年去世，当时纪王的母亲恰好在洛阳附近，王昶甚至认为（《金石萃编》卷五十六，第9页）她当时就在龙门，因此我们在下文看到的这则碑铭很有可能是在665年前后撰写的。中国金石学家们对这则碑铭大加赞赏，认为碑铭文笔优美，风格独特。对于文笔问题，我不是这方面的行家，难以作出评论，但就风格而言，欧洲读者恐怕是不会喜欢的。

第六十八幅拓片（图736和图1333）[1]

敬善寺[2]石像铭

宣德郎守记室参军李孝伦撰

若夫银枝[3]毓祉，缔灵影于金园[4]；剑雨销氛，飞惠液于沙界[5]。自鹤林秘彩，[6]鸡山蕴迹，甄睿像于贞金，刊瑞容于芳琬：风猷不坠，翳此赖焉。[7]纪国太妃韦氏，京兆人也。苕姿含绮，霏华椒披，兰仪湛秀，缉美萃隈。[8]而思惕红沙，[9]浪真辉于五剑；神栖缟雾，延妙业于三珠。[10]爰择胜甗，聿修灵像，质融虹彩，影袭鸾骞。月逗仙河，分紫眉而汰色；星流天苑，翊绀瞳而飞照。恳诚已罄，茂绩其凝，化鸟旌越海之功，藏龟彰拔尘之

---

[1] 《金石萃编》卷五十六，第8页（本书图1333所展示的碑文就是从此书翻印下来的）；《古墨斋金石跋》卷三，第24—25页；《攈古录》卷七，第21页上。

[2] 敬善寺是指这座石窟，因为石窟本身就是一座神庙。

[3] 银枝是指摩耶生下佛陀时用手扶的娑罗树枝。

[4] 金园显然是指孤独园，这所园子是花大价钱买来的，因为整所园子都要铺满黄金。这句话的意思是佛陀传法来到孤独园。

[5] 我猜测这里是指佛陀布道说法。

[6] 我们在前文已解释过，鹤林是指佛陀在娑罗树下进入涅槃。

[7] 这句话的意思是，看见佛像宛如看见佛陀本人一样。

[8] 此句暗喻《诗经·国风·召南·采蘩》一诗所讴歌的女子。

[9] 这里大概是指道教就朱砂嬗变所阐述的理论。

[10] 第二句话似乎是在谈论佛教，而前一句话是在论述道教。

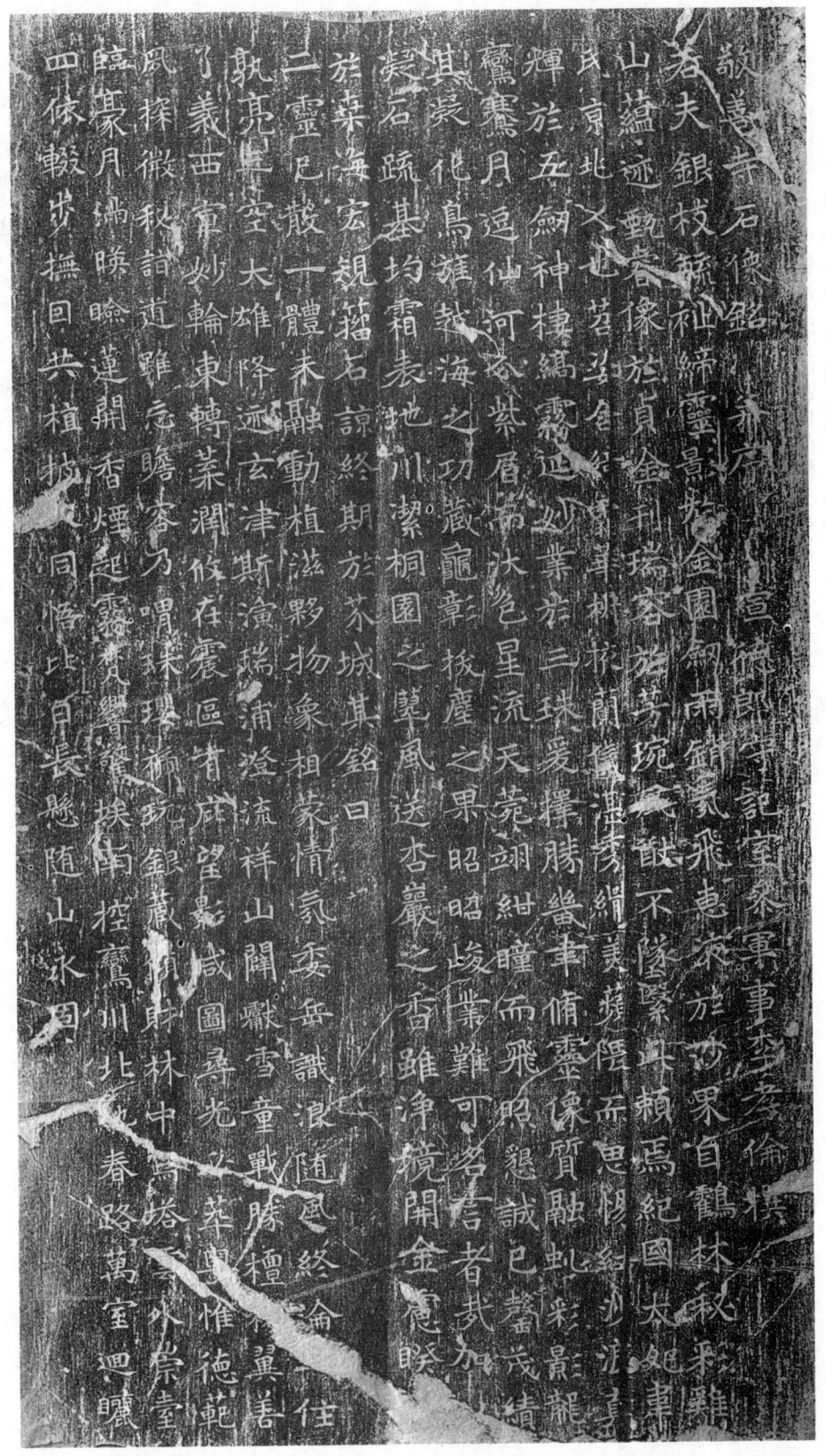

图 736 龙门造像题记

敬善寺石像銘

碑高三尺五寸廣一尺八寸三分
十五行行二十八字正書在洛陽

敬善寺石像銘并序

宣德郎守記室叅軍事李孝倫撰

若大銀枝蔬祉締靈影於金園劒雨銷氛飛惠液於沙界自鶴林秘彩雞山蘊迹甄 睿像於貞金刊
瑞容於芳琰風猷不墜繄此賴焉紀國太妃韋氏京兆人也苞姿含綺霏華椒掖蘭儀澔秀縟美蘋隈而思惕
紅沙浪流真輝於五翎神棲縞霧延妙業於三珠發紫眉而
幾事倚蘿像質融虹彩影龍鶩月逗仙河分
汰色星流天楚翊融塵而飛昭想誠已罄茂績其凝化
者哉加□凝石疏基均霜表地川潔桐園之蕚風送杏
鳥雄越海之功藏龜彰拔之果昭昭峻業難可名言
殷之香雖淨境開金慮睒□於桑海宏規籙石諒終期
於芥城其銘曰
二靈已散一體永融動植滋彩物象相蒙情氛委岳識
浪隨風終淪□住孰亮三空大雄降迹霞津斯演瑞浦
澄流祥攸在震區有庇望影檀勝尋光必萃義西宣妙
轉葊潤攺忘嚵雪童戰咸圖□翼降演
凡揆微秘詣道雖童忘瞻乃唱珠瓔禊玩銀藏俱財林
中寫塔雲外崇臺臨豪月滿曉瞼蓮開香煙起霧梵響
鷟埃南控鷲川北馳春路萬室迴瞻四依駿步撫因其
植披文同悟比日長懸隨山永固

果。[1] 昭昭峻业，难可名言者哉！加□凝石疏基，均霜表地，川洁桐园之萃，风送杏岩之香。虽净镜开金，[2] 虑睒□于桑海；[3] 宏规籙石，[4] 谅终期于芥城。[5] 其铭曰：[6]

这一组石窟的其他题记如下：

---

[1] 这里仅依照推测来翻译，因为作者所采用的暗喻不知典出何文。

[2] 这句话的意思，虽然此处有一尊金光灿烂的雕像。

[3] 这是中国诗人常用的比喻，用来表示人世间出现的动荡。参阅顾赛芬（Séraphin Couvreur）的《汉法字典》之"桑"字词条。

[4] 换句话说，因担心雕像不能持久保存，特镌刻一尊碑铭，因碑铭会保存得长久。

[5] 我不知这句话典出何方。

[6] 我认为碑铭的后半部分就不必翻译了。

第六十九幅拓片（图1334）[1]

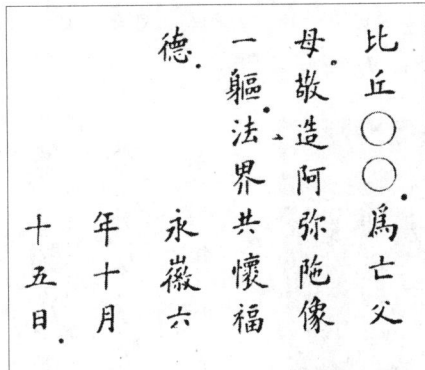

图1334

比丘□□，为亡父母敬造阿弥陀像一躯，法界共怀福德。永徽六年十月十五日（655年11月18日）。

第七十幅拓片（图733和图1335）[2]

襄州郏城县[3]武上希，敬造□□像一铺，为己身并亡妻高氏，及儿女合家等平安，及法界皆同此福。显庆四年四月十五日（659年5月12日）讫。

图733　龙门造像题记　　　　图1335

---

[1] 《攈古录》卷七，第12页上；《艺风堂金石文字目》卷三，第15页上。《艺风堂金石文字目》将佛像解读为**优填王**，而我在图1334里则抄录为**阿弥陀**，不过在翻译时我还是采纳了优填王。

[2] 《攈古录》卷七，第15页下；《艺风堂金石文字目》卷三，第16页上。

[3] 古县名，今隶属于河南省汝州。

第七十一幅拓片（图730和图1336）[1]

佛弟子唐德咸，敬造弥勒佛像一铺，为内亲、自身、妻子，合家及法界，共同此福。显庆四年四月十五日（659年5月12日）功讫。

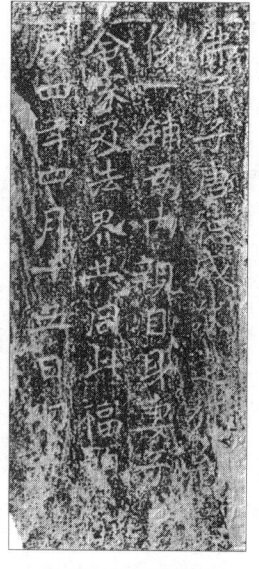

图730　龙门造像题记　　　　　　图1336

第七十二幅拓片（图732和图1337）[2]

龙朔元年（661），洛州人杨□□[3]妻韩，敬造阿弥陀像一龛，并千佛千躯，愿先亡见存，俱登正觉。

图732　龙门造像题记　　　　　　图1337　龙门造像题记

---

[1]　《攈古录》卷七，第15页下，此书将像主解读为唐德感。

[2]　《艺风堂金石文字目》卷三，第17页上。

[3]　碑铭所缺之字大概应读成"为亡"。

第七十三幅拓片（图1338）[1]

麟德二年八月廿三日（665年10月7日），清信女朱，为亡夫王子开，敬造阿弥陀像一龛。

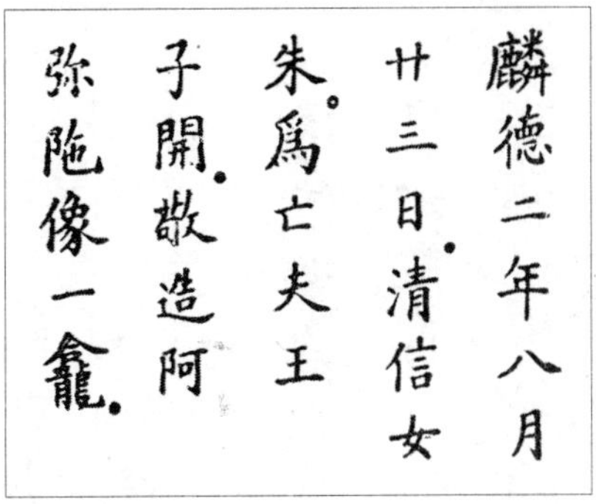
麟德二年八月
廿三日清信女
朱為亡夫王
子開敬造阿
弥陁像一龕

图 1338

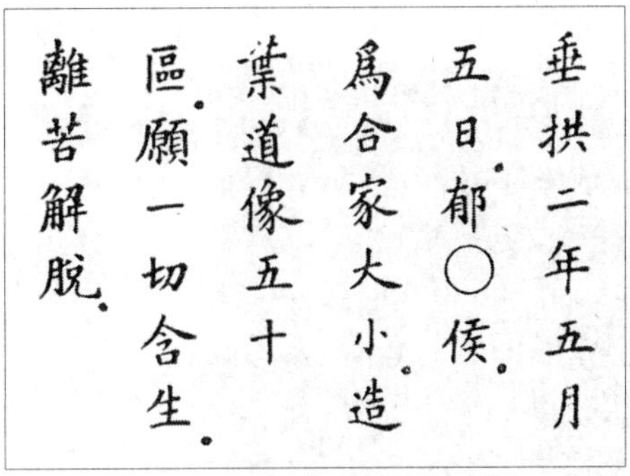
垂拱二年五月
五日郁○侯
為合家大小造
葉道像五十
區願一切含生
離苦解脫

图 1339

第七十四幅拓片（图1339）

垂拱二年五月五日（686年6月1日），郁□侯，为合家大小，造叶道[2]像五十区，愿一切含生，离苦解脱。

第七十五幅拓片（图1340）[3]

雍州长安县□□□□，敬造阿弥陀像一龛，上为皇帝，下及七世父母，弟子，□□解脱，一心供养。□□元年正月廿五日。

雍州長安縣○○○○
敬造阿弥像一龕上為
皇帝下及七世父母弟子
○○解脫一心供養
○○元年正月廿五日

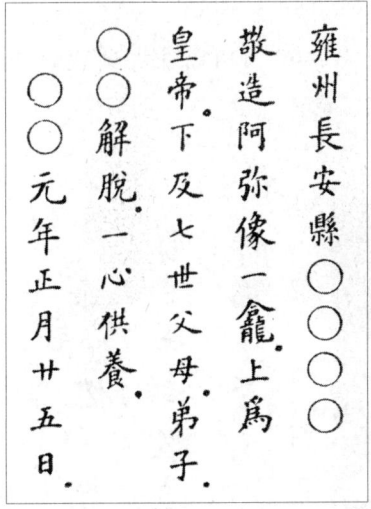

图 1340

---

[1] 《攈古录》卷七，第20页下；《艺风堂金石文字目》卷四，第17页下。

[2] 我们在此第一次见到“叶道”，这一说法在后文还出现过很多次（第九十五幅拓片、第九十八幅拓片、第二百一十一幅拓片、第二百一十五幅拓片、第二百三十九幅拓片），我认为这一说法就是指佛陀。

[3] 《艺风堂金石文字目》卷三，第24页下。

第七十六幅拓片（图735和图1341）

清信女张，敬造阿弥陀像一铺，上为皇帝，下及七世师僧，父母，法界，共同此福。

图735　龙门造像题记　　　　图1341　　　　图1342

第七十七幅拓片（图1342）[1]

萨孤弘亶为姊造。

第七十八幅拓片（图734和图1343）[2]

佛弟子李元哲，为亡考，敬造阿弥陀像一龛。

第七十九幅拓片（图1344）

僧知道，为入辽兄造地藏菩萨。

图734　龙门造像题记　　　　图1343　　　　图1344

---

[1]　《艺风堂金石文字目》卷三，第30页下；《攈古录》卷九（唐朝），第54页下。

[2]　《艺风堂金石文字目》卷三，第30页上；《攈古录》卷九（唐朝），第54页上。

第八十幅拓片（图1345）[1]

沙门知道，为娘敬造。

李庆造地藏菩萨。

卫迥造观世音菩萨。

第八十一幅拓片（图1346）[2]

卢永吉为身患，敬造阿弥陀像一躯。

第八十二幅拓片（图731和图1347）[3]

佛弟子杨大福，敬造观世音佛一区，一心供养佛时。

第八十三幅拓片（图1348）[4]

朝议大夫、守颍州刺史采宣明。

第八十四幅拓片（图1349）[5]

交州都督府户曹韦克谐，及妻皇甫造。

图731　龙门造像题记

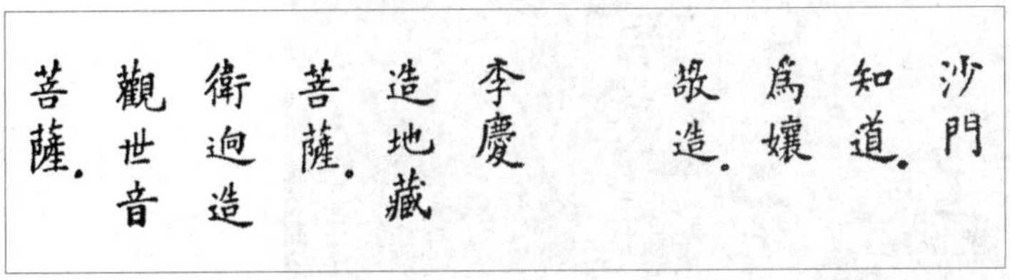

图1345

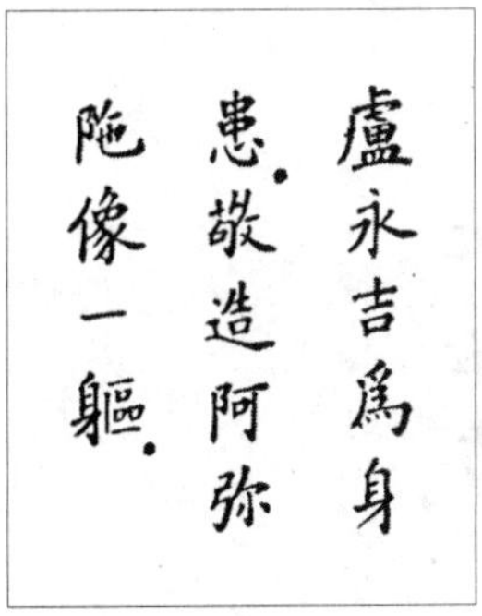

图1346 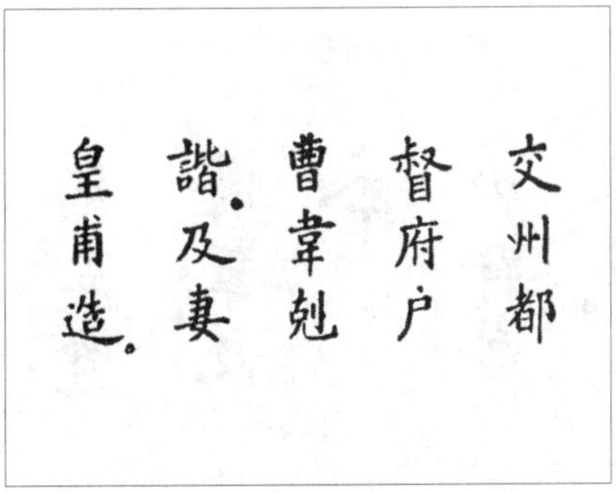　　　图1349 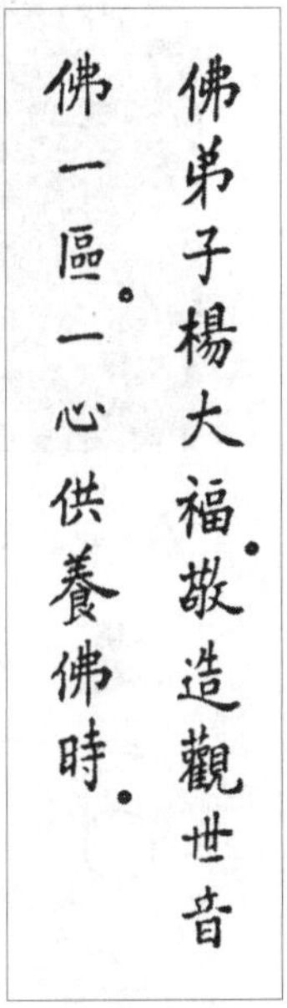　　　图1347 　　图1348

---

[1]　《攈古录》卷九（唐朝），第58页上。

[2]　《艺风堂金石文字目》卷三，第31页上；《攈古录》卷九（唐朝），第57页上。

[3]　《艺风堂金石文字目》卷三，第34页上，像主姓名写为**杨天福**；《攈古录》卷九（唐朝），第57页上。

[4]　《艺风堂金石文字目》卷三，第27页下。

[5]　《艺风堂金石文字目》卷三，第27页下。

第八十五幅拓片（图738和图1350）[1]

杜法力为太山府君，造像一区。

图738　龙门造像题记 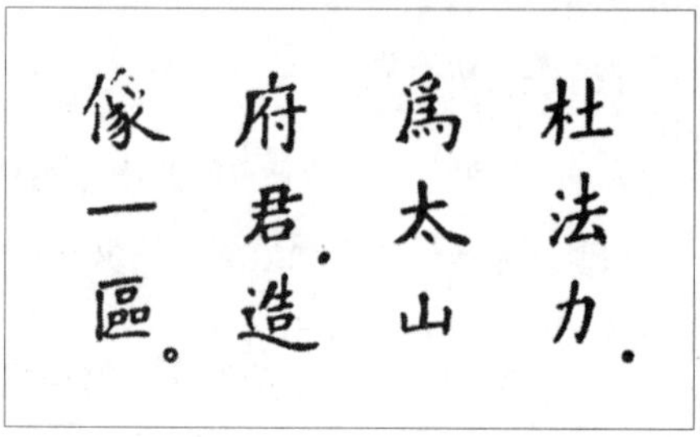　　　　　　　　图1350

第八十六幅拓片（图737和图1351）[2]

杜法力为五道将军，及泰山府君录事，造一□。

图737　龙门造像题记

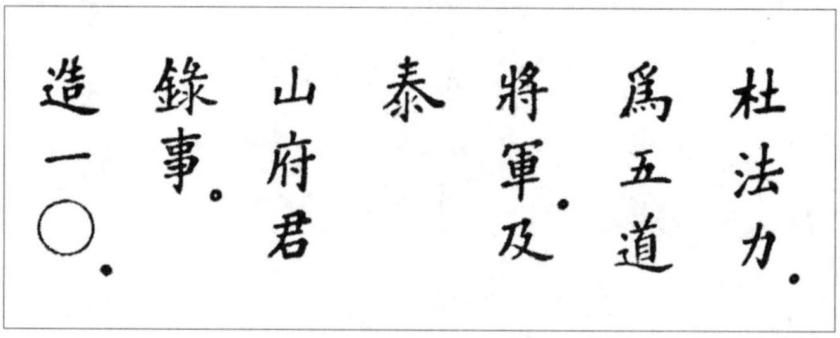

图1351

---

[1]　《艺风堂金石文字目》卷三，第32页下；《攈古录》卷九（唐朝），第51页上。

[2]　《艺风堂金石文字目》卷三，第32页上；《攈古录》卷九（唐朝），第51页上。

第八十七幅拓片（图1352）[1]

杜法力为天曹地府，各造五区；牛头、狱卒，各（一）区。

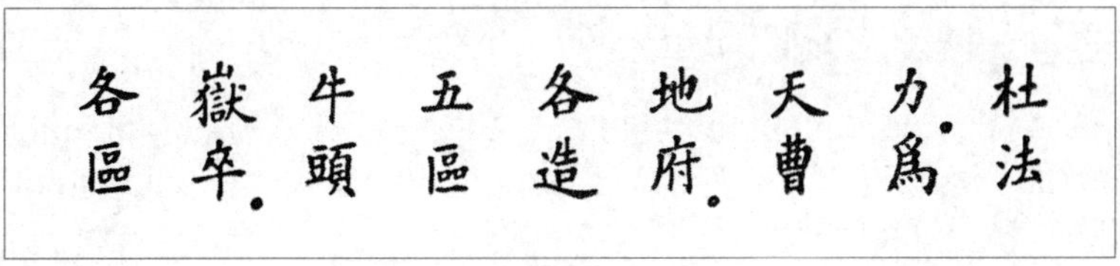

图1352

第八十八幅拓片（图1353）[2]

为阿□罗王□阎婆，造南斗北辰各二区。

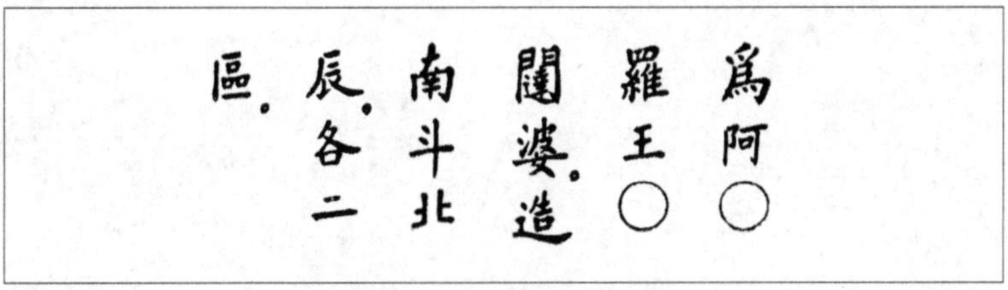

图1353

第八十九幅拓片[3]

在这一组石窟里，我们发现一篇很长的经文，这应该是《金刚般若波罗蜜经》（参阅南条文雄的《汉文大藏经目录册》第10册；东京版《大藏经》第十卷，第19—22页），是由鸠摩罗什在400年前后翻译成汉语的，但这篇经文如今已残缺不全，第一幅拓片是从东京版《大藏经》第20页第5行开始的；第二幅拓片是紧随其后的下文，直至此佛经结尾。

在经文之后，另有一段碑文，上面是这样写的："大唐龙朔二年四月八日（662年5月1日）敬造。弟子常材合家敬造优填王像一龛及金刚经一部，愿法界众生，共同斯福。"

---

[1] 《艺风堂金石文字目》卷三，第32页上；《攈古录》卷九（唐朝），第51页下。

[2] 《艺风堂金石文字目》卷三，第32页上，缺字处应读为阎罗王，或阎婆王南斗北辰造像，不过从拓片上看，后一种解读好像不准确；《攈古录》卷九（唐朝），第51页上。在图1353里，含杜法力名字的第一行文字给漏掉了。遗憾的是杜法力所题的四则题记都没有注明日期，而中国金石学家认为题记均为唐代时期所作，因此确定日期也就变得格外重要了。无论是泰山府君，还是五道将军，或是牛头狱卒、马头狱卒，作为天曹地府里的神祇当差，他们都是在《大方便佛报恩经》（参阅南条文雄的《汉文大藏经目录册》第432册）里首次出现的，这本经书是在东汉年间被翻译成汉语的（参阅东京版《大藏经》第六卷，第五册，第20b页），明确指出这一点还是很有意义的。

[3] 《中州金石记》卷二，第4页下；《补寰宇访碑录》卷三，第3页上；《攈古录》卷七，第19页上；《艺风堂金石文字目》卷三，第17页下。

图 302　三坐佛四站立弟子群雕像北部

　　在龙门石窟的全景图上（图279），在E组石窟的另一侧，即在标注字面F的下方，我们能看到一处人工开凿的岩壁，岩壁上雕刻着巨大的佛像。中间是一尊坐佛，坐佛双腿自然下垂，双脚落地，左手放于膝上，右手结施无畏印（见图302左侧人物），坐佛左右两侧各有一站立人物；接着在左侧和右侧各有一坐佛，同中央坐佛一样，此坐佛右手也结施无畏印，但坐姿为结跏趺坐。这一组佛像的两端各有一站立人物。其实，我们在这里看到的是一组三世像，每一坐佛由站立的侍从护卫或隔开；中央坐佛两边的侍从应该是弟子，而左右两端的侍从大概是菩萨，但这几尊雕像损毁严重，很难确定他们究竟是弟子，还是菩萨。那么这三尊坐佛又是谁呢？当我们看到两佛在一起讲法时，这就是多宝佛和释迦牟尼；同样，当看到三世佛在一起时，我们认为这是王舍城大神变的典型象征。三世佛就象征着身怀无穷变化本领的释迦牟尼。

第三节　双窟（G号窟）

图 303　双窟（全景图上字母 G 标示）

图 304　双窟（全景图上字母 G 标示）

如果沿着伊河左岸继续往前走，首先会见到一面岩壁，此处岩壁并无任何引人注目的东西（图279左侧；图280及图281右侧）。接着，我们就来到一组双窟前，在全景图上，双窟的位置用字母G标示（图303和图304）。这两座石窟的入口由同一披檐遮挡，披檐是在岩石上雕刻出来的。每一座石窟的外面都有两尊天神护卫，但南边石窟外的天神雕像已完全损毁（图303）。

北石窟（图304）宽3.5米，进深4.1米；石窟尽头有一高1.15米的台座，上面雕着一尊坐佛，坐佛雕像本身高1.65米。坐佛左右两侧各有一弟子雕像和一菩萨雕像，接着又各有一弟子雕像和一菩萨雕像。窟顶藻井绘着七个仙女，她们围着中央莲花在空中飞翔。

南石窟宽1.9米，进深4.35米。石窟最里面有一坐佛，坐佛双腿自然下垂，双脚落地，左右各有一弟子雕像和一菩萨雕像。石窟两侧石壁上雕着佛龛，每一侧石壁纵向雕16格，横向雕30格，每一格里有一尊佛像，这样整座石窟里就有960尊小佛像。这里也许就象征着千佛。

这两座石窟是唐代开凿的，下列题记可以印证这一点：

第九十幅拓片（图720和图1354）[1]

图720　龙门造像题记

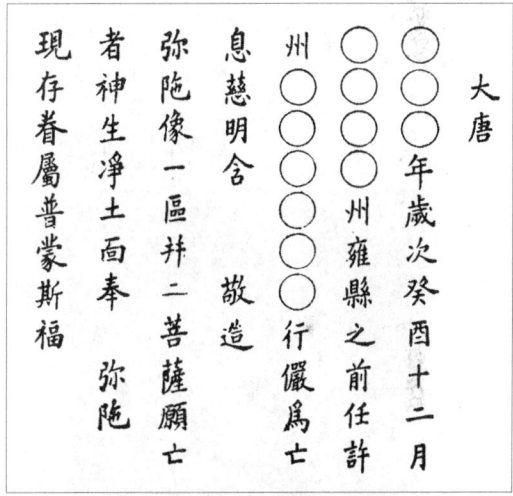

图1354

大唐□□□（咸亨四）年岁次癸酉[2]十二月，□□□□州雍[3]县之前任许州，□□□□□行俨，为亡息慈明含，敬造弥陀像一区并二菩萨，愿亡者神生净土，面奉弥陀，现存眷属，普蒙斯福。

---

[1]　《攈古录》卷七，第25页上；《艺风堂金石文字目》卷三，第18页上。

[2]　唐字前面的大字是后来添加的，这个倒也不是问题。依照天干地支纪年法，癸酉年分别为673年、733年、793年或853年。在此不可能是733年，因为733年为开元二十一年，这么多字在岁字之前显然是放不下的。考虑到其他题记所标注的年份，此碑应该是在673年立的，即咸亨四年。

[3]　雍县为古县名，现位于陕西省凤翔县南。

第九十一幅拓片（图729和图1355）[1]

图729　龙门造像题记

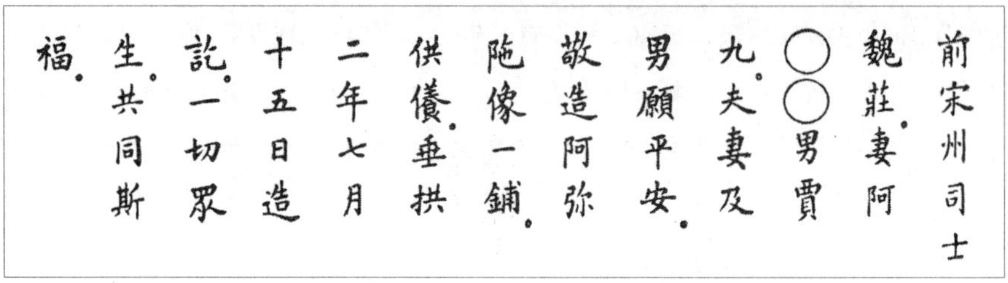

前宋州司士
魏莊妻阿○
○○男賈
九夫妻及
男願平安
敬造阿彌
陁像一鋪
供養垂拱
二年七月
十五日造
訖一切眾
生共同斯
福

图1355

前宋州司士魏庄，妻阿□□男贾九，夫妻及男愿平安，敬造阿弥陀像一铺，供养。垂拱二年七月十五日（686年8月9日）造讫。一切众生，共同斯福。

第九十二幅拓片（图728和图1356）[2]

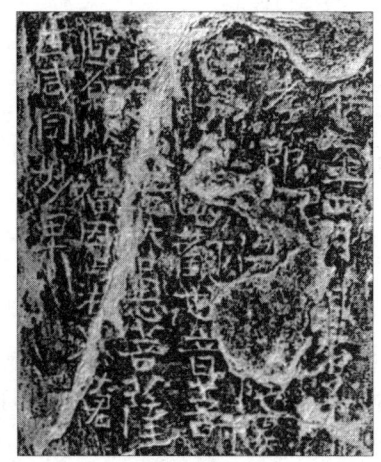

图728　龙门造像题记

垂拱三年四月八日弟子
○孝節○○○○○陁像
一區并救苦觀世音菩
薩○區并大世志菩薩
○區願以此福因法界蒼
生咸同妙果

图1356

垂拱三年四月八日（687年5月24日），弟子□孝节□□□□□陀像一区，并救苦观世音菩萨□区，并大世志菩萨□区，愿以此福因法界苍生，咸同妙果。

---

[1]　《寰宇访碑录》卷三，第16页上；《攈古录》卷七，第33页上；《艺风堂金石文字目》卷三，第21页上（此书将女子的名字解读为阿城）。

[2]　《寰宇访碑录》卷三，第16页上；《艺风堂金石文字目》卷三，第22页上，（这两部书将像主的名字解读为刘孝光）；《攈古录》卷七，第33页下（此书和我们都将他的名字解读为□孝节）。

第九十三幅拓片（图727和图1357）[1]

图727　龙门造像题记

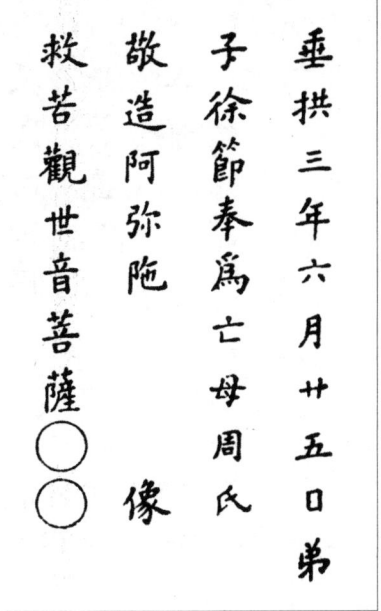

图1357

垂拱三年六月廿五日（687年8月8日），弟子徐节奉，为亡母周氏敬造阿弥陀像、救苦观世音菩萨□□。

第九十四幅拓片（图1359）[2]

比丘僧德[3]为亡父母敬造阿弥陀像一铺。天授□年二月八日（691年3月13日）。

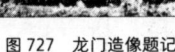

图1359

---

[1]　《寰宇访碑录》卷三，第16页上；《攈古录》卷七，第33页下；《艺风堂金石文字目》卷三，第22页上。

[2]　《攈古录》卷七，第36页上，此书将年份解读为天授二年。

[3]　雕刻师也许在这里漏掉了一个字。

第九十五幅拓片（图1358）[1]

天授二年二月廿日（691年3月25日），比丘僧玄呆为兄玄懆敬叶道像七躯。

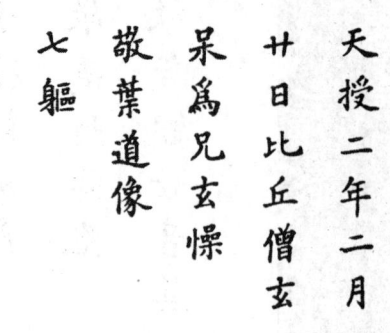

图1358

第九十六幅拓片（图726和图1360）[2]

证圣元年五月十四日（695年3月25日），比丘神泰上报四恩，又为亡姜婆敬造廿五佛，法界苍生，共同斯福。

第九十七幅拓片（图1361）[3]

弟子张敬琮母王婆，敬造天尊一铺。开元五年（717年）三月日。

图726　龙门造像题记　　　　　　图1360　　　　　　图1361

---

[1]　《攈古录》卷七，第36页上，此书将像主的名字解读为**玄果**。

[2]　《艺风堂金石文字目》卷三，第23页上，像主的名字解读为**神春**。

[3]　《攈古录》卷九，第50页下（像主的名字解读为**张敬宗**）。

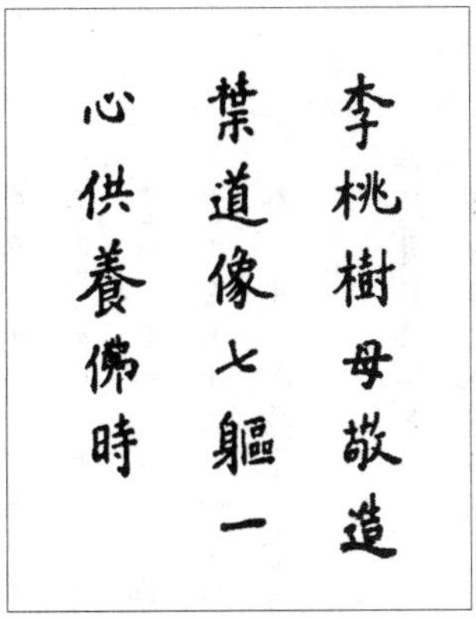

图 1362 　　　　　　　　图 1363

第九十八幅拓片（图1362）[1]

李桃树母，敬造叶道像七躯，一心供养佛时。

第九十九幅拓片（图1363）

僧待贡为七世父母，见存父母及善知识，□□□□□观音菩□□，法界众生，共成佛果。[2]

第一百幅拓片（图721和图1364）

河南府洛阳县东侯三里众社人等，于后明存：吴氏、刘氏、李氏、朱氏、王氏、方氏、曹氏、马氏、米氏、邢氏、马氏、董氏、李氏，以上共施钱六千百七十文，姚自强、李、孙、王思平、李之见。

洛阳县彭凄三里十甲陈美施钱五百；信士王仲才施钱三百。

彭凄二里二甲郭守禄施钱二百；彭凄一里十甲李景新施钱一百。

山西阳城县马国库、马国解共施钱一百。

图 721　龙门造像题记

---

[1]　《艺风堂金石文字目》卷二，第35页下，像主的名字解读为李桃林。

[2]　即他们本人也修成正果，变为佛。

河南府洛陽縣東侯三
里衆社人等于後
明存 吳氏 劉氏 李氏
朱氏 王氏 方氏 曹氏
馬氏 米氏 那氏 馬氏
董氏 李氏 以上共施錢
六千百七十丈 姚自强
李 孫 王思平 李之見
洛陽縣彭漊三里
十甲陳美施錢五百
信士王仲才施錢三百
彭漊二里二甲郭守祿
施錢二百
彭漊一里十甲李景新一施錢
山西陽城縣馬国庫 馬国解 共施錢一百
洛陽縣水南一里五甲鄭世壯
施銀一兩
碑樓六里五甲楊仲良施錢五百
在城杜營施錢一千
彭漊二里郭天才 郭太乾 共施一千
信士張治〇施錢一百
東侯一里七甲王應春施錢三百
萬〇三十一年〇〇月吉日立

图 1364

洛阳县水南一里五甲郑世壮施银一两。

碑楼六里五甲杨仲良施钱五百；在城杜营施钱一千。

彭凄二里郭天才、郭太乾共施一千；信士张治□施钱一百。

东侯一里七甲王应春施钱三百。

万□[1]三十一年□□月吉日立。

［1］ 以万字开头，且连续纪年三十一年的朝代仅有一个，这就是万历朝，那一年是1602年。但是碑文所提到的捐资数额并不高，这笔钱仅够拿来作修葺用。因此在龙门石窟里，能看到明朝的碑文也并不是什么值得大惊小怪的事。

第四节 石狮窟（H号窟）

图 305　石狮窟（全景图 281 上字母 H 标示）

图 306　石狮窟（全景图 281 上字母 H 标示）

若放眼观看龙门全景图（图281），就会注意到，在字母G所标示的双窟左侧，有一道在岩石中开凿出的台阶，沿台阶向上攀登，就能走到一条山路上，山路一直通到一座很大的石窟前，这座石窟在图片上用字母H来标示。在石窟的外面，入口两侧各设一天神和一狮子雕像，天神和狮子雕像的构思极为巧妙（图305和图306）。石窟内最里面有一坐佛雕像，左右两旁各有两尊弟子和两尊菩萨雕像。石窟内的两侧石壁上雕满了小佛像。在这座石窟里，我们发现下列题记：

第一百零一幅拓片（图1365）[1]

大唐调露二年岁次庚辰七月十五日（680年8月14日），胡贞普为法界父母，无诸灾郭敬造。

大唐調
露二年
歲次庚
辰七月
十　五
日胡貞
普爲法
界父母
無諸灾
郭敬造

图 1365

第一百零二幅拓片（图718和图1366）[2]

大唐调露二年岁次庚辰七月十五日（680年8月14日），玄照敬造观世音菩萨一区，愿救法界苍生，无始罪郭，今生疾厄，皆得消灭。

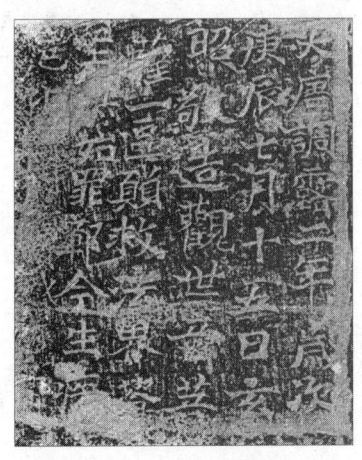

图 718　龙门造像题记

大唐調露二年歲次
庚辰七月十五日玄
照敬造觀世音菩
薩一區願救法界蒼
生無始罪郭今生疾
厄皆得消滅

图 1366

[1]　《寰宇访碑录》卷三，第14页下（像主的名字解读为李贞普）；《攈古录》卷七，第28页下；《艺风堂金石文字目》卷三，第19页下（像主名字最后一字给漏掉了）。

[2]　《寰宇访碑录》卷三，第14页上；《攈古录》卷七，第28页上；《艺风堂金石文字目》卷三，第19页下。

第一百零三幅拓片（图1367）[1]

陈七娘敬造菩萨二区，一为福师，一为隐师。[2] 调露二年（680）。

年露師爲師爲區薩造娘陳
二調隱一福一二菩敬七

图 1367

第一百零四幅拓片（图722和图1368）[3]

大唐永隆元年次庚辰九月卅日（680年11月26日），处贞敬造弥勒像[4]五百区，愿无始恶业罪消灭，法界四生永断怨憎，从今生至成佛以来，普作菩提，[5]眷属誓相度脱，逢善知识，出家修道，永离盖缠，（度脱）晤无所得。[6]

图 722　龙门造像题记

無脫蓋道出善度眷菩來成今生法罪始區像彌歲辰大
所經永家知脫屬提普佛生界消惡願五勒貞日九唐
得晤離修識度誓相作以至四滅業無百　敬處月永
　　　道　　　　　　　　　　　　　　　　　　　隆
　　　　　　　　　　　　　　　　　　　　　　　元
　　　　　　　　　　　　　　　　　　　　　　　年

图 1368

---

[1]　《攈古录》卷七，第28页下；《艺风堂金石文字目》卷三，第19页下。

[2]　我猜测福师及隐师是指邬波驮耶和阿嗟耶。此外"隐"字在此等同于"稳"字。

[3]　《寰宇访碑录》卷三，第14页下；《攈古录》卷七，第29页上；《艺风堂金石文字目》卷三，第20页上。

[4]　在此也许是指石窟内两侧石壁上的小雕像。

[5]　通过表达共作菩提的愿望，而形成一个大家庭。

[6]　最后一句话表达得不清楚。在晤无两字旁，又添加了度脱两字，如果用度脱两字来取代晤无，意思是说，"度脱即为大家所得"。

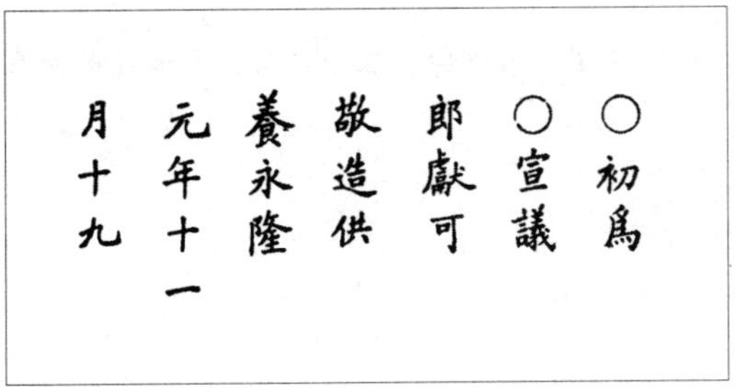

○初爲
○宣議
郎獻可
敬造供
養永隆
元年十一
月十九

图 1369

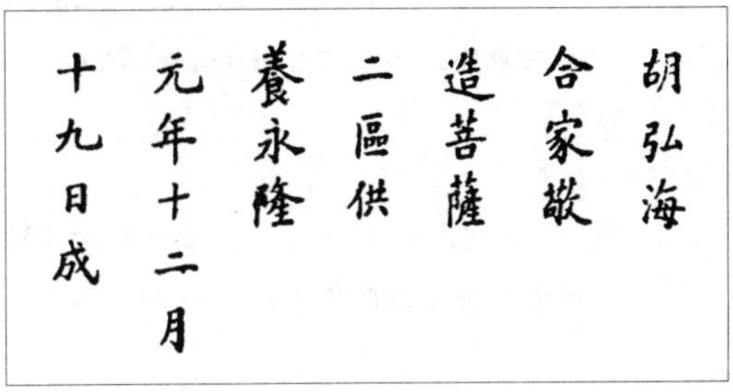

胡弘海
合家敬
造菩薩
二區供
養永隆
元年十二月
十九日成

图 1370

第一百零五幅拓片（图1369）[1]

□初为□宣议郎献可敬造供养。永隆元年十一月十九日（680年12月15日）。

第一百零六幅拓片（图1370）[2]

胡弘海合家敬造菩萨二区供养。永隆元年十一月十九日（680年12月15日）成。

第一百零七幅拓片（图1371）[3]

杜因果敬造弥勒佛一铺供养。永隆元年十一月卅日成（680年12月26日）。

第一百零八幅拓片（图1372）[4]

比丘尼光相敬造弥陀像一铺。永隆元年十一月八日（680年12月4日）。[5]

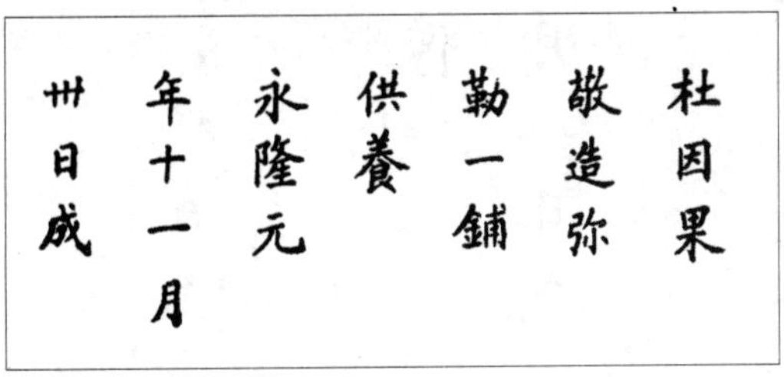

杜因果
敬造弥
勒一鋪
供養
永隆元
年十一月
卅日成

图 1371

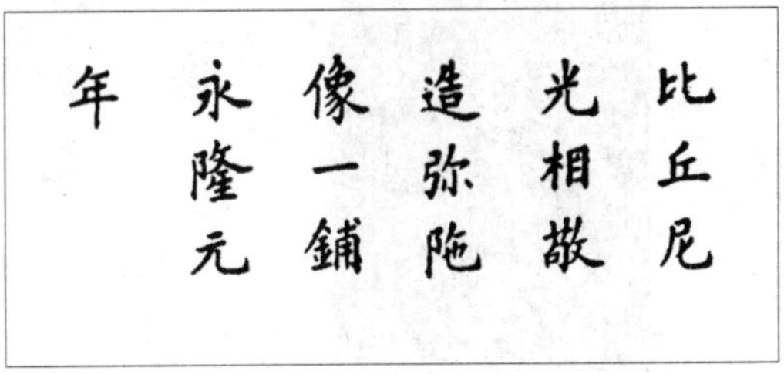

比丘尼
光相敬
造弥陁
像一鋪
永隆元
年

图 1372

---

[1] 《攈古录》卷七，第29页上；《艺风堂金石文字目》卷三，第20页上（凭借此书，我们将本碑文第一行文字补齐：范初为父朝议）

[2] 《寰宇访碑录》卷三，第14页下；《攈古录》卷七，第29页上；《艺风堂金石文字目》卷三，第20页上。这三本书将像主名字最后一字解读为实，并将日期确定为十一月。（作者因将时间更改为十一月，故将附录图1371的内容与图1370的作了对调。——译者注）

[3] 《寰宇访碑录》卷三，第14页下（此书将像主的名字错写为林因□）；《攈古录》卷七，第29页上。

[4] 《攈古录》卷七，第29页上；《艺风堂金石文字目》卷三，第20页上。

[5] 最后几个字在图1373里给漏掉了。

第一百零九幅拓片（图719和图1373）[1]

大唐永隆二年正月廿日（681年2月13日），恒州房山[2]县人崔怀俭，在军之日，愿造观世音佛一区。

第一百一十幅拓片（图1374）[3]

侯玄炽敬造弥陀像十区。永隆二年四月八日（681年5月1日）成。

第一百十一幅拓片（图1375）[4]

许州[5]仪凤寺比丘尼真智，敬造观世音菩萨一区。永隆二年五月八日（681年5月30日）成。

图719 龙门造像题记

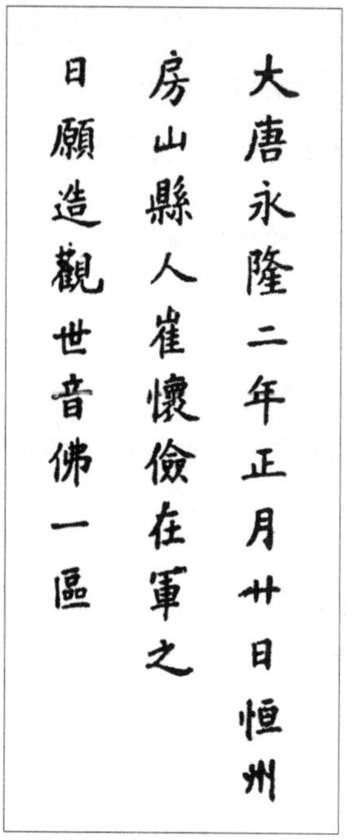

图1373

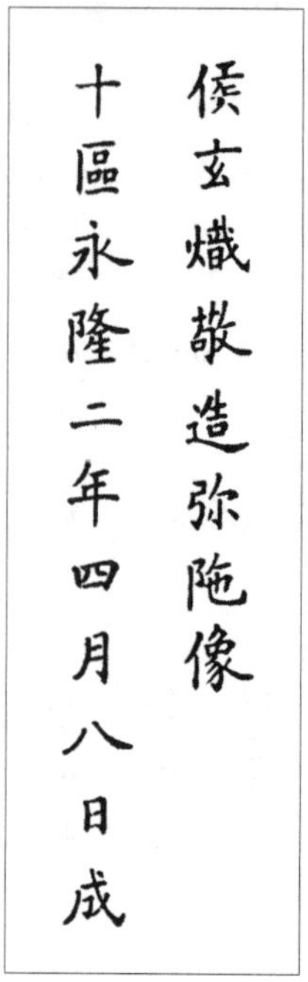

图1374

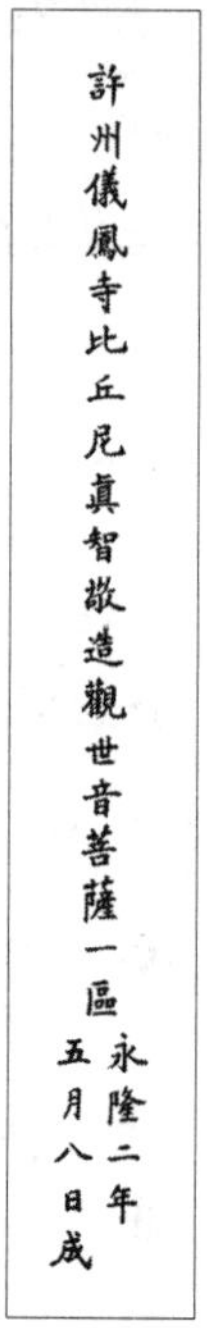

图1375

---

[1]《寰宇访碑录》卷三，第14页下；《攈古录》卷七，第29页上；《艺风堂金石文字目》卷三，第20页上。

[2] 即今直隶省正定府平山县。

[3]《寰宇访碑录》卷三，第14页下；《攈古录》卷七，第30页上；《艺风堂金石文字目》卷三，第20页下。

[4]《寰宇访碑录》卷三，第14页下；《攈古录》卷七，第30页上；《艺风堂金石文字目》卷三，第20页下。

[5] 今依然为河南省许州。

第一百十二幅拓片（图716和图1376）[1]

大唐垂拱二年二月八日（686年3月7日），张师满为见在师僧，父母及亡弟敬宾，敬造阿弥陀像一铺。二月十日成就。

图716　龙门造像题记　　　图1376

---

[1]　《寰宇访碑录》卷三，第16页上；《攈古录》卷七，第32页下；《艺风堂金石文字目》卷三，第21页下。

第一百十三幅拓片（图723和图1377）

永耀寺主善相供养。

弁空普为四生俱得解脱，敬造地藏供养。

小光敬造观音供养。

奉为亡兄侯道定敬造。

净如敬造观音供养。

深解为四恩三有，法界众生，俱得出家，成无上道，敬造地藏一躯供养。

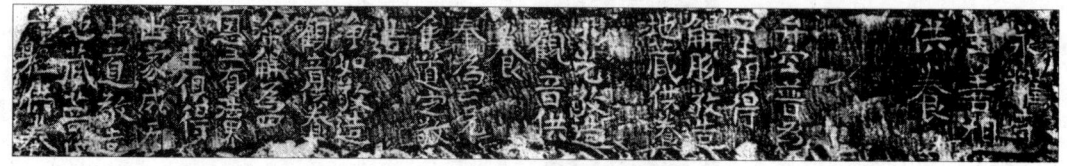

图 723　龙门造像题记

永耀寺
主善相
供養
弁空普爲
四生俱得
解脱敬造
地藏供養
小光敬造
觀音供
養
奉爲亡兄
侯道定敬
造
淨如敬造
觀音供養
深解爲四
恩三有法界
衆生俱得
出家成无
上道敬造
地藏菩薩
一軀供養

图 1377

第一百十四幅拓片（图1378）[1]

刘大娘为亡母敬造观世音菩萨一区。

第一百十五幅拓片（图1379）[2]

前相州安阳[3]县尉王承颖，敬造观世音菩萨二区。

劉大娘爲亡母敬
造觀世音菩薩一區

图 1378

前相州安陽縣
尉王承頴敬造
觀世音菩薩
二區

图 1379

[1] 《艺风堂金石文字目》卷三，第29页上；《攈古录》卷九（唐朝），第51页上。

[2] 《艺风堂金石文字目》卷三，第27页上。

[3] 即河南彰德府城。

第一百十六幅拓片（图1380）[1]

□侯李五，敬造观世音一区供养。

第一百十七幅拓片（未复制）

常□□为□□□敬造救苦观音菩萨一躯。

第一百十八幅拓片（图1381）[2]

前摄汝州[3]长使杨文遇□□□。

第一百十九幅拓片（图1382）

乾祐三年（950年）[4]三月廿一日，郭张[5]记之。

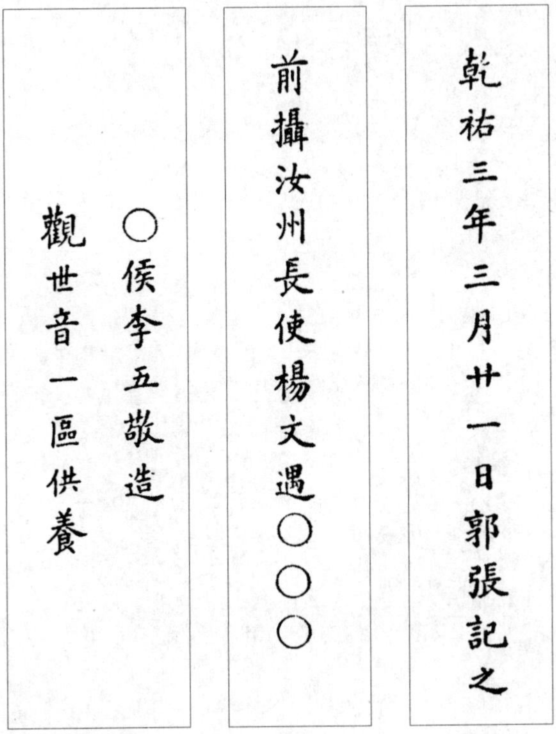

图1380　　　图1381　　　图1382

---

[1]　《攈古录》卷九（唐朝），第47页上。

[2]　《攈古录》卷九（唐朝），第47页下。

[3]　即河南郑州府**襄城**县。

[4]　此碑所立年代很迟，已不是一座还愿碑，而是某位到访者至此留念碑。

[5]　这个名字由两个姓氏组成，养子往往会采用这样的名字。

第五节　石塔窟（Ⅰ号窟）

图307　石狮窟左下石窟：入口

图 308　石狮窟右下石窟：石窟正壁

图 309 石窟寺（应列入巩县石窟寺图集）

图 310 刻在石壁上的佛龛（全景图上字母 J 标示）

图 311　靠近路边的佛龛

在H号石窟左方偏下处还有一座石窟，我在全景图（图281）上用字母I来标示。这座石窟很好辨认，因为在石窟的外边，距离入口不远处有一雕制的方形小塔（图307）。石窟宽2.2米，进深1.8米，不算台阶，窟内高度为2.45米，石窟入口宽1.25米。石窟最里面有一尊结跏趺坐的佛像，坐佛连同基座高1.8米。坐佛左右两侧各有一站立人物和一头狮子，站立人物背后有光环。这座石窟里有以下几则主要题记：

第一百二十幅拓片（图712和图1383）[1]

上元二年（675）三月十五日，弟子王仁恪，敬造阿弥陀像一铺，并二菩萨，一为大女刘[2]造；一为恪安造二菩萨。普为七代父母，及善知识，同得往生阿弥陀佛国。

图712　龙门造像题记

图1383

---

[1] 《寰宇访碑录》卷三，第12页下；《攈古录》卷七，第26页上；《艺风堂金石文字目》卷三，第18页下。

[2] 此女可能已出嫁，这样她就把王姓改为了刘姓。

图714　龙门造像题记　　　　　　　图1384

第一百二十一幅拓片（图714和图1384）[1]

不可思宜[2]清信女王婆，为儿宋玄德，东行愿得平安，敬造观音一躯了。上元三年（676）二月日。

第一百二十二幅拓片（图1385）[3]

清信女赵婆为己身，敬造观音菩萨一区。上元三年十月廿日（676年11月30日）。

第一百二十三幅拓片（图1386）[4]

清明寺比丘尼八正敬造。大唐仪凤三年三月九日（678年4月5日）成。

图1385　　　　　　　图1386

---

[1]　《寰宇访碑录》卷三，第13页上；《攈古录》卷七，第26页上；《艺风堂金石文字目》卷三，第19页上。

[2]　"宜"字在此等同于"意"或"议"字。

[3]　《寰宇访碑录》卷三，第13页上；《攈古录》卷七，第26页上；《艺风堂金石文字目》卷三，第19页上。

[4]　《艺风堂金石文字目》卷三，第19页下。

第一百二十四幅拓片（图706和图1387）[1]

雍州迳[2]阳县众善乡苏伏宝，为七世父[3]，见存父母，合家大小，及一切众生，造一佛二菩萨，花生[4]供养。垂拱三年二月十六日（687年4月3日）成。

图706　龙门造像题记

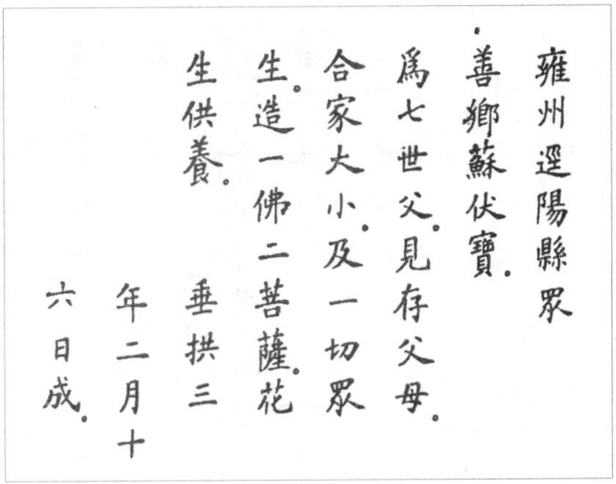

图1387

第一百二十五幅拓片（图1388）[5]

雍州三原[6]县古歇乡高池里，弟子戴婆、周修福妻赵慈善、男周元静，普为法界众生，七世父母，见存父母，合家大小，愿平安。垂拱三年二月十六日（687年4月3日），造一佛二菩。

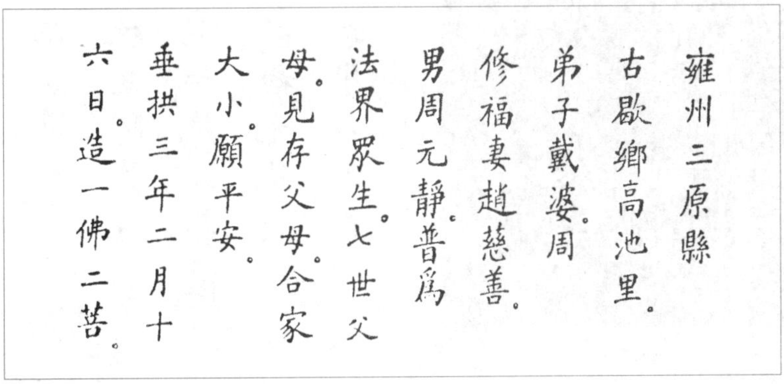

图1388

---

[1] 《寰宇访碑录》卷三，第33页下；《攈古录》卷七，第33页上；《艺风堂金石文字目》卷三，第21页下。

[2] **迳**字在此应写为**泾**。泾阳县隶属于陕西省西安府。

[3] 这里明显漏掉了一个"母"字。

[4] "花生"在此所表述的词义不明确。

[5] 《寰宇访碑录》卷三，第16页上；《攈古录》卷七，第33页上；《艺风堂金石文字目》卷三，第21页下（此书将乡名解读为古顶，将男名解读为周元舒）。

[6] 三原县隶属于陕西省西安府。

第一百二十六幅拓片（图1389）[1]

雍州三原县古歇乡高池里，弟子薛福、妻韩什柱、男□子，右为七世父母，所□□母，合家大小，愿平安，造一佛二菩。垂拱三年四月廿六日（687年6月11日）。

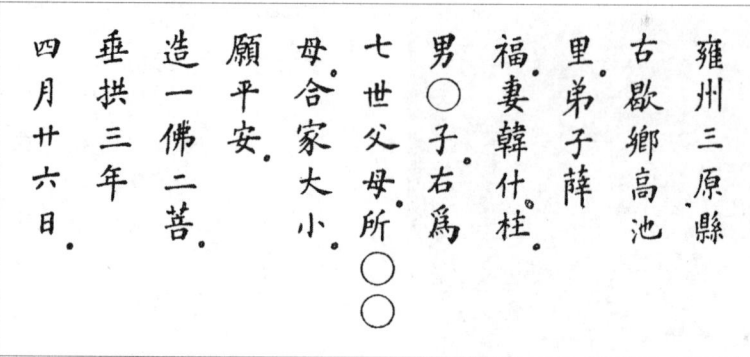

图1389

第一百二十七幅拓片（图707和图1390）[2]

雍州万年县[3]张元福，为患得差，敬造弥陀像一，并二菩萨。载初元年五月二日（689年5月25日）成。

图707　龙门造像题记　　　　　　　　图1390

---

[1] 《寰宇访碑录》卷三，第16页下；《攟古录》卷七，第33页下；《艺风堂金石文字目》卷三，第21页下（此书将乡名解读为古鼎，妻名解读为韩仕桂，认为"右"字为男孩子的名字）。

[2] 《攟古录》卷七，第36页上；《艺风堂金石文字目》卷三，第22页上。我们注意到，在这尊题记及后面的几尊题记上，雕刻者用了一些很特殊的字，这些字为武则天所造。参阅图1731。

[3] 万年县今隶属于西安府。

第一百二十八幅拓片（图709和图1391）[1]

弟子刘大翔妻姚，为亡姑及身患，愿造阿弥陀像龛，愿法界众生，共同此福。载初元年六月三日（689年6月25日）毕功。

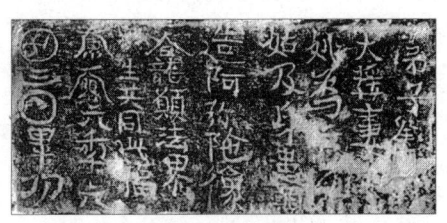

图709　龙门造像题记　　　　　　　　图1391

第一百二十九幅拓片（图715和图1392）[2]

丁君舜，上为天皇天后[3]，师僧父母及善知识，蠢动众生，愿断五欲，共登正觉。如意元年闰五月五日（692年6月24日），敬造阿弥陀像一躯。

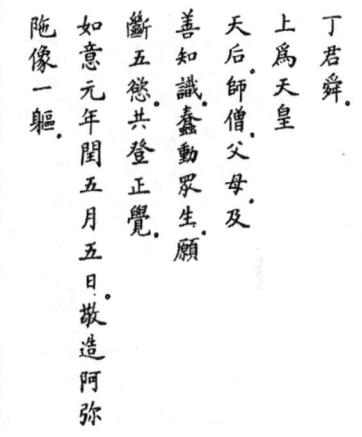

图715　龙门造像题记　　　　　　　　图1392

---

[1]　《攈古录》卷七，第36页上；《艺风堂金石文字目》卷三，第22页下。

[2]　《寰宇访碑录》卷三，第17页下；《攈古录》卷七，第37页下；《艺风堂金石文字目》卷三，第23页上。后两本书将像主名字的最后一字解读为"义"。

[3]　674年，高宗封武后为天后，自己称**天皇**（参阅《唐书》卷四，第1页）。仪凤三年七月十七日（676年8月31日），有人为天皇和天后敬造一尊弥勒佛，那时候高宗和武后依然在世（参阅《辉县志》卷二十，第19页），即使在高宗去世之后，仍然有人在采用这一称谓。因此在692年6月24日所立的这块石碑上就能看到这个称谓，在后文第二百零七幅拓片上（石碑立于686年8月7日），我们也能看到相同的用法。其实天皇天后就是指高宗和武后，不过在686年，只有武后依然在世。

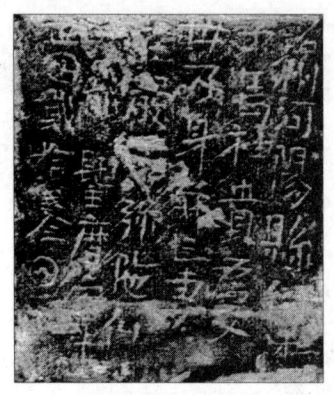

图 708　龙门造像题记

孟州河陽縣佛弟
子馬神貴爲父
母及身并亡妻
莊嚴阿弥陁佛
一區聖曆二年
四月貳拾叁日

图 1393

第一百三十幅拓片（图708和图1393）[1]

孟州河阳县，[2]佛弟子马神贵，为父母及身，并亡妻，庄严阿弥陀佛一区。圣历二年四月[3]贰拾叁日（699年2月28日）。

第一百三十一幅拓片（图1394）[4]

清信弟子宋婆，年六十五，敬造一佛二菩一铺。长安四年二月廿六[5]日（704年4月2日）。铭记德。

清信弟子宋婆年六十五敬造
一佛二菩一鋪長安四年二月
廿六日銘記德

图 1394

[1]　《攈古录》卷七，第40页上；《艺风堂金石文字目》卷三，第23页下。

[2]　河阳县位于今孟县西部，距离县城三十五里。孟县河南省怀庆府。

[3]　应为**正**月。

[4]　《攈古录》卷七，第44页上；《艺风堂金石文字目》卷三，第24页上。

[5]　应为**四**。

第一百三十二幅拓片（图1395）[1]

杜潜辉，普为一切发心作佛者，敬造一佛二菩萨一铺。开元二年（714）二[2]月九日，秀珪记。

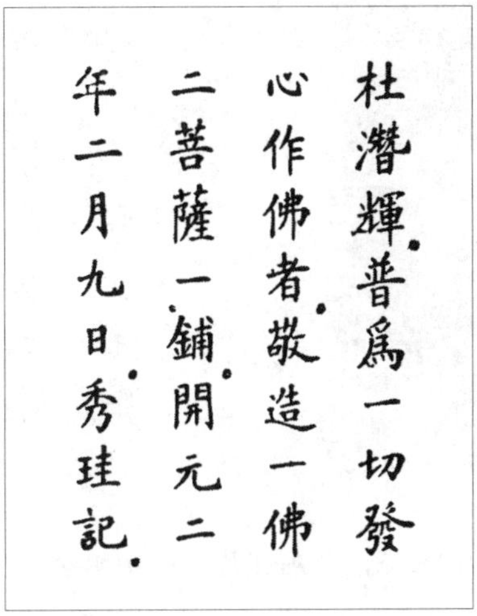

图1395

第一百三十三幅拓片（图713和图1396）[3]

佛弟子李保妻杨，敬造浮图一所，并造阿弥陀像一铺，上为皇帝，七代师僧，父母，及先亡见存，遍及法界众生，同遵斯福。

图713　龙门造像题记

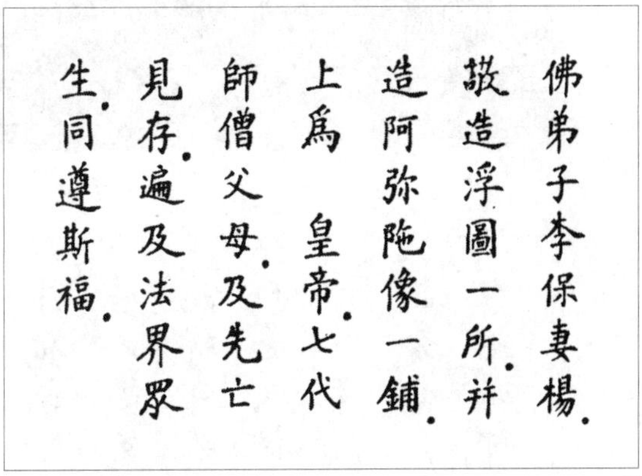

图1396

---

[1]　《寰宇访碑录》卷三，第25页下；《攗古录》卷七，第2页上；《艺风堂金石文字目》卷三，第25页上。

[2]　题记抄本写为二月，但法文译为十二月，此与作者标注的西历时间相吻合。——译者注

[3]　《艺风堂金石文字目》卷三，第36页上。

第一百三十四幅拓片（图705和图1397）[1]

弟子甘大娘，奉为二亲及以自身，敬造观世音菩萨，地藏菩萨二躯。此功德普及法界众生，俱登佛果。

图705　龙门造像题记　　　　　　　　　　　　　　图1397

第一百三十五幅拓片（图703和图1398）[2]

大唐太州郑县[3]王思业为太后皇帝，一切众生，及七世父母，今为亡女妙法，造药师像一区，以思业患病得可故造，今并成就，愿亡者讬生西方，见存者无诸哉郼。

图703　龙门造像题记

图1398

---

[1]　《艺风堂金石文字目》卷三，第29页下。此碑立于武则天当政年代，因地藏菩萨的**地**字为武则天造的字。

[2]　《艺风堂金石文字目》卷三，第32页上。此碑大概也立于武则天当政年代，**太后皇帝**大概指的就是武则天，大家知道，武则天虽为女性，但还是自称为"皇帝"。

[3]　这个地方似乎位于今华州境内，华州隶属于陕西省同州府。不过，此处的**太州**很难解释清楚。

第一百三十六幅拓片（图1399）[1]

刘天庶为流端州，敬造救苦观音菩萨一躯，兖州金乡[2]县令，愿得平安早归还。[3]

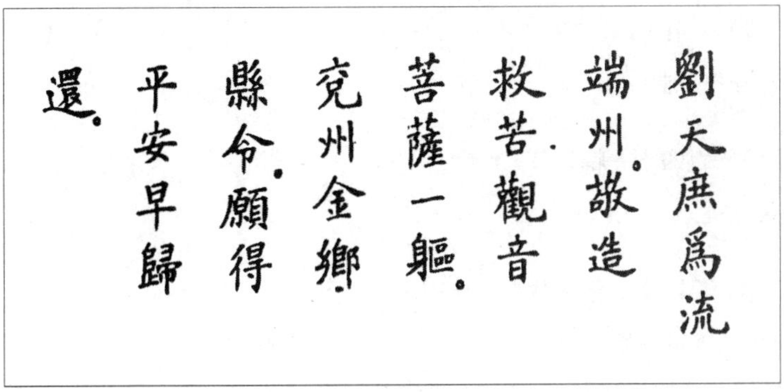

图 1399

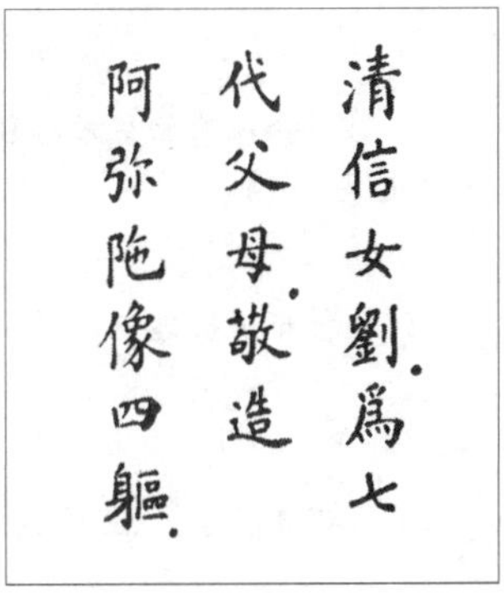

图 1400

第一百三十七幅拓片（图1400）[4]

清信女刘，为七代父母，敬造阿弥陀像四躯。

第一百三十八幅拓片（图1401）[5]

三原县史毛等，刘婆等敬造；男百通姓史，夫妻敬造。

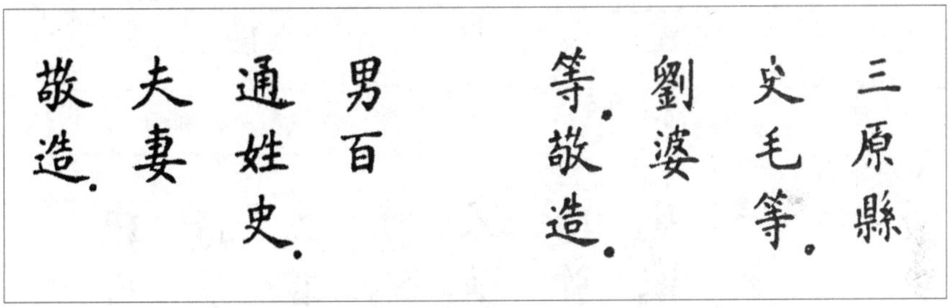

图 1401

---

[1] 《艺风堂金石文字目》卷三，第32页上，在此书里，像主的名字被写为**刘天鹿**。

[2] 金乡县如今依然为县级建制，隶属山东省济宁府。

[3] 此题记读来令人感到有些困惑，要想完全弄懂其含义，恐怕要这样理解："金乡县令刘天庶因遭放逐，愿得平安早归还，敬造菩萨一躯"。

[4] 《艺风堂金石文字目》卷三，第28页下。

[5] 《艺风堂金石文字目》卷三，第27页下；《攈古录》卷九（唐朝），第54页下。

第一百三十九幅拓片（图1402）[1]

弟子崔玄表悽郭，敬造救苦观世音菩萨一区。

第一百四十幅拓片（未复制）[2]

刘金人为亡男敬贞敬造观世音菩萨一躯。

第一百四十一幅拓片（图1403）[3]

普光师敬造地藏菩萨一区。

第一百四十二幅拓片（图1404）[4]

雍州礼泉[5]王君意，为父母造弥陀像一铺，功讫。[6]

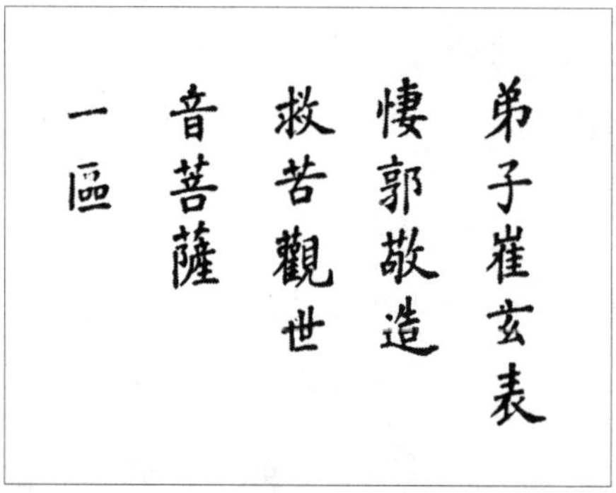
弟子崔玄表
悽郭敬造
救苦觀世
音菩薩
一區

图 1402

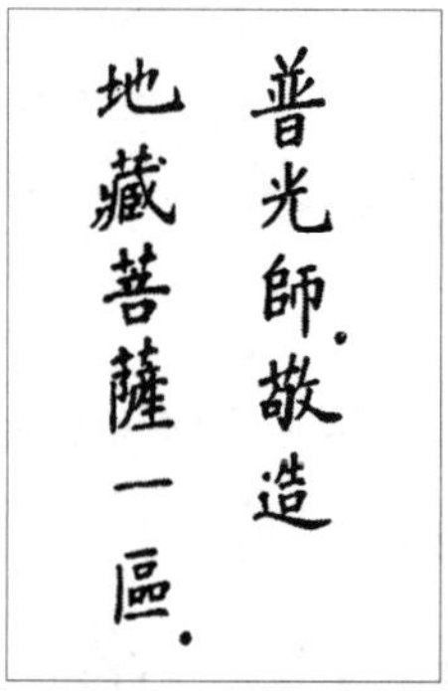
普光師敬造
地藏菩薩一區

图 1403

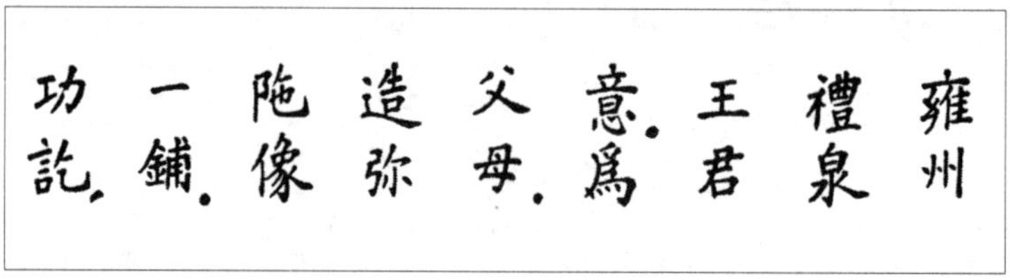
雍州
禮泉
王君
意爲
父母
造弥
陁像
一鋪
功訖

图 1404

［1］《攈古录》卷九（唐朝），第50页下。

［2］《艺风堂金石文字目》卷三，第31页下。

［3］《艺风堂金石文字目》卷三，第32页下，像主的名字书写得不清楚。

［4］《艺风堂金石文字目》卷三，第21页下，石碑立于垂拱二年七月十五日（686年8月9日）。

［5］礼泉县如今依然为县建制，隶属于陕西省西安府。

［6］在碑文下方有四尊独立的小雕像，每尊雕像代表一位像主，雕像下刻着像主的名字。

第六节　双窟与石塔窟之间的小石窟

第一百四十三幅拓片（图1405）[1]

总章元年六月廿四日（668年8月17日），张神炽、张武达等造千佛七躯。

第一百四十四幅拓片（图1406）[2]

永昌元年三月七日（689年4月2日），安多富敬造。

第一百四十五幅拓片（图1407）[3]

汴州张丘造像伍；汴州张丘造像五躯。

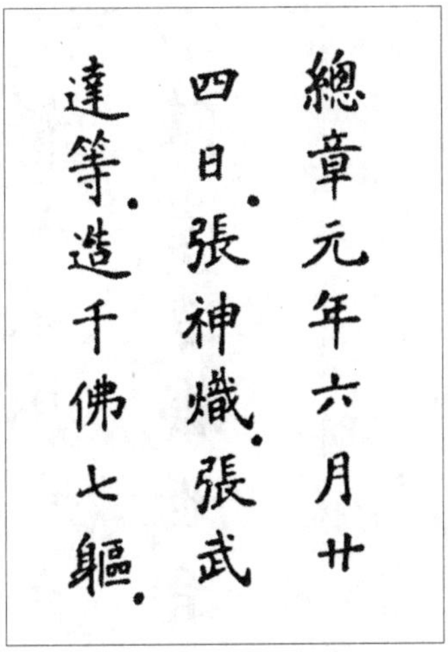

图 1405

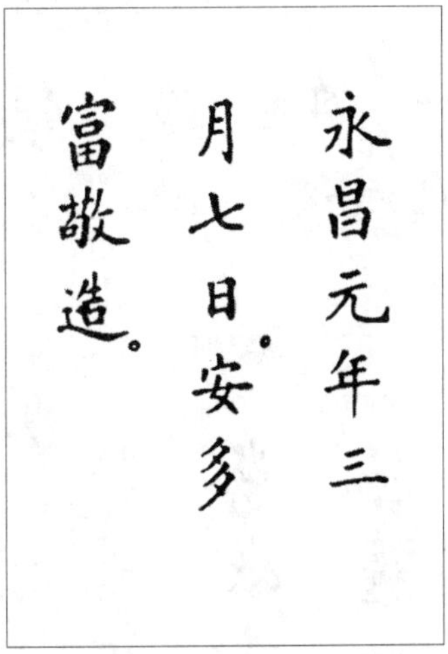

图 1406

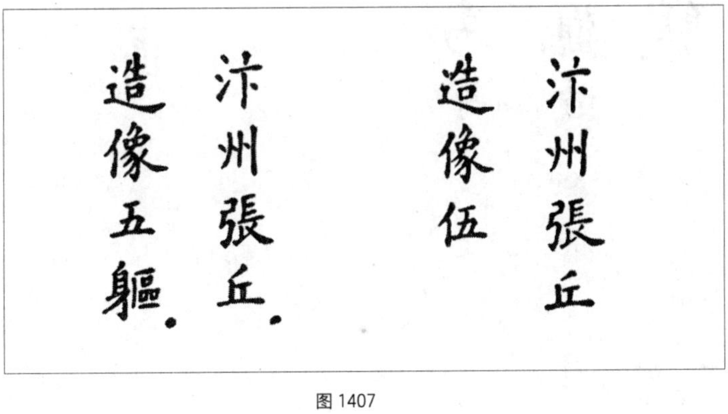

图 1407

---

[1]　《攈古录》卷七，第23页上；《艺风堂金石文字目》卷三，第18页上。

[2]　《艺风堂金石文字目》卷三，第22页上。

[3]　《攈古录》卷九（唐朝），第52页下。

第一百四十六幅拓片（图1408）[1]

张丘造药师像一躯。

第一百四十七幅拓片（图1409）[2]

杜大娘为身患，敬造观音菩萨一躯。

第一百四十八幅拓片（图1410）[3]

杨七娘为亡夫陈崇，造观世音一区。

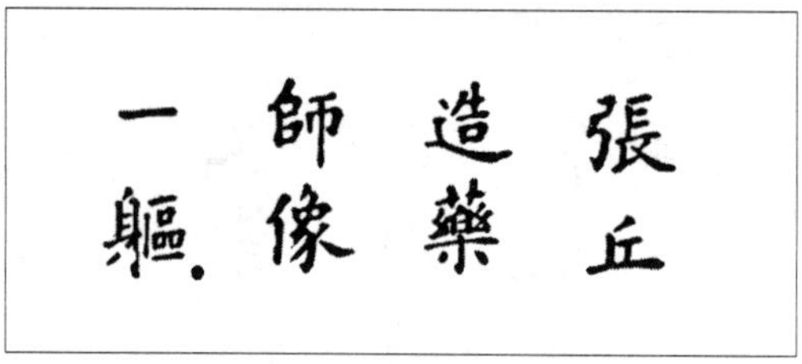

图1408

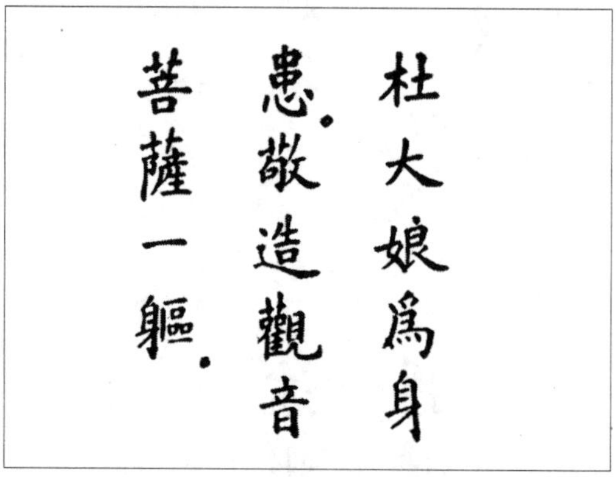

图1409

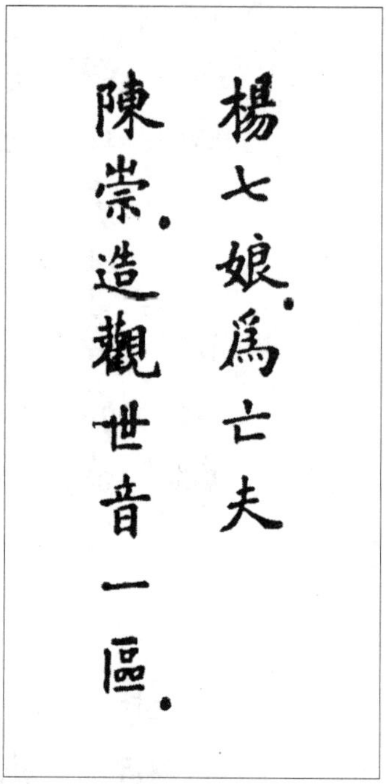

图1410

---

[1] 《攈古录》卷九（唐朝），第53页上。

[2] 《攈古录》卷九（唐朝），第53页下。

[3] 《攈古录》卷九（唐朝），第51页上。

第七节　毗邻石塔窟的南窟

第一百四十九幅拓片（图724和图1411）[1]

大唐咸亨四年十一月七日（673年12月20日），西京海寺法[2]僧惠简，奉为皇帝、皇后、太子、周王，敬造弥勒佛像一龛，二菩萨，神王等，并德[3]成就，伏愿皇寿[4]圣花无穷，殿下诸王[5]，福延万代。

图724　龙门造像题记

图1411

第一百五十幅拓片[6]（未复制）

题记刻于仪凤二年五月十五日（677年6月20日）。像主为**苏州长史崔元久**之妻**虞**夫人。碑文已残泐，仅能辨认出少数几个字。

---

[1] 《寰宇访碑录》卷三，第12页下；《攈古录》卷七，第25页上；《艺风堂金石文字目》卷三，第18页下。

[2] **海寺法**应该读作**法海寺**。在大佛基座的题记上也刻着法海寺的名字（参阅图633及第三百四十幅拓片）。

[3] **德**字在此等同于**得**字。

[4] **寿**的解读不一定准确。皇寿的意思就是祝皇帝和皇后万寿无疆。

[5] 我猜测**诸王**一词应解读为**储王**，因为题记在此说的就是王储。

[6] 《寰宇访碑录》卷三，第13页下；《攈古录》卷七，第27页上；《艺风堂金石文字目》卷三，第19页下。

文明元年
四月八日
雍州明唐
縣人趙奴子
功德造記

图 1412

清信女賈
爲亡夫造
七佛又造
地藏菩
薩一區

图 1413

第一百五十一幅拓片（图1412）[1]

文明元年四月八日，雍州明唐县[2]人赵奴子功德造记。

第一百五十二幅拓片（图1413）[3]

清信女贾。为亡夫造七佛又造地藏菩萨一区。

第一百五十三幅拓片（图725和图1414）[4]

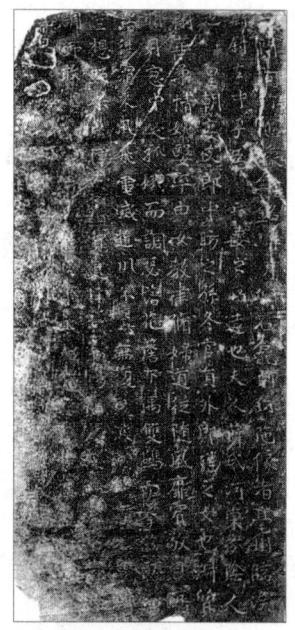

图 725　龙门造像题记

龍門阿弥陁像龕銘 并序 石龕阿弥陁像者亳州臨溪
縣尉左中孚爲　亡妻之所造也夫人薛氏河東汾陰人
也　皇朝度支郎中昉之孫冬官員外郎珪之女也淑質
閑華柔情婉孌率由女教聿修婦道從隨風靡賓敬日躋
明月窗中笑孤娥而調瑟落花簷下偶雙鸝而攀滋既而
露往霜來風飛電滅逝川不息無復廻波○○○○○○
空想照梁○揮○○覽○○○○○○○○○○○○○
調御敢○○○○○○○○○○○○○○○○○○○
銘曰

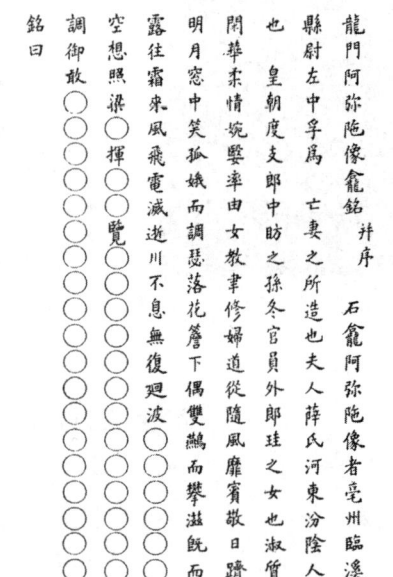

图 1414

[1]　《寰宇访碑录》卷三，第15页下；《攈古录》卷七，第31页下；《艺风堂金石文字目》卷三，第21页上。

[2]　雍州即为唐代都城长安（今西安府）所在地。至于说**明唐**县，《旧唐书》和《唐书》里都没有提到过这个县，而李兆洛所编纂的《历代地理韵编》也把此县给漏掉了。我认为这个地名同明堂有些相似。在论及**明堂**县时，《旧唐书》（卷三十八，第5页）这样写道："长安二年，废**乾封**、**明堂**二县"。

[3]　此碑立于武则天当政时期（684—705年），从地字的特殊写法上可以看出来。

[4]　《攈古录》卷九（唐朝），第48页下。

龙门阿弥陀像龛铭'并序'：石龛阿弥陀像者亳州临溪县尉左中孚，为亡妻之所造也。夫人薛氏，河东汾阴人也，皇朝度支郎中眆之孙，冬官员外郎珪之女也，淑贤闳华，柔情婉㜻，率由女教，聿修妇道，从随风靡宾敬，日跻明月窗中，笑孤娥[1]而调瑟，落花檐下，偶双燕[2]而攀滋，既而露往霜来，[3]风飞电灭，逝川不息，无复迴波……

一百五十四幅拓片（图1415）[4]

此题记仅存最上面几行字：

神龟元［年七月］，清信女［姜敬造］无量寿［佛一躯］。夫托生西方……隐愿。

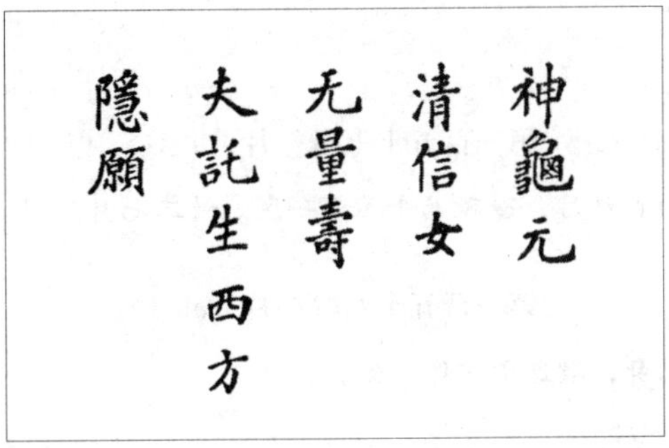

图1415

---

[1] 此指月神嫦娥。

[2] 夫妻忠贞的象征。传说称燕子在人家筑巢后，常双飞来去，但来年燕子却孤自飞来。这段传说是《南史》里讲述的。

[3] 这里要表达的意思是，女子生命短暂，宛如露水一样。

[4] 《攈古录》卷六，第13页上；《艺风堂金石文字目》卷二，第5页下。方括号里的字为参阅这两本金石著作添加的。女像主姓姜。

第八节 在全景图上标示 J 和 K 之间、紧邻道路的石窟

第一百五十五幅拓片（图1416）[1]

正光五年十一月廿五日（525年1月4日），道俗廿七人共造像一区，上为皇帝陛下皇太后，下为法界含生，离苦得乐□□□保愿。

第一百五十六幅拓片（未复制）[2]

题记残泐甚，石碑立于正光四年廿日（525年5月27日），一位名叫潜养的人为其子造观世音菩萨像一躯。

第一百五十七幅拓片（图1417）

蒲州人张延晖，为亡母吕，造观世音菩萨一区。景二七月。[3]

第一百五十八幅拓片（图1418）

汤义忠为父母及己身，敬造弥陀像一区，供养。

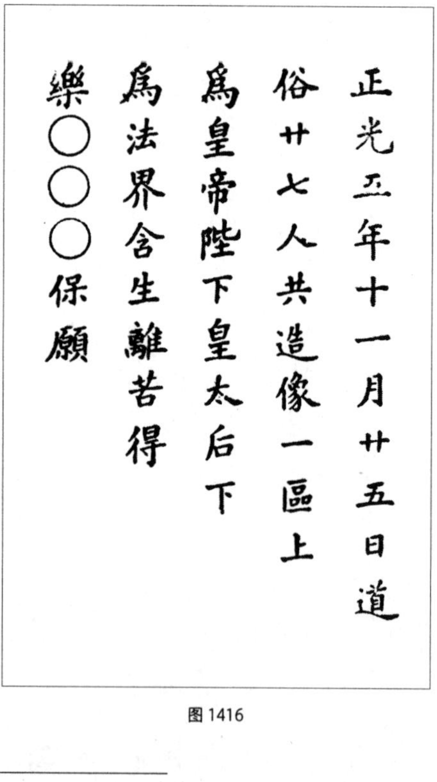

图 1416

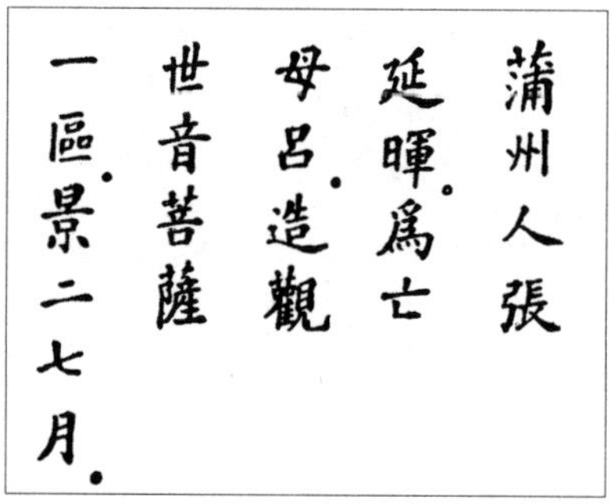

图 1417

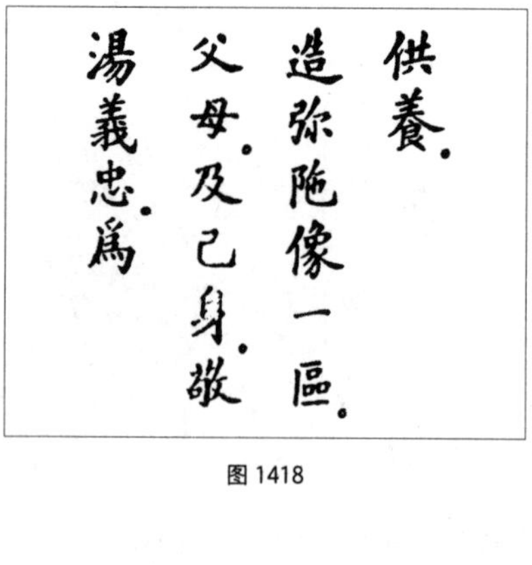

图 1418

---

[1] 《攈古录》卷六，第15页下，此书仅记二十六人；《艺风堂金石文字目》卷二，第8页下，此书则记二十八人。

[2] 《攈古录》卷六，第16页上；《艺风堂金石文字目》卷二，第8页下。

[3] 此纪年为缩略写法。但景二年有"景龙二年"（708）和"景云二年"（711）之差别。

第一百五十九幅拓片（图1419）[1]

弟子吕思敬，为父母及兄弟姊妹等造佛。

第一百六十幅拓片（图1420）[2]

魏大娘愿早分难，造佛。

第一百六十一幅拓片（图1421）[3]

都督祁回□，供养。

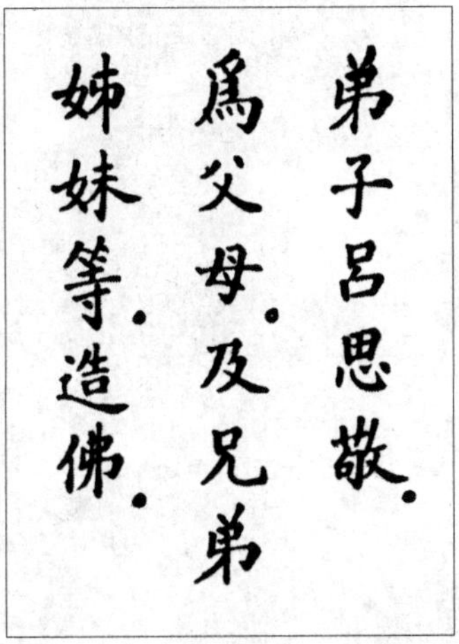

图1419 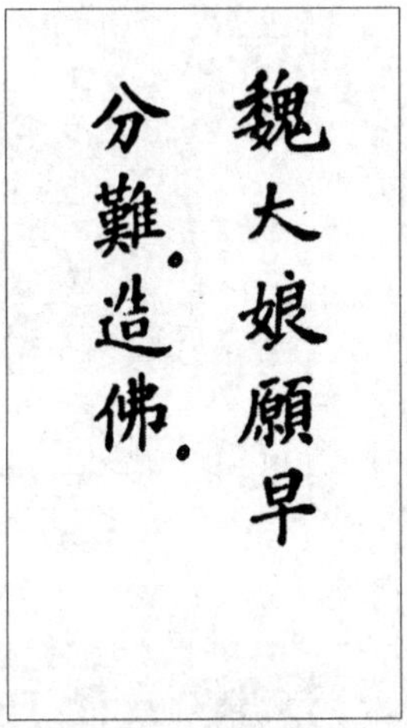　　　　图1420 　　　　图1421

---

[1]　《攈古录》卷九（唐朝），第52页下。

[2]　《攈古录》卷九（唐朝），第53页上。

[3]　《攈古录》卷九（唐朝），第56页上。

第九节　K号窟

图313　刻在石壁上的佛龛（全景图282上字母K标示）

在全景图（图282）上，字母K所标示的是路旁一座小石窟。在这座小石窟的上方，能看到一所房子（图313），房子屋顶上有一大鹏金翅鸟的正面雕像。再往上，能见一石窟洞口，洞口两侧各有一题记，[1]左侧题记如下：

第一百六十二幅拓片（图625，参阅图313左）

图625 龙门造像题记

---

[1] 《十二砚斋金石过眼录》（卷四，第14—15页）。这部金石著作收录了这两则碑铭。根据此书作者的解释，从碑铭字体来看，此碑应立于太和年间（477—499年）。根据《攈古录》（卷九，第49页上）的说法，这两则碑铭应该是在唐代镌刻的。虽然金石学家们就碑铭所立年代有很大分歧，但他们对此都非常重视，因为碑铭的文字写得很美。所以，这两则碑铭被看作是龙门石窟最著名的二十六则碑铭之一。我们在后文第四百八十四幅拓片结尾处，将会看到《校碑随笔》所记载的二十六则著名碑铭当中的第二十则碑铭。

优填王像北龛韩曳云等共造供养

||||南|司徒端|||||

在K窟上方题记的右侧（图313右侧），还有另一题记，上面列出了三十八位供养人的名字，排在前两位的是韩曳云和司徒端，这两个人的名字也出现在了左侧题记上。

大家知道优填王是憍赏弥国王，正是他用㭉檀木制作出了第一尊佛像，而此前从未有人做过这样的佛像，[1]后来这尊像一直飞到了于阗。[2]无论于阗的这尊佛像来自何方，它恰好是中国许多佛像的原型，因此大家对在龙门地区看到一尊优填王（造）像不应该感到惊奇。不过题记并未明确说明优填王像放置在什么地方，但是我们在后文将会看到（第一百七十五幅拓片），这尊佛像就在K号石窟里。

现在让我们再回过头来看K号石窟，在图313的下方仅能看到石窟入口的最上端。在石窟内，我们看到下列碑铭题记：

第一百六十三幅拓片（图711和图1422）[3]

大魏普泰元年岁次辛亥八月戊戌朔十五日壬子（531年9月11日），比尼丘道慧、法咸二人，造观世音像一区，为七世所生父母，师僧眷属，愿不堕三途，无诸苦难。

图711 龙门造像题记

图1422

---

[1] 《大慈恩寺三藏法师传》，儒莲法译本，第122及125页；《大唐西域记》第一卷，第283—285页。

[2] 《大唐西域记》第二卷，第243页。

[3] 《寰宇访碑录》卷二，第8页上。在后文中大家会发现第二百五十三幅拓片与此拓片很相似，这里是说造观世音像一躯，而在另一幅拓片上，则是说造多宝佛像一躯。

```
大               比
唐               丘
貞               尼
觀   ○           ○
十   ○   二   持   ○
二   月   菩   ○   為
年   廿   薩   敬   師
    六   同   造   僧
    日   資   七
    明   法   佛
    相   界
```

图1423

```
比
丘
尼
○
○   一   識   父
為   坩   敬   母
師   願   造   一
僧   超   像   切
    出                含
一   八       提   二
日   難       貞   年
記   同       觀   十
    至       廿   月
    菩
    提
```

图1424

第一百六十四幅拓片（图1423）[1]

大唐贞观十二年（638）□月廿六日，明相□持[2]□，敬造七佛二菩萨，同资法界含识，俱登正觉。

第一百六十五幅拓片（图1424）

比丘尼□□，为师僧父母，一切含识，敬造像一坩，愿超出八难，同至菩提。贞观廿二年十月一日（648年10月22日）记。

第一百六十六幅拓片（图1425）[3]

显庆五年正月四日（660年2月19日），陆校尉直内省赵玄庆，为一切众生，七世父母，所生父母，妻王男师利、男师度、男□师。

```
                             顯
                             慶
                             五
                             年
                     為       正
                 省   一       月
             所   趙   切       四
         妻   生   玄   眾       日
     師   王   七   慶           陸
○   師   利   男   世           校
師   度   男       父           尉
                 母           直
                             內
```

图1425

---

[1] 《寰宇访碑录》卷三，第2页上；《攈古录》卷七，第2页上；《艺风堂金石文字目》卷三，第13页下。

[2] 《艺风堂金石文字目》将此解读为"明相总持"。总持就相当于梵语里的陀罗尼，但这个词放在此处有些不伦不类。《艺风堂金石文字目》（卷三，第29页上）列举了龙门石窟的另一幅碑铭，上面书写着："**总持为亡父造像**"。

[3] 《攈古录》卷七，第16页上；《艺风堂金石文字目》卷三，第16页下。

第一百六十七幅拓片（图704和图1426）[1]

图704　龙门造像题记

> 窃□□，退□□□□□之难，观音正念，五道[2]归真，有识□恩，专心正觉。行宝今因之任得遇真容，[3]上为皇帝诸王，下为父母眷属，敬造观世音菩萨一区，伏愿他乡仕庶早得

---

[1] 《寰宇访碑录》卷三，第8页上；《攈古录》第16页下；《艺风堂金石文字目》卷三，第16页上。

[2] 所谓五道是指天道、人道、地狱道、饿鬼道、畜生道。五字下有一横线，但这条横线不应该是汉字"一"，因为如果将这条横线当作一个字的话，那么这行文字就多出一字，而碑铭每一行都有相同数目的汉字。

[3] 这句话的意思是，王行宝在上任途中路过龙门，他看到一尊尊佛像，仿佛看到了佛陀真容。

归宁，一切行人平安孝养。大唐显庆五年四月廿日（660年6月4日），雍州醴泉[1]王卫、太原晋阳人王行宝，奉为见存父母，同仁[2]母杨氏敬造，妻戴氏、黄氏，[3]男元庆、承庆、同庆、丕庆等一心供养。

第一百六十八幅拓片（图701和图1427）[4]

大唐显庆五年岁次庚申七月廿日（660年8月31日），洛州偃师县凤经乡御侮副尉杨君植，为妻萧五月十一日亡于龙门敬善寺[5]，□敬造阿弥陀像一龛，夫□及男女等供养。此日并德成就，又于龛上为□造救苦观音菩萨二躯，所愿先代父母往生净土，见存眷属皆得平安；上为皇帝，下及苍生，有识含灵，俱同此福。八月十日书（660年9月11日）。

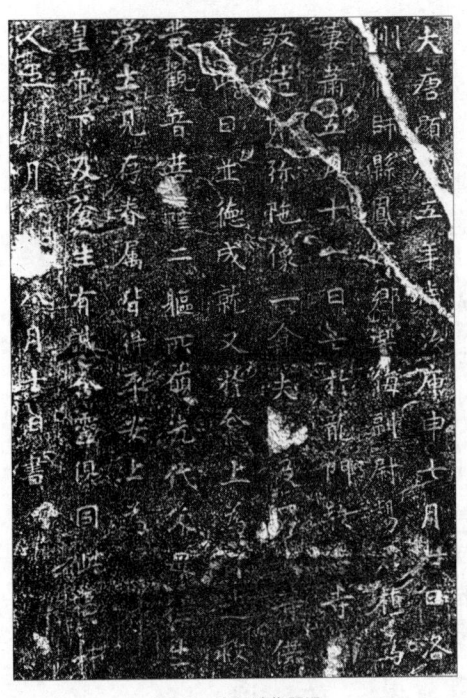

图701　龙门造像题记

图1427

---

[1] 在图1426里，第十行文字不完整，应读为"雍州醴泉纪王典卫"。纪王是唐太宗的第十子。参阅《唐书》卷七十下，第9页和第20页。纪王的封地名义上隶属于陇右，有人认为该地位于四川省，但那一地区很有可能不是汉人的居住地，纪王肯定也不会住到那里。其实纪王很有可能住在醴泉，醴泉如今依然为县制，隶属西安府。这样碑文就容易理解了。

[2] 王行宝的父亲名叫王间仁。

[3] 此人怎么能有两个正室妻子呢？对此我也很难解释清楚。

[4] 《艺风堂金石文字目》卷三，第16页下。

[5] 有关敬善寺的描述，参阅本书第六十八幅拓片。

第一百六十九幅拓片（图1428）[1]

长安县张道家[2]人刘典丰，敬造阿弥陀像。显庆□年（656—661年）七月卅日□。

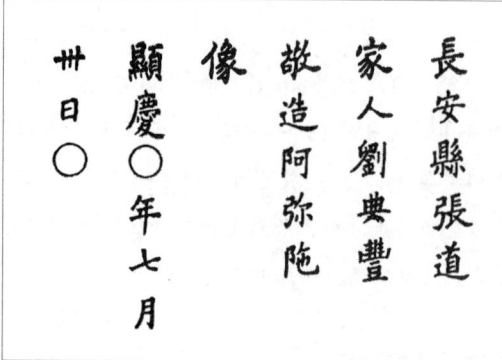

图 1428

第一百七十幅拓片（未复制）

显庆五年（660），敬造阿弥陀佛像一龛，并造菩萨二躯及天王、狮子、香炉等。人生万千，世事无常。愿法界众生共登正觉。张婆及男女敬造。

第一百七十一幅拓片（未复制）

石碑很大（宽1米，高0.63米），立于显庆五年。碑文列举为寺庙敬造多尊佛像，但这些佛像并非都开凿在岩石上，其中一尊为镀金的观音铜像。碑文残泐极甚，很难对此作出解释。

第一百七十二幅拓片（图1429）

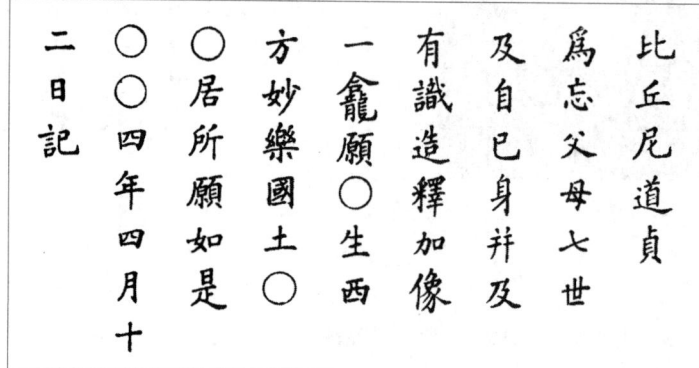

图 1429

---

[1] 《寰宇访碑录》卷三，第8页上；《攈古录》卷七，第17页上；这两部金石著作都将年份解读为"显庆六年"，不过《攈古录》还指出，从二月最后一天开始，纪年改为"龙朔元年"；《艺风堂金石文字目》（卷三，第16页下）则在纪年位置上留出了空白。

[2] 张道家应是一个地名，也许有一个名叫张道的人曾在此居住过。

比丘尼道贞，为忘[1]父母七世[2]及自己身并及有识，造释迦像一龛，愿□生西方妙乐国土□□居，所愿如是。□□四年四月十二日记。

第一百七十三幅拓片（图710和图1430）

□□二年七月十日，□信士佛弟子，□烈将军，羽林□太官□樊道晦，为忘妻敬造释迦像一区，友[3]愿忘者神生静土，值遇诸佛；现存眷属，常与善居，[4]愿愿从心。[5]

图710 龙门造像题记

图1430

---

[1] 忘字在此等同于亡。

[2] 七世后还应有父母二字。

[3] 友字在此应读为又。

[4] 君字在此应读为群。（题记抄本录为"居"字。——译者注）

[5] 在双叠字"愿"之间有一个"="符号。

第一百七十四幅拓片（图1431）

太子通事舍人赫敬造。

第一百七十五幅拓片（图717和图1432）[1]

赵婆为身及七世父母，一切法界苍生，造优填王像一区。[2]

图717. 龙门造像题记

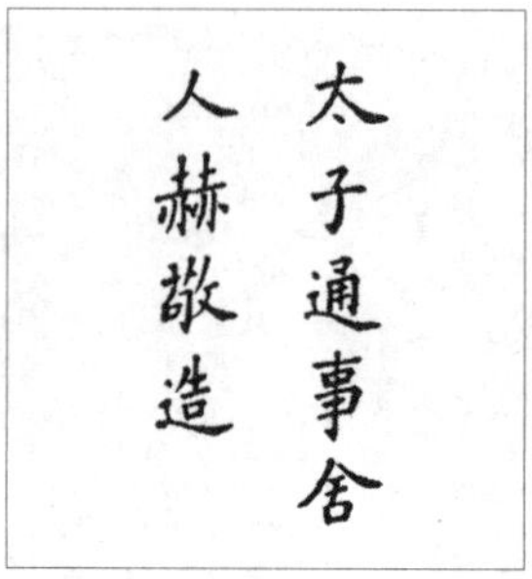

图1431

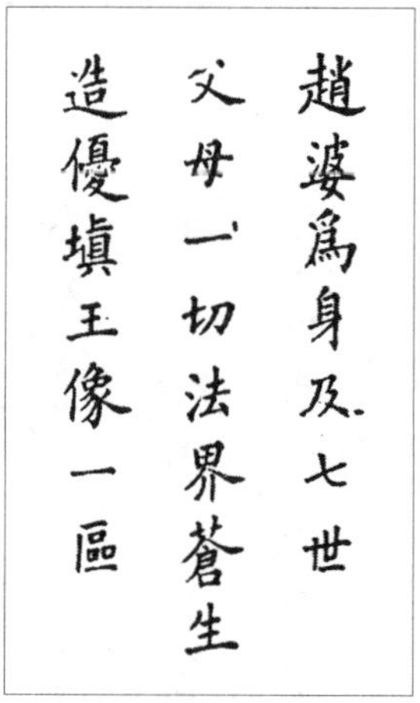

图1432

---

[1]《艺风堂金石文字目》卷三，第31页下。

[2]《补寰宇访碑录》（卷三，第2页下）提到显庆四年二月在龙门石窟所立的碑铭，并将此碑铭命名为"爨协所造优填王像题记"。《寰宇访碑录》（卷三，第6页上）和《攈古录》（卷七，第12页下）也列举了龙门石窟的另一碑铭：显庆元年，冯氏清信女敬造优填王像一龛。参阅第一百六十二幅拓片。

第十节 L号窟

图314 L号窟:南壁(上部)

图 315　L 号窟：南壁（下部）

图 316　L 号窟：后壁（下部）

图 317　L 号窟：后壁（上部 1）

图 318　L 号窟：后壁（上部 2）

图 319　L 号窟：北壁（1）

图 320　L 号窟：北壁（2）

图 958　建在龙门岩壁里的墓冢

  我们现在来看在全景图（图282）上用字母L标示的石窟。石窟就开在路边，从石窟外面看，周围的景色非常秀丽（图958）。石窟宽6米，进深9米，其拱形穹顶开凿得很平整，不过宽度有可能量得不准，因为石窟两壁下端向内弯曲。石窟最里边有一坐佛，坐佛下面有两位天神和两头狮子，两头狮子之间有一瓶状物（图316）。在侧壁上，最显著的雕像就是南壁上有一立佛像（图314）；北壁有一坐佛像（图319右侧）。图314—图320从多角度展现了此窟的风貌，此外大家还可以观看图958，这张照片是在石窟的入口处拍摄的。L号石窟的碑铭题记非常丰富，我们在此仅介绍那些能辨识出来的碑铭题记。

第一百七十六幅拓片（图1433）[1]

大唐贞观十三年八月五日（639年10月7日），清信女王吉祥□□□□□。

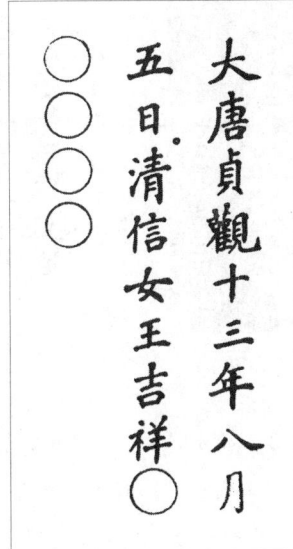

图1433

第一百七十七幅拓片（图692和图1434）[2]

永徽元年四月八日（650年5月13日），洛州净土寺主智傅，敬造阿弥陀像一躯。同学智翔，共崇此福。

图692　龙门造像题记　　　　　　　　图1434

---

[1]　《寰宇访碑录》卷三，第2页上；《攈古录》卷七，第3页上；《艺风堂金石文字目》卷三，第13页下。

[2]　《攈古录》卷七，第8页上。此题记刻在图317右上佛龛的下面。

第一百七十八幅拓片（图687和图1435）[1]

图687 龙门造像题记　　　　　　　图1435

清信仕女佛弟子刘，夜忽梦于阙峡水东，升山履壁，梦中惶惧，愿造千佛，寤便思惟，心开情悦，如梦即作，恐千像微小，久久磨灭，回造阿弥陀像一躯，以遂梦中之愿。经言：佛一身为多，多身为一。[2] 恃斯神力，一切含生，同发菩提，俱登正觉。大唐永徽元年十月一日（650年10月30日）。

第一百七十九幅拓片（图699和图1436）[3]

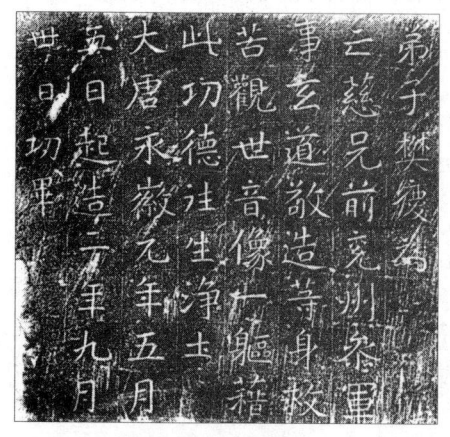

图699 龙门造像题记　　　　　　　图1436

弟子樊庆，为亡慈兄前兖州参军事玄道，敬造等身救苦观世音像一躯。借此功德，往生净土。大唐永徽元年五月五日起造（650年6月9日），二年九月卅日（651年10月19日）功毕。

---

[1]《攈古录》卷七，第8页上；《艺风堂金石文字目》卷三，第14页上。此题记刻在图317右上佛龛的下面。

[2] 因此一尊佛像就相当于千尊佛像。

[3]《攈古录》卷七，第9页上；《艺风堂金石文字目》卷三，第2页上。

第一百八十幅拓片（未复制）[1]

题记漫漶极甚，仅能看出题记刻于永徽二年十一月十五日（652年1月1日）。根据《攈古录》（卷七，第9页上）的记载，像主有可能是兄弟俩，其中一人任左卫率长史。

第一百八十一幅拓片（图690和图1437）[2]

张善同为芮国公敬造弥陀像一躯，上为皇帝，下及苍生，俱免盖缠，咸登正觉。永徽三年三月一日（652年4月14日）。

图690　龙门造像题记

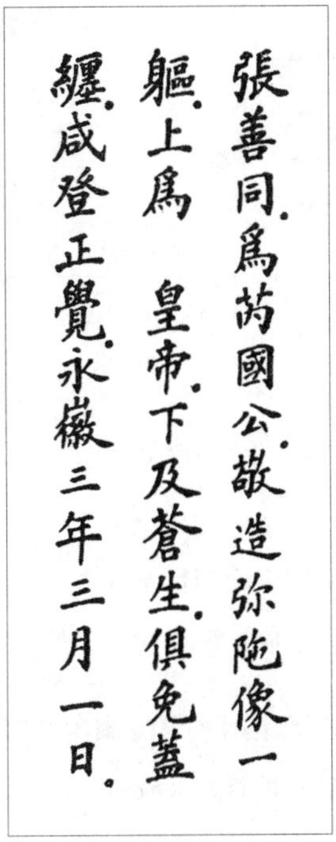

图1437

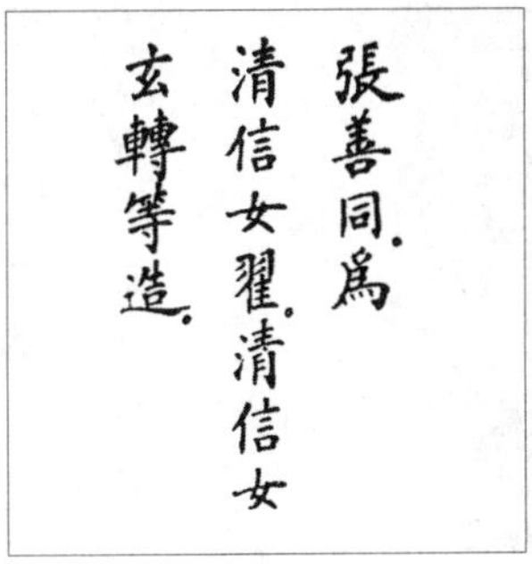

图1438

图1439

第一百八十二幅拓片（图1438）[3]

张善同为清信女瞿、清信女玄转等造。

第一百八十三幅拓片（图1439）[4]

永徽三年十二月九日（653年1月13日），李君政敬造弥勒一铺，愿男德刚病得早差。

---

[1] 在图318上能看到此题记，它镌刻在一尊坐佛龛的下方，位于距左边缘26毫米与上边缘94毫米的交会处。

[2]《攈古录》卷七，第9页下；《艺风堂金石文字目》卷三，第14页上。

[3] 此题记镌刻在入口附近的南壁中间部位，虽然题记没有标明时间，但我将其置于此处，因为像主与前一题记为同一人。

[4]《艺风堂金石文字目》卷三，第14页下。此题记镌刻在一小佛像龛下，在图317的中间部位上能看到这个佛龛，即在距右边缘67毫米与上边缘115毫米的交会处。

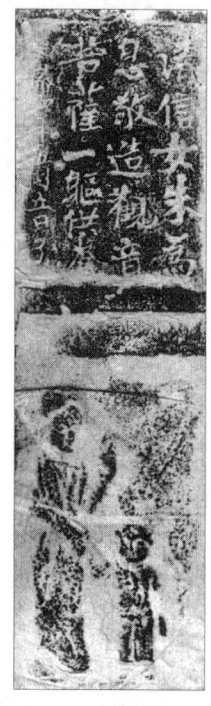

图 684　龙门造像题记

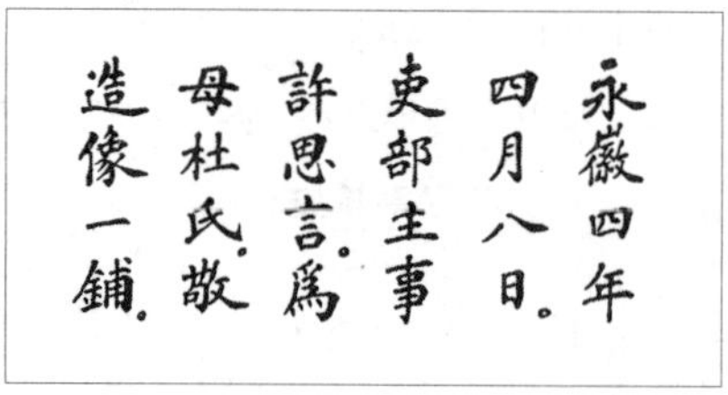

永徽四年
四月八日。
吏部主事
許思言。爲
母杜氏。敬
造像一鋪。

图 1440

图 691　龙门造像题记

清信女朱。爲
息敬造觀音
菩薩一軀。供養。
永徽四年五月五日了。

图 1441

永徽四年十
月八日。涪州
司馬　息郭
愛同。爲亡妻。
敬造觀音菩
薩一軀。供養。

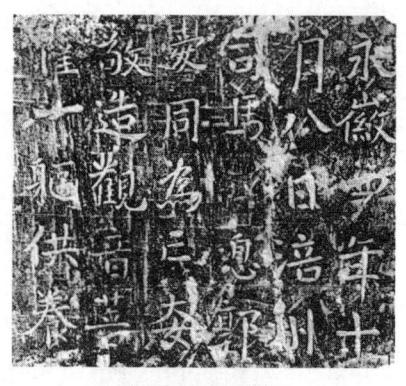

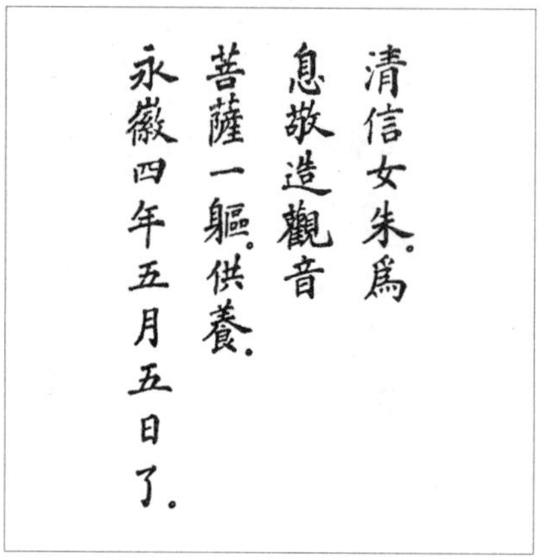

图 1442

第一百八十四幅拓片（图1440）[1]

永徽四年四月八日（653年5月10日），吏部主事许思言，为母杜氏敬造像一铺。

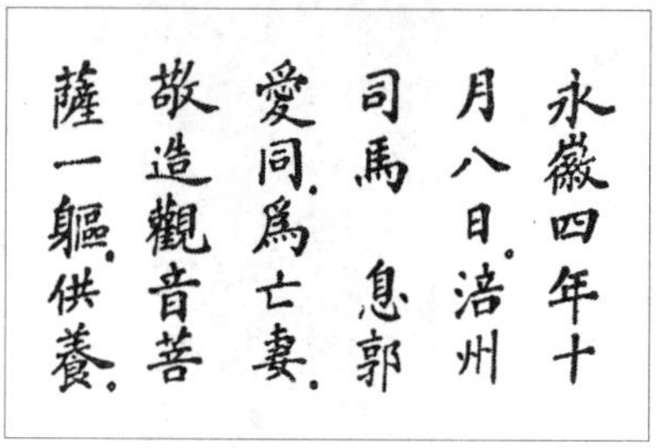

第一百八十五幅拓片（图684和图1441）[2]

清信女朱，为息敬造观音菩萨一躯，供养。永徽四年五月五日（653年6月5日）了。[3]

第一百八十六幅拓片（图691和图1442）[4]

永徽四年十月八日（653年11月3日），涪州[5]司马息郭爱同，为亡妻敬造观音菩萨一躯，供养。

第一百八十七幅拓片（未复制）

题记几乎完全损毁，仅能辨认出最前面的几个字："大唐永徽五年一月十五日（654年2月7日）……"根据《攈古录》（卷七，第11页上）记载，像主为"**许□仙母麴**"；而《艺风堂金石文字目》（卷三，第15页上）则把像主的名字解读为"**李方仙母孙**"。

---

[1]　《攈古录》卷七，第10页上；《艺风堂金石文字目》卷三，第14页下。

[2]　《攈古录》卷七，第10页上。

[3]　在题记下方（图684），有一女子和一孩童像，看上去像是像主和她儿子。

[4]　《攈古录》卷七，第10页下；《艺风堂金石文字目》卷三，第14页下。

[5]　涪州现隶属四川省重庆府。

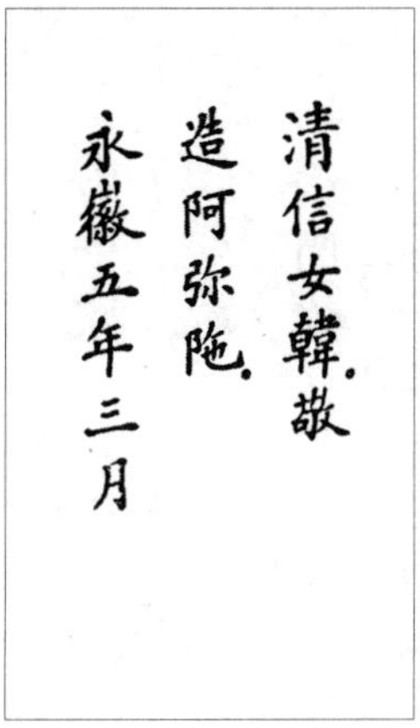

图1443 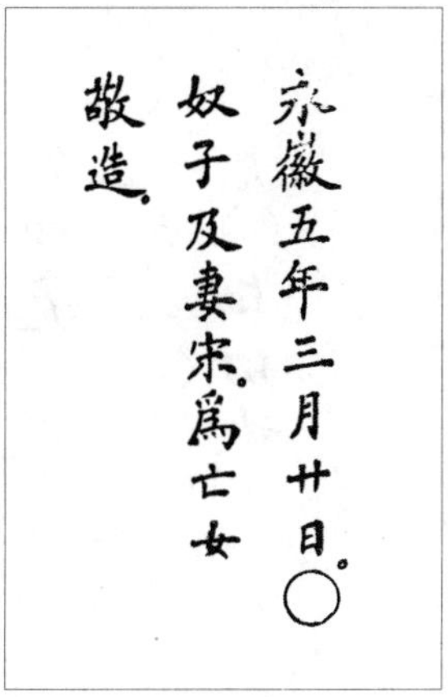　　　　　图1444　　　　　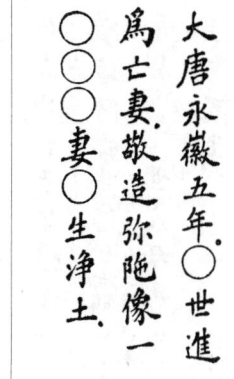

图1446

第一百八十八幅拓片（图1443）[1]

清信女韩，敬造阿弥陀。永徽五年（654年）三月。

第一百八十九幅拓片（图1444）[2]

永徽五年三月廿日（654年5月26日），□奴子及妻宋，为亡女敬造。

第一百九十幅拓片（图1445）[3]

通直郎行雍州司□参军辛崇敏，敬造像一坩，□含识□福。永徽五年五月廿日（654年5月26日）讫。

图1445

第一百九十一幅拓片（图1446）

大唐永徽五年（654），□世进为亡妻，敬造弥陀像一□□□妻□生净土。

---

[1]　《寰宇访碑录》卷三，第5页下；《攈古录》卷七，第11页上；《艺风堂金石文字目》卷三，第15页上。

[2]　《攈古录》卷七，第11页上；《艺风堂金石文字目》卷三，第15页上。这两部金石著作都将像主解读为姓竹。

[3]　《寰宇访碑录》卷三，第5页下；《攈古录》卷七，第11页下；《艺风堂金石文字目》卷三，第15页上。

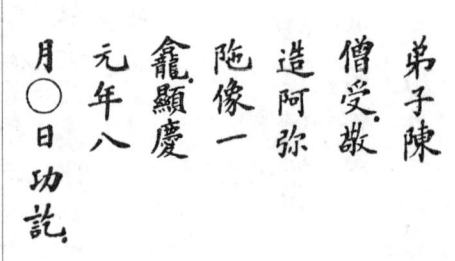

图1447　　　　　　　　　　　图1448

第一百九十二幅拓片（图1447）[1]

大唐显庆元年二月廿三日（656年3月23日），弟子李福每，敬造阿弥陀像一龛，为七世父母及法界众生。

第一百九十三幅拓片（图1448）[2]

弟子陈僧受，敬造阿弥陀像一龛。显庆元年（656）八月□日功讫。

第一百九十四幅拓片（图695和图1449）[3]

宋海宝妻绪，敬造阿弥陀像一堪，为过往父合家平安，一切含生，得同斯福。显庆元年□月十一日造。

图695　龙门造像题记

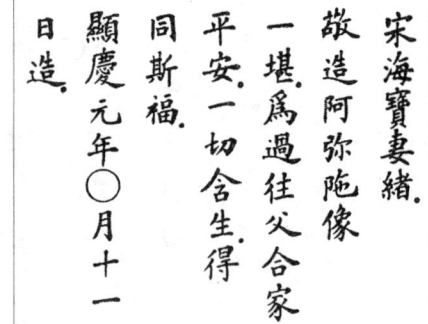
图1449

---

[1]　《寰宇访碑录》卷三，第6页上；《攈古录》卷七，第12页上；《艺风堂金石文字目》卷三，第15页上。这三部金石著作将像主解读为**李智海**。

[2]　《攈古录》卷七，第12页下；《艺风堂金石文字目》卷三，第15页下。

[3]　《寰宇访碑录》卷三，第6页上；《攈古录》卷七，第12页上。

第一百九十五幅拓片（图698和图1450）[1]

惟显庆三年岁次戊午月[2]癸丑朔（658年5月8日），佛弟子杨真藏，为七祖先□属，并愿上弘[3]往生诸佛国土，闻经悟道，末乃□□爰诸眷属，普蒙安乐，于洛州龙门□敬善寺[4]之南，西颊[5]造阿弥陀像一铺，并二菩萨，庄[6]严成就，相好具足，以此功得[7]普施苍生，入萨婆苦海。[8]

图698　龙门造像题记

图1450

---

[1]　《攈古录》卷七，第14页下；《艺风堂金石文字目》卷三，第15页下。

[2]　题记镌刻人在此漏刻了月份，不过根据天干地支排列，我们知道这里是指四月一日。

[3]　在此解读为"上弘"仅仅是推测而已，但在我看来，这两个字没有任何意义。

[4]　我们在前文已介绍过敬善寺，敬善寺位于此地的下游处。

[5]　颊字应读为"峡"。

[6]　庄字应读为"壮"。

[7]　得字应读为"德"。

[8]　即正觉的意思。

第一百九十六幅拓片（图686和图1451）[1]

清信女弟子□□，为过去二亲，于龙门之岩，敬造阿弥陀像一铺，愿二亲齐生净土，闻湛[2]深法，悟真常乐，共法界苍生，修菩萨行，登涅槃岸。显庆三年岁戊午四月癸丑朔三日乙卯（658年5月9日）。

第一百九十七幅拓片（图1452）

显庆四年十一月十七日（660年1月4日），雍州泾阳[3]县翊卫慕容丈懿，为亡父造弥陀像一龛，愿托生西方。

图686　龙门造像题记

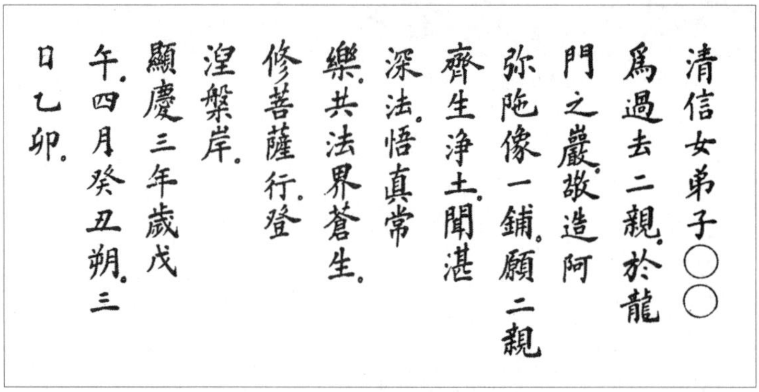

图1451

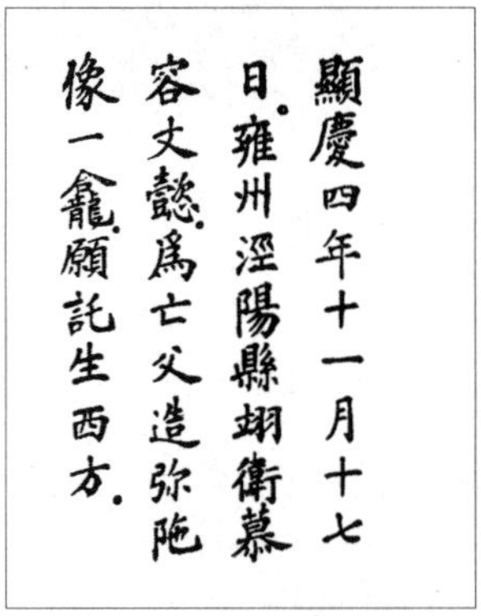

图1452

---

[1]　《攈古录》卷七，第14页上；《艺风堂金石文字目》卷三，第15页下。

[2]　湛字在此等同于耽字，即为喜悦之意。

[3]　泾阳县今隶属于西安府。

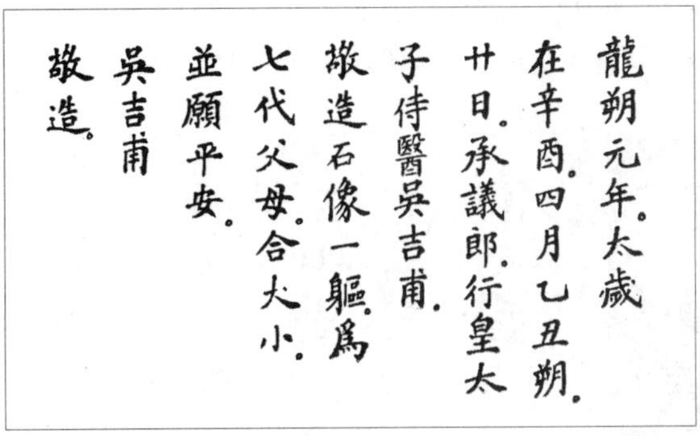

图1453 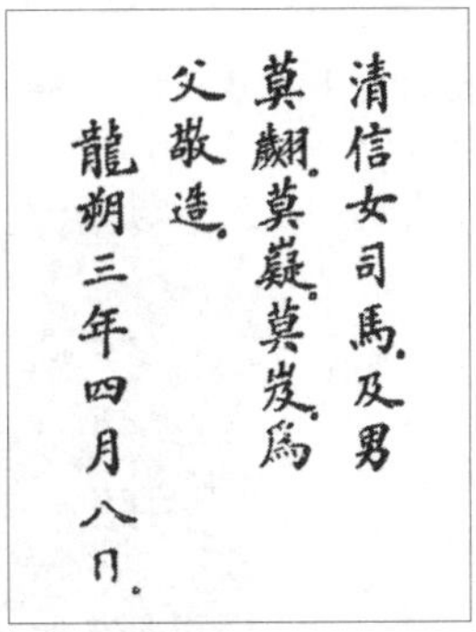　　　　　　　　　　　　　图1454

第一百九十八幅拓片（图1453）[1]

龙朔元年太岁在辛酉四月乙丑朔廿日（661年5月23日），承议郎、行皇太子侍医吴吉甫，敬造石像一躯，为七代父母，合大小，并愿平安。吴吉甫敬造。

第一百九十九幅拓片（未复制）

龙朔元年（661），敬造阿弥陀像一龛。

第二百幅拓片（图1454）[2]

清信女司马，及男莫翙、莫巍、莫炭，为父敬造。龙朔三年四月八日（663年5月20日）。

第二百零一幅拓片（图688和图1455）[3]

乾封二年四月一日（667年4月29日），弟子孟□□，妻□，夫妻知身无常，敬造阿弥陀像一龛，为七代父母，见存眷属，法界众生，同斯供养，愿登正觉。

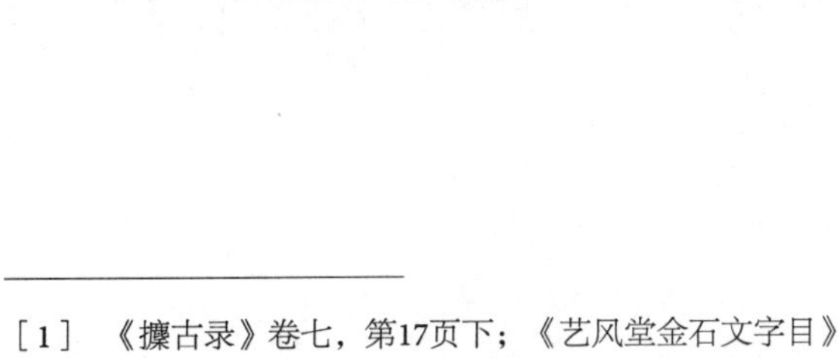

图688　龙门造像题记 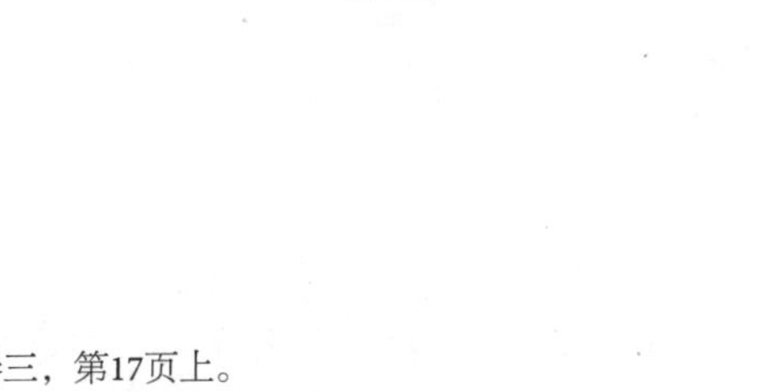　　　　　　　图1455

---

[1]　《攈古录》卷七，第17页下；《艺风堂金石文字目》卷三，第17页上。

[2]　《攈古录》卷七，第19页上。

[3]　《寰宇访碑录》卷三，第11页上；《攈古录》卷七，第21页下；《艺风堂金石文字目》卷三，第17页下。

第二百零二幅拓片（图693和图1456）[1]

总章元年五月一日（668年6月15日），弟子李钵头，母王，敬造观音像一区。

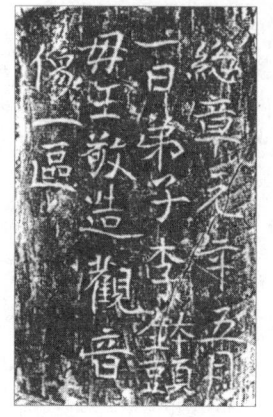

图 693　龙门造像题记　　　　　图 1456

第二百零三幅拓片（图689和图1457）[2]

总章元年五月一日（668年6月15日），弟子王大志，愿离苦厄，所欲如心，敬造观音像一区。

图 689　龙门造像题记　　　　　图 1457

---

[1]　《攗古录》卷七，第23页上；《艺风堂金石文字目》卷三，第18页上。

[2]　《艺风堂金石文字目》卷三，第18页上，像主的名字写为**王大远**。

第二百零四幅拓片（图1458）[1]

总章元年（668），清信女陆，愿自身平安，敬造阿弥陀像一铺，供养。

第二百零五幅拓片（图1459）[2]

总章二年四月八日（669年5月13日），□□□藏□□，造地藏菩萨一躯，上为皇帝，□师僧父母，法界众生，□愿出。

第二百零六幅拓片（图1460）[3]

总章二年十月十五日（669年11月13日），姜义琮为亡者，造阿弥陀佛一躯，二菩萨。

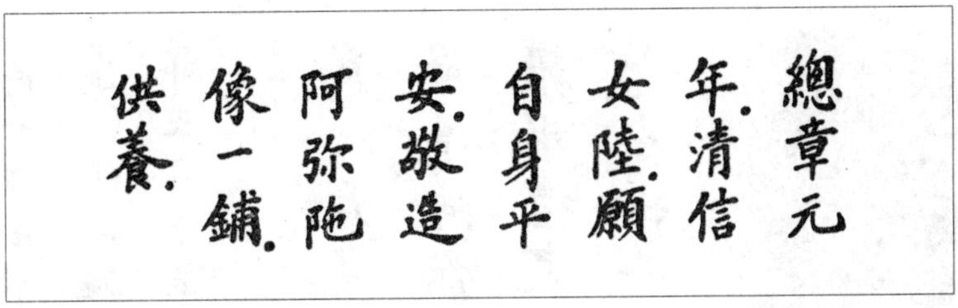
總章元
年清信
女陸願
自身平
安敬造
阿弥陀
像一鋪
供養

图 1458

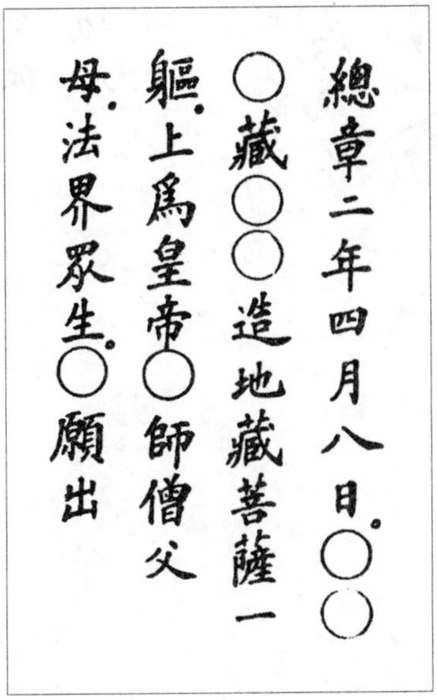
總章二年四月八日〇〇
〇藏〇〇造地藏菩薩一
軀上爲皇帝〇師僧父
母法界衆生〇願出

图 1459

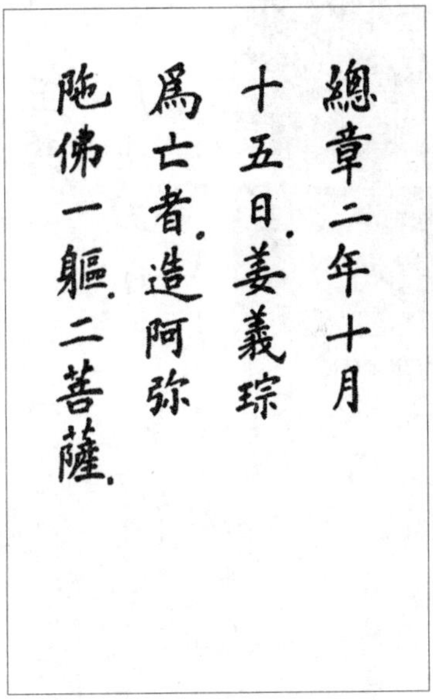
總章二年十月
十五日姜義琮
爲亡者造阿弥
陁佛一軀二菩
薩

图 1460

[1] 《寰宇访碑录》卷三，第11页上；《攈古录》卷七，第23页下；《艺风堂金石文字目》卷三，第18页上。这三部金石著作将女像主的姓写为阴。我在译文中作了相应的修改。

[2] 《寰宇访碑录》卷三，第2页下；《攈古录》卷七，第23页下；《艺风堂金石文字目》卷三，第18页下，像主的名字写为：“□业法藏尚等”。

[3] 《寰宇访碑录》卷三，第2页下；《攈古录》卷七，第23页下，此书将日期写为“七月”而非“十月”；《艺风堂金石文字目》卷三，第18页下。

第二百零七幅拓片（图697和图1461）[1]

为[2]天皇天后[3]，为父母，造阿弥陀像一龛，雍州礼泉县人王君意。垂拱二年七月十三日（686年8月7日）。

第二百零八幅拓片（图1462）[4]

佛弟子□州□□县平望乡胡元庆，为一切法界众生，敬造□佛一躯。载初元年五月十五日（689年6月7日）。

图697　龙门造像题记

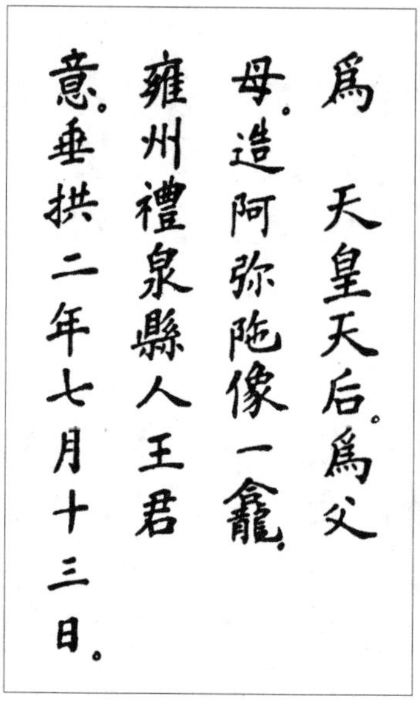

图1461

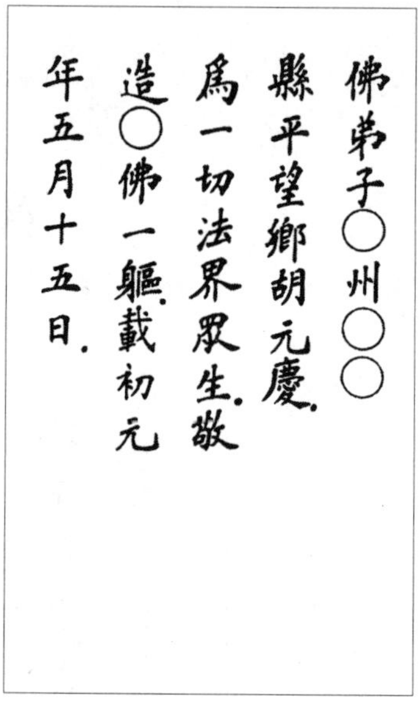

图1462

---

[1]　《攈古录》卷七，第32页下（此书将像主名字的中间一字写为"居"）；《艺风堂金石文字目》卷三，第21页上。此题记（图697）刻在右侧狮子的上方，近乎于图316的中间部位上（准确地说是在距离左边缘90毫米与上边缘60毫米的交会处），题记是写给右侧小佛龛的。

[2]　在题记抄本（图1461）的第一句话，应读作"敬为"。

[3]　此指高宗和武后。

[4]　《攈古录》卷七，第35页下。

第二百零九幅拓片（图680和图1463）[1]

同州韩城县[2]前豪[3]招义县[4]尉杨行崱并妻王，敬造比卢舍那[5]像一龛，为先亡七世父母，兄弟姊妹，见存眷属，造此功德，并愿得无上菩提道。大周天授二年二月五日（691年2月8日）。[6]

图 680　龙门造像题记

图 1463

---

[1] 《寰宇访碑录》卷三，第17页下；《攈古录》卷七，第36页下；《艺风堂金石文字目》卷三，第23页上。

[2] 韩城县今仍为县制，隶属陕西省同州府。

[3] 这个字通常写为"濠"。

[4] 位于今盱眙县西五十里，隶属于安徽省泗州；《艺风堂金石文字目》将此解读为"桤义"。

[5] 《艺风堂金石文字目》将此名的比字删掉，比卢舍那这个名字确实不准确。卢舍那佛还出现在后文第二百六十二和第三百四十幅拓片上。

[6] 在此题记的左侧有一小佛龛（图680），佛龛上方还有一题记：开元七年一月二日（719年1月21日），吴苍石为亡女造观世音像一龛。

第二百十幅拓片（图1464）[1]

天授二年三月十二日（691年4月15日），张乾勗妻王，□□□□得救，敬造阿弥陀像一区。

第二百十一幅拓片（图1465）[2]

佛弟子王仁则，为妻杜，愿合家平安，敬造叶道像七区，今并成就，普为师僧父母，共登正觉。

第二百十二幅拓片（图1466）[3]

天授二年十月，襄州[4]□城县□□□□一切苦厄，敬造观音像一躯。

第二百十三幅拓片（图1467）

佛弟子吴行轨为父母造。

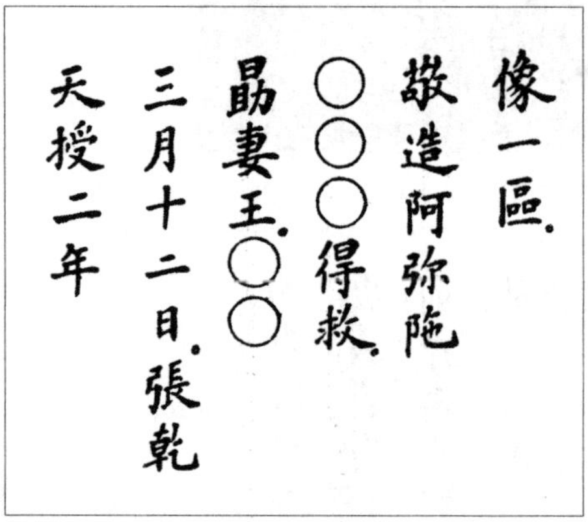

图1464

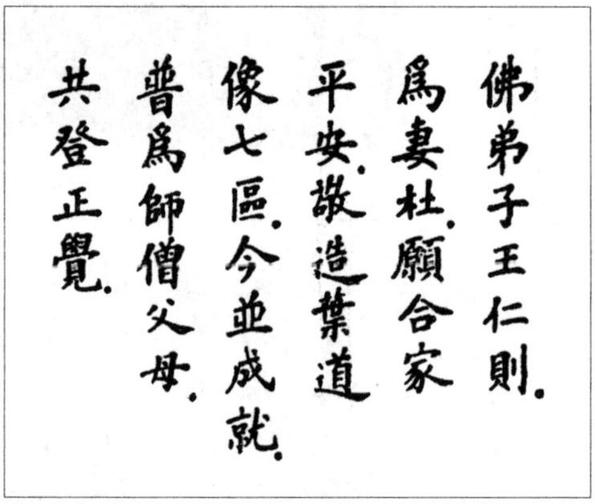

图1465

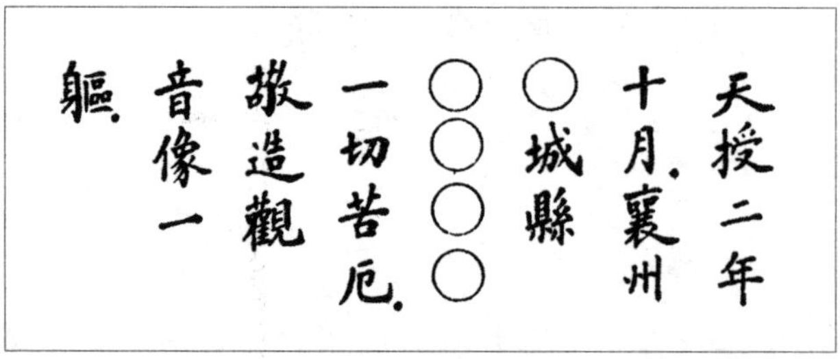

图1466

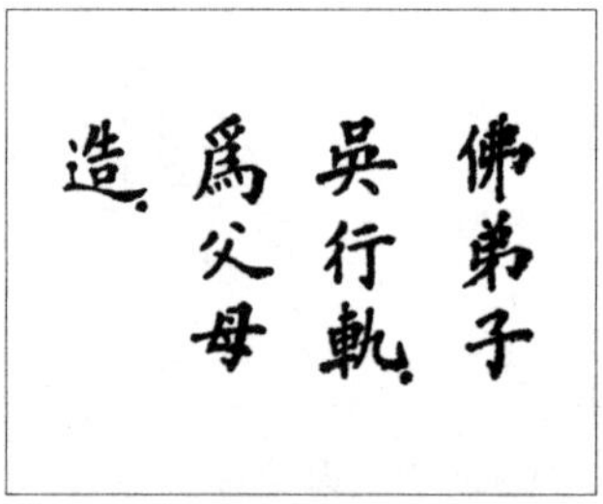

图1467

---

[1] 《攈古录》卷七，第36页下。此题记见图316，在左边缘72毫米与上边缘43毫米的交会处，系为左侧小佛龛而立。

[2] 此题记刻于前一题记左侧，系为七尊小佛像而立，在图316上能看到这七尊小佛像，准确地说在距上边缘40毫米与左边缘29—56毫米的交会处。

[3] 《艺风堂金石文字目》卷三，第23页上，此书将像主的名字写为**李仁方**。

[4] 即今湖北省**襄阳**市。

图700 龙门造像题记

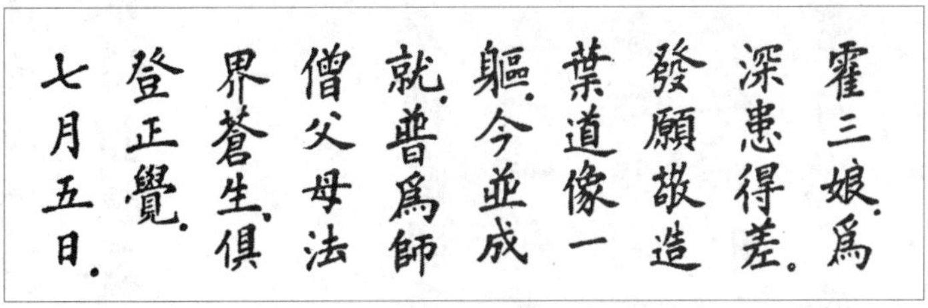

霍三娘爲
深患得差
發願敬造
葉道像一
軀今並成
就普爲師
僧父母法
界蒼生俱
登正覺
七月五日

图1468

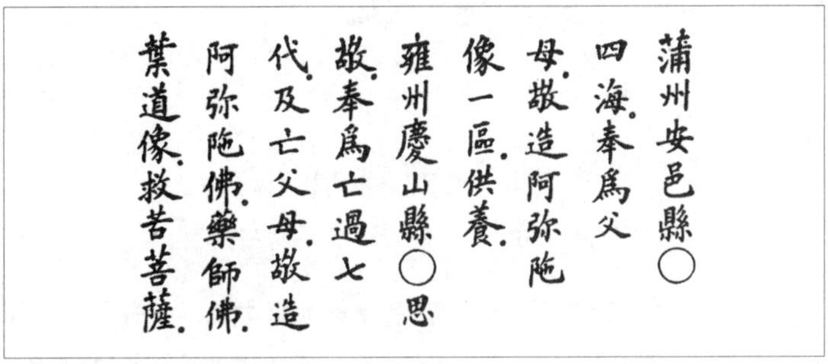

蒲州安邑縣〇
四海奉爲父
母敬造阿弥陁
像一區供養
雍州慶山縣〇思
敬奉爲亡過七
代及亡父母敬造
阿弥陁佛藥師佛
葉道像救苦菩薩

图1469

第二百十四幅拓片（图700和图1468）[1]

霍三娘为深患得差，发愿敬造叶道像一躯，今并成就，普为师僧父母，法界苍生，俱登正觉。七月五日。[2]

第二百十五幅拓片（图1469）[3]

蒲州安邑县[4]□四海，奉为父母，敬造阿弥陀像一区，供养。雍州庆山县[5]□思敬，奉为亡过七代，及亡父母，敬造阿弥陀佛、药师佛、叶道佛、救苦菩萨。长女程，奉为亡父母，敬造救苦观世音菩萨。[6]

---

[1]　《艺风堂金石文字目》卷三，第26页下。

[2]　从题记上月和日字的写法来看，此题记立于武则天当政时期。

[3]　《艺风堂金石文字目》卷三，第28页上。

[4]　安邑县在今山西省夏县。758年，安邑撤县，从蒲州割属陕州（《旧唐书》卷三十九，第1页）。

[5]　今属陕西省西安府临潼县。686年，此县更名为庆山，但在705年，又改回原有的昭应县名（《唐书》卷三十七，第2页）。题记采用庆山县名，说明此题记大约在686—705年间镌刻。

[6]　最后一句话在题记抄本（图1469）上给漏掉了。

第二百十六幅拓片（图1470）[1]

比丘僧真性，为父母及一切众生，皆得解脱，为七世父母，皆得解脱，敬造阿弥陀佛。开元三年（715）六月日。

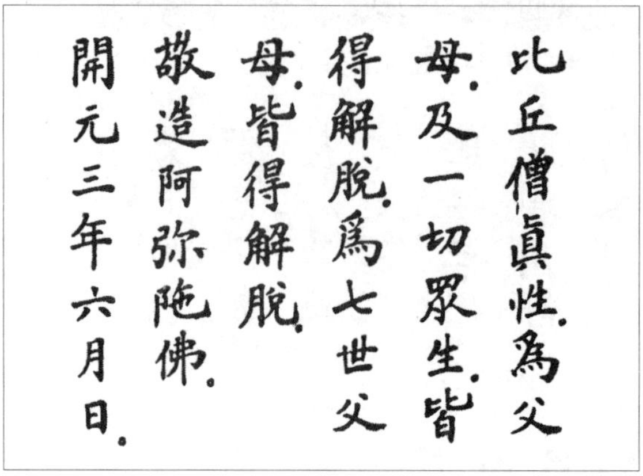

图 1470

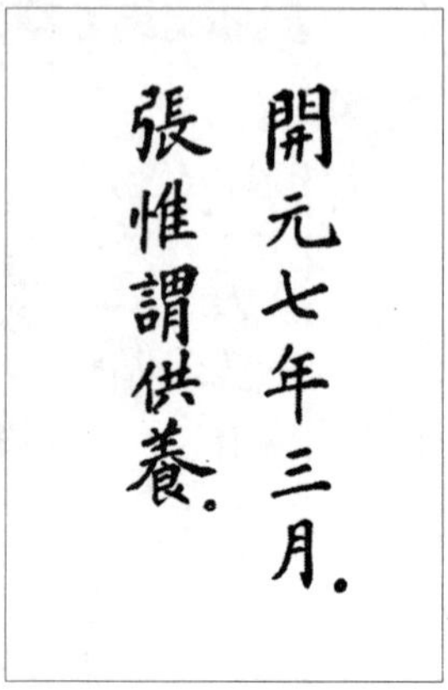

图 1471

第二百十七幅拓片（图1471）[2]

开元七年（719）三月，张惟谓供养。

第二百十八幅拓片（图685和图1472）

清信女杨公主，为亡夫祁文雅，敬造石像一龛，及法界众生，共同斯福。

图 685　龙门造像题记

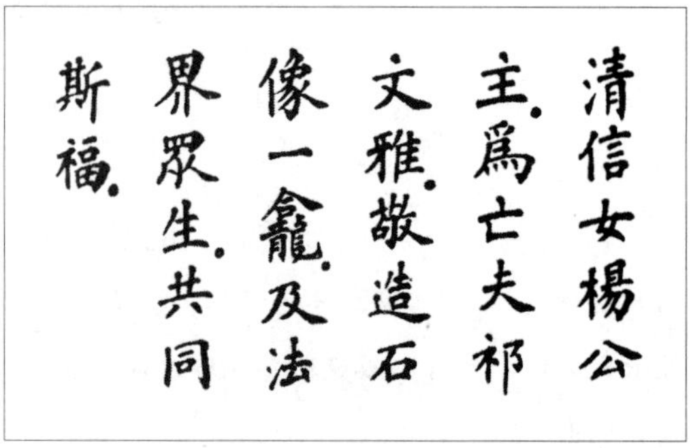

图 1472

---

[1] 《攈古录》卷七，第2页下；《艺风堂金石文字目》卷三，第25页上。此书将像主的名字解读为"**其性**"，日期写为"八日"。

[2] 《艺风堂金石文字目》卷三，第25页下，此书将日期写为开元七年三月廿日，像主的名字写为张惟**新**。

第二百十九幅拓片（图694和图1473）

佛弟子赵行整，比为患脚得可，敬造救苦观世音菩萨、地藏菩萨二区，为七世父母，□一心供养。

第二百二十幅拓片（图696和图1474）[1]

清信女箫，为亡夫邓明府，敬造观音菩萨一躯。

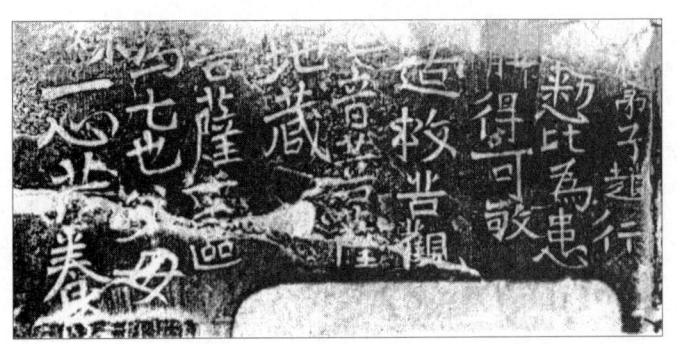

图 694　龙门造像题记

佛弟子趙行
慭.比爲患
脚得可.敬
造救苦觀
世音菩薩.
地藏
菩薩.二區.
爲七世父母.
○一心共養.

图 1473

图 696　龙门造像题记

清信女簫.爲亡夫
鄧明府.敬造觀
音菩薩一軀.

图 1474

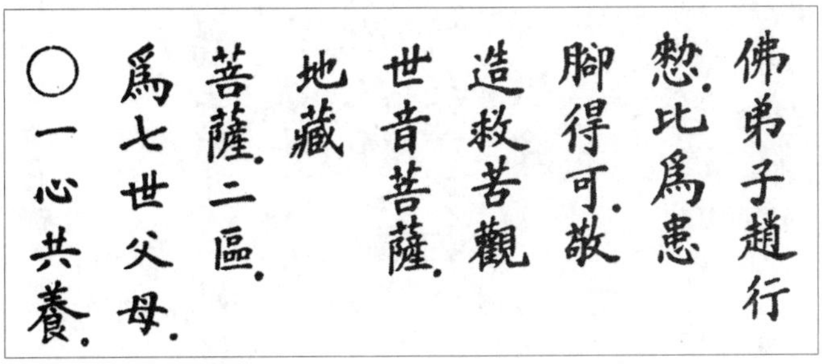

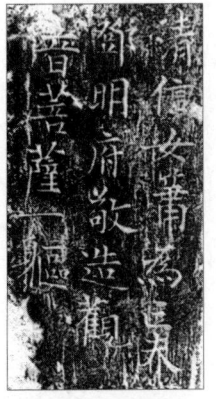

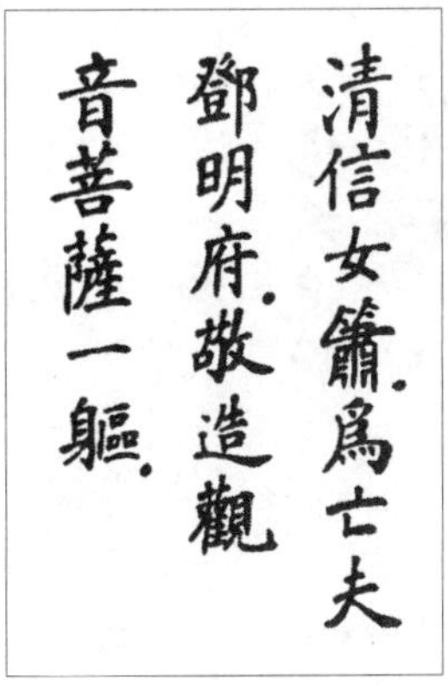

[1]　《艺风堂金石文字目》卷三，第27页上。

第二百二十一幅拓片（图1475）

刘二娘、田大娘、周大娘、张大娘、洪三娘，共造救苦观世音菩萨。

第二百二十二幅拓片（图1476）[1]

杨三娘、张二娘、张大娘，共造阿弥陀佛三躯，愿家口平安，一心供养。

第二百二十三幅拓片（图1477）[2]

蒲州安邑县杨普会，为亡过七代，见存父母，敬造阿弥陀佛二区。

第二百二十四幅拓片（图1478）

蒲州程庆，为妻杨，敬造药师佛一区。

第二百二十五幅拓片（图1479）[3]

前侍中宇文郎大人郑，敬造观音菩萨一躯，供养。

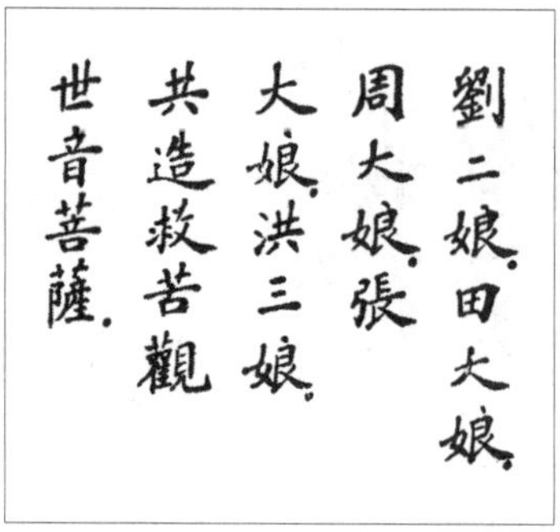

图1475

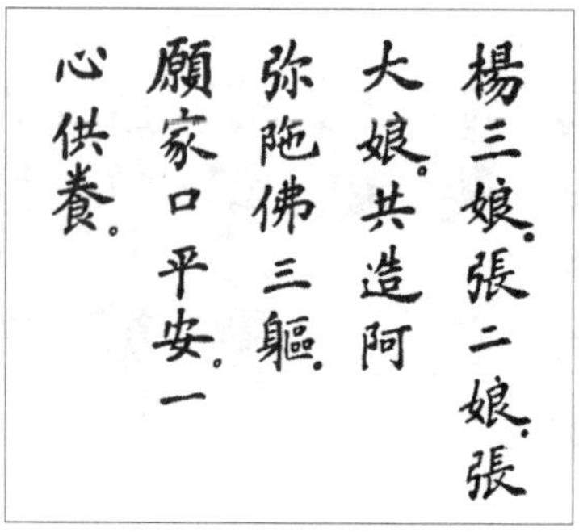

图1476

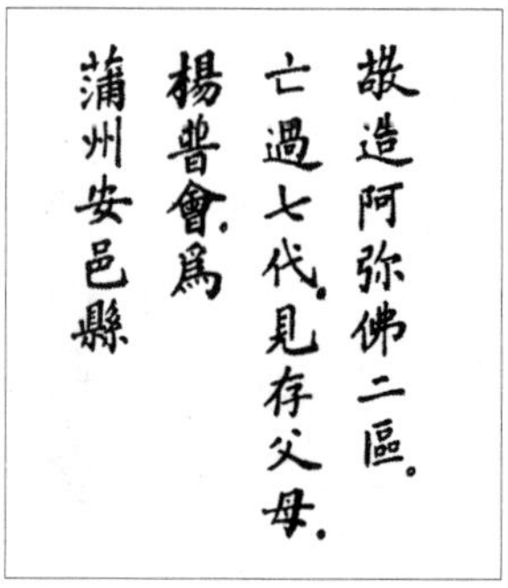

图1477

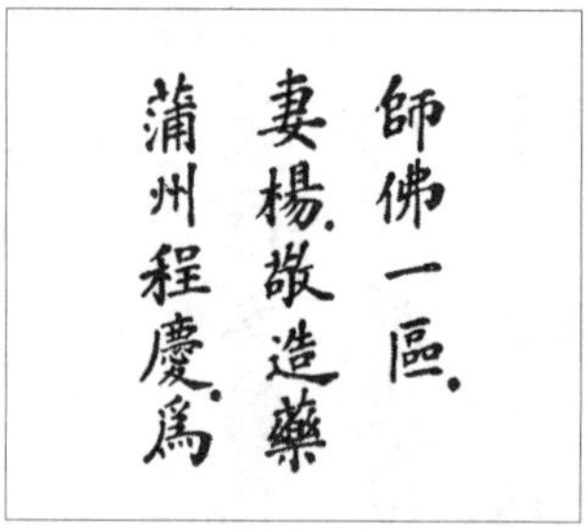

图1478

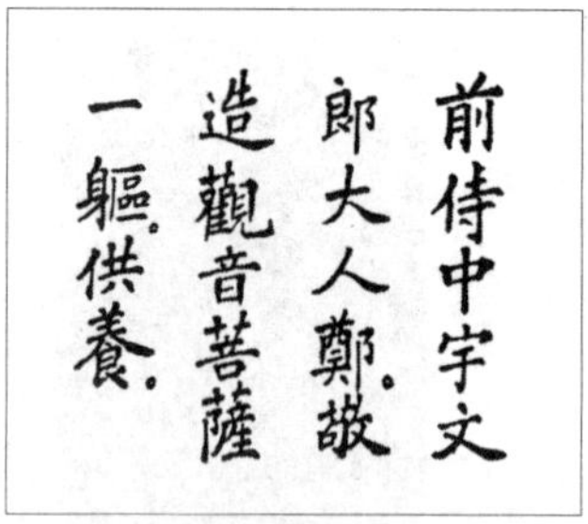

图1479

---

[1] 《艺风堂金石文字目》卷三，第33页下。

[2] 此题记及下一题记均为从左向右读。

[3] 《艺风堂金石文字目》卷三，第27页上，此书将像主的名字解读为**节夫人**，而非图1479上所抄写的郎大人。

第二百二十六幅拓片（图1480）[1]

王奇奴愿身平安，敬造观世音菩萨一区。

第二百二十七幅拓片（图1481）[2]

使婆罗，为父母，敬造石像。

第二百二十八幅拓片（图1482）[3]

晋州襄陵县崔元裕，为见存父母，敬造佛一区、菩萨一。[4]

第二百二十九幅拓片（图1483）[5]

赵敬福弟敬本造。

第二百三十幅拓片（图1484）[6]

郭爱同为父造。

图1480

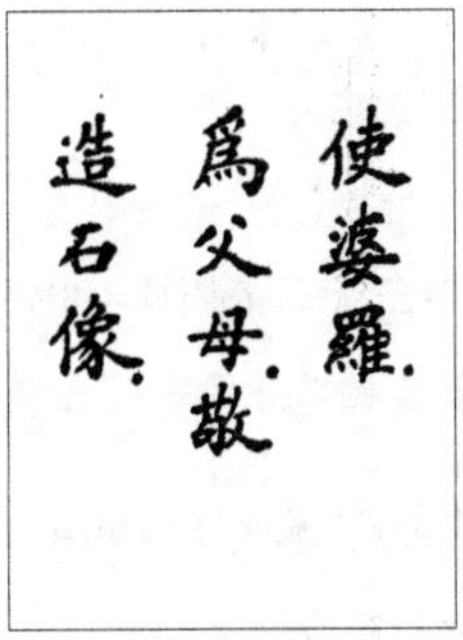

图1481

图1483

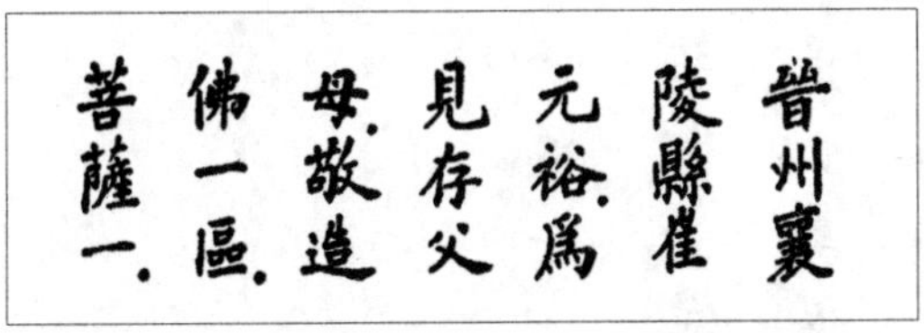

图1482

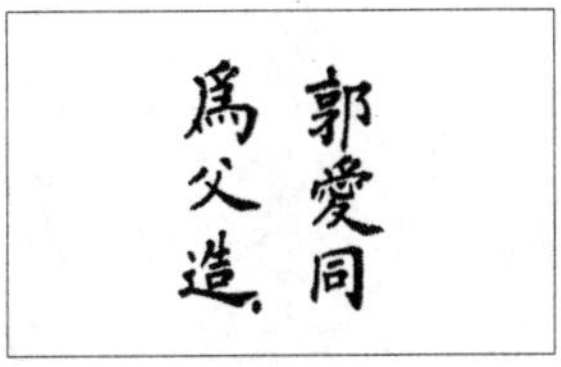

图1484

---

[1]《艺风堂金石文字目》卷三，第34页上；《攈古录》卷九，第47页上。

[2]《艺风堂金石文字目》卷三，第29页下，此书将像主的名字写为"**使婆罗芝**"；《攈古录》卷九（唐朝），第48页下。

[3]《艺风堂金石文字目》卷三，第29页下，此书将像主的名字解读为"崔之裕"。

[4] 这里写为"一"令人感到有些奇怪，一般来说，陪伴在佛身边的菩萨都是成双成对的。

[5]《艺风堂金石文字目》卷三，第26页上。

[6]《艺风堂金石文字目》卷三，第29页下。

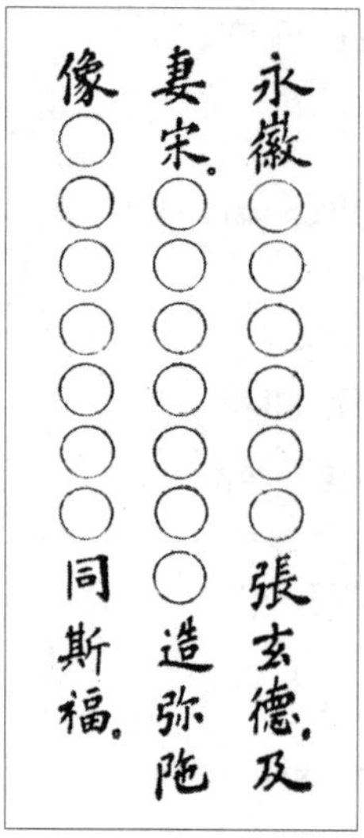

图1485 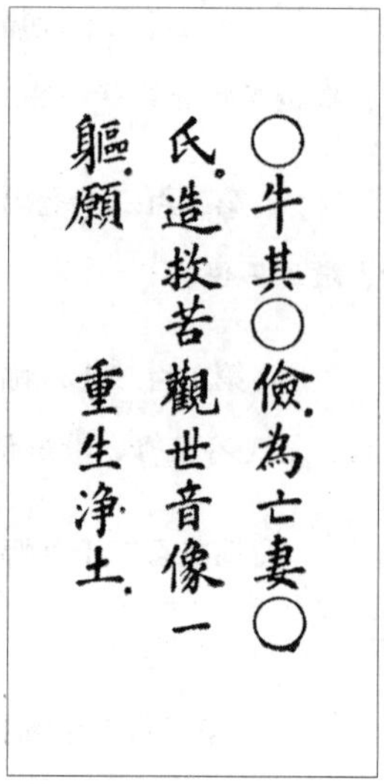　　　　　图1486

第二百三十一幅拓片（图1485）[1]

永徽（650—655年）□□□□□□张玄德，及妻宋，□□□□□□造弥陀像，□□□□□□同斯福。

第二百三十二幅拓片（图1486）

□牛其□俭，为亡妻□氏，造救苦观世音像一躯，愿重生净土。

第二百三十三幅拓片（图1487）[2]

佛弟子周有章，为亡男，敬造救苦观音菩萨一区，[3]一心供养。

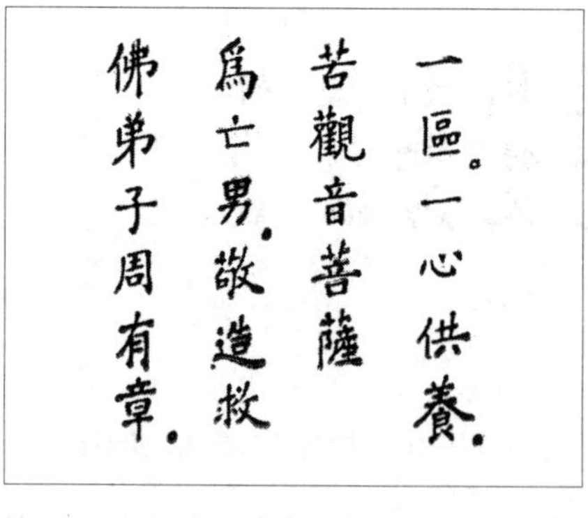

图1487

---

[1]　《艺风堂金石文字目》卷三，第15页下。

[2]　《艺风堂金石文字目》卷三，第32页上，像主的名字解读为**周有意**。

[3]　此题记从左向右读。

第二百三十四幅拓片（图1488）[1]

杨婆为亡夫召义，敬造地[2]菩萨。

第二百三十五幅拓片（图1489）[3]

清信女宫，为亡夫敬造阿弥陀像一铺。元年功讫及□。

第二百三十六幅拓片（图1490）[4]

清信女高，为亡夫敬造阿弥陀，并□大师供养。

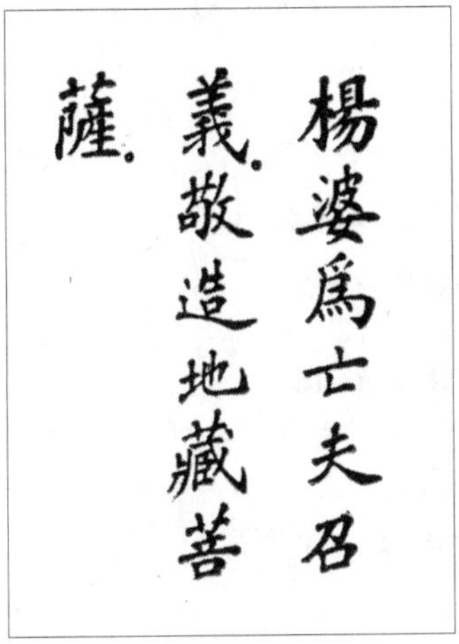

图1488

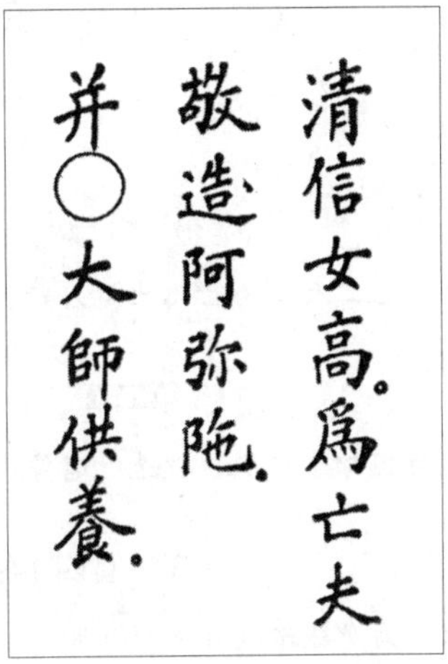

图1490

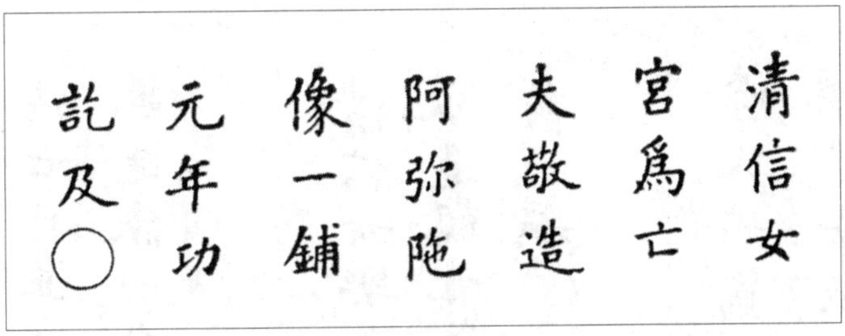

图1489

---

[1] 《艺风堂金石文字目》卷三，第31页下。

[2] 从"地"字的书写风格看，此题记应立于武则天当政时期。

[3] 《艺风堂金石文字目》卷三，第26页下；《攈古录》卷九（唐朝），第48页上。

[4] 《攈古录》卷九（唐朝），第53页上。

第二百三十七幅拓片（图1491）

清信女李，为亡母，敬造阿弥陀像一龛，愿亡早离苦难。

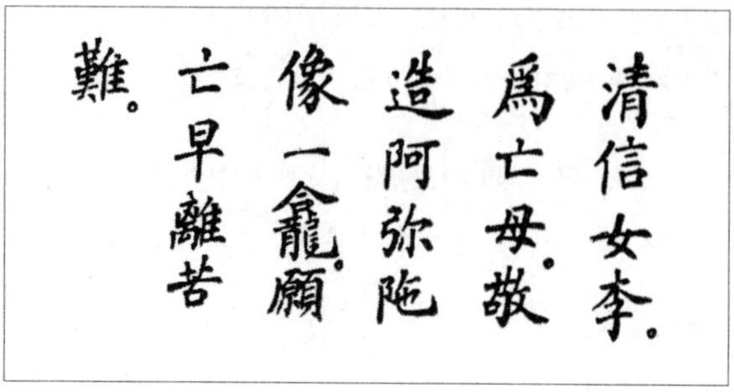

图 1491

第二百三十八幅拓片（图1492）[1]

清信女任、王二人，为亡比丘尼静行，敬造像一龛。

第二百三十九幅拓片（图1493）

李大娘，为父母愿平安，敬造叶道像一区。

第二百四十幅拓片（图1494）[2]

清信女乐，为身敬造观音菩萨一躯。

图 1492 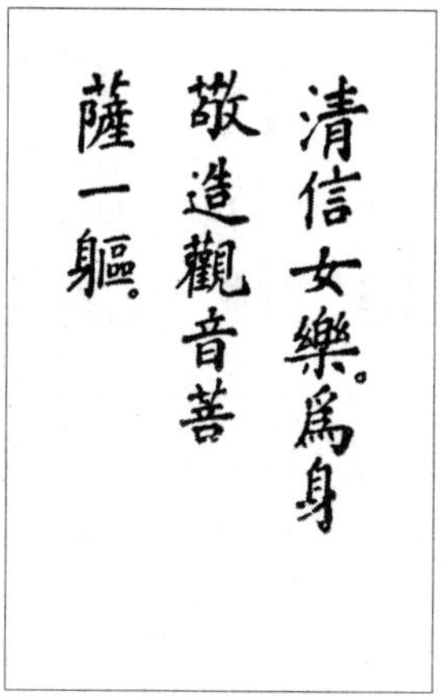　　　　图 1493 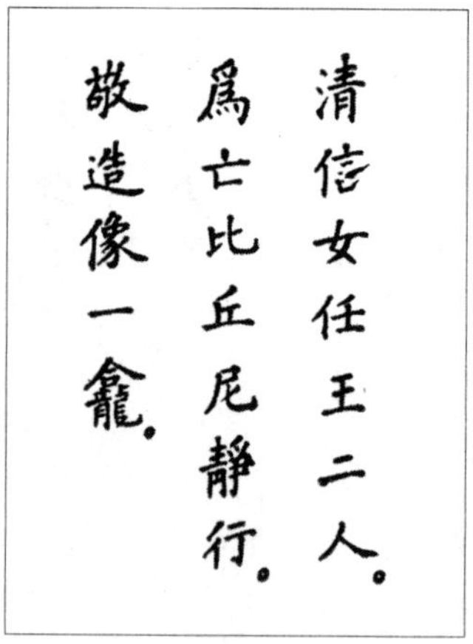　　　　图 1494

---

[1]　《艺风堂金石文字目》卷三，第33页下。

[2]　《艺风堂金石文字目》卷三，第31页上。

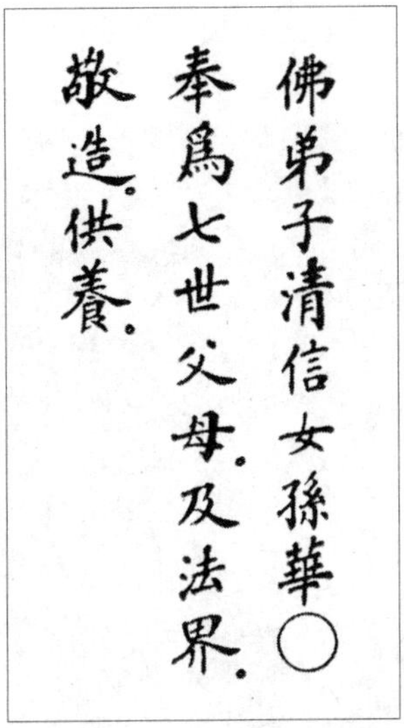

图1495

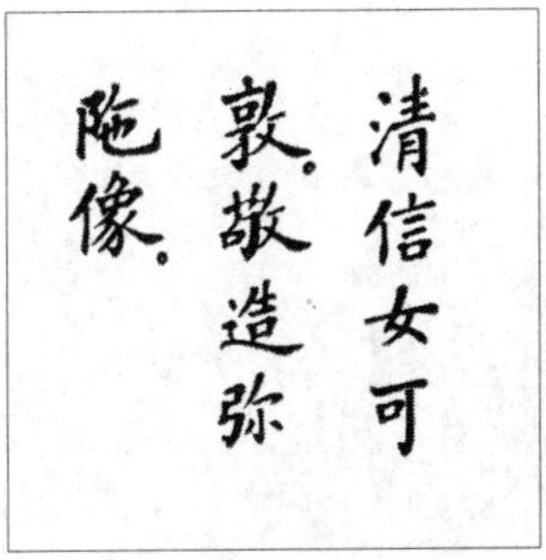

图1496

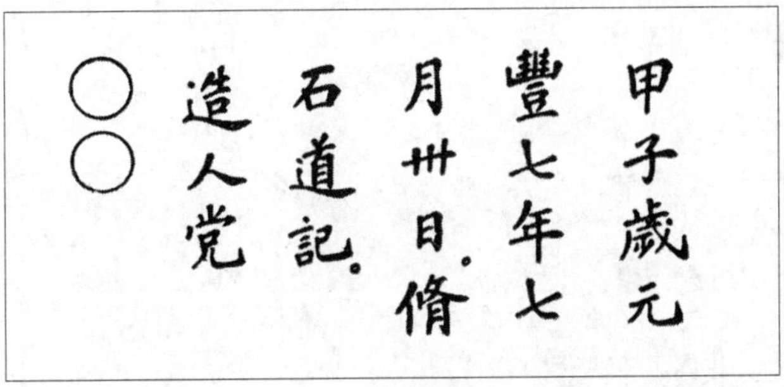

图1497

第二百四十一幅拓片（图1495）

佛弟子清信女孙华□，奉为七世父母及法界，敬造，供养。

第二百四十二幅拓片（图1496）[1]

清信女可敦，[2]敬造弥陀像。

第二百四十三幅拓片（图1497）[3]

甲子岁元丰七年七月卅日（1084年9月2日），修石道记，造人党□□。

---

[1]《艺风堂金石文字目》卷三，第35页下；《攈古录》卷九（唐朝），第48页上。

[2] 可敦为匈奴可汗之妻的称号，后来维吾尔人也采用了这一称号，此人也许是匈奴的后裔。

[3] 此题记所立年代很晚，而且与佛教没有任何关联，在此仅记录对伊河左岸石板路所实施的修复工程。

第十一节　M号窟

图321　M号窟：北壁，靠近入口

图 322　M 号窟：北壁

图 323 M 号窟：正佛左侧，老年摩诃迦叶

图 325　M 号窟：南壁（上部）

图 326 M 号窟：南壁（下部）

图 327　M 号窟：南壁

图 328　M 号窟：南壁（下部，靠近入口）

图 329　M 号窟：南壁（上部，靠近入口）

图 330　M 号窟外景及入口

M号窟紧邻L号窟，但其所处位置略高于路面，从全景图（图282）上可以看得很清楚。整座石窟呈规整的长方形，宽6.25米，进深10米，石窟最里端有一立佛，立佛高达4米。立佛背后有一光环，光环的内环由一片片花瓣组成，花瓣簇拥着佛陀的头像，好似一朵盛开的鲜花，光环的外面有一圈光晕，仿佛将整尊雕像都罩了起来。立佛左右两侧各有一弟子和一菩萨。这尊迦叶佛尤为引人注目，他那副模样倒更像是一个19年纪的大主教（图323）；他手里拿着一根锡杖，锡杖顶端装有铜环。石窟藻井镌刻着一朵巨大的莲花。看过图321—323及图325—330之后，大家就会注意到，与我们之前所看过的石窟装饰相比，这座石窟的装饰要好很多。通过研究本石窟的题记，我们发现此石窟并不是在唐代开凿的，而是属于北魏时期的作品。虽然有些塑像是北魏之后雕制的，但从总体上看，这并未给石窟带来多大改变。我们通常无法知道每座石窟是在哪一年开凿的，因此也就无法确定石窟内主佛像是在哪一年镌刻好的，不过我们还是有理由相信，主佛像肯定要早于镌刻在主佛像下面的浮雕画，我们发现这些浮雕画刻于522年。我们在后文指出，这座石窟有可能是奉北魏宣武帝元恪（499—515年在位）[1]之诏令开凿的。当然石窟各处并非都是最原始的面貌，而且不可能完好无损地保存至今，因此我们在图328上发现，两条缠绕在一起的龙纹过去曾是一尊大石碑铭文的碑首装饰，但如今碑铭已不见踪影，取而代之的是一个个小佛龛。

第二百四十四幅拓片（未复制）

此题记位于十六座小佛龛的下方，十六座小佛龛分成两行，每行八佛龛，在图322几乎靠近中间的位置上能看到这些小佛龛。题记由十六则简短的榜题构成，榜题列举像主的名字，每位像主对应于一座佛龛。像主当中有祖氏家族七位女子，其中有比丘尼二位；另有封氏家族五男四女。题记结尾这样写道：

"大魏正光二年十一月廿九日（522年1月12日），供养人共同敬造十六尊释迦佛像，愿眷属平安无患"。

第二百四十五幅拓片（图1498）[2]

正光六年岁次乙巳朔八月十五日（525年9月17日），[3]像主

正光六年歲次乙巳○○月十五日，像主蘇胡仁合邑十七人等造釋加一區敬為 皇帝陛下○邑子等 復願七世父母所生父母因緣眷屬一時成佛。

图1498

---

[1] 作者在此误写为世祖皇帝。——译者注

[2] 《寰宇访碑录》卷二，第7页上；《攟古录》卷六，第16页上；《艺风堂金石文字目》卷二，第8页下。此题记可见图328，位于距左边缘30毫米与上边缘58毫米的交会处，是为其右下方的佛龛所作的题记。

[3] 此为《攟古录》所解读的内容，不过这一纪年法是错误的，通过下一题记（第二百四十六幅拓片）我们看到，是年八月，当朝皇帝更改了年号。

苏胡仁，合邑十七人等，[1]造释迦一区，敬为皇帝陛下，□邑子等，复愿七世父母，所生父母，因缘眷属，一时成佛。

第二百四十六幅拓片（未复制）[2]

此题记有关贤劫千佛造像的内容已完全损毁，千佛是由比丘尼**道畅**及**中明寺**的其他比丘尼敬造的。题记结尾处写着这样的字："大魏孝昌元年八月十二日（525年9月14日）功讫"。

第二百四十七幅拓片（图665和图1499）[3]

夫三宝益润，沾及存亡，是以清信女佛弟子黄法僧，为亡姊敬造无量寿像一区，愿亡者在天，舍苦得乐；居家见存，恒与善会；复愿值福日进，正念无退，含生有形，同归斯泽。孝昌三年正月十五日（527年3月3日）。

图665　龙门造像题记

图1499

---

[1]　此为《攈古录》所解读的内容。

[2]　《艺风堂金石文字目》卷二，第9页上。

[3]　《寰宇访碑录》卷二，第7页下；《攈古录》卷六，第17页下；《艺风堂金石文字目》卷二，第9页下。
　　此题记可见图321，位于距下边缘24毫米与右边缘74毫米的交会处。

图 660　龙门造像题记

图 1500

第二百四十八幅拓片（图660和图1500）[1]

大魏孝[2]三年岁次癸未[3]四月癸巳朔八日庚子（527年5月23日），清信女朱景妃，自惟先因果薄福缘潜漏，生于浮受女人形，赖亡母慈育恩深得长轻躯，是以仰寻助养之劳无以投报，今且自割钗带之半，仰为亡考妣，敬造释迦像一区，借此微功，愿令亡考妣，讬生西方妙乐国土，值佛闻法，世见弥勒，[4]一切有形皆同斯。

---

[1] 《寰宇访碑录》卷二，第7页下；《攈古录》卷六，第17页下；《艺风堂金石文字目》卷二，第9页下。后一部金石著作将像主的名字解读为宋。此题记可见图322，位于距下边缘70毫米与右边缘23毫米的交会处。

[2] 孝字之后漏掉了"昌"字。根据《攈古录》的解释，这并不一定是疏忽漏掉的，因为在记录年号时，比如永徽、开元或天宝，有人也将其简写为永、开或天。

[3] 这里出现了一个错误，应该读作"丁未"。

[4] 在题记上，"世"字刻在"见弥"两字的后面，看来这是镌刻者的疏忽造成的。

第二百四十九幅拓片（图667和图1501）[1]

大魏孝昌三年岁在丁未五月廿四日（527年7月8日），比丘尼明养，仰为七世父母，所生所爱，因缘眷，造释迦文佛一区，愿生生世世，值佛闻法，愿愿从心。

（右边的题记与本题记内容几乎完全相同）

在佛龛下方，还有比丘尼明阳和比丘尼法能写的题记，但字体已被涂改过。

图667　龙门造像题记　　　　　　　图1501

---

[1]　《补寰宇访碑录》卷二，第5页下；《攈古录》卷二，第18页上，此书将像主的名字写为**明胜**；《艺风堂金石文字目》卷二，第9页下，而此书则把像主的名字写为**明庆**。此题记可见图323，位于距下边缘141毫米与右边缘7425毫米的交会处。

第二百五十幅拓片（图673和图1502）[1]

大魏武泰元年四月戊子朔六日癸巳（528年5月10日），景瑶寺沙门昙宗，[2] 仰为一切众生，敬造弥勒像一躯，愿弥勒三会，□□□□闻佛法，悟无生□，共成正觉。

图 673　龙门造像题记

图 1502

---

[1]　《攈古录》卷六，第18页上；《艺风堂金石文字目》卷二，第9页下。

[2]　在图673上，此人名字的第二个字很清晰，但我却无法准确辨别出这个字。

第二百五十一幅拓片（图657和图1503）[1]

至觉冲湛，要寻光仪，以晓真迹，[2]沙门惠诠、弟季兴，为亡父母，造弥勒佛一躯，愿福运亡零，[3]恒生净境，龙华会首，[4]承轨悟圣，又使现在眷属；齐齐宜绍，隆昌吉善，愿从心。建义元年七月十五日（528年8月15日），刊饰讫。

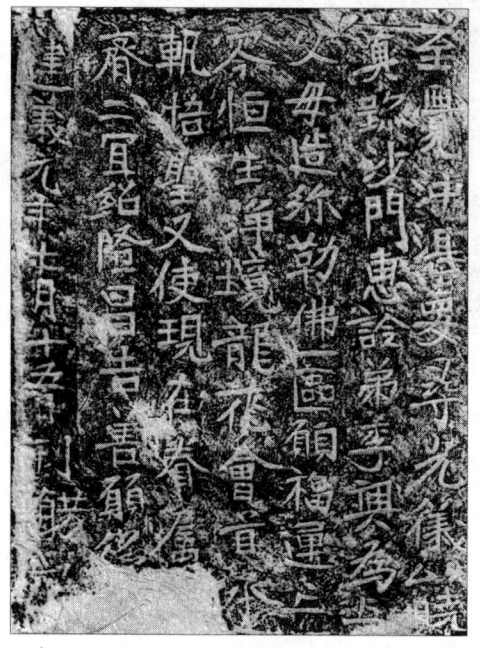

图657　龙门造像题记　　　　　　　　　　图1503

---

[1]　《寰宇访碑录》卷二，第8页上；《攈古录》卷六，第18页上；《艺风堂金石文字目》卷二，第10页上。这三部金石著作将像主的名字解读为**惠諗**。此题记可见图322，刻在一带檐佛龛下面，位于距下边缘61毫米与右边缘68毫米的交会处。

[2]　换句话说，佛像能给亡者带来光明。

[3]　**零**在此应写为**灵**。

[4]　弥勒菩萨就是在龙华树下成道的。

第二百五十二幅拓片（图670和图1504）[1]

建义元年十一月廿三日（528年12月19日），比丘尼道慧，石浮图一躯，[2] 愿一切法界有形之生，勉苦患；又愿已身涅洹，贫乏苦恼众生，一时成佛。

图670　龙门造像题记

图1504

图1505

第二百五十三幅拓片（图1505）[3]

大魏普泰元年岁次辛亥八月戊戌朔十五日壬子（531年9月11日），比丘尼□慧、法盛等二人，敬造多宝像一躯，仰为七世父母，所生父母，师僧眷属，愿使不堕三途，速令解脱，现在安稳，一切众生，普斯愿。

---

[1]《寰宇访碑录》卷二，第8页上；《攟古录》卷六，第18页上；《艺风堂金石文字目》卷二，第10页上。

[2] 此句遗漏了"造"字。

[3]《寰宇访碑录》卷二，第8页上；《攟古录》卷六，第18页下；《艺风堂金石文字目》卷二，第10页上。参阅第一百六十三幅拓片。

第二百五十四幅拓片（图658和图1506）[1]

比丘静度，愿造释迦像一躯，并造两观世音，别造小观世一勘[2]，仰为所生，七世师僧，父母、友，一切众生，共同此福。普泰二年闰月廿日（532年5月10日）造。

图658　龙门造像题记

图1506

第二百五十五幅拓片（图675和图1507）[3]

此题记刻于533年，铭文已残泐，要不是因为找到另一则刻于524年的题记，很难对此题记作出令人满意的解读，我们在图676里复制了524年的那则题记。

至于说524年的题记，我上一次去中国时，购得三幅拓片，这三幅拓片完全一样，但是却与《神州国光集》（1909年第8册）上所刊载的一幅拓片有所不同。这幅拓片远不如我的拓片清晰，拓片左下方的纹章也不同；除此之外，在拓片的左侧，有两个字并未出现在我的拓片上；况且在最右侧，我们还看到另一枚纹章，我的拓片上并没有这枚纹章。有人在拓片的空白处加盖此章也是完全有可能的，但这并不能证明拓片是从不同的原件上拓制下来的。而且左侧的纹章也有所不同：实际上，在我的拓片上，在此空白处盖着两枚纹章，而在《神州国光集》的拓片上，仅盖着一枚纹章，而且

---

[1]　《寰宇访碑录》卷二，第8页上；《攈古录》卷六，第18页下；《艺风堂金石文字目》卷二，第10页上。这后一本书将纪年错误地写成"普泰元年"。此题记可见图321，刻在一大佛龛下面，在图的右上方，位于距右边缘123毫米与上边缘71毫米的交会处。

[2]　勘字应写为龛（下同）。

[3]　《寰宇访碑录》卷二，第4页上；《攈古录》卷六，第19页上；《艺风堂金石文字目》卷二，第10页下。此题记可见图325下，刻在中间佛龛的下面。

图 676 似为木刻版题记拓片，但出处不详，内容与图 675 题记近似

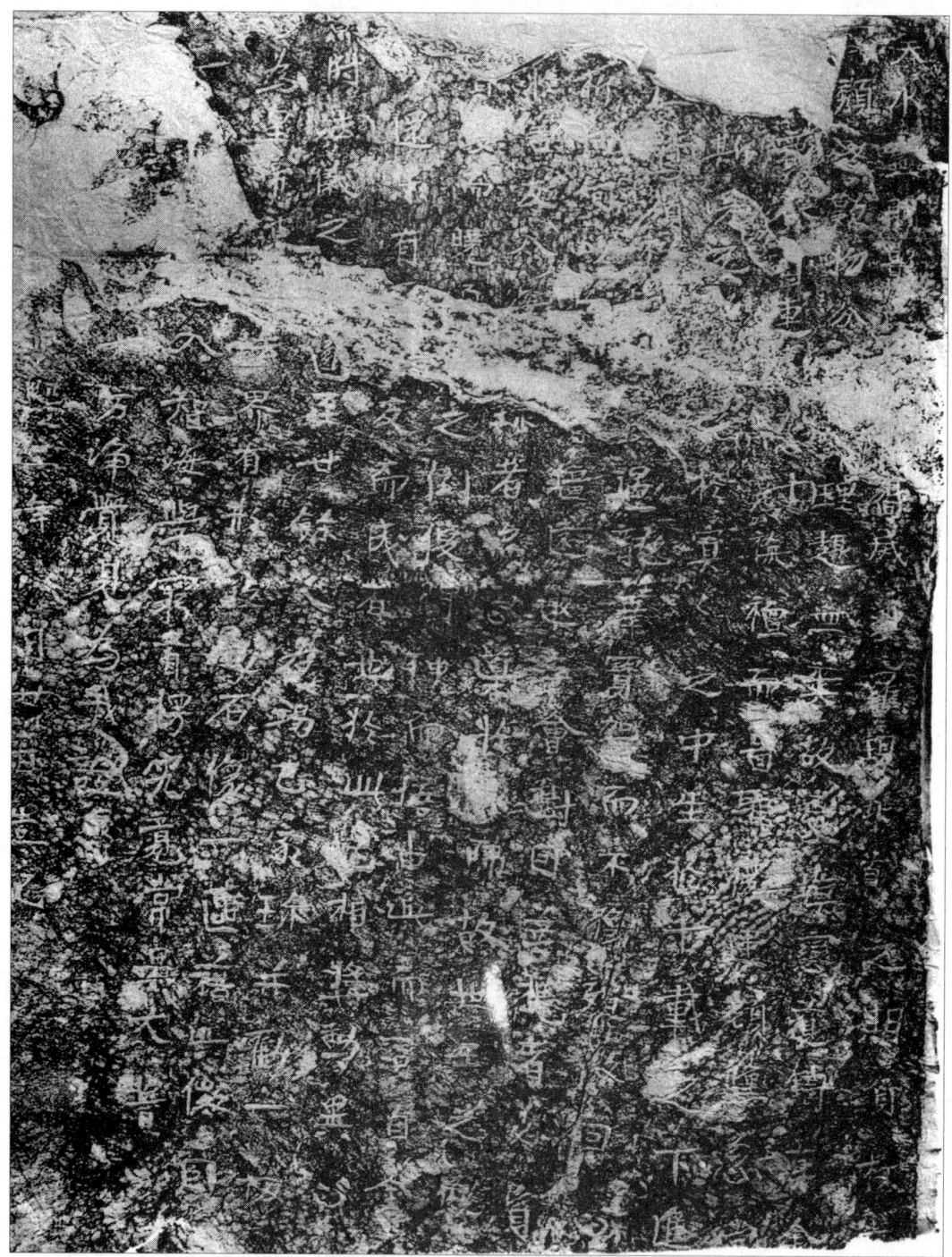

图 675　龙门造像题记

夫水盡則影亡，谷盈則響滅，娑羅現北首之期，負杖發山頹之歎，物分以然，理趣無爽，故憂填戀道鑄真金以寫靈容，目連慕德刻栴檀而圖聖像，違顏僊忽尚或如斯況元○等託於冥冥之中生於千載之下進不值驚嶺初軒退未遇龍華寶駕，而不豫殖微因心存祈向何以拔此昏壇遠邀三會樹因菩提者必資緣於善友入海求珍者亦憑導於水師故世王之懲藉者婆而曉須達之倒假門神而悟由此而言自金剛以還未有不須友而成者也於此迭相獎動異心影附法義之眾遂至廿餘人各竭己家珍並勸一切仰爲皇帝○○法界有形敬造石像一區藉此微因令一切含零悉入智海學窮首楞究竟常果大誓莊嚴理无虛應，十方淨覺現爲我證。

永熙二年八月廿日造記。

图 1507

纹章所盖之处较暗，旁边也未留出空白处。因此，这幅拓片和我的拓片不可能是从同一原件上复制下来的。

假如我们这样来看待《神州国光集》及我手中的拓片，这些拓片似乎都是由木制刻本印刷而成的，那么我们的上述结论也就不会显得过于唐突了。实际上，在题记文字里被修改过的字周围都有一泛白区域，形成一个正方形方框，[1] 其实它是这样形成的：在对木制刻本作修改时，就要把错字完全刮掉，这样木刻本上就形成一个空洞，接着再把一小块方木嵌入空洞里，并在方木上刻好正确的汉字，不过在木刻本与嵌入方木之间会有一条缝隙，而这条缝隙反映到拓片上就形成一个白框。假如原件是一块石碑的话，要想作类似的修改是根本不可能的。

因此，无论是《神州国光集》的拓片，还是我手中的拓片，它们肯定是用不同刻本印制的。这两种刻本是出于商业目的，为制作拓片而推出的，那么现在的问题就是，我们要搞清楚在这刻本的背后是否真有原始石碑。

然而，我们并不知道这块原始石碑现在何处，[2] 而《神州国光集》只是说，这块石碑是新近才出土的，石碑所在地（它并未说在什么地方）的人为石碑制作了拓片，要想搞到这样的拓片是很不容易的。那些靠拓片赚钱的人似乎总想把这事搞得神秘兮兮的，而且绝不会透露是从哪儿弄到这些拓片的。这其中的原因是不是因为他们拿不出原始石碑来，或者石碑已经找不到了，再或者从来就没有过这样一块石碑呢？

现在我们来看一下其中的内在原因，正是这些原因让我们怀疑题记的真实性。此题记立于正光五年（524），而龙门石窟题记则立于永熙二年（533），假如正光五年的题记是真的，那么它就不可能去借鉴龙门石窟题记，因为它先于龙门石窟题记九年而问世，龙门石窟题记则反倒有可能受此题记的启发。然而，我们注意到，龙门石窟题记本身是一篇结构严谨、前后呼应的记叙文，题记文字阐述了敬造佛像的必要性，而另一题记则有一些稀奇古怪的东西。将这样一篇文字置于图325所展示的佛像下方是非常合适的；然而524年的题记却与此场所显得极不搭配，因为它叙述的并不是造像记，而是造三级砖浮图。此外，龙门石窟题记谈到供养人有二十余人，这个数目还是可信的；而524年题记则说有供养人四十一人，这种表述方式显得有些怪异，况且此数目与题记后文所列举的四十七人名单对不上。[3]

---

[1]　比如大家可以查看图676右下第四行的两个字。

[2]　1909或1910年，**方若**在其《**校碑随笔**》中（92—93页）就指出，没有人知道这块石碑究竟在哪里。

[3]　"一"字显然是后添加的，题记最初很有可能写成"四十余人"。此外，在一篇非常出色的报告里（载《法国远东学院学报》，1909年，第379—387页），伯希和先生指出，四十一这个数目是可信的。他还列举出多个理由，以证明确确实实有这样一块石碑。

正是这些原因使得我自1908年起便猜测524年题记是一件赝品。[1] 在我看来,这些原因依然很有价值。当然,如果永远也找不到早于524年的原始石碑,那么问题就会变得更加扑朔迷离。不过从目前情况来看,由于我们手中仅有524年和533年的题记,因此很难确定524年的题记是否确实早于533年的题记,因为在524年的题记当中有太多的反常及不合逻辑的东西。

尽管如此,也有人会说,龙门石窟533年的题记如今漫漶严重,大家查看图675也能意识到这一点,要想制作出拓片,就要有保存状态更完好的原始石碑;即便确实有赝品,那么此赝品也并不一定是近代制作的,大家对这一点的看法至少还是一致的。我的看法是,在承认有可能存在一件古赝品(比如宋代制作的赝品)的情况下,只要拿出那个年代制作的拓片,它就有可能被人当作原件。

摆在我们面前的问题是,倘若有两块内容相近的石碑题记同时存在于世,那么其中一块则肯定是真的,但从日期上看,真品却晚于另一题记,而另一题记不过是一件复制品,这样的问题并不鲜见。实际上,莱比锡博物馆就收藏着一块532年的石碑,此石碑的碑文是抄袭577年碑文而镌刻的,而577年的碑文就刊载在《金石萃编》(卷三十五,第6页)上。[2] 这是否意味着532年的石碑是近代的赝品呢?要想断定这一点可能为时尚早。不过有一种做法是完全有可能的:自从一个相对久远的年代起,有些商人开始专门制作还愿牌,以不正当的手段,去制作造像题记赝品,并故意把这些赝品弄得令人难以辨认。因此,我认为,那块故意刻上532年的石碑肯定是在577年真碑之后伪造的,但它究竟是在哪一年伪造的,我对此持保留态度。当然无论是524年的赝品(根据533年题记所作),还是伪造的532年碑文,它们并不是为了欺骗文物爱好者而制作的;既然商人都是唯利是图,那么我们不妨这样设想,他们把赝品制作成还愿牌,卖给那些不识字的人,这些人很想为寺庙捐钱,于是便到佛像及佛具店里买一块现成的石碑,碑文是商人从真石碑上东摘一句、西摘一句,拼凑而成的。其实那些镀金的小铜佛像也是出于此目的制作的,在赛努奇博物馆佛教艺术展上就能看到这样两尊小佛像,佛像上刻的铭文显然都是假的,铭文是从某个来历不明的原件上摘录下来的。[3]

我们再回过头来看524年的题记,我认为从艺术角度看,此题记并没有多大价值,因为我们知道这一题记是用木刻本制作的,此刻本已把北魏艺术改得面目全非;但从金石学角度看,此题记还是很重要的,因为它毕竟是几百年前制作的,那时候,533年题记上的字还是能够辨认清楚的;或者说它是以某一古拓片为原型,重新刻制的,不管是哪一种情况,它都给我们提供有益的帮助,让我

---

[1] 参阅拙作"中国古文物赝品"(载《亚洲学刊》,1908年5—6月期,第501—510页)。此文的目的首先是指出533年题记与524年题记有一定的相似性;其次是提醒考古学家们注意,把为524年题记作附图的劣质图画当作出自北魏时期的艺术品,将会冒很大的风险。有关此石碑的来龙去脉,参阅微席叶(Arndd Jagues Vissiere)先生的信函(载《亚洲学刊》,1908年11—12月期,第455—465页),但此信并未给我带来任何富有新意的东西。

[2] 何可思(Eduard Erkes):"古代中国祖先像与佛教雕像"(载《莱比锡博物馆年鉴》,1913年第五卷,第28页,图版2,图2),亦可参阅我就此文所撰写的报告(载《通报》1914年5月期)。

[3] 《通报》1913年5月期,第271—272页。

们能辨认出533年题记的文字，下面就是这则题记的原文：

夫水尽则影亡，谷盈则响灭。[1] 娑罗现北首[2] 之期，负杖发山颓之叹。[3] 物分以然，理趣无爽。[4] 故忱填恋道，铸真金以写灵容；目连慕德，刻旃檀而图圣像。[5] 违颜倏忽，[6] 尚或如斯，[7] 况元□等托于冥冥之中，[8] 生于千载之下，进不值鹫岭初轩，退未遇龙华宝驾。[9] 而不豫殖微因，心存所向，何以拔此昏疆，远邀三会。[10] 树因菩提者，必资缘于善

---

[1] 水能产生倒影，山谷当中能听到岩壁之间发出的回声，但是一旦水干了，影子也就不会出现了，而山谷里若填满东西，也就听不到回声了。同样，当生命本原消失之后，人的表象自然也就随之消失了。即使像释迦牟尼或孔子那样的大人物也不例外。

[2] 临终前，佛陀来到跋提河畔一个娑罗树林前，对阿难陀说："哦，阿难，给我在两棵相同的娑罗树之间搭上床，头朝北，我生病了，阿难，我想休息一下。"[奥登堡（Hermann Oldenberg）：《佛陀》，福歇法译本，第204页]。

[3] 孔子临终前得了重病，挂着拐杖在门口晃悠，这时子贡来看望他，孔子因叹，便唱起来："泰山坏乎！梁柱摧乎！哲人萎乎！"（参阅《史记》法译本，第五卷，第423—424页）。1874年版的《圣迹图》画着孔子挂着拐杖（**负杖**），对子贡说话的场景。

[4] 我在此采用伯希和的译文（《法国远东学院学报》1909年，第380—382页），不过"**理趣**"一词的含义还是有些晦涩。这句话的大致意思是说，所有人都受制于感知世界，死亡是不可避免的。

[5] 根据玄奘从西域带回的说法（《大唐西域记》儒莲法译本，第一卷，第284页），佛陀成道之后，因思报母恩，遂升忉利天为母说法，优填王思念佛，便请目犍连派匠人去天朝观看佛陀的面容，并据此用旃檀木雕刻了佛像。儒莲在翻译这一段落时，作了译注，以证明根据另一种说法，优填王命人铸造了一尊金佛像。此题记似乎证明，部分经文在这方面的说法还是有差异的：优填王用真金铸制了佛像，而目犍连则用旃檀木雕刻了佛像。

[6] 我在此采用了伯希和的译文（《法国远东学院学报》1909年，第382页）。

[7] 过去有人只要一离开佛，就要画出佛像，带在身旁；在佛涅槃千年之后，人们更应该造佛像，以怀念这位圣人。

[8] 伯希和（《法国远东学院学报》1909年，第383页）信誓旦旦地确认，在此解读成"**冥冥**"两字肯定没错。这个词是指来世，而主持来世的是弥勒佛。这句话的意思是，供养人来得太早，以至于见不到弥勒佛，但又来得太迟，既见不到释迦佛的尊容，也听不到他的声音。他们唯一的对策就是造一尊佛像，来替代真佛。

[9] 这句话与前一句意思相同：供养人来到人世间太迟了，无法亲眼见到释迦牟尼，而释迦牟尼佛就是在灵鹫山上首次讲经说法；但他们又过早地来到人世间，以至于无法去聆听弥勒在龙华树下讲解真经。

[10] 这里是指**龙华三会**，未来佛弥勒将在这里讲经说法（参阅义净：《大唐西域求法高僧传》法译本，第25页注1）。

友；入海求珍者，亦怂导于水师。故世王之怨，藉耆婆而晓；[1]须达之倒，假门神而悟。[2]由此而言，自金刚以还，[3]未有不须友而成者也。于此迭相将动，异心影附，法义之众，[4]遂至廿余人，各竭己家珍并劝一切，仰为皇帝□□，[5]法界有形，敬造石像一区，借此微因，令一切含零，悉入智海，学穷首楞，究竟常果，大誓庄严，理无虚应。十方净觉，现为我证。永熙二年八月廿日（533年9月24日）造讫。

524年题记的结尾与我们手中的拓片有所不同，这则题记的结尾是这样写的："仰为皇帝陛下，皇太后，[6]中宫眷属[7]，士官，僚庶，法界有形，敬造三级砖浮图一□，借此徽因，周满世性，慧云弥布，慧波洪澍，令一切含零悉入智海……大魏正光五年岁次甲辰五月庚戌朔卅日巳卯

---

[1] **世王**为**阿阇世王**的缩写。阿阇世王弑父篡位，身心俱病，于是便去看医生耆婆，耆婆告诉他，他的病是心病，只有佛陀才能医治他的心病。

[2] 须达其实就是须达多，当时他在王舍城，居住在一家客栈里，客栈老板正准备让佛陀来此下榻。在听客栈老板讲述佛陀的事迹后，他非常想见佛陀。因佛陀要在城外的墓地停留一下，于是他半夜便爬起来，想赶到佛陀身边，但深夜里漆黑一团，什么也看不见，在走出城门的瞬间，须达多突然感到很害怕，想半路折回。这时，**此城门所居天神**放出一道白光，将通往墓地的道路照得雪亮，并鼓励须达多不要害怕，一直往前走（参阅《根本说一切有部毗奈耶》，载东京版《大藏经》卷十七，第三册，第34页，另外还可参阅东京版《大藏经》卷十四，第九册，第59页及卷三十六，第四册，第24页）。在与李维沟通之后，我将这段故事的译文刊载在《亚洲学刊》（1908年5—6月期，第506—507页）上。

[3] 不知这段文字暗喻着什么。

[4] 正如伯希和先生所指出的那样，**法义**是佛教用语，系指那些"熟知佛教六字真言和十戒的人"。这个词通常也指那些在行为举止上合乎教义的人。

[5] 那两个空白的字应为"**陛下**"。

[6] 皇太后是指那位著名的**胡**太后。

[7] "**中宫眷属**"一词令人感到困惑，实际上，大家知道"中宫"通常是指太后，但眷属一词似乎与中宫密切相关，很难将其分割开来，也不可能翻译成"太后及其眷属"，而应翻译为"太后的眷属"，但如果真是这样的话，大家就会不明白为什么不点出太后的名字；也许**中宫**一词仅是指宫殿本身，只需将其翻译成"皇帝的眷属"即可，我在1908年就是这样翻译的。另外补充一点，孝明皇帝生于510年4月8日，此题记撰写时，皇帝年仅14岁零3个月，我不知道皇帝是否已结婚。

有一镌刻于公元370年的碑铭，虽碑文并非造像记，但其敬语是这样写的："**上为皇帝陛下暨中宫殿下**"（参阅《南阳县金石志》卷一，第15页），而《金石录补》则提到一块刻于547年的造像石碑，上面的敬语写为："**上为皇帝中宫**"，这类常用的敬语从另一方面表明，524年题记的敬语用法很怪异，在我看开来，这是这些怪异之处让人再次怀疑该题记的真实性。

（524年7月16日）造讫。"

<h3 style="text-align:center">第二百五十六幅拓片（图661和图1508）</h3>

比丘道仙，供养，弥勒像一勘，比丘道仙敬造，仰为师僧父母，兄弟姊妹，眷属及法界含生，同生兜率，面奉弥勒，□□□□。宝方寺。永熙三年岁在甲寅四月十三日（534年5月11日）造。

图 661　龙门造像题记

图 1508

<h3 style="text-align:center">第二百五十七幅拓片（未复制）</h3>

碑文先列举出四位供养人的名字，其后能看到这样的文字："武平元年十月十一日造讫"（570年11月24日）。

第二百五十八幅拓片（图664和图1509）[1]

武平六年（575）□□□□□，巩舍合邑廿二人等，造石像一□，又愿七世父母，因缘眷属，法界众生，同发菩提，普及政[2]觉。

后面是各位比丘、比丘尼及师僧（他们的名字排在邑子名单的后面，排在最前面的是邑中正巩舍）。

图664　龙门造像题记　　　　　　　　　图1509

---

[1]　《攈古录》卷六，第35页上；《艺风堂金石文字目》卷二，第29页下。

[2]　政字应写为正。

第二百五十九幅拓片（图659和图1510）[1]

大唐贞观廿年三月二日（646年3月23日），[2]弟子张世祖，夫妻儿子等，为先亡父母，敬造尊像一龛，上资皇帝，下及苍生，俱免盖缠，同时作佛了。

第二百六十幅拓片（图1511）[3]

永徽四年八月六日（653年9月3日），清信女陈，为亡女敬造阿弥陀像一龛，愿亡者神生净土，早离苦难。[4]

图659　龙门造像题记

图1510

图1511

---

[1]　《寰宇访碑录》卷三，第3页上；《攈古录》卷七，第5页上。

[2]　在图1501上，日期被错写成一日。

[3]　《攈古录》卷七，第10页上；《艺风堂金石文字目》卷三，第14页下。

[4]　题记结尾处有几处涂改过的文字。

第二百六十一幅拓片（图674和图1512）[1]

大唐永徽四年十月八日（653年11月3日），周智冲，上为皇帝，敬造阿弥陀佛一躯，下保父母菊育之慈，愿合家眷属，离诸灾障，一切共同斯福。

第二百六十二幅拓片（未复制）[2]

大唐龙朔二年岁次壬戌七月十四日（662年8月3日），偃师县文林郎杨□并诸位妹妹，为亡父母在龙门南，敬造卢舍那[3]佛像一龛，愿亡者往生西方。

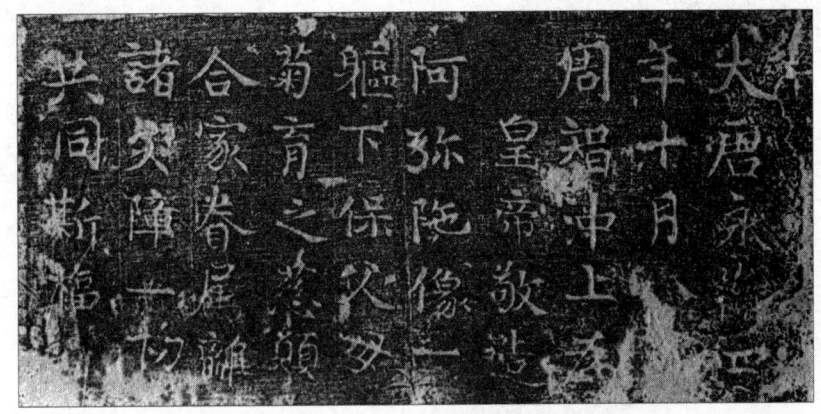

图674 龙门造像题记

图1512

---

[1] 《寰宇访碑录》卷三，第5页上；《攈古录》卷七，第10页下；《艺风堂金石文字目》卷三，第14页下。

[2] 《寰宇访碑录》卷三，第9页上；《攈古录》卷七，第18页下；《艺风堂金石文字目》卷三，第17页下。

[3] 有关卢舍那佛的描述，可参阅斐诺发表在《亚洲学刊》1910年5—6月期上的文章（第553页），亦可参阅后文第三百四十幅拓片。

图668 龙门造像题记　　　　　图1513

第二百六十三幅拓片（图668和图1513）[1]

乾封元年七月十五日（666年8月20日），司列主事许大德，并妻杨，敬造弥陀像一龛，及夫妻男女，即供养佛时。

第二百六十四幅拓片（图672和图1514）[2]

总章元年四月八日（668年5月24日），王尹农，为合家眷属大小，敬造阿弥陀像一龛，供养。

图672 龙门造像题记　　　　　图1514

---

[1]《寰宇访碑录》卷三，第10页下；《攈古录》卷七，第21页上；《艺风堂金石文字目》卷三，第17页下。

[2]《寰宇访碑录》卷三，第11页上；《攈古录》卷七，第23页上；《艺风堂金石文字目》卷三，第18页上。后一本书将像主的名字写为王**君**农，而非王**尹**农。

图1515　　　　　　　　图1516

第二百六十五幅拓片（图1515）[1]

清信女王玄□，为亡夫朱景微，造阿弥陀像一龛。总章元年（668）六月造。

第二百六十六幅拓片（未复制）[2]

王无导为亡父母及自身并法界众生，敬造弥陀像。总章元年九月八日（668年10月18日）造讫。

第二百六十七幅拓片（图1516）[3]

王合，为妻患得差，敬造弥陀像一龛。总章元年九月八日（668年10月18日）。

第二百六十八幅拓片（图666和图1517）[4]

垂拱二年五月八日（686年6月4日），龙丰伦，为七父母，及所生父母并诸眷属，愿离苦解脱，并往生西方。

图666　龙门造像题记　　　　　　图1517

---

[1]《寰宇访碑录》卷三，第11页上；《攈古录》卷七，第23页上，此书将像主的名字写为**王玄（元）藏**。

[2]《攈古录》卷七，第23页上；《艺风堂金石文字目》卷三，第18页上。

[3]《寰宇访碑录》卷三，第11页上；《攈古录》卷七，第23页上；《艺风堂金石文字目》卷三，第18页上。

[4]《攈古录》卷七，第32页下；《艺风堂金石文字目》卷三，第21页上。

第二百六十九幅拓片（图663和图1518）[1]

长寿二年四月廿三日（693年6月2日），比丘智满，为亡母敬造弥陀像、地藏菩萨、观音菩萨，愿亡母往生西方。

图663　龙门造像题记　　　　　　　　　　　　图1518

第二百七十幅拓片（图662和图1519）[2]

大周[3]万岁通天元年五月廿三日（696年6月27日），弟子孔思义，为法界苍生，及合家眷属，敬造弥勒尊像一铺，愿未离苦者，愿令离苦；未得乐者，愿令得乐；病患者，愿得早差；业道受苦，及怨家债主，悉愿布施欢喜，速得神生净土，不具足者，并愿具足众生，普愿安乐，同发菩提，一时作佛。

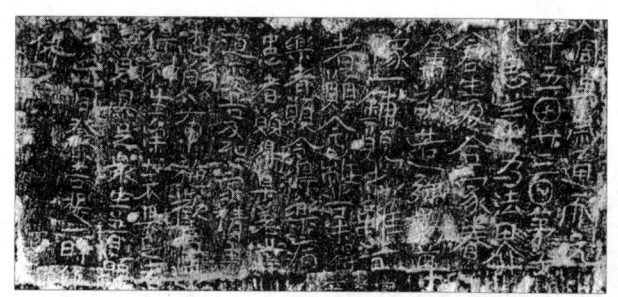

图662　龙门造像题记

图1519

---

[1]　《攈古录》卷七，此书将像主的名字写为任智满；《艺风堂金石文字目》卷三，第23页上，此书则把像主的名字写为崔智满。

[2]　《攈古录》卷七，第39页上；《艺风堂金石文字目》卷三，第23页下。

[3]　大家知道，武则天当政时，将朝代改为周朝。

图 1520

第二百七十一幅拓片（图1520）

高文妻董□，敬造弥陀一区，一心供养。长安二年九月日成就。

第二百七十二幅拓片（图1521）

长安□年（701—705年）□月廿三日，庄严成就，陕州芮城县[1]清信士弟子陈昌宗，为七□□□□□阿弥陀像一躯，永□□□□。

第二百七十三幅拓片（图1522）

天保八年（749）十一月十□□□□□□造释迦像一□，愿法界众□，□□□觉。

图 1521　　图 1522

---

[1] **芮城**今依然为县制，隶属于山西省解州。

第二百七十四幅拓片（图671和图1523）

李琮怀州获嘉[1]续村人也，奉为亡过父母，造观世音菩萨，愿领此功德，往生净土，见佛闻法。大梁乾化五年乙亥岁六月三日（915年7月17日）记。

第二百七十五幅拓片（图1524）[2]

比丘惠鉴，为亡父母，造无受佛，愿生无量受国。[3]

第二百七十六幅拓片（图1525）

佛弟子惠徹，身患差，发愿造观音一区。

第二百七十七幅拓片（图1526）

比丘宝演，为亡妹，造无量佛一□，供养佛寺。

图671　龙门造像题记

图1523

图1524

图1525

图1526

---

[1]　获嘉县今依然为县制，隶属于河南省卫辉府。

[2]　《攈古录》卷六（北魏），第51页下。

[3]　在此题记当中，受字出现了两次，但两次都写错了，应写为"寿"，而非"受"；这里的国字用的是简化字体。在前一句里，量字就漏掉了，应写为无量寿。

第二百七十八幅拓片（图1527）[1]

比丘道济，身患愿差，造像一区，复愿一切众生无患，得成佛。

第二百七十九幅拓片（图1528）

相州内黄县陈思□，为父母造。

第二百八十幅拓片（图1529）

姚祚愿平安，敬造观世音菩萨两区，一心供养。

第二百八十一幅拓片（图1530）

抑常住为生日，敬造。

图1527　　图1528　　图1529　　图1530

---

[1]　《攈古录》卷六（北魏），第51页下。

图 669　龙门造像题记

图 1531

图 1532

第二百八十二幅拓片（图669和图1531）

比丘昙宗、牛洪智等，□业树□□□超难□清□□□□□□□像，两菩萨，仰愿师僧父母，遍尽法界，所愿从心，恒侍弥陀，终身常乐，咸钟斯福。铭记。

第二百八十三幅拓片（图1532）

大统寺比丘道缘，为己身眷属，造无量寿像一区，愿生生世世，值佛闻法，一切含生，共同斯愿。

第二百八十四幅拓片（未复制）

一香炉[1]旁有两行礼佛队列，香炉之上，刻一榜题，上书比丘的名字，其中能看出一个**惠**字。

左下有一题记，像主是一位男士，雕像是为他父亲敬造的，父亲生前是一位**将军**，而且是（**开**）

---

[1]　参阅图328，在距下边缘30毫米与左边缘42毫米的交会处。

国男。

第二百八十五幅拓片（未复制）

题记立于□□二年，但年号被抹掉了，一人为父母敬造多尊佛像，愿国家昌盛，万地平安，法界众生，共同斯福。

第二百八十六幅拓片（未复制）

此题记可见图322，在十六座小佛龛的左边，第二百四十四幅拓片提到过这十六座小佛龛。题记上有一山字清晰可辨，这个字用墨水写在拓片的左上方（参阅下一幅拓片）。

第二百八十七幅拓片（未复制）[1]

本题记及前一题记镌刻了玄奘所翻译的《般若波罗蜜多心经》（东京版《大藏经》第十卷，第九册，第56—57页；南条文雄的《汉文大藏经目录册》第20册）。此经文已由毕尔（Beal Samuel）翻译成英文（《汉文佛典纪要》第282—284页）。鉴于这两则题记刻于玄奘完成经书翻译之后，石碑至早是7世纪下半叶镌刻的。

---

[1] 此题记可见图322，在图版右侧大佛龛的上方，位于距右边缘22毫米与下边缘70毫米的交会处。

第十二节　不平整的洞穴（N号窟）

图 331　不平整的洞穴（全景图 282 上字母 N 标示）

离开M号窟之后，再往前走一点，会经过一个开口处（参阅图282，字母N所标示处），乍一看，这个开口很像是石窟的入口，其实它不过是一个极不平整的洞穴，洞穴的石壁上刻满了雕像，而且还有不少题记，大部分题记都是北魏时期镌刻的。

第二百八十八幅拓片（图677和图1533）[1]

正光二年七月十日（521年8月28日），佛弟子田里女，造石像一区，愿亡夫亡女，三图[2]五苦，速令解脱。

第二百八十九幅拓片（未复制）[3]

题记刻于正光二年九月十五日（521年9月2日）。

图 677　龙门造像题记　　　　　　图 1533

---

[1] 《攈古录》卷六，第14页下；《艺风堂金石文字目》卷二，第7页下，此书将像主的名字解读为**田黑女**，而不是图1533所写的田里女。

[2] 图字在此为"途"字的谐音借字。

[3] 《攈古录》卷六，第4页下，此书认为此像主与前一拓片的像主为同一人，但在我的拓片上，像主的名字看不清楚。

图678 龙门造像题记　　　　　　　　图1534

第二百九十幅拓片（图678和图1534）[1]

孝昌元年八月八日（525年9月10日），比丘尼僧达，为亡息文殊[2]造释迦像，愿亡者生天面奉[3]弥勒，诣受法言，悟□生□，现在眷常与善居七世父母，三有四生[4]，普同此福。

第二百九十一幅拓片（未复制）

题记刻于孝昌二年十月廿日（526年11月10日）。

---

[1]　《寰宇访碑录》卷二，第7页上；《攈古录》卷六，第16页上；《艺风堂金石文字目》卷二，第9页上。

[2]　**文殊**即文殊师利菩萨的常见写法。

[3]　奉字应为"逢"。

[4]　四生是指胎生、卵生、湿生、化生。

图681 龙门造像题记

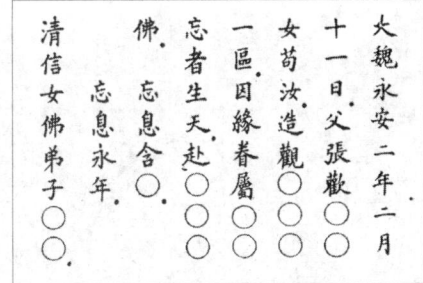

图1535

第二百九十二幅拓片（图681和图1535）[1]

大魏永安二年二月十一日（529年3月6日），父张欢□□[2]女苟汝，造观□□□[3]一区，因缘眷属□□忘者升天，赴□□□佛，忘息[4]含□，忘息永年。清信女佛弟子□□。

第二百九十三幅拓片（图679和图1536）

前卫州司功参军事裴沼，时年卅，三月二十八日，生发心造一区阿弥陀像，所有罪业、厄难消除，合家平安。

图679 龙门造像题记

图1536

---

[1] 《寰宇访碑录》卷二，第8页上，此书将像主的名字写为张教；《攈古录》卷六，第18页下；《艺风堂金石文字目》卷二，第10页上。

[2] 所缺之字应是"为亡"。

[3] 所缺之字应为"音菩萨"。

[4] 忘息的意思为"亡子"。

图682　龙门造像题记

图1537

图1538

图1539

图1540

第二百九十四幅拓片（图682和图1537）

清信佛弟子张罗汉，为七代父母，愿身平安，敬造地藏、观音士面菩萨各一躯，以斯功德，散沾法界众生，咸同此福。

第二百九十五幅拓片（图1538）

杨大娘，为夫茂怀义患，敬造。

第二百九十六幅拓片（未复制）

周兴利妻聂并男□□，敬造阿弥陀像三躯，愿合家大小及法界众生，咸钟斯福。

第二百九十七幅拓片（图1539）

佛弟子王欢欣，为亡父母造像一区。

第二百九十八幅拓片（图1540）

佛弟子王欢欣，为亡阿姑云朱，造世加一区。

第二百九十九幅拓片（图683和图1541）

蜀郡成都[1]县募人□□□，李子赟行至此，敬为亡父母，见在父母，兄弟、自身，愿早还相见，造观音像一躯，并及六道四生，同沾斯福。大业十一年四月廿五日（615年5月28日）。

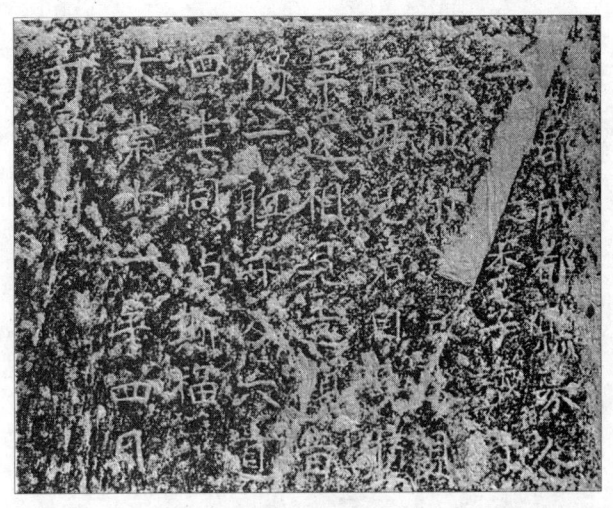

图 683　龙门造像题记

蜀郡成都縣募人
〇〇〇李子赟行
至此敬爲亡父母見
在母兄弟自身願
早還相見造觀音
像一躯并及六道
四生同沾斯福
大業十一年四月
廿五日

图 1541

---

[1] 今为四川省首府。

第十三节　Q号窟

图332　Q号窟：入口，北侧

图 333 Q 号窟：入口，南侧

图 334　Q 号窟：北壁（上部，靠近入口）

图335 Q号窟：北壁（上部）

图 336　Q 号窟：北壁（靠近后壁）

图 337 Q 号窟：后壁（1）

图338　Q号窟：后壁（2）

此石窟（图283，字母Q所标示处，参阅图332—图338）略高于路面，粗略地看，它呈球形，因此石窟里地面显得极不规整。石窟宽5.7米，进深6米，整座石窟里没有一尊高大的佛像，石壁上刻满了小佛龛，但小佛龛的布局也不规则，看来此石窟并不是由某个有脸面的供养人带头开凿的，石窟内的装饰也有很大差异，供养人好像仅是各自装饰自己那部分塑像。我们在石窟里所看到的题记不会远于唐代。

第三百幅拓片（图655和图1542）[1]

大唐永徽五年三月三日（654年3月26日），洛阳县登思孝、思信、思义、思端等，为母梁及亡父，过去见存眷属，敬造释迦石像一龛，即日成就铭曰。赫矣神仪，妙哉玄法，光济[2]恒沙，露沾尘劫，仰凭实相，勒石山隅，津通八水，[3]安步三车，[4]日往月来，雕章易囗，固兹泉石，[5]天长地久。

图655 龙门造像题记

图1542

---

[1] 《艺风堂金石文字目》卷三，第15页上。此题记可见图336，在图右上一大立佛的下方，位于距右边缘30毫米与上边缘75毫米的交会处。

[2] 我认为"济"字在此等同于"齐"字。

[3] 西安地区有八条河，即霸河、沪河、泾河、渭河、沣河、镐河、潦河及潏河。可参阅司马相如撰写的《上林赋》，但我不知此处的八水是否指这八条河。

[4] 三车是指羊车、鹿车和牛车。

[5] "泉石"一词常见于富有诗意的碑铭当中，用来描述山清水秀的景色。这里的意思似乎是：雕像很难长久保存下来，但把艺术品雕在高山的岩石上，会让它永世长存。

第三百零一幅拓片（图652和图1543）[1]

显庆二年九月廿五日（657年11月6日），孝子封曾客，稽首和南，十方三世，一切诸佛，但弟子罪逆深重，早丧所天，[2]攀慕无及，不能□，今于此龛一所，为亡父及七世父母，敬造释迦像一躯，并二菩萨，二圣僧，[3]伏愿过往先灵，身生净土，法相圆满，早见如来，越彼苦海，同胜彼岸。[4]

图652 龙门造像题记

图1543

---

[1] 《寰宇访碑录》卷三，第6页下；《攈古录》卷七，第13页上。这两部著作将像主解读为**封曾客**，我也采纳了这个名字；《艺风堂金石文字目》（卷三，第15页下）则将像主称作**刘曾客**。此题记可见图338，位于距右边缘45毫米与下边缘28毫米的交会处。它是为其右边一座佛龛所写的题记。

[2] 即我父亲。

[3] 即阿难佛和迦叶佛。

[4] 即涅槃。

第三百零二幅拓片（图635和图1544）[1]

大唐显庆四年岁次己未八月己卯[2]朔（659年8月23日），雍州鄠县人朝散郎、前行赵州象城[3]县丞、轻车都尉刘和义，为亡妣□氏，敬造像一铺，愿此功德，救七代先亡父母，诸眷属，并一切众生等，地狱苦厄。

图635 龙门造像题记   图1544

---

[1] 《攈古录》卷七，第15页下，此书将像主的名字解读为**刘宏义**；而《艺风堂金石文字目》（卷三，第16页上）则将像主解读为**刘弘寿**。此题记可见图338，在图正中的大佛龛下方，位于距下边缘47毫米与右边缘46毫米的交会处。

[2] 在拓片上这两个字看似是己卯，在抄录时，我们也将其写为己卯。但实际上，八月朔应该是乙巳日。

[3] 《艺风堂金石文字目》卷三，第16页上，此书将此写为**藁城**。

图 1545

图 1546

第三百零三幅拓片（图1545）

弟子王伻仁，妻郭安，敬造救苦观世音菩萨一龛，及□界众生等，愿□□。显庆四年（659）十□□□。

第三百零四幅拓片（图1546）[1]

弟子王伻仁，为亡父母，造阿弥陀像一区，供养佛时。

第三百零五幅拓片（图1547）[2]

清信女□，□阿弥陀像一龛，供养。显庆四年十一月。功得□。

图 1547

---

[1] 此题记可见图337，位于距左边缘47毫米与上边缘46毫米的交会处。

[2] 《艺风堂金石文字目》卷三，第16页下，此书将女像主的名字写为卢。

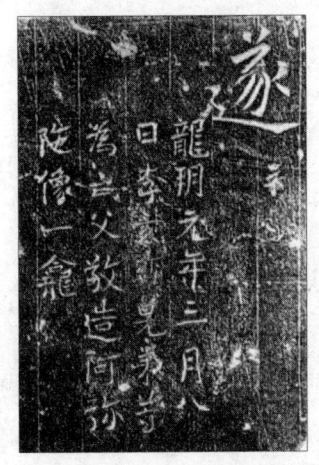

图653 龙门造像题记　　　　　图1548

第三百零六幅拓片（图653和图1548）[1]

在本题记的右上方，刻着一个很大的"遂"字，不知这个字在此有何用意。题记这样写道：龙朔元年三月八日（661年4月12日），李玄奕兄弟等，为亡父敬造阿弥陀像一龛。

第三百零七幅拓片（未复制）[2]

题记立于总章二年七月六日（669年8月7日），但漫漶极甚。像主名叫**孔士**，向十地三世佛顶礼膜拜，愿法界众生，同升彼岸。

第三百零八幅拓片（图636和图1549）[3]

□□□□创法，绳究仁义之涂。[4]庄叟[5]寓言，盛述玄虚之理，莫不专求身迹之□，未穷生灭之源，岂若大圣[6]立规，威神广运。愍火宅居之炎燎，[7]飞辔高骧，济苦海之波澜；杨舻直鹜，昏涂翔其慧炬；真际[8]阴以法云，作人天之福田，为群生之良药。自鹤林晦

---

[1]《寰宇访碑录》卷三，第8页下；《攈古录》卷七，第17页下；《艺风堂金石文字目》卷三，第17页上。

[2]《艺风堂金石文字目》卷三，第18页下。

[3]《攈古录》卷九（唐朝），第48页下。此题记可见图338左上，位于其所题大佛龛的左侧。

[4] 开篇两句话是典型的孔子弟子之论述。

[5] 庄子在此被看作是道教的代表人物。

[6] 此指佛陀，在题记作者看来，佛教要优于儒教和道教。

[7] 火宅是一个暗喻，系指人世间。不过**居**字在此为多余之字，多出这个字，与下一句对仗就不工整了。

[8] 我认为，**际**字应写为**滫**，即表示彼岸的意思。

627 | 第二章　龙门石窟

图 636　龙门造像题记

○○○○創法繩究仁義之塗莊叟寓言盛述玄虛之理莫不專求身跡之○未窮生滅之源豈若大聖立規威神廣運慜火宅居之炎燎飛轡高驤濟苦海之波瀾楊艫直翥昏塗翔其慧炬真際蔭以法雲作人天之福田爲羣生之良藥自鶴林晦影鷲嶺淪光攜玉臺以日麗範金容而月滿咸起歸依○慈競申虔仰之心希○○於卽虛冀無生於寂滅超出塵累其在茲乎○棣州陽信縣令元○○早喪所怙具尒孔懷旣而藤鼠邊催隙駒易度○○○屬上柱國春華曄而晝零天星爛而霄墜悲深析羽廣樹勝因以爲金石無虧有昧遂於伊闕敬作釋迦石像一龕卻背崇山還同雪○伊水卽類聲池似出龍宮如遊鹿苑脣開夏蕚將䕺而風生梵音楊而雷動沙曖橫波之睇靈相圓滿侍衛駢羅天灰擧而風生梵音楊而雷動沙塵可化妙色常存勒茲玄石庶傳不朽其詞曰狗鷲正覺皇矣能仁弘宣妙旨廣樹良因光飛慧日潤蔭慈雲舟濟庶類咸達上眞

影，鹫岭沧光，[1]构玉台[2]以日丽，范金容而月满，[3]咸起归依□慈，竞申处仰之心。[4]希□□于即虚，冀无生于寂灭；超出尘累，其在兹乎。[5]□棣州阳信[6]县令元□□，早丧所怙[7]具尔孔怀[8]，既而藤鼠遮催，[9]隙驹易度，[10]□□□属上柱国。[11]春华晔而画零，天星烂而宵坠；[12]悲深析羽[13]，广树胜因，[14]以为金石无亏，丹青有昧，遂于伊阙[15]，敬作释迦石像一龛，却背崇山，还同雪□[16]；□□伊水，即类声池，[17]似出龙宫，如游鹿

---

[1] 即指佛陀涅槃之后。

[2] 在我看来，玉台是指雕刻着佛像的平台，或者是指坐佛的台座。

[3] 这里的意思是，在佛陀涅槃之后，人们便造佛像，以怀念他。

[4] 也就是说，佛像促使人们信佛教，而且对佛陀抱着敬意。

[5] 难道不正是佛像让人得以解脱吗？

[6] 阳信今依然为县制，隶属山东省武定府。

[7] 即其父。参阅《诗经·小雅》："无父何怙"。

[8] 即其兄弟。参阅《诗经·小雅》："死丧之威兄弟孔怀"。

[9] **藤鼠**一词在此显得有些晦涩，不过好在我们在《佩文韵府》里找到了有关啮藤鼠的例句，在面对死亡威胁时，有人夺路而逃，想爬到树上躲起来，于是便抓住树藤往上爬，在爬的过程中，忽见一只老鼠正咬噬树藤。这个故事显然出自佛教经典传说（参阅拙作《汉文大藏经五百寓言故事集》第二卷，第83—84页及第四卷相关的注解）：有一人为避险，遂藤入井，见有黑白二鼠啮藤将断，黑白二鼠暗喻昼夜，而正是昼夜在吞噬人的性命。此题记在此意思是，人的生命很短暂。

[10] 《庄子》（参阅理雅各英译本《东方圣书》第四十卷，第65页）："人生天地之间，若白驹过隙，忽然而已。"大家知道，白驹暗喻尘埃，虽触摸不到，但却在一束阳光里飞舞，然后瞬间便消失了。此指人生苦短。

[11] 遗憾的是这里缺少了三个字，所以很难对此作出明确的解释。题记或许是想说，在命运的长河当中，像主与兄弟相隔甚远，因兄弟在上柱国身边任职；或者题记是想说，兄弟在履职期间不幸身亡。

[12] 这句话及前一句是表示，人世间的所有事物都是瞬间即逝。

[13] 我认为析字在此应为折。折羽、空巢都是暗喻，是指某人再也不会回到他以往生活的地方。像主的兄弟要么是永远离开这里，要么就是离世了。

[14] 即指造像之善举。

[15] 大家知道伊阙就是指龙门。

[16] 所缺之字应为山，而雪山是指印度北部的山。

[17] 这里也是指印度某地的模糊说法，但我也不知道究竟是指哪个地方。

苑。唇开夏果，将启振玉之音，目净秋□，已暧横波之睇；灵相圆满，侍卫骈罗，[1]天衣举而风生，梵音扬而雷动；沙尘可化，妙色常存，勒兹玄石，庶传不朽其词曰：

猗歟正觉，皇矣能仁，弘宣妙旨，广树良因，光飞慧日，润阴慈云，舟济庶类，咸达上真。

第三百零九幅拓片（图654和图1550）

本题记已残泐，从第三行文字起才能看出其要表达的意思：

迪国王母□□□为道王元庆，□□□□心中忧悴，□有定鄣，仰凭□□请□□护，蒙佛慈恩，内外平善，敬造弥勒像一躯，以报大圣，上资皇帝，下及含生，同出苦门，俱登正觉。

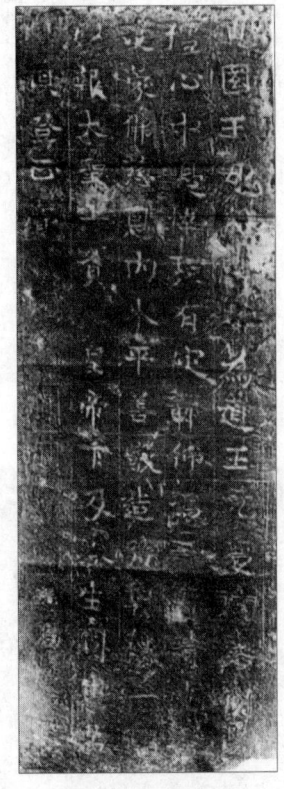

图654　龙门造像题记　　　　图1550

第三百一十幅拓片（未复制）

清信女王，为七世父母，见存眷属，敬造。

---

[1] 此指两弟子及两菩萨。

第十四节 S号窟

图 340 S号窟：南壁

图 341 S号窟：南壁（与图 340 相似）

图 342　S 号窟：北壁

图 343　S 号窟：南壁（佛龛顶部）

图 344　S 号窟：北壁（佛龛顶部）

图 345　S 号窟：图 342 左侧

图 346 S 号窟：图 340 及图 341 右侧

图 339　靠近路边的佛龛（全景图上字母 R 标示）

越过Q号窟之后，我们在路边（图283，字母R所标示处）看到一尊很美的交脚坐佛像，系北魏年间雕制的（图339），佛像左右两边各有一尊石狮子。两股雾气从佛像两边太阳穴处冒出来，弯弯曲曲地穿越其背后的光环。坐佛头戴一顶高冠，让人联想起云冈石窟的某些佛像（图265），两头狮子卧在他脚下。两位弟子立在他左右两侧。连同周边的装饰算在内，佛像总高度为2.7米，宽度为1.45米。

整座S号石窟为北魏时期的作品，窟内装饰极为和谐。从入口处直至佛像基座，石窟进深3.3米，佛教基座本身向外突出1米；石窟宽4.10米，高度至中央穹顶藻井为3.45米，藻井上镌刻着一朵盛开的莲花，周围有四个飞天仙女。石窟最里面的坐佛高2.4米，坐佛基座高0.6米。坐佛左右两侧各有一弟子和一菩萨（图345和图346）。南壁和北壁上各刻着一个大佛龛，两个隔空相对的佛龛造型也很相似（图341和图342）。[1]佛龛里刻着一尊菩萨坐像，菩萨的右脚从袈裟里露出来，袈裟的下摆形成一层层皱褶垂下来。菩萨两边各有一弟子和一天神，天神的外表看起来很凶恶。两座佛龛的外框装饰（图343和图344）好像完全一样。上部两个菱形装饰框里各有两个飞天仙女，她们面面相对，好像在托着一个花瓶，花瓶里开出一朵花来；在菱形装饰框的下方，另有一仙女双手合一，端坐在莲花台上。在菱形装饰框周围有四幅场景画面，左右各两幅画面，将来会有比我更在行的考古学家能对此作出详细的解释。

我们在后文将会看到，本石窟大概是北魏世宗帝在505年为母亲文昭皇后开凿的，但是石窟里保存下来的题记都是后来个太出名的供养人镌刻的。

第三百十一幅拓片（图1551）[2]

大魏正光四年岁次癸卯九月甲申朔九日（523年11月2日），比丘尼法照，仰为父母师僧，十方众生，敬造弥勒尊像□□。

图1551

---

[1] 图340只不过是与图341近似的第二张照片。

[2] 《攈古录》卷六，第15页下。此题记可见图345，位于距右边缘31毫米与下边缘77毫米的交会处；亦见于图342，其位置相切于左边缘，在距下边缘62毫米处。

第三百十二幅拓片（未复制）[1]

题记残泐极甚，为观世音造像记，立于正光四年（523年）。像主为**校尉王法□□妻田**。

第三百十三幅拓片（图631和图1552）[2]

正光四年九月十五日（523年10月9日），清信优婆夷李，为亡女杨氏王神英，敬造无量寿像一堪，愿亡者离苦得乐，普津法界。

第三百十四幅拓片（图1553）[3]

正光五年七月廿三日（524年9月6日），清信陈氏，住陵□，[4]为亡夫、自身，居眷大小，敬造观世音一躯。

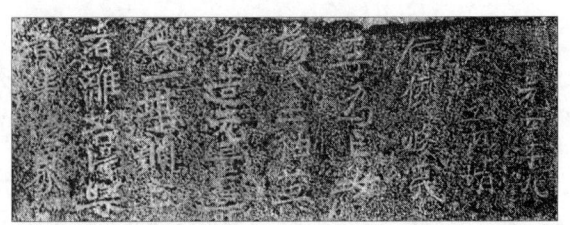

图 631　龙门造像题记

图 1552

图 1553

---

[1]　《寰宇访碑录》卷二，第6页下；《攈古录》卷六，第15页下。此题记可见图342，其位置相切于左边缘，在距上边缘30毫米处；亦见于图345，位于距下边缘108毫米与右边缘33毫米的交会处。

[2]　《寰宇访碑录》卷二，第6页下；《攈古录》卷六，第15页下。此题记可见图346，位于距下边缘4毫米与左边缘16毫米的交会处。

[3]　《寰宇访碑录》卷二，第7页上；《攈古录》卷六，第15页下。此题记可见图340，位于图右上小佛龛的下方。

[4]　《攈古录》将其解读为**陈氏任陵妻**。

第三百十五幅拓片（图1554）[1]

孝昌二年二月八日（526年3月6日），周天盖[2]为父母师僧，一切众生，敬造无量寿像一躯，愿□□□□，三有群□，同津法泽，普登正觉。

第三百十六幅拓片（未复制）

题记残泐极甚，仅能看出立于孝昌二年二月八日，敬造弥勒佛一躯。

第三百十七幅拓片（图1555）[3]

孝昌二年（526）五月[4]廿三日，丁辟邪，为自身夫妻，居眷大小，法界众生，敬造无量寿，供养。

图 1554

图 1555

---

[1] 《寰宇访碑录》卷二，第7页下；《攈古录》卷六，第16页下；《艺风堂金石文字目》卷二，第9页上。此题记可见图346，位于距下边缘117毫米与左边缘27毫米的交会处。

[2] 《攈古录》将其解读为**周天盖**；而《艺风堂金石文字目》则将其解读为**同夫盖**。

[3] 《寰宇访碑录》卷二，第7页下；《攈古录》卷六，第17页上；《艺风堂金石文字目》卷二，第9页下。此题记可见图346，位于距上边缘50毫米与左边缘32毫米的交会处。

[4] 《攈古录》及《艺风堂金石文字目》都将其解读为"五月"，我在译文里也采纳了这个写法，但在图1555里，我却将其抄写为了"三月"。

第三百十八幅拓片（图1556）[1]

孝昌二年四月廿三日（526年5月19日），比丘尼法起，[2]敬造观世音。

第三百十九幅拓片（图1557）[3]

孝昌二年四月廿三[4]日（526年5月19日），南□府主薛方育，仰为父母师僧，法界众生，敬造弥勒尊像一坯，愿此善普津，咸登正觉。

第三百二十幅拓片（图1558）[5]

孝昌二年四月廿三日（526年5月19日），紫□□尼，为亡女尼法晖，敬造弥勒尊像一坯，愿此善资，离□□业。

图1556

图1557

图1558

---

[1] 《攈古录》卷六，第16页下，此书将日期写为"□三"；《艺风堂金石文字目》卷二，第9页上，此书将日期写为廿三日，但是在图1556里，我则将日期抄写为"十二日"。在译文里，我采纳了廿三日，我认为这个日期最贴切。

[2] 在图1556里，我将其解读为"**法起**"，而《攈古录》及《艺风堂金石文字目》均将其解读为"**法超**"。

[3] 《攈古录》卷六，第16页下，此书将其解读为"**主簿**"，而不是**主薛**。

[4] 在图1557里，要把"七"字改为"三"。

[5] 《攈古录》卷六，第16页下；《艺风堂金石文字目》卷二，第9页上，此书将**紫**字后面之字解读为**田**。

第三百二十一幅拓片（图630和图1559）[1]

孝昌二年四月廿八日（526年5月24日），清信王，为亡夫宁远将军，□□□□洛□□父母师僧，法界众生，敬造弥勒尊像一坯，愿同津□□。

第三百二十二幅拓片（图627和图1560）[2]

孝昌二年五月[3]十五日（526年6月10日），清信女会，[4]为亡女比丘尼法明，一切含识，敬造观世音像一躯，愿登□极，永与苦别。

图630　龙门造像题记

图1559

图627　龙门造像题记

图1560

---

[1]　《攈古录》卷六，第16页下；《艺风堂金石文字目》卷二，第9页上。（作者在此将日期标为526年5月19日，但在农历纪年上，此题记比前三则题记晚五天，故更改为5月24日。——译者注）

[2]　《寰宇访碑录》卷二，第7页下；《攈古录》卷六，第17页上；《艺风堂金石文字目》卷二，第9页上。此题记可见图346，位于距下边缘50毫米与左边缘20毫米的交会处；亦见于图341，其位置相切于右边缘，在距下边缘66毫米处。

[3]　《艺风堂金石文字目》将其解读为"二月"。

[4]　《攈古录》和《寰宇访碑录》将其解读为"**清信愿会**"，但愿字在此很难理解。

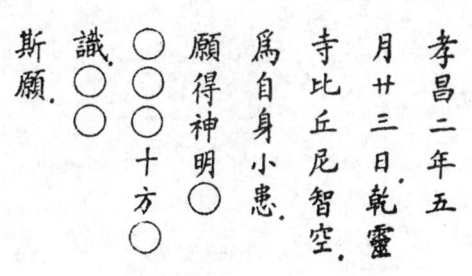

图1561

第三百二十三幅拓片（图1561）[1]

孝昌二年五月廿三日（526年6月18日），乾灵寺比丘尼智空，为自身小患，愿得神明□□□□十方□识，□□斯愿。

第三百二十四幅拓片（图626和图1562）[2]

孝昌二年五月廿九日（526年6月24日），傅□□，为自身夫妻，敬造观世音，愿恒与善居。

图626　龙门造像题记

图1562

---

[1]　《寰宇访碑录》卷二，第7页下；《攈古录》卷六，第16页下；《艺风堂金石文字目》卷二，第9页上。

[2]　《攈古录》卷六，第17页上；《寰宇访碑录》卷二，第3页下；《艺风堂金石文字目》卷二，第9页下。

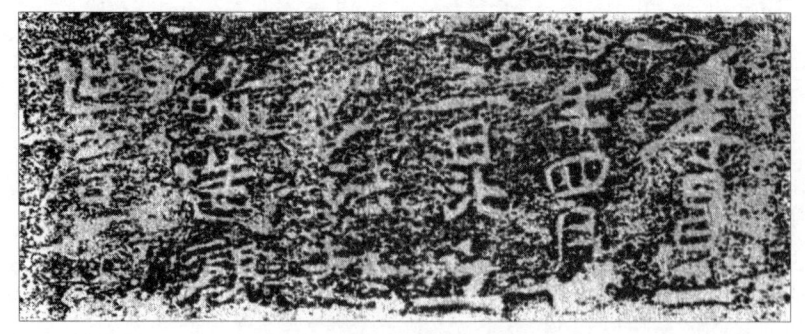

图 628　龙门造像题记

第三百二十五幅拓片（图1563）[1]

孝昌二年五月[2]八日（526年6月3日），左藏[3]令荣九州，仰为父母眷属，现世安□，自身康休，罪恶消灭，□□日升，吉庆□集，十方众生，皆□□□。

图 1563

第三百二十六幅拓片（图1564）[4]

孝昌三年八月廿三（526年6月18日），比丘尼法璨，仰为师僧父母，同□，因缘眷，十方众生，敬造释迦像，愿普津法泽。

---

[1]　《寰宇访碑录》卷二，第7页下；《攈古录》卷六，第16页下；《艺风堂金石文字目》卷二，第9页上。

[2]　这是《攈古录》和《艺风堂金石文字目》所解读的日期。

[3]　左藏县并未收入李兆洛编纂的《历代地理韵编》里。（作者在此没有完全理解左藏令的含义，以为左藏令是左藏县令的意思。——译者注）

[4]　《攈古录》卷六，第17页上，此书将日期解读为"二年五月廿三日"；《艺风堂金石文字目》卷二，第9页下，而此书则把日期解读为"二年八月廿三日"，我采纳了后一种解读法，但在图1564里，我将其抄写为"三年"。

図1564

図1565

第三百二十七幅拓片（图1565）[1]

法藏为父母、兄弟、姊妹，又为□□，敬造弥陀像一龛。乾封二年四月十五日（667年5月13日）。

---

[1] 《攈古录》卷七，第21页下。在图1565里，我在年号乾字后面留了一个空。在S窟里，这是唯一一个北魏朝代以外的题记。

第十五节　T 号窟

图 347　T 号窟：入口

图 348　T 号窟：北壁

图 349 T 号窟：后壁佛像

接下来就是T号窟（图283，字母T所标示处，参阅图347），这座石窟入口处在岩石上雕刻了一顶屋檐，屋檐正中刻着一只金翅鸟，屋檐两端还雕出翘起的挑角。这样的布局我们在K号窟的上方也见到过（图313）。在屋檐上方及石窟入口处周围，供养人镌刻了许多小佛像和小佛龛。在入口的右侧（图347），能看到一则大幅题记的遗迹，但题记如今已完全残泐。

石窟宽4.5米，进深3.5米。石窟最里面有一尊坐佛（图349），高约1.1米，佛像的基座高2米，但基座的装饰图案已很难看清楚，尤其是基座下面部分都被后来添加的佛龛给占满了。不过，我们还是能辨别出两头蹲立的狮子，狮子中间有一香炉，这显然是原始装饰图案的组成部分。坐佛左右两侧各有一菩萨和一弟子，菩萨站在莲花上，体型较高；相比之下，弟子要矮小很多。在图348的右侧，[1]我们可以看到佛像左侧的菩萨和弟子。这里与大家往往所看到的不同点是，紧挨着佛像的是菩萨，而不是弟子，云冈石窟里也这样的布局。

我们在此石窟里所能辨认出的题记如下：

第三百二十八幅拓片（图1566）[2]

本题记开篇已残泐，仅从第五行起才能看出**灭双树**三字，这是暗喻佛陀已在娑罗树下进入涅槃，而在下一行，仅能看出**唯留像**三字，此是告诉大家，在佛陀涅槃之后，人们仅保留他的影像，从第七行开始，题记变得清晰起来，供养人是这样表述的：

比丘惠相□□□御，普慧□道俗卅人，率己单诚，造像供养，借此微因，资益七世父母，一切众生，共登正觉。天平四年八月十九□□（537年9月9日）。[3]

图1566

---

[1] 图348展现的是石窟南壁，而非石窟北壁，图版说明文字写错了。

[2] 《艺风堂金石文字目》卷二，第24页上。

[3] 此处标写的日期为东魏的年号，而下一题记立于510年，采用了西魏的年号。

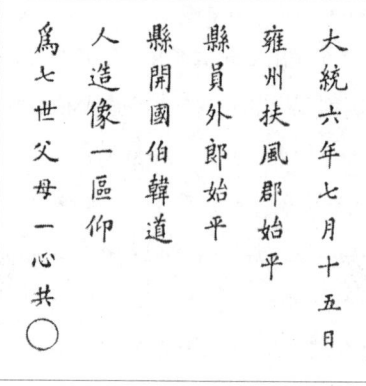

图 1567

第三百二十九幅拓片（图1567）[1]

大统六年七月十五日（540年9月1日），雍州扶风郡始平[2]县员外郎、始平县开国伯韩道人，造像一区，仰为七世父母，一心共□。

第三百三十幅拓片（图632和图1568）[3]

洛州[4]灵岩寺沙门璨敬造石像一堪。

图 632　龙门造像题记

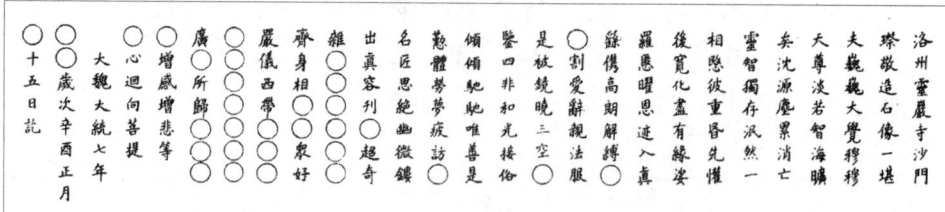

图 1568

---

[1]《寰宇访碑录》卷二，第9页上；《攈古录》卷六，第20页上；《艺风堂金石文字目》卷二，第15页上。此题记可见图348，位于距下边缘22毫米与右边缘20毫米的交会处。

[2] 始平县系今兴平县，隶属于陕西省西安府。

[3]《寰宇访碑录》卷二，第9页下；《攈古录》卷六，第20页上；《艺风堂金石文字目》卷二，第15页上。

[4] 即河南府。

华北考古记·第三卷·石窟卷 | 650

夫巍巍大觉，穆穆天尊，淡若智海，旷矣沈[1]源。尘累消亡，灵智独存，泯然一相，[2]愍彼重昏。先欢后宽，化尽有缘，[3]娑罗愿曜，[4]恩迹入真。[5]緜偻高朗，解缚□□。割爱辞亲，法服是被。镜晓三空，[6]□鉴四非。[7]和光接俗，倾倾弛弛。唯善是勤，体劳梦疲。访□名匠，[8]思绝幽微。镂出真容，刊□超奇。杂□□□，□□□齐。身相□□，众好严仪。西带□□，□□□□，□心熙怡，广□所归，□□□□。增感增悲，等□□心。回向菩提。

大魏大统七年□□岁次辛酉正月□十五日（541年2月25日）讫。

第三百三十一幅拓片（图629和图1569）[9]

傅法师石龛弥勒像记

图629　龙门造像题记

---

[1] 我不确定"**沈**"字在此是否准确，因为这个字与前一句话的"**智**"字对仗不工整。

[2] 当所有特殊征象都消失之后，仅有**一相**保存下来，这一相就是**一真**。

[3] 在我看来，佛陀涅槃时也为自己毁掉了良因。

[4] 即佛陀在娑罗树间进入涅槃。

[5] 佛陀在有形世界消失之后，则进入本真之道。

[6] 三空是指我空、法空、俱空。

[7] 我在相关的字典里没有查到有关"**四非**"的解释，也许可以将其解释为"**非有非无非想非无想**"。这一解释与三空的解释还是相吻合的。

[8] 为了雕刻佛像。

[9] 虽然此题记没有留下镌刻的年代，但从古文字学角度看，它应写于北魏时代。题记可见图348，位于距下边缘30毫米与左边缘67毫米及右边缘56毫米的交会处。题记是为图348左半边的大佛龛撰写的。佛龛当中有一呈欧式坐姿的佛像，两边各有一尊站立的菩萨像，在图348上，仅能看到坐佛和一尊菩萨像。

图 1569

盖闻法性希微，[1] 理超言像，[2] 慈悲[3] 示现，事极庄严。所以调御人天，汲引氓庶，眷言弘益，患难具绝。净土寺主傅法师，道性凝远，冲现[4]□□，戒行冰洁，慧训川流。敬诣兹山，式图灵妙，造弥勒像并二菩萨。[5] 相好□晖，似初成于道树；[6] 夹侍[7] 齐□，若始会于华林。[8] 斯乃即石□坚固之身，[9] 因□留常住□□。法师先造弥陀，又镌弥□。□宫乐国，咸启净心，寿佛□□，□瞻妙。而身无两□，□□一缘，合集称量，回归□□。□遵愿旨，无或□焉。稽□□□，乃为颂曰：[10]

---

[1] 有关"希"和"微"字的概念，可参阅《道德经》第十四章。

[2] 也就是说佛的伦理既不能用言语表述，也不能用图画来阐述。

[3] "慈悲"就是指佛，无论是哪一个佛。后文在记叙大佛时，则用"大慈大悲"一词，这个词通常是指卢舍那佛。

[4] "现"字的解读不一定准确，因为用此字表达的意思并不令人满意，要找到与前一句"性"字对仗工整的字。

[5] 这句话显然是指图348左侧的那尊大坐佛，坐佛双腿自然下垂，双脚落地。这尊坐佛身旁确实只有两尊菩萨像，而没有弟子像。

[6] 在这尊佛像上能清楚地看到佛所特有的三十二相、八十随形好，当释迦牟尼在菩提树下顿悟时，他身上就显现出三十二相和八十随形好。

[7] 两尊菩萨像一左一右侍卫着佛陀。

[8] 《弥勒下生经》这样写道："弥勒菩萨，即于出家之日，便得成佛，坐于龙华树下花林园中，三会说法。"

[9] 从这一段落起，后文缺字较多，解读有可能不准确。

[10] 后面的颂文不再抄录，况且颂文残泐极甚。

第三百三十二幅拓片（未复制）[1]

本题记作成一个小石碑状，但文字已残泐，这是一则弥陀佛造像记，立于永徽五年五月（654年6月24日）。

第三百三十三幅拓片（图1570）[2]

龙朔元年九月廿三日，佛弟子张婆供养佛时。

第三百三十四幅拓片（未复制）

题记残泐极甚，立于龙朔年间（661—663年）。

第三百三十五幅拓片（图1571）[3]

弟子张庆荪，为所生父母，造地藏菩萨一区，合家供养。

第三百三十六幅拓片（图1572）[4]

佛弟子吴善胤，敬造阿弥陀像一龛。

图 1570

图 1571

图 1572

---

[1] 《攈古录》卷七，第11页下。

[2] 《寰宇访碑录》卷三，第8页下；《攈古录》卷七，第17页下；《艺风堂金石文字目》卷三，第17页上。

[3] 《攈古录》卷九（唐朝），第50页下，像主的名字写为张庆宗。

[4] 《攈古录》卷九（唐朝），第50页下。

第三百三十七幅拓片（图1573）[1]

沈舍裕为父母，合家大小，一切法介君生，[2]怖同善平安，[3]供养。

第三百三十八幅拓片（图1574）

石行果妻王，为男四儿身患今得除预，愿造救苦观音一区。

第三百三十九幅拓片（图1575）[4]

□二娘为弟正行，造药师佛供养。

图 1573

图 1574

图 1575

---

[1] 《攈古录》卷九（唐朝），第51页上，像主的名字写为沈舍**洛**。

[2] "君"字应写为**群**。

[3] "怖"字应写为**普**。

[4] 《攈古录》卷九（唐朝），第51页上。

第十六节　大佛（U号窟）

图 351　大佛（全景图 283 上字母 U 标示）

图 352　大佛左侧的弟子和菩萨

图 353　两尊天王像（与图 352 衔接）

图 354　刻在石壁上的佛龛（与图 353 衔接）

图 355　大佛右侧的弟子和菩萨

图 356　两尊天王像（与图 355 衔接）

图 357　刻在石壁上的佛龛（与图 356 衔接）

现在我们来到一处平坦的望台[1]前，望台上兀然矗立着一尊大佛，这是龙门最大的一组佛像（图283，字母U所标示处，参阅图957及图351—图356）。大佛端坐在巨大的基座上，居于这组雕像正中位置，基座宽10米，朝外呈五面体状，每一面棱角处都雕制一尊战神像柱，在两战神之间，即在基座每一面的正中位置上刻着一尊小坐佛。这个布局仅能在北面和东北面隐约看得到（图351右下，能看到一尊战神，其左边有一小坐佛）。龙门大佛的坐姿与云冈石窟大佛的坐姿完全一样（图259—图261），即结跏趺坐，坐佛将两只小臂放在双腿上，不过云冈石窟的大佛身着偏袒右肩式袈裟，而龙门石窟的大佛则身披通肩式袈裟。这两尊大佛的耳朵都大得出奇，而且头顶上都有隆起的肉髻。龙门石窟大佛背后的光环划分为三个环：在第二环里，有七尊小坐佛，每尊小坐佛左右两边各有一站立的侍从。这一组合还出现在最外圈光环的顶端，外圈光环里刻着一束束火焰纹。坐佛背后的身光也划分为两个区域：一个区域里是火焰纹；另一区域里是飞天像。坐佛左右两侧各有一弟子和一菩萨（图352和图355），弟子和菩萨呈立姿，但身材比较矮小，最后还有两天王（图353和图356）。在这九尊大雕像之间有许多小佛龛，这些佛龛看起来倒像是后添加的，不像是最初的原始设计。岩壁上的方洞也是后来开凿的，打方洞也许是为了嵌入梁枋，以支撑在雕像头顶上设置的华盖，在石窟建成初期，岩壁上应有一屋檐状的东西，以保护雕像免遭恶劣天气的影响，但这个屋檐后来坍塌了。

在大佛的基座上，我们看到一则题记，题记是从左向右书写的，它把有关造佛的准确详细信息告诉给后人。

---

[1] 虽然此地如今已成为露天场所，但《艺风堂金石文字目》还是将其称为"**九龛洞**"。九龛是指这一组雕像的九个人物，即一佛、二弟子、二菩萨和四天神。

第三百四十幅拓片（图1576）[1]

开元十年十二月十二日史樊宗牒

牒牒至准状故牒

牒被符奉

勅旨如右请录白入司施行牒举者牒寺准状者今以状

河南县 牒奉先寺

　　　牒　勅旨龙花寺宜合作奉先寺　开元十年十二月五日　尉员押

百卌尺耳

毕正教东流七百馀载龛功德唯此为最纵广今十有二丈矣上下今

皇图兹丽质相好希有鸿愿无匹大慈大悲如月如日瞻容垢尽祈诚愿

物俯述同人有感即现无非乃亲愚迷永隔唯凭信因寔赖我

绵邈芳纪其传勒之颂铭庶胎永劫云尒　佛非有上去界属身垂形化

日大帝书额前后别度僧一十六人并戒行精勤住持属务恐年代

备者二七人阙即续填创基住持轼法英律而为上首至二年正月十五

年己卯八月十五日奉　勅於大像南置大奉先寺简召高僧行解兼

匠李君瓒成仁威姚师积等大使司农寺卿韦机副使

海寺主惠暕法师大奉先寺

皇后武氏助脂粉钱二万贯奉　勅检校僧西京实际寺善道禅师法

迦叶阿难金刚神王各高五十尺粤以咸亨三年壬申之岁四月一日

大唐高宗天皇大帝之所建也佛身通光座高八十五尺二菩萨七十尺

河洛上都龙门之阳

太卢舍那像龛记

[1] 此题记并没有注明时间，但却抄录了皇帝于723年初书写的敕旨，因此题记有可能也是那一年镌刻的。实际上，此题记是提醒大家，为大佛所特设的寺庙从此命名为**奉先**寺。题记追述了大佛和奉先寺的建造史，并说明大佛及其弟子雕像是在高宗天皇当政时期，即在672年3月3日至675年3月31日间雕制的，高宗的妻子、著名的武皇后还为建造大佛捐出脂粉钱，武皇后后来以专制手段摄政多年。题记后文则讲述了在679年9月25日，皇帝敕旨建立奉先寺，以监管前来朝奉大佛的信男信女，并为寺庙特意指派十四位僧人。680年2月20日，皇帝还亲自为寺庙书写了匾额。723年1月16日，皇帝颁布敕旨将此寺原名龙华寺更改为奉先寺，在收到敕旨一周之后，即在723年1月23日，河南县令特将此敕旨函告给僧人，题记以县令的函告来结尾。

《金石萃编》（卷七十三，第7页）准确地抄录了这则题记。有关大佛的描述，还可以参阅《中州金石记》，卷二，第19页；《金石录补》卷十三，第2页；《平津读碑记》卷五，第18—19页；《寰宇访碑录》卷三，第27页下；《攈古录》卷八，第7页上；《艺风堂金石文字目》卷五，第9页上。

河洛上都[1]龙门之阳大卢舍那像龛记

　　大唐高宗天皇大帝之所建也。佛身通光座高八十五尺，二菩萨七十尺。迦叶、阿难、金刚、神王[2]各高五十尺。粤以咸亨[3]三年壬申之岁四月一日（672年5月3日），皇后武氏[4]助脂粉钱[5]二万贯，奉敕检校僧西京实际寺善道禅师、法海寺主惠睐法师、大使司农寺卿韦机、副使东面监上柱国樊玄则、支料匠李君瓒、成仁威、姚师积等，至上元二年乙亥十二月卅日（675年3月31日）毕功。调露元年己卯八月十五日（679年9月25日），奉敕于大像南置大奉先寺[6]，简召高僧行解兼备者二七人，阙即续填，创基住持，范法英律，而为上首。至二年正月十五日（680年2月20日），大帝书额，[7]前后别度僧一十六人。并戒行精勤，住持为务。恐年代绵邈，芳纪莫传，勒之颂铭，庶贻永劫云尔。

　　佛非有上，法界为身。垂形化物，俯迹同人。有感即现，无罪乃亲。愚迷永隔，唯凭信因。

　　实赖我皇，图兹丽质。相好希有，鸿颜无匹。大慈大悲，如月如日。瞻容垢尽，祈诚愿毕。[8]正教东流，七百余载。□龛功德，唯此为最。纵广今十有二丈矣，上下今百卅尺耳。

　　牒敕旨龙花寺宜合作奉先寺，开元十年十二月五日（723年1月16日）。

　　河南县，牒奉先寺。

　　牒被符奉敕旨，如右请录白入司，施行牒举者，牒寺准状者，今以状牒牒至准状，故牒。

---

[1] **河洛上都**，这个词就是指洛阳城，洛阳城恰好位于黄河与洛河之间。在此标题上方，能看到几个字，这几个字显然是后来添加的，因为字迹把下边缘给压住了。这几个字是这样写的：" **颍昌舞水沈隐道镌政和六年四一日到此上石**"。我们注意到涂鸦者在此漏掉了"**月**"字，此外《宋书》（卷八十五，第9页）告诉我们颍昌府下辖舞阳县，这位涂鸦者很有可能错把**阳**字写成了**水**。不管怎么说，这几个字与题记本身没有任何关联。

[2] **金刚、神王**。这几个字就是指图353和图356里的那四尊天神雕像，这也恰好证明，中国人一直记得四大天王就是护法神金刚手菩萨分身变来的。

[3] **亨**字在此写为**享**。这一特殊写法也出现在咸亨二年的张阿难题记上（《金石萃编》卷五十八，第2页下）。在汉代时，**亨**和**享**常常互为借用，因此到了唐代，依然有人认为这两个字是可以互为借用的（参阅叶昌炽《语石》卷一，第10页）。

[4] 翟理斯：《古今姓氏族谱》，第2331条。

[5] 王昶在就此题记所作的注解当中引用了另一文，称**杨贵妃**有三个姐姐，皇帝封她们为**国夫人**，并**皆月给钱十万为脂粉之资**。此题记则表明，所谓脂粉钱在武皇后时代就有了。

[6] 此寺最初有可能名叫龙华寺，只是在723年，才更名为奉先寺。可见题记后文河南县令的文牒。

[7] 皇帝亲笔题写的匾额有可能仅写寺的名字，即**龙华寺**。

[8] 向大佛祈**愿**时，所有的愿望都能实现。

开元十年十二月十二日（723年1月23日）史樊宗牒。

尉员押。

第三百四十一幅拓片（图634和图1577）[1]

（此题记写于宋代，也刻在大佛的基座上，系从左至右书写）

西京龙门山大像龛题名，三班借职监伊河竹木务，兼本镇烟火修整石佛石道，[2]公事丁裕□弟[3]祜并仲子观东、乡友功吏颜翰、安定胡汎同至此。大宋天圣四年丙寅三月二十六日（1026年4月16日）裕书镌字李迈。

在望台一侧（图354），我们还看到另外三则题记，其中两则幅面较大，但字迹已漫漶难辨，无法在此给出准确的译文。

图 634　龙门造像题记　　　　　　　　　图 1577

第三百四十二幅拓片（未复制）

此题记可见图354，位于左边缘15毫米与下边缘35毫米的交会处。这是为虢国公造像而撰写的题记，题记立于开元某年（713—742）四月廿三日。《授堂金石跋》的编者认为，这位虢国公正是**杨思勖**（《唐书》卷一百七，第1页）。这位宦官率军平定安南叛乱，为此题记将他比作著名的马援将军。开元十三年（725年），唐玄宗亲登泰山封禅祭拜，也就是在这个时候，杨思勖被封为虢国公。因此，此题记应是在725年之后撰写的，但又是在740年之前镌刻的，因杨思勖是在这一年去世的。题记有可能是在730年镌刻的（参阅第344拓片）。虽然题记文字大部分已残泐，但《金石萃编》（卷七十五，第1页）还是

---

[1] 参阅《金石萃编》卷十四，第2页下；《攈古录》卷十一，第28页下，此书将日期写为"二十一日"；《艺风堂金石文字目》卷五，第9页上。后文（第三百七十一幅拓片）还有另一题记，刻于1026年3月23日，也是出自丁裕的手笔。

[2] 丁裕有可能是在伊河左岸负责修整石佛石道的主事，那一地区的行政中心为龙门镇。

[3] 弟字前面的字辨认不出来。

对漫漶难辨的文字作了解读。参阅《中州金石记》（卷二，第36页下）；《寰宇访碑录》卷三，第35页上；《艺风堂金石文字目》卷五，第9页上。

第三百四十三幅拓片（未复制）

此题记篇幅很大，刻在前一题记的上方，在图354左侧，距左边缘20毫米与下边缘48毫米的交会处，能清楚地看到这块长方形的石碑题记。题记由著名文学家**张九龄**（678—740）撰写，颂扬了牛氏家族的一位成员，并追述了牛氏家族的历史。参阅《金石萃编》卷八十一，第3页下；《中州金石记》卷二，第36页下；《寰宇访碑录》卷三，第35页上；《艺风堂金石文字目》卷五，第9页上。

第三百四十四幅拓片（未复制）

此题记篇幅很长，在图354右下能看到这尊大石碑。石碑上方配雕龙装饰，以三行大字书写：**大唐内侍省功德之碑**。这些内侍省的官员亲自到龙门来，为皇帝敬造无量寿佛一铺。碑文记载了供养者名单，在名单上排在前两位的是**高力士**和杨思勖（见第三百四十二幅拓片）。石碑似乎立于开元十八年（730）。碑文由皇帝撰写，以草书体文字刻在石碑上。参阅《金石萃编》卷八十四，第13—14页下；《中州金石记》卷二，第16—17页；《寰宇访碑录》卷三，第26页上和第35页下；《艺风堂金石文字目》卷八，第18页下。

望台南侧应该就是奉先寺所在地，奉先寺建于679年，第三百四十幅拓片已明确指明这一点。奉先寺很有可能就是紧靠岩壁搭建的，在图357上能看到许多方孔，寺顶屋檐的梁枋就嵌入这些方孔里。此外，另有一对称的建筑物很可能紧靠北壁而建，图354上那些相似的方孔让人作出这样的判断。杜甫（712—770）曾写过一首诗，题为《游龙门奉先寺》，诗文描述了他在大佛前望台上度过的夜晚：

　　已从招提游，
　　更宿招提境。
　　阴壑生虚籁，
　　月林散清影。
　　天阙[1]象纬逼，
　　云卧衣裳冷。
　　欲觉闻晨钟，[2]
　　令人发深省。[3]

---

［1］ 伊水两侧的山峰就像两座石阙。

［2］ 僧人天亮时要敲钟。

［3］ 此诗被收录到《图书集成·山川典》当中，见该书第五十二部，第二卷，第1—2页。

在图357左侧，能看到一石窟的入口，这座石窟似乎开凿在奉先寺之外。石窟入口岩壁上镌刻着两尊天神像（图358和图359）。从雕像的表现手法来看，日本奈良时代（710—794年）的艺术与唐代艺术有着非常密切的联系。

图358　石窟入口处的两尊天王像，亦见于图357

图359　石窟入口处的两尊天王像，亦见于图357

第十七节　Ⅴ号窟

图 350　Ⅴ号窟：后壁佛像

图 360　V 号窟：入口

图 361　Ⅴ号窟：南壁（下部）

图 362　Ⅴ号窟：南壁（上部）

图 363　Ⅴ号窟：北壁

图 364　靠近路边的佛龛

和大部分其他石窟相比，V号窟（图283）入口处的装饰显得更丰富。石窟的洞口刻着一根根小圆柱，洞口两边各有一尊天神像，天神面目狰狞，显得十分恐怖；天神像上方各有一飞天，她们正从天上飞下来。两飞天之间有一题记，但题记已彻底漫漶，否则它也许会告诉我们石窟的开凿时间。石窟高4米，宽3.5米，进深4.5米，入口门洞进深0.7米。石窟最里面有一坐佛（图350），坐佛基座前有两头狮子。二弟子和二菩萨分立在坐佛左右两侧。南壁主佛龛（图361）里有两尊佛像，大概是多宝佛和释迦牟尼；北壁主佛龛（图363）里仅有一尊佛像。石窟内的主要装饰呈明显的北魏时代风格，石窟内的题记也证实了这一点，因为至少有三块石碑题记立于北魏朝代。

第三百四十五幅拓片（未复制）[1]

题记立于永安三年二月十三日（530年3月27日）。**清水县开国公、西面大都督李长寿妻陈晕，造释迦像一堪。**

第三百四十六幅拓片（图637和图1578）[2]

大魏[3]晋泰[4]二年四月廿四日（532年6月12日），清信士[5]路僧妙，为亡夫造释迦像一区，愿令亡夫舍秽从真，神超荫[6]海，面奉慈颜；愿见在眷属，福临善集，合门师昙辨比丘僧为亡考□□造。

图637　龙门造像题记

---

[1] 《寰宇访碑录》卷二，第8页上；《攗古录》卷六，第18页上；《艺风堂金石文字目》卷二，第10页上。

[2] 《寰宇访碑录》卷二，第8页上；《攗古录》卷六，第19页上。

[3] 查阅《魏书》之后，我们得知，531年4月1日，皇帝颁布敕令，**以魏为大魏改建明二年为普泰元年**。因题记立于普泰二年，魏字前加一个大字是正确的。

[4] 在图1578里，**普泰**被错写成**晋泰**。

[5] 题记这里写得不是很清楚，既然是为亡夫造像，那么就应有妻或婆字，也许镌刻人漏掉了这个字。此外，题记结尾又表明，像主是僧人，又是亡者的儿子。

[6] 我认为**荫**字应写为**阴**。

大魏普泰二
年四月廿四
日清信士略
僧妙爲亡夫
造釋迦爲像一
區願令亡夫
捨穢從眞神
超蔭海面奉
慈顏願見在
眷屬福臨善
集舍門師曇
辨比丘僧爲
亡考○○造

图1578

第三百四十七幅拓片（图650和图1579）[1]

唯大魏永熙三年五月十日（534年6月6日），清信女孙姬为亡息，敬造释加像一区。

图650　龙门造像题记

唯大魏
永熙三年五
月十日清信
女孫姬爲
亡息敬造
釋加像一
區

图1579

第三百四十八幅拓片（未复制）

题记残泐极甚，仅能看出天保四年（553年）……

---

[1]　《寰宇访碑录》卷二，第8页下；《攈古录》卷六，第19页上；《艺风堂金石文字目》卷二，第10页下。

第三百四十九至第三百五十一幅拓片（图647—图649；图1580）[1]

这几则题记镌刻在门洞处，除了造像记（图647右上和图1580）之外，还有治疾药方，下面是造像记的原文：[2]

夫金躯西奄，仪像东流，[3]宝相既沈，□□□化。自非倾珍建像，焉可炽彼遗光？若不勤栽药树，无以疗兹聋瞽。[4]然今都邑师道兴，乃抽簪[5]少稔，早诣缋门，[6]八相[7]俱闲，五家[8]具晓。爰有合邑人等，并是齐国芳兰，乡中昆璧，[9]同契孔怀，[10]和如骨血，[11]人抽妙□，敬造释迦石像一躯，并二菩萨。□僧侍立，事广难名，天花杂状，寻形叵遍。欲使崇真之士，指瞩[12]归依，慕法之徒，从兹悟解。以此微诚，资益邑人，师僧父母，七世归真，现存获福，皇祚永延，含生普润，共越死河，同升彼岸。[13]大齐武平六年岁次乙未六月甲申日（575年6月24日），功讫。

---

[1] 《金石萃编》（卷三十五，第3—6页）对这些题记作了解读。参阅《中州金石记》卷一，第24页上；《金石文字记》卷二，第15页，但此文仅泛泛地介绍龙门石窟；《金石续编》卷二，结尾部分；《平津读碑记》卷三，第11页下；《艺风堂金石文字目》卷二，第29页下。

[2] 在收录此题记时，《金石萃编》为题记写了一个标题："都邑师道兴造像记并治疾方"，但我在石碑上并未发现标题的痕迹。这个标题应该说是准确的，或许是哪一位金石学家给它起的。

[3] 佛陀在印度涅槃之后，佛教却在远东地区流传开来。

[4] 题记作者在此注明造像的双重目的：建造佛像，宣扬佛教，以拯救人们的灵魂；将药方刻在石碑上，以治愈人们的疾病。

[5] 在论及《爨宝子碑》时（见《皇家亚洲学会会刊》1911年1月刊，第86—88页），我曾和其他人探讨过**抽簪**一词所表示的时值，我认为这个词表示"20岁之前"。

[6] 不过我并未在有关文献中找到缋门一词的含义，从题记本身来看，这个词似乎是指物理学，并解释了道兴是如何获得医学知识的。

[7] 对**八相**的法译文不一定很准确。

[8] **五家**是指五行学说（参阅对《后汉书》评注，卷六十七，第2页：五家即五行之家）。

[9] 这里也许是两个文学典故，但我找不到其出处。

[10] 《诗经·小雅》：**兄弟孔怀**。

[11] 他们和睦相处，就像有血缘关系的一家人。

[12] 即指短暂的瞬间。

[13] 在此题记最后一句话的下方，有一"文"字，我认为这个字在此没有任何意思。

图 647　龙门造像题记

图 648　龙门造像题记

图 649　龙门造像题记

夫金軀西奄儀像東流寶相既沈○○○化
自非傾珎建像焉可燼彼遺光若不勤栽藥
樹無以療茲聾瞽然今都邑師道與乃抽簪
少稔早託績門八相俱開五家具曉爰有合
邑人等並是齊國芳蘭鄉中崐璧同契孔懷
和如骨血人抽妙○故造釋迦石像一軀并
二菩薩○僧侍立事廣難名天花雜狀尋形
巨遍欲使崇眞之士指矚歸依慕法之徒從
茲悟解以此微誠資益邑人師僧父母七世
歸眞現存獲福○　皇祚永延含生普潤共越
死河同昇彼岸　　　　　　　　　　　　文
大齊武平六年歲次乙未六月甲申日功訖

图 1580

在题记的下面，镌刻着一个个药方。我在此只将部分药方译出，以便让读者能对中医药方有一个初步的认识，不过要想对其作深入的研究，必须由这方面的行家来做，因为他们在了解中医药典方面比我更在行。因此我认为没有必要对药方作详细的解释，因为我既不能准确地诊断疾病，也不能验明药方是否有效，在此我将石碑上的部分药方抄录下来，仅作为范例介绍给大家，药方较完整的文字被收录在《金石萃编》(卷三十五，第3—5页)里。

王昶在《金石萃编》(卷三十五，第6页)里指出，575年刻在龙门石窟里的药方与镌刻在陕西**耀州**三块石碑上的药方有相似之处，有人认为耀州的药方出自**孙思邈**(卒于682年)之手。我不知道王昶所说的这三块石碑究竟是指哪一件文物，但可以肯定的是，洪颐煊在《平津读碑记》(卷三，第11页下)中明确指出，孙思邈的药方无论是刻印在书本里，还是于1572年镌刻在耀州石碑上，若与575年刻在龙门石窟的药方相比，都没有任何相似之处。况且，我们可以查阅《平津馆丛书》当中的《**千金宝要**》，或翻阅《潜园总集》(参阅伯希和的相关文章:《法国远东学院学报》1909年，第383页)里的《**千金方**》，来验证洪颐煊的说法是否准确。不过，洪颐煊还指出，龙门石窟的药方显然是借鉴了**葛洪**(4世纪下半叶)的《**肘后方**》，在此我们只能相信这一说法，因为我们手中并没有这部著作。纵观上述评论，我们至少得出这样的结论：龙门石窟的药方是纯粹的中药方，而绝不是从印度或中亚翻译过来的药方。

此外，药方碑文当中有"千金秘方"的说法，孙思邈显然是借用这一说法来命名他的《千金方》。另外，河南省**安阳县**也发现了刻在石碑上的药方，药方大概是在齐朝时期镌刻的（参阅《安阳县金石录》卷二，第16页下），但我手里没有这篇文字。

药方（图647）

疗上气咳嗽腹满体肿：**楸黄**三升，水三升，[1]煮卅沸，去滓，煎□□，丸如小枣，以竹筒[2]内，下部□□□。

又方：**桑白皮**细切三升，生姜半升，吴茱萸半升，酒五升，合煮三沸，去滓分，再服，气下肿消，千金秘方。

又方：杏仁一升，去皮熬，末之。枣膏，豉等分，合捣如弹丸，绵裹常含，咽汁，差为度。

又灸法：从项大椎下、至第五节上穴间灸，随年壮。[3]

疗心痛方：生油半合，温服。

又方：**当归**末，方寸匕，和酒服。

又冷心痛：吴茱萸一升，桂心三两，当归三两，捣末，蜜和丸如梧子，酒服十九，日再，渐加卅丸，以知为度。

又方：丁香七枚，头发灰一枣大，并末和酒服。

又蛔心痛：取蛐蟮粪，烧令赤，□末之，酒服。

又方：取缪汤一升，服，并验。

又灸法：从颈椎骨数下至第七节上，灸壮。又灸心下一寸，二七壮。

疗消渴方：顿服乌麻油一升，神验。

又方：古屋上瓦打碎一斗五升，水二斗，煮四五沸服。

又方：黄瓜根、**黄莲**等分，捣末，蜜和丸如梧子，食后服十九，以差为度。

疗卒遍身生疱方：初觉欲生，即灸两手外研骨正尖头，[4]随年壮。即取石黛方寸匕，冷水一升和服。

又方：猪肉煮令熟、切，取芒消一钱和服。并灭瘢。

又方：桃枝叶煮汤，洗，并灭瘢。

---

[1] 一升等于十分之一斗。

[2] 竹筒两字在图647右下方可以看得很清楚。

[3] 灸的准确穴位要根据病人是孩童，还是成年人来确定，因此医生在诊治时一定要考虑到患者的年龄。

[4] 这里显然是指尺骨下方的骨突。

又方：秫米一合，淘净，经宿、露、中、平、旦，以水一升，研，半服半逊，疮并验。

疗五痔方：五月五日取苍耳茎叶，阴干，捣末，水服，三方寸匕，日三，差乃止。

又方：牛角腮烧末，和酒服，方寸匕，日三，秘验。

又方：常服蒲黄，方寸匕，日三，良。

疗丁疮方：柳枝叶一大束，长三尺、四尺，围剉水七斗，煮卅沸，去滓，煎如饧，刺破涂神验。

又方：鬼伞形如地菌，多丛生粪堆，见日消黑者，取烧作灰，以针刺疮四畔，至痛际，作孔内药，孔中再著，经宿疮发，以钳拔根出，大良。

又方：先灸疮三壮，以钟乳为末，和酱粒和捣敷，须臾，拔根。验。

疗反花疮方：煎柳枝叶如饧，涂，良。

又方：烧马齿草灰敷。

又方：盐、米、灰敷，并验。

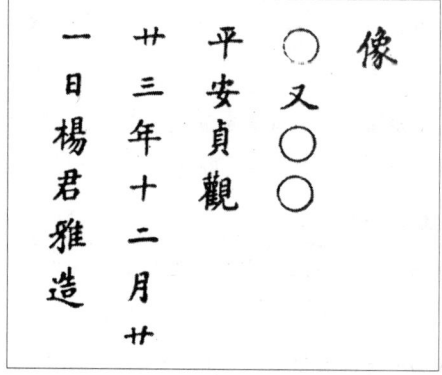

图1581

第三百五十二幅拓片（图1581）[1]

像□又□□平安。贞观廿三年十二月廿一日（650年1月28日），杨君雅造。

第三百五十三幅拓片（未复制）

阿弥陀佛造像记，立于永徽元年（650）三月。

---

[1]《寰宇访碑录》卷三，第4页上；《攈古录》卷七，第7页上。

第三百五十四幅拓片（图646和图1582）[1]

永徽三年四月八日（652年5月21日），弟子王宝英妻张，过去亡女有相，造救苦观世音菩萨像一躯，愿亡女□品往生，现存眷属，常保□□，法界众生，离苦解□。

第三百五十五幅拓片（图642和图1583）[2]

佛弟子杨行，为慈母刘氏，敬造释迦像一躯，愿□佛□法力□□□令□□。永徽三年四月□□功讫。

图646 龙门造像题记

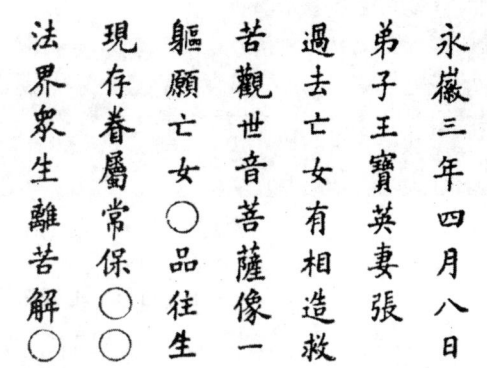

图1582

图642 龙门造像题记

图1583

---

[1]　《寰宇访碑录》卷三，第4页上；《攈古录》卷七，第9页下；《艺风堂金石文字目》卷三，第14页上。

[2]　《寰宇访碑录》卷三，第5页上；《攈古录》卷七，第9页下；《艺风堂金石文字目》卷三，第14页上。

第三百五十六幅拓片（图651和图1584）[1]

佛弟子清信女赵善胜，敬造救苦观世音菩萨一躯，愿法界含生，悉令解脱，回向菩提，共登正觉。永徽三年八月廿七日（652年10月5日）记。

图651　龙门造像题记　　　　　　　　　　图1584

第三百五十七幅拓片（未复制）[2]

永□四年（653年）□月□日，清信士□照，为亡父母，敬造□□像一龛……

第三百五十八幅拓片（图640和图1585）

大唐永徽□年□月五日，□□□□□□□□□□□□，今造阿弥陀像一龛，敬酬慈泽，斯乃上为皇帝，下拯郡生，同出苦难，济登彼岸。

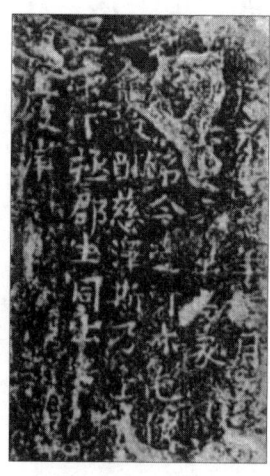 

图640　龙门造像题记　　　　　　　　　　图1585

---

［1］《寰宇访碑录》卷三，第4页下；《攈古录》卷七，第9页下；《艺风堂金石文字目》卷三，第14页上。

［2］《攈古录》卷七，第10页下。

图644 龙门造像题记

图1586

第三百五十九幅拓片（图644和图1586）[1]

永徽四年八月十日（653年9月7日），王师亮为兄造阿弥陀像一躯。

第三百六十幅拓片（图1587）[2]

永徽四年□□□日，田□□□□为身□□□□，眷属□□□□□愿含灵□□□永除□□□□生供养。

第三百六十一幅拓片（未复制）

永徽五年（654年），敬造阿弥陀像一躯，并二菩萨。

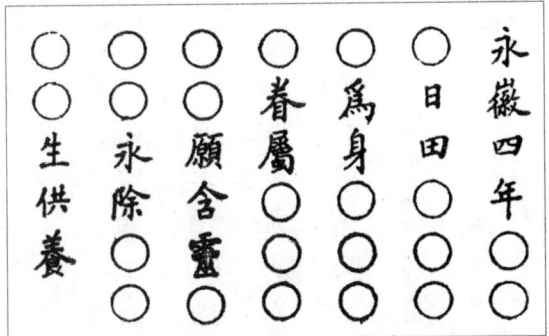

图1587

---

[1]《寰宇访碑录》卷三，第5页上；《攈古录》卷七，第10页上；《艺风堂金石文字目》卷三，第14页下。

[2]《寰宇访碑录》卷三，第5页上。

图639 龙门造像题记

图1588

第三百六十二幅拓片（图639和图1588）[1]

□州蒲城[2]县相原府校尉柱□□王婆，普为苍生，存亡父母，□诸眷属，乞愿平安，敬造救苦观世音菩萨一躯，幸斯因果，□资帝主，下润群生，同出苦门，齐登佛岸。显庆二年（657）□□六日刊留铭记。

第三百六十三幅拓片（图1589）[3]

显庆四年四月七日（659年5月21日），比丘僧□，敬造释迦像一躯，观音大世[4]，上为师僧父母，法界众生，共同思福一。

图1589

---

[1] 《攗古录》卷七，第13页下；《艺风堂金石文字目》卷三，第15页下。

[2] 现依然为县建制，隶属山西省同州府。

[3] 《艺风堂金石文字目》卷三，第16页上，像主的名字解读为义行。

[4] 大世应写为大士。

图643 龙门造像题记　　　　　　　　图1590

图641 龙门造像题记　　　　　　　　图1591

第三百六十四幅拓片（图643和图1590）[1]

显庆四年五月廿一日（659年6月16日），弟子马伏陀及妻刘婆，愿身平安，敬造阿弥陀像一龛。

第三百六十五幅拓片（图641和图1591）

清信女为亡父母，造观音菩萨一躯。□冬扇祝婆大娘、姊妹等，知身危脆，共造观音，法界苍生，共同斯福。显庆□□□□□。

---

[1]　《攈古录》卷七，第15页下。

第三百六十六幅拓片（图1592）[1]

□周垂拱三年（687）九月廿三日，朝议大夫□台州□□[2]刘志荣像。

图1592

第三百六十七幅拓片（图1593）

□□□□□□□七月□日，□□惠，为亡父□弥陀像一龛，□四方离苦解□界苍生□□□升彼岸。

图1593

第三百六十八幅拓片（图645和图1594）[3]

比丘尼德相，奉为累劫师僧，亡过七世父母，敬造观世音像，眷属苍生，咸同斯福。

图645　龙门造像题记

图1594

---

[1]　《攈古录》卷七，第34页上；《艺风堂金石文字目》卷三，第22页上。

[2]　所缺之字可读为：行台州刺史。

[3]　《寰宇访碑录》卷三，第5页上。

第三百六十九幅拓片（未复制）

□□宝，为亡父敬造观世音菩萨一躯。

第三百七十幅拓片（未复制）

题记外表看起来保存得还算完整，但大部分字体已漫漶难辨，既看不出日期，也读不出像主的名字，甚至看不出造的是什么佛像。题记倒像是一篇辞藻华丽的颂文。题记最后一句话"**千载不倾**"则揭示出此题记写于唐代，因为正是从唐代起，人们开始使用"**载**"字来表示"**年**"。以"**载**"取代"**年**"的敕令是744年颁布的，其实早在此日期之前，人们就已经用"**载**"字表示"**年**"了。

第三百七十一幅拓片（图638和图1595）[1]

大宋天圣四年三月二日（1026年3月23日），三班借职监西京伊河竹木务兼龙门本镇烟火、修石道公事，丁裕记。

图638 龙门造像题记　　　　图1595

---

[1] 《金石续编》卷十四，第2页下；《攈古录》卷十一，第28页下。参阅第三百四十一幅拓片，这位名叫丁裕的人于1026年4月26日来到这里。这两则题记都是从左至右书写。

第三百七十二幅拓片（图1596）[1]

□□□□王伦妻陈女婆，□□□□出家，只为罪业尤重，□□解脱，母子共作左相观音一□□□，各起尼僧代身出家□□□，愿又小女婆□□患，愿□□相观音，并波若经一部，功德备成庆讫。赛酬往愿，遍及群生，证尽果真，为无所得。十月一日刊留铭记。

图 1596

---

[1] 《寰宇访碑录》卷二，第27页上，此书错将该题记划归到陕西省淳化县，但在此书的第三卷里，我们又看到龙门地区的另一题记，题记刻于永徽三年（652），像主名叫王伦，恰好是此题记陈女婆的丈夫。

第十八节　X号窟，又称老君洞

图365　X号窟即老君洞：北壁（下部1）

图 366　X 号窟即老君洞：北壁（下部 2）

图 367 X 号窟即老君洞：北壁（下部 3）

图 368　X 号窟即老君洞：北壁（下部 4）

图 369 X 号窟即老君洞：北壁（下部 5）

图 370　X 号窟即老君洞：北壁（下部 6）

图 371 X 号窟即老君洞：北壁（中部 1）

图 372　X 号窟即老君洞：北壁（中部 2）

图 373　X 号窟即老君洞：北壁（中部 3）

图 374　X 号窟即老君洞：北壁（中部 4）

图 375　X 号窟即老君洞：北壁（中部 5）

图 376　X 号窟即老君洞：北壁（上部 1）

图377 X号窟即老君洞：北壁（上部2）

图378 X号窟即老君洞：北壁（上部3）

图 379　X 号窟即老君洞：北壁（上部 4）

图 380　X 号窟即老君洞：北壁（上部 5）

图 381　X 号窟即老君洞：南壁（下部 1）

图 382 X 号窟即老君洞：南壁（下部 2）

图 383　X 号窟即老君洞：南壁（下部 3）

图 384　X 号窟即老君洞：南壁（下部 4）

图 385　X 号窟即老君洞：南壁（下部 5）

图 386　X 号窟即老君洞：南壁（中部 1）

图387 X号窟即老君洞：南壁（中部2）

图388　X号窟即老君洞：南壁（中部3）

图389　X号窟即老君洞：南壁（中部4）

图390　X号窟即老君洞：南壁（上部1）

图391 X号窟即老君洞：南壁（上部2）

图 392　X 号窟即老君洞：南壁（上部 3）

图 393　X 号窟即老君洞：南壁（上部 4）

图 394　X 号窟即老君洞：南壁（上部 5）

现在我们来到龙门石窟里最著名的石窟前（图283，字母X所标示处），这座石窟又称**老君洞**，但我们看不出究竟出于何种原因将此窟与老子联系在一起。这座石窟起先好像名叫**古阳洞**，古阳洞这三个字就镌刻在北石壁上（图380，在距下边缘70毫米与左边缘46毫米的交会处）。

这座石窟之所以引人注目，是因为窟内的佛像大多雕制于北魏时期，而且题记众多，涉及范围也广，是6世纪汉字书法艺术的精华之作；况且佛像供养人身份都很高，其中甚至还有几位高官。

不过有两样东西影响了石窟的美观：一是窟内最里面的佛像，佛像修缮得很怪异，彩绘重描得很难看，让佛像看上去与周围其他雕像很不协调（图394右侧）；[1]二是石窟在1901年被砌上一堵墙，以将石窟封住，墙体（图386左侧即图365右侧）本身的厚度则把石窟两侧的佛龛给挡住了。

砌在洞口处的墙真是令人感到恼火，假如不算此墙所遮挡的部分，我们看到石窟北壁上层有三个大佛龛，每个佛龛里有一尊佛像；这一层佛像下方也有三个佛龛，每个佛龛里有一菩萨。再往下又是一层三个佛龛，但佛龛里的塑像不如上两层佛龛那么规整，每个佛龛里有若干个佛像。在南壁上，上面一层设有三个佛龛，每个佛龛里有一佛像；中间一层也是三个佛龛，中间一龛并排坐在一起的是多宝佛和释迦牟尼（图388），而另外两个佛龛里各有一尊菩萨；[2]至于说最下面一层，那里只有两个佛龛（图387—图389），每个佛龛里有一坐佛。可以肯定的是，中间及上面一层的佛像是按照设计好的方案雕制的，再加上石窟内其他大雕像，这就是石窟开凿之初最原始的布局。

上面和中间一层的坐佛与真人大小相同，每尊坐佛的高度为1.05米至1.45米。

窟顶为拱形，由一个个小佛龛构成一个栅格状藻井，其中有些佛龛体积相对较大（图390和图392上部）。石窟宽6.8米，进深由入口至佛像基座为7.7米。

下面是石窟内的题记，我对这些题记作了拓片。

---

[1] 不过，若能把后人的修复物清理掉，虽然会多少让佛像遭受一定的损坏，但它依然不失为5世纪的绝美作品。

[2] 对于中间这一层佛像，除了那三个很明显的佛龛之外（图371、图372和图374），还能隐约看到入口那堵墙所遮盖住的部分佛龛（图365右上）

第三百七十三幅拓片（图539和图1597）[1]

太和十九年（495）十一月，使持节、[2] 司空公、[3] 长乐王[4] 丘穆陵亮[5] 夫人尉迟，为亡息牛橛请工镂石，造此弥勒像一区。愿牛橛舍于分段之乡，腾游无碍之境，若存讬生，生于天上诸佛之所；若生世界，妙乐自在之处；若有苦累，即令解脱，三涂恶道，永绝因趣，一切众生，咸蒙斯福。

图539　龙门造像题记　　　　　图1597

---

[1] 有关此题记，可参阅《十二砚斋金石过眼录》卷五，第2页；《古墨斋金石跋》卷二，第8—9页；《寰宇访碑录》卷二，第1页下；《攈古录》卷六，第8页上；《艺风堂金石文字目》卷二，第1页上。此题记可见图376，位于距下边缘165毫米与右边缘36毫米的交会处。

[2] **使持节**为北魏时期直接代表皇帝行使地方军政权力的官职。

[3] **司空公**：490年2月5日，穆亮晋升为司空。

[4] 471年12月28日，穆亮被封为**赵郡王**；472年1月13日，又被封为**长乐王**（《魏书》卷七上册，第1页）。

[5] 北魏太和十八年（494），孝文帝经比干墓，亲为吊文（参阅《金石萃编》卷二十七，第2页），在墓碑的背面就写有**丘目陵亮**，其实正确写法应为**邱穆陵亮**。邱穆陵是通古斯人的姓，在北魏鲜卑族人完全汉化之后，通古斯人也把自己原有的姓更改为汉姓，这样姓邱穆陵的就改姓**穆**（参阅《魏书》卷一百十三，第20页）。于是此题记所涉及的这个人物便以**穆亮**的名字记载在史书里（参阅《魏书》卷二十七，第3—5页），但此题记却将他称为邱穆陵亮。在北魏时期，穆亮还是一个相当重要的人物，他生于451年，卒于502年6月20日（参阅《魏书》卷八，第2页）。他迎娶**中山长公主**为妻，但此题记却将他妻子的姓写为**尉迟**，这让人感到有些难理解，而尉迟则是和阗王的姓。我们或许可以这样去理解：在494年，公主有可能去世了，穆亮又娶了和阗王族的一位公主。另一个比较难理解的地方是，吊比干文碑铭称穆亮为长乐王，而他确实是在472年被封为长乐王，但是到了492年，皇帝颁布敕令，将所有外姓王降爵为公（参阅《魏书》卷七下，第4页）。因此，在494年，穆亮的官职应为公，而不应称王。尽管如此，吊比干碑铭之所以还称他为王，那是因为他自己还在擅用这个名号，而实际上他已经不能享用这一名号了。

第三百七十四幅拓片（图550和图1599）[1]

孙保失乡播越，□□□□载，终始寡怨，未及免之，不幸早死，今为保造像一区，使永脱百苦。魏北海王国[2]太妃高为孙保造。

第三百七十五幅拓片（图555和图1600）[3]

太和廿年(496)，步舆郎[4]张元祖，不幸丧亡，妻一弗，为造像一区，愿令亡夫直生佛国。

图550　龙门造像题记　　　　　　　图1599

图555　龙门造像题记

图1600

---

[1] 参阅《十二砚斋金石过眼录》卷六，第15—16页；《艺风堂金石文字目》卷二，第1页上。此题记没有注明时间，不过鉴于题记出自北海王母亲之手，我们认为题记大概刻于495年，因为通过第三百七十七幅拓片，我们得知，北海王的母亲那时候恰好在龙门。

[2] 题记错把"母"字写为国。

[3] 《十二砚斋金石过眼录》卷五，第3页上；《寰宇访碑录》卷二，第1页下；《攈古录》卷六，第8页上；《艺风堂金石文字目》卷二，第1页上。此题记可见图379，位于距上边缘42毫米与右边缘36毫米的交会处。

[4] 《魏书·官氏志》里并没有这个官职。

第三百七十六幅拓片（图543和图1601）[1]

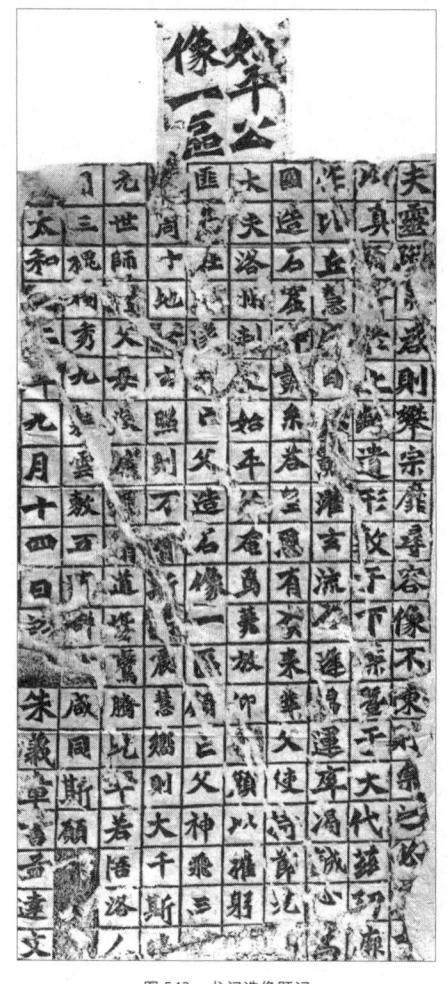

图543 龙门造像题记

始平公像一区

夫靈蹤○啓則攀宗靡尋容像不陳崇之必○是
以真顏○於上齡遺形數于下葉曁于大代茲功厥
作比丘慧成自以影濯玄流邀逢昌運率竭誠心為
國造石窟○糸答皇恩有資來業父使持節光
大夫洛州刺史始平公奄焉薨放仰慈顏以摧躬
匪烏在○遂亡父造石像一區願亡父神飛三
智周十地○玄照則萬○斯○霞慧鴻則大千斯○
元世師僧父母眷屬鳳翥道場鸞騰兜率若悟洛人
間三槐獨秀九棘雲敷五○羣生咸同斯願
太和廿二年九月十四日記 朱義章書孟達文

图1601

始平公[2]像一区[3]

---

[1]《中州金石记》卷一，第11—12页；《平津读碑记》卷二，第9页下；《金石萃编》卷二十七，第5页上；《古墨斋金石跋》卷二，第8页上；《校碑随笔》第78页；《寰宇访碑录》卷二，第2页上；《攈古录》卷六，第7页下；《艺风堂金石文字目》卷二，第1页上。此题记特点鲜明，是极为罕见的阳刻碑铭，另一年代更久远的阳刻题铭就是武荣碑铭（刻于公元168年）。

[2] 始平县即今兴平县，隶属陕西西安府。从题记的标题来看，这是始平公敬造的佛像；而从碑文来看，佛像是由始平公的儿子为去世的始平公敬造的。我们猜测父亲和儿子都享有始平公这个爵号，只有这样，碑文的内容才能前后相吻合。《隋史》提到过一个名叫元孝矩的人，此人在西魏时期世袭始平县公爵位，但我们无法确定这个人就是在498年撰写此题记的人。

[3] 这里所用的量词没有写成口，而是写成区。

夫灵踪□启，则攀宗靡寻；容像不陈，则崇之必□。是以真颜□于上龄，遗形数于下叶。暨于大代[1]，兹功厥作。比丘慧成[2]，自以影濯玄流，[3]邀逢[4]昌运，率渴诚心，为国造石窟□□，系答皇恩，有资来业。[5]父[6]使持节光□大夫、洛州刺史、始平公，奄焉薨放，[7]仰慈颜以摧躬。□匪乌[8]在□，遂□亡父造石像一区。愿亡父神飞三□，智周十地，□玄照则万□斯□，震慧响则大千斯□。元世师僧，父母眷属，凤翥道场，鸾腾兜率，若悟[9]洛人间，三槐独秀，九棘云敷，[10]五□群生，咸同斯愿。太和廿二年九月十四（498年10月14日）讫。朱义章书，孟达文。

---

[1] 指魏朝。

[2] 我认为这位比丘惠成与始平公毫无任何相似之处，这里之所以提到他，是因为他可能是开凿这座石窟的第一人。

[3] 这句话的意思大概是说，比丘惠成无缘生在佛陀讲法的时代，但在他所生活的年代里，造像怀念佛陀已成为佛教的潮流，让佛教变得更加清纯。换句话说，他亲身参与了佛教的复兴，而且借此机会在岩壁上开凿了佛寺。

[4] **邀**应为**徼**。

[5] 由于比丘惠成开凿了石窟，也让像始平公这样的后人得以在石窟里敬造佛像，以行善德。

[6] 我认为，碑文从此处开始，便是始平公的儿子以始平公之名撰文。

[7] 因为他预感到父亲今后有可能会蒙受磨难。

[8] 这里的意思是，他感到非常伤心。**匪乌**一词典出《诗经·国风·北风》，因卫国行威虐之政，卫国人已预感到不祥的征兆：莫黑匪乌。

[9] **悟**=**寤**。这些人醒悟之后，才感觉他们的醒悟仅是瞬息即逝的梦境。

[10] **三槐九棘**是指三公或三公之位及公卿九级排位。

图 554　龙门造像题记

图 1598

第三百七十七幅拓片（图554和图1598）[1]

维太和之十八年十二月十一日（495年1月23日），皇帝亲御六旌[2]，南伐萧逆。[3] 军国二

---

[1] 《十二砚斋金石过眼录》卷五，第1—2页；《攈古录》卷六，第8页上；《艺风堂金石文字目》卷二，第1页上。此题记在阅读和理解方面有几个难点。

[2] "六旌"即相当于"六师"，典出《诗经》，意指帝王的军队。

[3] 494年10月，**萧鸾**废杀南齐帝后自立为帝，史称**明帝**。同年10月，魏帝将都城从平城（大同府）迁往洛阳，同年12月，他决定亲率大军讨伐萧鸾，因萧鸾篡权，此题记将他称为萧逆。在率军离开洛阳之时，魏帝将保卫都城的重任交给弟弟北海王（参阅《资治通鉴》），这则题记正是出自北海王之手。题记开篇便追述魏帝亲征的往事，回忆起出征者和留守者在距龙门不远处相互道别的场景。北海王传可见《魏书》卷二十一上，第12—14页。在传记中，我们看到北海王声色侈纵，而他母亲则非常严厉，但母子俩的感情却很深厚，题记字里行间也体现出这一点。

容，别于洛汭。行留两音，分于阙外[1]。太妃[2]以圣善之规，戒途戎旅，[3]弟子以资孝之心，戈[4]言奉泪。其日太妃还家，伊川立愿，母子平安，造弥勒像一区，以置于此。至廿二年九月廿三日（498年10月23日），法容刻[5]就。因即造斋，镌石表心，奉申前志，永愿母子长餐化年，眷属内外，终始荣期，一切群生，咸同其福。维太魏太和廿二年九月廿三日（498年10月23日），侍中护军将军、北海王元详[6]造。

第三百七十八幅拓片（图549和图1602）[7]

都绾关口[8]游激校尉司马解伯达，造弥陀像一躯，愿皇道赫宁，九荒沾泯，父母康延，智登十地，仕达日迁，眷属道场，声求向[9]和，斯福[10]必就，六趣群生，咸同此愿。太和年（477—499年）造。

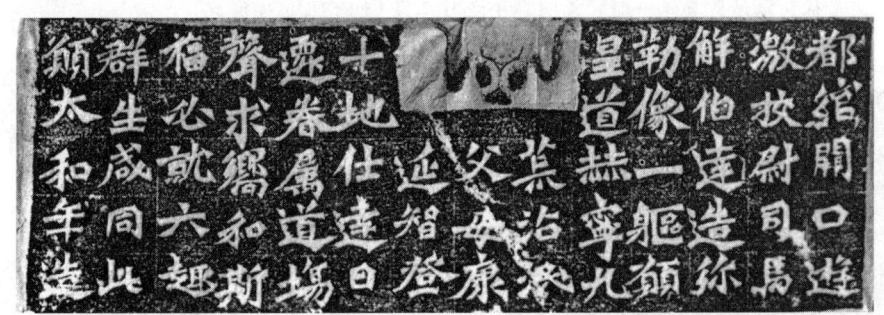

图549　龙门造像题记

---

[1] 这里大概是指龙门。

[2] 470年，在献文帝突然暴毙之后，北海王的母亲高妃获太妃称号。

[3] 这句话比较难翻译，我将其理解为"戒徙戎旅"。

[4] 我猜测戈字等同于格。因为这里需要有一个动词，而且这个字还要与前一句的戒字相对仗。

[5] 剋=刻。

[6] 496年，北魏人将其拓跋姓改为元姓，因此北海王在此署名为元详。

[7] 《十二砚斋金石过眼录》卷一，第14页；《寰宇访碑录》卷二，第2页下；《攈古录》卷六，第8页上；《艺风堂金石文字目》卷二，第1页下。此题记可见图376，位于距下边缘140毫米与右边缘23毫米的交会处。

[8] 《授堂金石文字续跋》将此解读为阙口，而非关口，这与伊阙两个字相吻合，伊阙即指龙门。

[9] 向=响。此暗喻《易经·文言》中的一段文字，即"同声相应，同气相求"。

[10] 指本佛像。

图1602

第三百七十九幅拓片（图547和图1603）[1]

前[2]□□[3]太守护军长史云阳伯□[4]长猷，为亡父敬造弥勒一躯；一躯郑长猷为母皇甫，敬造弥勒像一躯；一躯郑长猷为亡儿士龙，敬造弥勒像一躯；一躯郑[5]南阳妾陈王女，为亡父母徐，敬造弥勒像一躯。景明二年九月三日（501年9月30日）诚讫。

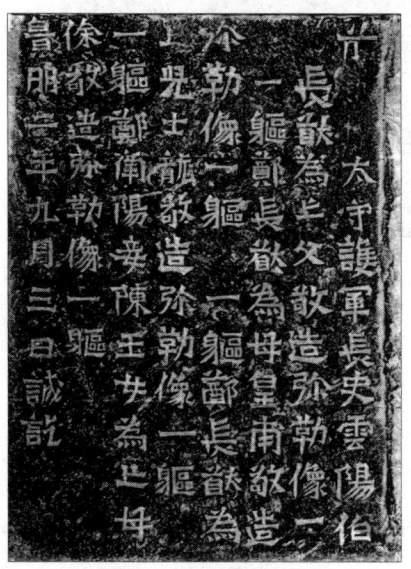

图547 龙门造像题记　　　　　　　　　图1603

---

[1] 《十二砚斋金石过眼录》卷五，第4页；《寰宇访碑录》卷二，第1页下；《攈古录》卷六，第8页下；《艺风堂金石文字目》卷二，第1页下。

[2] "前"字仅刻出半个字。

[3] 这两个空白处应该是郡名，但被镌刻者给漏掉了。

[4] 尽管此名前的空白处看不出刻字的痕迹，但这里应为像主的姓，而此姓只能是郑，因为郑长猷在下文出现了两次。

[5] 这个郑字应该还是指郑长猷。

第三百八十幅拓片（图551和图1604）[1]

景明三年五月廿日（502年6月10日），比丘惠感，为亡父母敬造弥勒像一区，愿国祚永隆，三宝弥显，旷劫师僧，父母眷属，与三涂永求，[2]福钟竞集，三有群生，咸同此愿。

（另一题记）[3]

比丘法宁，为亡父母造石像一区。

图551　龙门造像题记

图1604

图552　龙门造像题记

---

[1] 《攈古录》卷六，第8页下；《艺风堂金石文字目》卷二，第1页下。此题记可见图376，位于距下边缘122毫米与左边缘18毫米的交会处。

[2] 求字在此救意。求=救。

[3] 《艺风堂金石文字目》卷二，第1页下。

第三百八十一幅拓片（图542和图1605）[1]

邑子像

（在此标题右侧）：邑主中散大夫、荥阳[2]太守孙道务

（在此标题左侧）：宁远将军、中散大夫、颍川太守安城[3]令卫白犊

图542 龙门造像题记

图1605

---

[1] 《金石萃编》卷二十七，第5—6页；《校碑随笔》第78页上；《中州金石记》卷一，第12页上；《平津读碑记》卷二，第10页下；《寰宇访碑录》卷二，第2页上；《攈古录》卷六，第7页下；《艺风堂金石文字目》卷二，第1页下。这则大幅题记可见图391左上。

[2] 荥阳县今依然为县制，隶属河南省开封府。

[3] 位于今**汝阳**县（河南省汝宁府）东南七十里。

（石碑上层铭文）：

大代[1]太和[2]七年，新城县[3]功曹孙秋生、新城县功曹刘起祖二百人等，敬造石像一区，愿国祚永隆，三宝[4]弥显。有愿弟子等，荣茂春葩[5]，庭槐[6]独秀，兰条鼓馥于昌年，金晖诞照于圣岁。现世眷属，万福云归，洙轮[7]叠驾。元世父母及弟子等，来身神腾九空，迹登十地[8]，五道群生，咸同此愿。孟广达文，萧显庆书。

（石碑第二层列举了一百四十位邑主的名字，每个人名字前都加维那称号，铭文最后是下面这句话：）

景明三年在壬午五月戊子[9]朔廿七日（502年6月17日）造讫。

---

[1] 北魏君主在立国之初自称**代**王，山西北部地区为古代国属地，这片地区当时也确实掌控在北魏君主手里。后来这片封地就被正式更名为魏地。398年，有人向道武帝建议，不要用"魏"作国号，依然用"代"来作国号，因为"代"字预示着帝国能一代代传下去。然而道武帝拒绝采纳这一建议，坚持改国号为"魏"（参阅《魏书》卷二，第6页）。尽管如此，这两个国号依然可以同时使用，如崔浩（卒于450年）所说"**代魏兼用**"，崔浩认为中国第二个朝代的国号就是殷商兼用（参阅《魏书》卷三十五，第7页）。因此，我们注意到，北魏许多碑铭依然会用大代来指代北魏。崔浩本人在抄写《急就章》的词汇时，就将"**冯汉疆**"一名抄写成"**冯代疆**"，汉疆的意思是"汉朝强盛"，于是崔浩便将其改为"魏朝强盛"（参阅《魏书》卷三十五，第10页），这个例子再次表明，"代"就是用来指代"魏"。当然我们有时也能看到"**魏代**"连用的情况，比如《司马景和墓志铭》（刻于514年2月21日）的标题就是典型例子。参阅《金石萃编》卷二十八，第1页上。

[2] 也许在北魏迁都洛阳之前，他们就已经开始动手造像了。

[3] 新城县在高阳郡内，位于今**安肃**县（直隶省保定府）西南。

[4] 此指佛宝、法宝、僧宝。

[5] 葩字在此写成草体的"花"字，而花字则取代了古汉字葩和藘。在《中州金石记》收录的几篇文字里，如《文选》评注及《后汉书》评注，都用到"藘"这个字，《后汉书》（卷八十九，第10页）写道："**藘古花字也**"。

[6] 大家知道"槐"是指三公，即帝国里地位最高的三位高官。

[7] **洙=朱**。朱轮马车是一种地位显赫的标志。参阅《前汉书》卷三十六，第12页。

[8] 有关十地的解释，可参阅李维为《大乘经庄严论》法译本所作的序，第21—23页。

[9] 在六十甲子排序中，戊子排第二十五位，在此指廿五日。依照黄历的算法，《魏书》（卷八，第2页）的写法没有错，不过景明三年五月也许是从戊午日开始起算的，这是黄历算法当中出现的错误，黄历将闰月加在四月之后，而非五月之后；但黄历在天监元年（502年）却准确地将闰月加在了五月之后。

第三百八十二幅拓片（图540和图1606）[1]

景明三年五月卅日（502年6月20日），邑主高树、唯那解佰都[2]卅二人等，造石像一区，愿元世父母及现世眷属，来身神腾九空，迹登十地，三有同愿。

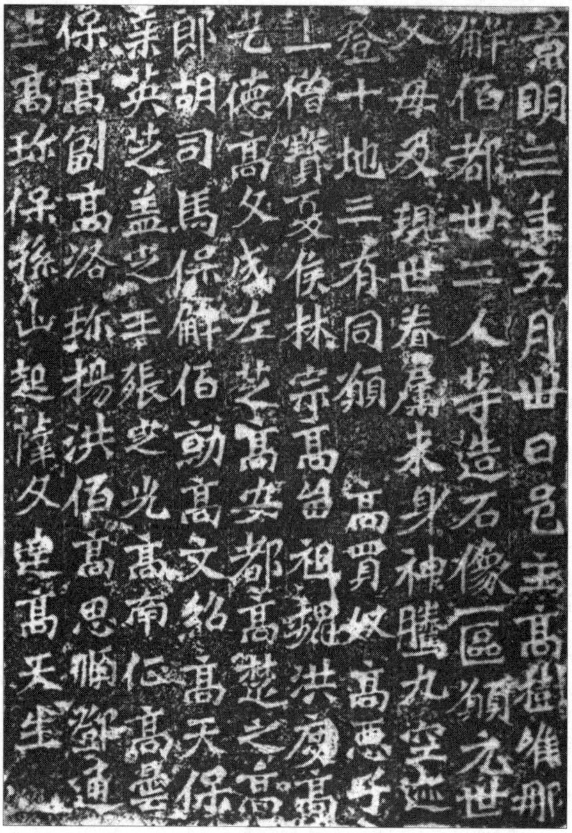

图540 龙门造像题记

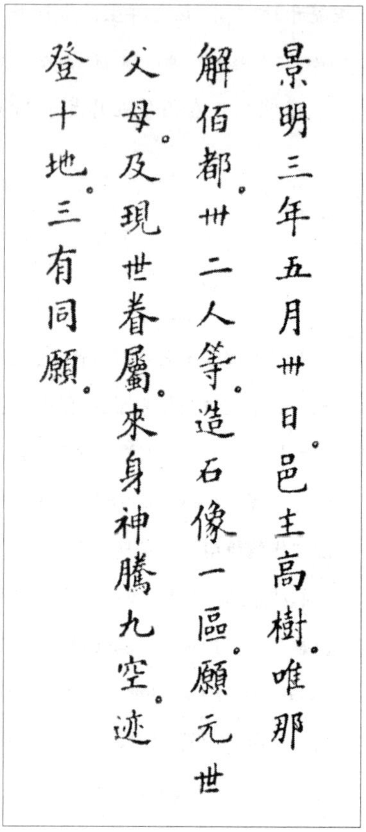

图1606

---

[1] 《十二砚斋金石过眼录》卷五，第4—5页；《寰宇访碑录》卷二，第2页下；《攈古录》卷六，第8页下；《艺风堂金石文字目》卷二，第2页上。此题记可见图378，位于距下边缘148毫米与左边缘51毫米的交会处。

[2] 根据《魏书·官氏志》记载，当北魏鲜卑政权完全汉化之后，原来姓解枇的人改为姓解。此题记上所写的解佰很有可能就是《魏书》上所写的解枇。

第三百八十三幅拓片（图553和图1607）[1]

景明三年八月十八日（502年10月4日），广川王[2]祖母太妃侯，为亡夫侍中、使持节、征北大将军、广川[3]王贺兰汗[4]造弥勒像，愿令永绝苦因，速成正觉。

图553　龙门造像题记　　　　　　　　　图1607

---

[1]《十二砚斋金石过眼录》卷五，第5—6页；《攈古录》卷六，第8页下；《艺风堂金石文字目》卷二，第2页上。

[2] 在史书中，我们看到前后有三个广川王（《魏书》卷二十，第1—2页）：第一个广川王是文成帝（452—465年在位）与曹夫人所生的儿子，此人名略，在472年被封为广川王，他于480年去世，谥号广川庄王。他儿子谐继承了父亲的封地及爵位，谐于498年去世。谐的儿子名叫灵道，自然继承了父亲的封地和爵位。灵道何时去世的，我们不得而知，但在502年，他很有可能还活着，他祖母就是第一个广川王略的妃子，祖母太妃造像，就是为了怀念广川王略。

[3] 在北魏时期，广川是一个郡，其郡府所在地位于今长山县（山东省济南府）。

[4] 贺兰汗。贺兰是一条山脉的名字，山脉位于黄河左岸，在南蒙和宁夏（甘肃）北部。这条山脉标在1137年的地图上（参阅《法国远东学院学报》，1903年，第214页）。现在贺兰山周边地区名叫阿拉善，这个名字很有可能就源自贺兰山。至于说"汗"字，这个字通常是指"可汗"。我们注意到，北魏鲜卑人不但使用汉人的官职，而且在汉人聚集地之外，依然沿用过去鲜卑人所采纳的官称。

第三百八十四幅拓片（图556和图1608）[1]

景明四年十月七日（503年11月11日），广川王祖母太妃侯，自以流历弥劫，[2]于法喻[3]远，嘱遇像教，身乖达士，虽奉联紫晖，[4]早顷片体，[5]孤育幼孙，以绍蕃国，冰薄之心，唯归真寂。今造弥勒像一区，愿此微因，资润神识，现身永康，朗悟旨觉。远除旷世无明惚业，又延未来空宗妙果。又愿孙息延年，神志速就，胤嗣繁昌，庆光万世，帝祚永隆，弘宣妙法，民愚未悟，咸发菩提。[6]

图556 龙门造像题记

图1608

---

[1]《十二砚斋金石过眼录》卷五，第6—7页；《攈古录》卷六，第9页上；《艺风堂金石文字目》卷二，第2页上。

[2] 即接近于劫末。

[3] 喻＝愈

[4] 在嫁给文成帝的儿子之后，她就同皇家结了亲。

[5] 即她丈夫不幸去世。

[6] 在这段文字之后，《十二砚斋金石过眼录》还补充了一句话，但我的拓片上却没有这句话："国学官令臣平乾虎，为王太妃广川王，敬造释迦牟尼像一区"。在《魏书·官氏志》里确实能看到皇子国学官令一职，但这仅是一个九品官位。

图546　龙门造像题记　　　　　　　　图1609

第三百八十五幅拓片（图546和图1609）[1]

　　夫抗音投涧，美恶必酬，振服依河，长短交目，[2]斯乃德音[3]道俗，水镜[4]古今。法生[5]傲逢孝文皇帝[6]专心于三宝，又遇北海[7]母子崇信于二京，[8]妙演之际，屡叨末筵，一降净心，悉充五戒，思树芥子，庶几须弥。今为孝文并北海母子，造像表情，以申接遇，法

---

[1] 《金石萃编》（卷二十七，第6页）收录了此题记，但碑文结尾部分文字与其他金石著作有所不同。参阅《平津读碑记》卷二，第10—11页；《攈古录》卷六，第9页上；《艺风堂金石文字目》卷二，第2页上；《寰宇访碑录》卷二，第2页下。此题记可见图356，位于距上边缘20毫米与右边缘33毫米的交会处。

[2] 开篇文字读来有些晦涩，因为不知作者在此暗示什么。我猜测第一句的意思是，他在《本生经》里看到菩萨跳到山涧里喂老虎的场景（参阅东京版《大藏经》第四卷，第4—7页；《法国远东学院学报》第三卷，第411页注3）；第二句的意思是，他回想起那个在水上健步如飞的神人（参阅《汉文大藏经五百寓言故事集》第三卷，第314—316页）。无论是哪一种局面，他都想表明，在紧急情况下，菩萨都会展现自己的美德，菩萨的所作所为显然有别于普通民众的举止，人们会永远牢记菩萨的美德。

[3] 在危难之中，人的美德就会展现出来，宛如敲钟发出的响声，以此来评判人的德行。"**德音**"典出《诗经·大雅》。

[4] **水镜**似乎与《书经·酒诰》（参阅理雅各英译本第三卷，第409页）中的"水监"之意相似。另外关于水镜的描述，可参阅夏德（Friedich Hirth）的《中国的铜镜》，载《鲍亚士纪年论文集》，第215页。

[5] 从名字可以看出，此题记作者是僧人。

[6] 孝文皇帝卒于499年。

[7] 关于北海王，参阅第三百七十七幅拓片。北海王后被降爵，并在504年5月死于狱中，也就是说，这件事发生在法生为北海王祝福仅半年之后。为此，王昶不禁发出感慨，认为僧人的造像和祝福起不到任何作用。

[8] 根据《洛阳伽蓝记》记载，北海王是**追圣**寺的创立者。

生构始王家，助终凤霄。缔敬归功帝王，万品众生，一切同福。魏景明四年十二月一日（504年1月3日），比丘法生为孝文皇帝并北海王母子造。

第三百八十六幅拓片（图586和图1610）[1]

正始二年四月十五日（505年6月2日），像主斋师荡寇将军、殿中将军领钩盾令、王史平吴共合曹人兴，愿为今王上造弥勒像一区。

（在碑文左侧，以更大字体书写下列文字：）

横野将军钩盾署洪池丞、权六烦。

图1610

图586 龙门造像题记

---

[1] 《寰宇访碑录》卷二，第3页上；《攈古录》卷六，第9页上；《艺风堂金石文字目》卷二，第2页上。我采纳了后一本书的解读。此题记可见图375，位于距下边缘99毫米与左边缘87毫米的交会处。

第三百八十七幅拓片（图569）[1]

画像中间是一座香炉，香炉左侧有十四个人物，紧靠香炉者好像是一个僧人，另外十三人头顶上方都刻着名字，每个人名字前都刻着"弟子"二字。香炉右侧也有十四个人，因为能看到十四个弟子的名字，不过最后面的两个人却不见踪影。第十个弟子名字写得很大：弟子陆元庆。这二十七位俗人也许就是画像上面那尊大佛龛的供养人（图369最上面的佛龛及图373中间靠下的那尊佛龛）。香炉右侧的僧人则负责接纳供养人的祭献品。

图569 龙门造像题记

第三百八十八幅拓片（图1611）[2]

横野将军吴安□为家卷[3]敬造。

第三百八十九幅拓片（图621和图1612）[4]

比丘□光[5]，为亡父母，己身，造像一区，以此微福，普及含生。正始三年四月十日（506年5月17日）。

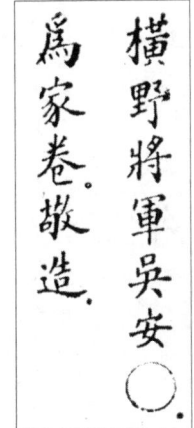 

图1611　　图621 龙门造像题记　　图1612

---

[1] 可见图369，图像就刻在最上面那尊大佛龛的下方。

[2] 《寰宇访碑录》卷二，第12页上。

[3] 卷=眷。

[4] 《攈古录》卷六，第9页下；《艺风堂金石文字目》卷二，第3页上，此书将镌刻日期错误地解读为正光二年四月六日。此题记刻在石窟正壁大佛的基座上。

[5] 妙光。

第三百九十幅拓片（图604和图1613）[1]

大代正始三年六月廿日（506年7月25日），佛子[2]孙大兆[3]，为七世父母，所生父母，造释迦佛一区。

图604　龙门造像题记

图1613

---

[1] 此题记刻在石窟正壁大佛基座的南侧。

[2] 此处漏写了弟字。

[3] 在图1613里，我将此名读作孙大兆，不过《艺风堂金石文字目》（卷二，第3页上）则将此名读作**孙大城**，这个名字似乎更准确。《寰宇访碑录》（卷二，第3页上）及《攗古录》（卷六，第9页下）都将人名的第三个字作缺字处理。

第三百九十一幅拓片（图538和图1614）[1]

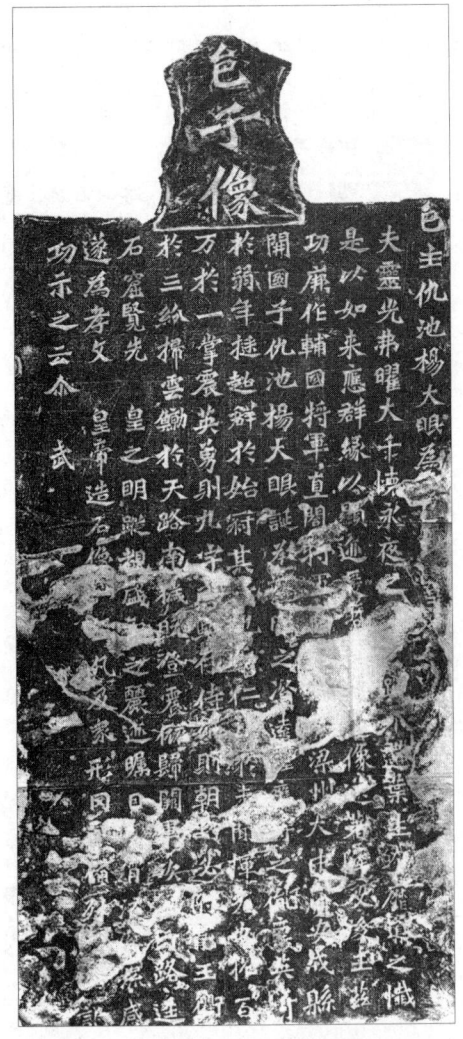

图 538　龙门造像题记

邑子像

邑主仇池杨大眼為孝文　皇帝造象記

夫靈光弗曜大千懷永夜之○○跡不遺葉生含靡導之懺是以如來應羣緣以顯跡爰曁○○○○像遂著降及後王玆

梁州大中正安戎縣

功厭作輔國將軍直閤將軍○○○○開國子仇池楊大眼誕承龍曜之資遠踵應符之胤稟英奇

於弱年挺超羣於始冠其○也垂仁聲於未聞揮光也摧百萬於一掌震英勇則九字○存侍納則朝野必附清王衢

於三紛掃雲鯨於天路南轅旣澄震旅歸闕軍次○行路逶

石窟覽先　皇之明蹤覩盛聖之麗迹曛目○霄法然流感

遂爲孝文　皇帝造石像一區凡及衆形罔○備列刊石記

功示之云尓　武

图 1614

---

[1]　此题记可见图377，在两尊大佛龛之间的位置上，亦可见图376，在上方大佛龛的左侧。《金石萃编》（卷二十八，第3页）收录了题记碑文，碑文当中有些字体写得很怪异（图538），我们在抄本里用正体字将其更改过来，不过题记碑文倒是北魏时期汉字书法的最佳实例。参阅《校碑随笔》第78—79页；《中州金石记》卷一，第12页；《平津读碑记》卷二，第9—10页；《寰宇访碑录》卷二，第2页下；《攈古录》卷六，第8页上；《艺风堂金石文字目》卷二，第1页下。

邑子像

邑主仇池[1]杨大眼[2]为孝文皇帝[3]造象记

夫灵光弗曜，大千怀永夜之□；□踪不遘，叶生含靡导之忏。是以如来应群缘以显迹，爰暨□□，[4]□像遂著，降及后王，兹功厥作。辅国将军、直阁将军、□□□□、梁州大中正、安戎县开国子、仇池杨大眼，诞承龙曜之资，远踵应符之胤，[5]禀英奇于弱年，挺超群于始冠。其□也，垂仁声于未闻；挥光也，摧百万于一掌。震英勇则九宇□□，存侍纳则朝野必附。清王衢于三纷，扫云鲸[6]于天路。南秽既澄，[7]震旅归阙，军次□行，路径石窟，览先皇之明踪，睹盛圣之丽迹。瞩目□霄，泫然流感。遂为孝文皇帝造石像一区，凡及众形，罔□备列。刊石记功，示之云尔。[8]武。

---

[1] 杨大眼的传记（《魏书》卷七十三，第2页）告诉我们，杨大眼系**武都氐**族人氏，武都位于今甘肃省阶州境内，而此题记说得更明确，称杨大眼是**仇池人**，此地即今甘肃省阶州**成**县。史书曾多次提到仇池的氐族人氏，可参阅《魏书》卷八第4页。

[2] 杨大眼的传记可见《魏书》（卷七十三，第2—4页）。传记文字与此题记所书写的内容相吻合，不过，题记对传记作了一些补充，并修正了历史学家部分文字，比如题记表明杨大眼曾任梁州大中正，但《魏书》把他的这个官职给漏掉了；再比如，题记说他任安戎县开国子，《魏书》却将县名错写为**安城**。杨大眼的儿子名叫**杨白花**，是著名的胡太后的情人，胡太后曾写过一首诗，标题就是《杨白花》，以表达情人离去的凄惋之情（《古诗赏析》卷二十一，第9页）。

[3] 鉴于题记采用的是孝文帝的谥号，题记肯定是在孝文帝于499年去世之后才镌刻的。题记很可能刻制于504或506年，根据《魏书》（卷八，第3页和第5页）记载，杨大眼就是在这两年率军去平叛的。

[4] 这里可以解读为**爰暨下代**。这个解读肯定是准确的，因为在魏灵藏造像记（第三百九十二幅拓片）里也能看到这四个字。

[5] 这句话的意思是，他祖上皆为将相之才。他祖父**杨难敌**因武艺高强，确实让甘肃与四川交界处的氐人部落钦佩不已。

[6] 鲸字的本意是指巨大的鱼，但人们又用此字来暗喻可怕的坏人，因此在520年，《魏书》就记载着这样一句话：**车书弗同鲸寇尚炽**。

[7] 指正始元年。

[8] 在这句话后面，还清楚地刻着一个**武**字，但不知道此字要表达什么意思。

第三百九十二幅拓片（图541和图1615）[1]

（标题）：释迦像

（标题右侧）：魏灵藏

（标题左侧）：薛法绍[2]

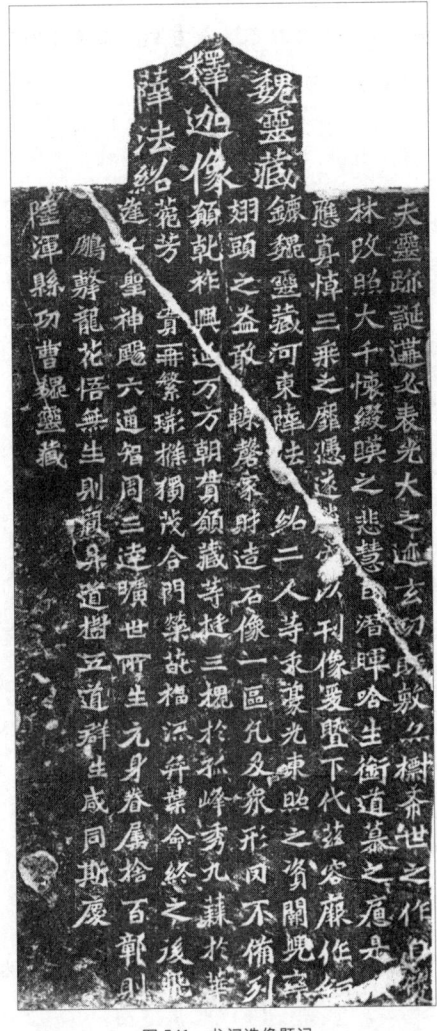

图541 龙门造像题记

魏灵藏

释迦像

薛法绍

夫灵跡誕遘必表光大之迹玄功既敷亦標希世之作自雙林改照大千懷綴暎之悲慧日潛暉含生衛道慕之痛是以應真悼三乘之靡憑遂騰空以刊像爰暨下代茲容厥作鉅鏕魏靈藏河東薛法紹二人等求豪光東照之資闕兜率翔菅敢敢敢萬方朝貫家財造石像一區凡及眾形罔不備列願乾祚興延萬方朝貢藏等挺三槐於孤峯秀九棘於華苑寔再繁荊條獨茂合門榮葩福流弈葉命終之後飛逢千聖神飈六通智周三達曠世所生元身眷屬捨百郡則鵬擊龍花悟無生則鳳昇道樹五道羣生咸同斯慶

陸渾縣功曹魏靈藏

图1615

---

[1] 此题记可见图376，位于上面大佛龛的右侧。《金石萃编》（卷二十八，第3页下）收录了此题记，并将其置于杨大眼造像记的后面，我们在此也依照《金石萃编》的编辑方法来排列，尽管此题记没有记载造像时间。《校碑随笔》第79页；《中州金石记》卷一，第25页上；《平津读碑记》卷十，第2页上；《寰宇访碑录》卷二，第2页下；《攟古录》卷六，第8页上；《艺风堂金石文字目》卷二，第1页下。

[2] 魏灵藏和薛法绍是两位供养人的名字。

夫灵跡诞遘，必表光大之迹；[1]玄功既敷，亦标希世之作。[2]自双林改照，大千怀缀映之悲；[3]慧日潜晖。含生衔道慕之痛。是以应真[4]悼三乘之靡凭，[5]遂腾空以刊像。爰暨下代，兹容厥作。巨鹿[6]魏灵藏，河东[7]薛法绍[8]二人等，求豪[9]光东照之资，阙兜率翘头之益，敢辄磬[10]家财，造石像一区，凡及众形，罔不备列。愿乾祚兴延，万方朝贯[11]。愿藏等挺三槐于孤峰，秀九棘于华苑。芳实再繁，荆条独茂。[12]合门荣葩，福流弈叶。命终之後，飞逢千圣[13]。神飏六通，智周三达[14]。旷世所生，元身眷属。舍百郢则鹏击龙花，悟无生则凤升道树。五道群生，咸同斯庆。陆浑县[15]功曹魏灵藏。

---

[1] 这句话的意思是，当佛本人出现在凡人世界里时，必将留下踪迹。

[2] 由于见不到佛本人，人们行善举所镌刻的佛像也同样意义非凡。

[3] 即佛陀在娑罗树间进入涅槃。

[4] **应真**就是指阿罗汉（参阅《汉文大藏经五百寓言故事集》第一卷，第1页注2）。佛升天之后，为母亲讲经说法，而目犍连则带着一名能工巧匠，让他仔细观看佛本人，以便用旃檀木雕刻出佛像，世上第一尊佛像就是这样雕制出来的（参阅《大慈恩寺三藏法师传》和《大唐西域记》儒莲法译本第一卷，第284页及149页，其中讲述了一段关于弥勒佛像的传说，与佛像的传说相类似）。

[5] 单靠文字已无法进一步发展佛教，还要仰仗佛像。

[6] **巨鹿**在此是指一个郡名，位于今**晋**州境内，晋州隶属直隶省正定府。

[7] 河东位于**永济**县城东南，永济县隶属于山西省蒲州府。

[8] 在题记碑文的法字与绍字之间有一间隙，这个间隙是因岩石在此裂开而造成的，在下两行文字里依然能看到这个因石裂而造成的间隙。

[9] **豪**=毫。

[10] **磬**=罄。

[11] **贯**=贡。

[12] 槐和棘都是带刺的植物。

[13] 指千佛。

[14] 我没找到**三达**具体指哪三达，这个词有多种可能的解释。

[15] 位于嵩县东北五十里，嵩县隶属河南省河南府。

第三百九十三幅拓片（图617和图1616）[1]

大代正始三年十二月廿二日（507年1月21日），佛弟杨小妃，为亡造释迦像一区，愿亡父上生天上，弥勒授福。

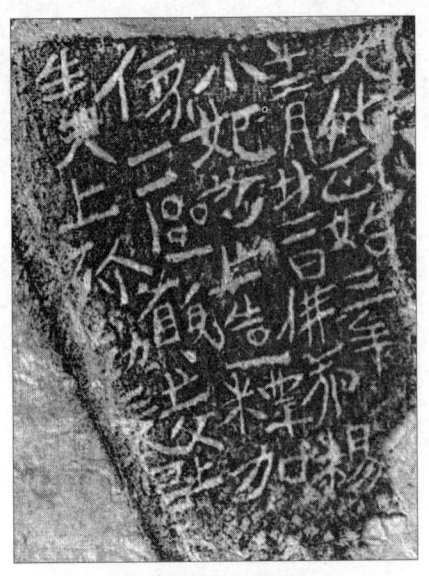

图617　龙门造像题记

图1616

---

[1]　《寰宇访碑录》卷二，第3页上；《攈古录》卷六，第9页上；《艺风堂金石文字目》卷二，第3页上。

图563　龙门造像题记

图1617

第三百九十四幅拓片（图563和图1617）[1]

魏圣朝大中大夫、安定王[2]元[3]燮造，仰为亡祖亲太妃[4]、亡考太傅静王[5]、亡姒蒋妃，见存眷属，敬就/静窟造释迦之容，并其立侍，众彩圆饰，群仙晚照，愿亡存居眷，永离秽趣，升超遐迹，常值诸佛，龙华为会；又愿一切群生，咸同斯福。正始四年（507）二月中讫。

---

[1]　《十二砚斋金石过眼录》卷五，第7—8页；《平津读碑记》卷二，第12页；《攈古录》卷六，第9页下；《艺风堂金石文字目》卷二，第3页上。

[2]　史书（《魏书》卷十九，第11—13页）上所记载的第一代**安定王**是**景穆**皇帝的第十三子，景穆皇帝卒于451年，去世时年仅24岁，追谥为景穆皇帝，尽管他生前仅是王储。第一代安定王名**休**，他母亲是王妃**孟椒房**；他于468年被封为王，卒于494年8月26日（《魏书》卷七，第6页下），后追谥为**靖王**（《魏书》卷十九，第11—12页）。他的次子名**燮**，袭父爵位，后于514年去世。此题记就是他撰写的，另外他在511年还撰写了另一则题记（第四百一十幅拓片）。

[3]　我们在前文已看到，北魏鲜卑人改用汉姓元。安定王系皇族成员，故也采用元姓。

[4]　这里说的是首任安定王的母亲孟太妃，**亲**字可以看作是她的谥号。

[5]　我们在前文看到，首任安定王后被追谥为靖王。

第三百九十五幅拓片（图567和图1618）[1]

护军府吏[2]鲁众，敬为所生父母，合门大小，造石像一区，供养从心。正始四年（507）四。

第三百九十六幅拓片（图564和图1619）[3]

正始五年正月卅日（508年3月17日），造释迦像一区，为所生父母，合门大小，普同斯福。杨安详敬造。

图567　龙门造像题记　　　图1618

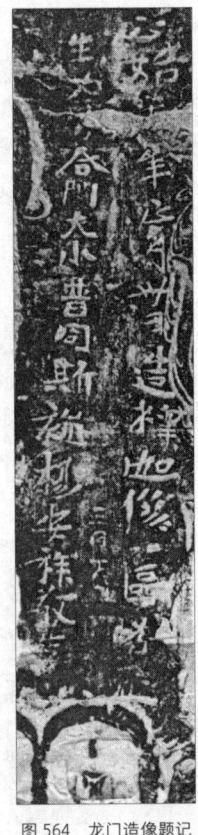

图564　龙门造像题记　　　图1619

---

[1] 此题记可见图394，位于距下边缘47毫米与右边缘65毫米的交会处。参阅《十二砚斋金石过眼录》卷一，第14页下；《寰宇访碑录》卷二，第3页上；《攈古录》卷六，第9页上；《艺风堂金石文字目》卷二，第3页上。

[2] 根据《魏书·官氏志》（卷一百十三，第4页）的解释，**护军**为**二品官员**。撰写此题记的人应该是这位高官的下属。

[3] 《寰宇访碑录》卷二，第3页上；《攈古录》卷六，第9页上，此书将像主的名字写为杨安**族**；而我则采纳了《艺风堂金石文字目》（卷二，第3页下）的写法。

第三百九十七幅拓片（图557和图1620）[1]

正始五年四月廿日（508年6月4日），阙口关[2]吏史市荣，造释加文佛石像一区，上为七世父母，所生父母，因缘眷属，常与善居。

第三百九十八幅拓片（图559和图1621）[3]

正始五年四月廿日（508年6月4日），阙口关曹吏张英周妻苏文好，造石像一区，为所生父母，合门大小，常与善居，所愿从心。

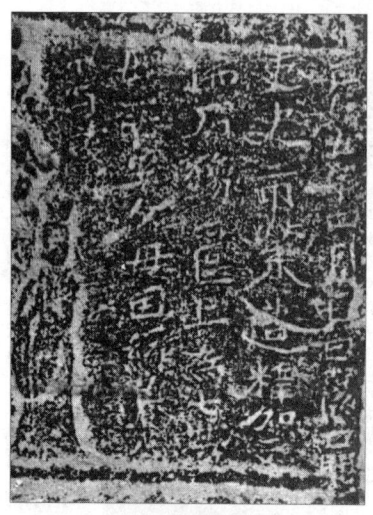

图557　龙门造像题记　　　　　　图1620

图559　龙门造像题记　　　　　　图1621

---

[1]《攈古录》卷六，第9页下；《艺风堂金石文字目》卷二，第3页上，此书将日期写为正始四年。此题记可见图374，位于距下边缘144毫米与左边缘17毫米的交会处。

[2] 此关口就是指龙门，龙门又名伊阙，古代也称阙塞。

[3]《攈古录》卷六，第9页下；《艺风堂金石文字目》卷二，第3页下。此题记可见图374，位于距下边缘139毫米与左边缘11毫米的交会处。

图620 龙门造像题记　　　　　　　　　图1622

第三百九十九幅拓片（图620和图1622）[1]

正始五年四月廿日（508年6月4日），阙口关功□□□□□□□像一区，上为七世父母，所生父母，因缘眷属，常与善居，所愿从心。

第四百幅拓片（未复制）[2]

在本拓片上方，从右至左能见一供养人和两个小佛龛，在供养人的右侧及两佛龛之间，反复刻着这样的题记：

"愿患难具绝"。

另有一小佛龛，龛下书写题记：

"□妙云，为己身造观世音菩萨一躯"。

第四个小佛龛旁有一题记，上书：

"元般鷽为亡姚，敬造观世音菩萨一躯"。

拓片左边能看出上下两则题记，题记为由左向右书写，题记均刻于正始五年八月十五日，题记为比丘惠合[3]所立。

---

[1] 我查阅了许多金石著作，但都没有找到此题记。此题记可见图374，位于距下边缘124毫米与左边缘12毫米的交会处。

[2] 此拓片包含多则短小题记，是从正壁大佛基座北侧菩萨像下拓来的（图375和图380）。

[3] 《寰宇访碑录》卷二，第3页上；《攗古录》卷六，第10页上；《艺风堂金石文字目》卷二，第3页下。

第四百零一幅拓片（未复制）[1]

题记已漫漶不清，开篇文字为："大魏永平元年（508）岁在戊子清州埏泉寺道"，接下来的文字是"造弥勒像一区并七佛"[2]，供养人愿"以此微福"，"一切含生同见弥勒"。

第四百零二幅拓片（图610和图1623）[3]

永平二年岁次巳丑四月廿五日（509年5月29日），比丘尼法文、法隆等，觉非常世，深发诚愿，割竭私财，□为己身，敬造弥勒像一躯，愿使过见者，普沾法雨之润；礼拜者，同无上之乐，龙华三唱，愿在□□，一切众生，普同斯福。

图610　龙门造像题记

图1623

---

[1] 此题记可见图394，位于距下边缘35毫米与右边缘12毫米的交会处。《寰宇访碑录》卷二，第2页上；《攈古录》卷六，第10页上；《艺风堂金石文字目》卷二，第3页下。

[2] 在图394上，即距下边缘35毫米及右边缘70—65毫米的之间处可以隐约看到这七尊佛像。

[3] 《攈古录》卷六，第10页上。此题记可部分见于图371左侧（距下边缘34毫米处），部分见于图371右侧（距下边缘36毫米）。

第四百零三幅拓片（图590右侧和图1624）[1]

永平三年四月四日（510年4月27日），比丘尼法行、能用，敬造定光石像一区，并二菩萨，愿永离烦恼，无有苦患；愿七世父母，因缘眷属，现在师徒，并同兹福，亦令一切众生，咸同斯庆。

第四百零四幅拓片（图603右侧和图1625）[2]

永平三年五月十日（510年6月2日），道人[3]惠愿，敬造世加文佛一区，愿四大[4]□□□□□，复为七世父母、所生父母。

图590　龙门造像题记

图1624　　　　　　　　图603　龙门造像题记　　　　图1625

---

[1]　《寰宇访碑录》卷二，第3页下；《攈古录》卷六，第10页下；《艺风堂金石文字目》卷二，第4页上。此题记可见图590，位于距下边缘29毫米与右边缘55毫米的交会处，刻在佛龛的下方。

[2]　《攈古录》卷六，第10页下；《艺风堂金石文字目》卷二，第4页上。这幅拓片是从正壁佛像基座的南面拓下来的。

[3]　我们看到，此处用"**道人**"来指代僧人，这个称呼极为罕见。

[4]　此指水、火、土、风，人体其实就是这四种属性的综合体。

第四百零五幅拓片（图561和图1626）[1]

永平三年九月四日（510年10月21日），比丘尼法庆，为七世父母，所生、因缘，敬造弥勒佛一躯，愿使来世，讬生西方妙乐国土，下生人间，公王□□[2]，远离烦恼；又愿己身与弥勒俱生莲华树下。

图561　龙门造像题记

图1626

---

[1] 《寰宇访碑录》卷二，第3页下；《攈古录》卷六，第10页下；《艺风堂金石文字目》卷二，第3页下。此题记可见图367，位于距下边缘116毫米与右边缘80毫米的交会处。

[2] 我在图1626里留下的两个空白处或许应为"长者"二字，图1627的题记就采用了这两个字。

第四百零六幅拓片（图591和图1627）[1]

永平三年十一月廿九日（511年1月14日），比丘尼惠智，为七世父母，所生父母，造释加像一躯。愿使讬生西方妙乐国土，下生人间，为公王长者，永离三途。又愿身永安温，与弥勒俱生莲华，树下三会说法。一切众生，普同斯愿。

图591　龙门造像题记　　　　　图1627

---

[1]《寰宇访碑录》卷二，第3页下；《攈古录》卷六，第10页下；《艺风堂金石文字目》卷二，第4页上。在图375里，此题记被狮子头像给遮挡住了，它位于距下边缘59毫米与右边缘82毫米的交会处，是为这座佛龛所写的题记。

第四百零七幅拓片（图592和图1628）

大代永平四年二月十日[1]（511年3月24日）清信士□□□□□[2]德，羌王奴等，敬造弥勒像一区，并五十五佛为亡母，愿亡母讬生西方妙乐国土，若人间生作王侯；愿合门大小，见在安隐[3]；复愿一切众生，□□□□，咸同斯福，一时成佛。

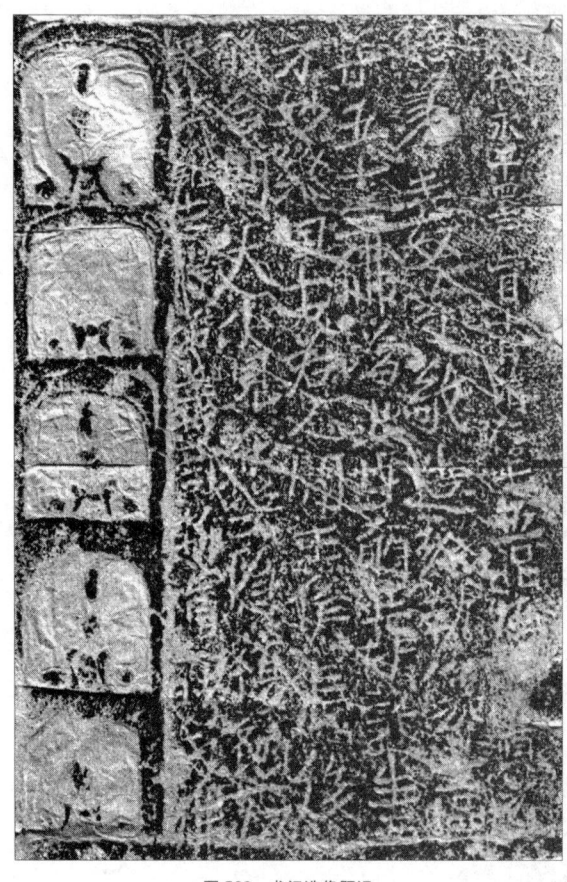

图592 龙门造像题记

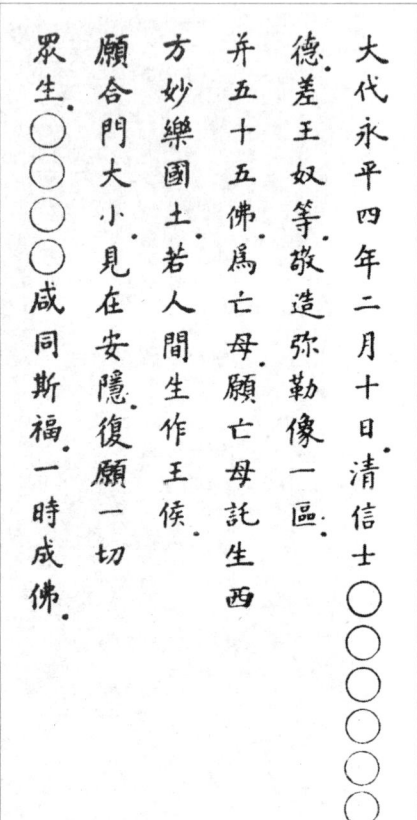

图1628

---

[1] 《攈古录》卷六，第10页下；《艺风堂金石文字目》卷二，第4页上，这两部金石著作都将日期读成"三月"。

[2] 我在图1628里所留的空白，《攈古录》（卷六，第10页下）将其解读为"**五品黄元**"；而《艺风堂金石文字目》（卷二，第4页上）则将其书写为"**五品孙贾元**"。

[3] 隐=稳。

第四百零八幅拓片（图607和图1629）[1]

永平四年岁次在辛卯八月甲子朔廿六日（511年10月30日），清信士佛弟子、殿中将军、领大官令曹连，敬造释迦牟尼像，□□历劫以来，所作众罪，消垢云除，万善庆集，七世父母，有识含生，普蒙斯善，所愿如是。

图607 龙门造像题记　　　　图1629

[1]　《寰宇访碑录》卷二，第3页下；《攈古录》卷六，第10页下；《艺风堂金石文字目》卷二，第4页上。此题记可见图367，位于距下边缘116毫米与右边缘75毫米的交会处。

第四百零九幅拓片（图578和图1630）[1]

永平四年岁次在卯[2]九月一日甲午朔（511年10月8日），比丘僧法兴，敬造弥勒像一躯，上为皇家，师僧父母，有识含生，普乘微善，龙华三会，[3]俱望齐上；又愿皇祚永隆，三宝晕延，法轮长唱[4]，所生父母，讬生紫神，莲升兜率，面奉慈氏，足步虚空，悟发大解，所愿如是。

图578　龙门造像题记　　　　　　　　　　图1630

---

[1]　《寰宇访碑录》卷二，第3页上；《攈古录》卷六，第11页上；《艺风堂金石文字目》卷二，第4页上。此题记可见图366，位于距下边缘120毫米、紧靠左边缘处。

[2]　永平四年系农历辛卯年，但我们不能因此就说此处辛字被镌刻者给遗漏掉了，有些例子也表明，人们在纪年时仅用天干地支的后一个字，在宁波发现的一块古砖上（参阅吕佺孙的《百砖考》第8页）就镌刻着："大康九年（288）太岁在申"，公元288年是戊申年。同样，《后汉书》（卷三十五，第7页）也写着这样一句话："今年岁在辰，来年岁在巳"。这是指公元200年和201年，即农历庚辰年和辛巳年。（作者在抄录《后汉书》时，将辰字误写为申。——译者注）

[3]　指弥勒佛讲法。

[4]　唱字在此的意思为昌。

第四百一十幅拓片（图590左侧和图1631）[1]

永平四年十月七日（511年11月12日），止和寺尼道僧，略造弥勒像一区，生生世世，见佛问法，清信女周阿足，愿现世安稳，一切众生，并同斯愿。

第四百十一幅拓片（图566，1632和图1633）

图566左侧的题记就镌刻在图372正中那尊大佛龛的下方，此题记极为重要，因为它告诉我们这尊美丽的佛像是什么时候雕制的。

佛龛下部宽145厘米，佛龛内的佛像高约130厘米，鉴于这是一尊坐像，佛像应与真人尺寸相差无几。佛的头像与手臂已残缺，佛像前的狮子雕像也不见了踪影，佛龛背景里雕刻着两尊弟子像，弟子像头部为圆雕，上半身为浮雕，下半身则没于石壁中。

在佛龛的下方，题记两侧分别展开两条装饰带，这两条装饰带并不同高，右侧的比左侧的略高一些，但两条装饰带显然在前后呼应，好像要把题记给框起来似的。图566复制了右侧装饰带：排在最前面的僧人双手捧着一只珠宝盒，从他头顶上的铭文看（图1632），此人应是"比丘法智师"；接着是另一人物，此人身后有两位侍从，一人撑着障扇，另一人撑着华盖（图405里的礼佛行列也是这样布置

图566　龙门造像题记

图1631

永平四年
十月七日止
和寺尼道僧
略造弥勒
像一区生生
世世见佛
问法清信
女周阿足愿现
世安稳一切众生并同
斯愿

图1632

弟子伏寶
弟子多寶
法嵩王
法威王
法訓王
比丘法智師

---

[1]《寰宇访碑录》卷二，第4页上；《金石萃编》卷二十七，第8页上；《攈古录》卷六，第10页下；《艺风堂金石文字目》卷二，第4页上。此题记可见图375，位于距下边缘29毫米与右边缘72毫米的交会处。

```
皇魏永平四年歲次辛卯
十月十六日假節督華州
諸軍事征虜將軍華州刺
史安定王仰為亡祖親
太妃亡考太傅靜王亡妣
蔣妃敬造石窟一軀依巖
襄宇刊崇冲室妙鐫靈像
外相顯發工績聲儀凝華
○極敬恃此福上資先尊
○使捨此塵軀即彼真境
○逮六通明矚無尊值遇
○○○早登十地又願居眷
○○○祥照看永祚山河
斯願　○○○世一切含生普同
```

图 1633

的），此人是"法训王"；紧跟着又是一个人物，身后有撑着障扇和华盖的侍从，他是"法威王"；再接下来的第三个人物，身后也有两侍从，分别撑着障扇和华盖，他是"法嵩王"。这三个人物也许就是安定王和另两个供养人，这两人也许是僧人，不过这一点并不明确。队列最后有五位男子，前两位名叫"弟子多宝"和"弟子伏宝"。左侧装饰带（图368）展现的是仕女队列，排在最前面的是一僧人，名叫**法进**，他身后紧跟着四位女子，每位女子有侍女陪伴，侍女为她们撑着华盖，再往后还有七位仕女跟随着她们。

题记镌刻在两条装饰带之间，碑文是这样写的：[1]

　　皇魏永平四年岁次辛卯十月十六日（511年11月21日），假节督、华州诸军事、征虏将军、华州刺史安定王，[2]仰为亡祖亲太妃、亡考太傅静王、亡妣蒋妃，敬造石窟一躯。依岩襄宇，[3]刊崇冲室，妙镌灵像，外相显发，工绩声仪，凝华□极，敬恃此福，上资先尊。□使舍此尘躯，即彼真境，□逮六通，明嘱无尊，值遇□□，早登十地；又愿居眷□□，□祥照看，永祚山河，[4]□□□世，一切含生，普同斯愿。

[1]《金石萃编》卷二十七，第10页上；《中州金石记》卷十三，第12—13页；《寰宇访碑录》卷二，第3页下；《攈古录》卷六，第11页上；《艺风堂金石文字目》卷二，第4页下。

[2] 即安定王元燮。

[3] 即利用山上的天然石洞；襄=抱。

[4] 这句话在暗喻"河山带砺"，汉代在封爵时，要让授封官吏发誓："使河如带，泰山若砺"，比喻时间久远，遭遇任何动荡也不变心（参阅《史记》法译本，第三卷，第121页）。

第四百十二幅拓片（图623和图1634）[1]

永平四年十二月十二日（512年1月15日），清信女尹伯成妻，奉为亡夫伯成，造观世音像一躯，愿使□□受法，永离三途，一切众生，普同斯□。

第四百十三幅拓片（图584和图1635）[2]

延昌元年岁次壬辰十一月丁亥朔（512年11月24日），弟子刘洛真，为亡兄惠宝，敬造释迦像一区，敬造养。

图 623　龙门造像题记　　　　　　　　　　图 1634

图 584　龙门造像题记

图 1635

---

[1]《寰宇访碑录》卷二，第4页下；《攗古录》卷六，第11页上；《艺风堂金石文字目》卷二，第4页下。此题记可见图371，位于距下边缘43毫米与右边缘23毫米的交会处。

[2]《寰宇访碑录》卷二，第4页下；《攗古录》卷六，第12页上；《艺风堂金石文字目》卷二，第5页上。此题记可见图365，位于距下边缘79毫米与右边缘40毫米的交会处。

第四百十四幅拓片（图589和图1636）[1]

延昌元年岁次壬辰十一月丁亥朔四日（512年11月27日），清信士弟子刘洛真兄弟，为亡父母，敬造弥勒像二区，[2]使亡父母讬生紫微安乐之处，[3]更愿七世父母，师僧眷属，见在居门，老者迺年，少者益算，使法解相生，一时诚佛，所愿如是。

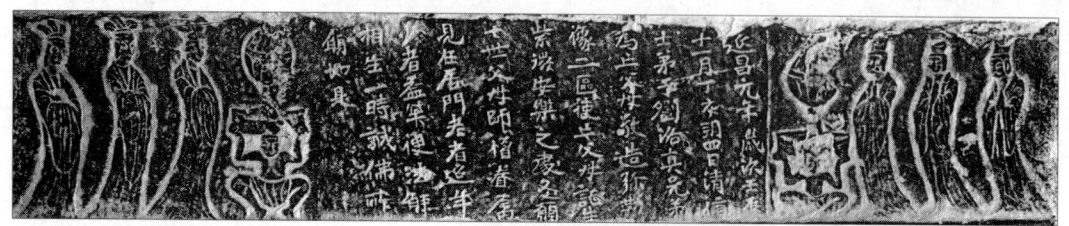

图589 龙门造像题记

图1636

---

[1] 《寰宇访碑录》卷二，第4页下；《攈古录》卷六，第12页上；《艺风堂金石文字目》卷二，第5页上。此题记可见图365，位于距下边缘74毫米与右边缘48毫米的交会处。题记上方有两个对称的佛龛，题记两侧各有一香炉，一个呈蹲姿的神仙扛着香炉；题记右侧还有三个人，大概是刘洛真和他的两个弟弟，左侧有三个女人，她们也许是供养人的妻子。

[2] 题记上方确实有两个佛龛。

[3] **紫薇垣**系指北天中央，包括北斗星及其他拱极星（参阅施莱格尔的《中国天体图》，第541页）。有意思的是佛教的天堂概念与中国古老的天体学说在此融合在一起。

第四百十五幅拓片（图565上部和图1678）[1]

清信弟子王江□，敬造释迦牟尼像一区，所愿从心。

第四百十六幅拓片（图565下部和图1637）[2]

延昌二年八月二日（513年9月17日），比丘尼法兴同惠，发愿造释迦像一区，愿使此□□□恶云消，戒□清洁，契虑玄宗，明悟不二，逮及七世父母，生身父母，一切众生，咸同此福。

第四百十七幅拓片（未复制）[3]

此题记漫漶难辨，仅能辨认出延昌三年八月二日（514年7月9日），十四邑人利用石洞，为自身敬造弥勒像一躯，愿所列邑人，[4] 咸同斯福，延年益寿。

图 565　龙门造像题记　　　　图 1637

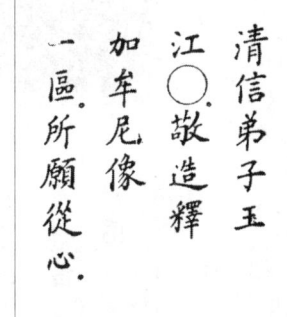

图 1678

---

[1] 《艺风堂金石文字目》卷二，第5页上，此书将像主的名字写为王江奴，这样便弥补了图1678的空白处。图565上有两则不同的题记，可见图394，位于距下边缘39毫米与左边缘49毫米的交会处。上面那则题记（图1678）是为其上方的小佛像撰写的，而下面的题记（图1637）则是为左侧佛龛撰写的造像记。

[2] 《寰宇访碑录》卷二，第2页下；《攈古录》卷六，第12页上；《艺风堂金石文字目》卷二，第5页上。

[3] 《攈古录》卷六，第12页下；《艺风堂金石文字目》卷二，第5页上。此题记刻于石窟正壁，大佛像背后。

[4] 在《攈古录》里，在题记所列举的邑人当中，排在首位的名叫张归伯；而《艺风堂金石文字目》则将排在前两位的邑人写为：张虽伯和张道夷。

第四百十八幅拓片（图599和图1638）[1]

延昌四年二月二日（515年3月2日），佛弟子白方生，妇鼻普念，造□加牟尼佛，并二菩萨，愿愿从心，为一切众生，□□成佛。

第四百十九幅拓片（图614右侧和图1639）

延昌四年八月廿四日（515年9月17日），清信士佛弟子尹□□[2]，仰为父，一切众，造多保[3]像一区。

图599　龙门造像题记　　　图1638

图614　龙门造像题记

图1639

---

[1]　《寰宇访碑录》卷二，第4页上；《攈古录》卷六，第12页下；《艺风堂金石文字目》卷二，第5页上。此题记可见图366，位于距下边缘130毫米与右边缘65毫米的交会处。

[2]　《寰宇访碑录》卷二，第5页上；《攈古录》卷六，第12页下，将像主的名字解读为**尹显房**是错误的。而《艺风堂金石文字目》（卷二，第5页下）则将其解读为尹显庆，最后一个字应该是庆。此题记可见图365，位于距下边缘59毫米与右边缘33毫米的交会处，刻在一个小佛龛的下方，佛龛里刻着多宝佛和释迦牟尼。

[3]　**保=宝**。

第四百二十幅拓片（图619和图1640）[1]

延昌四年八月辛未朔廿九日己亥（515年9月22日），清信女尹静妙，一切众生造。

第四百二十一幅拓片（图593和图1641）[2]

熙平二年四月十五日（517年3月20日），比丘惠荣，仰为皇帝陛下，七世父母，所生父母，敬造弥勒像一区，庶借□仰崇圣□□含生同登□。

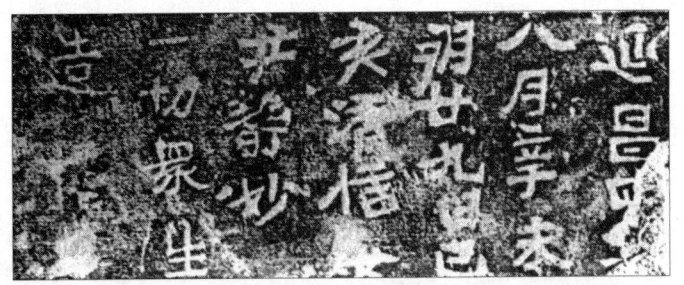

图 619　龙门造像题记

图 1640

图 1641

图 593　龙门造像题记

---

[1]　《寰宇访碑录》卷二，第2页上；《攈古录》卷六，第12页下；《艺风堂金石文字目》卷二，第5页下。此题记可见图365，位于右下的阴暗处。

[2]　《寰宇访碑录》卷二，第5页上；《攈古录》卷六，第12页下；《艺风堂金石文字目》卷二，第5页下。此题记可见图382，位于距下边缘72毫米与左边缘50毫米的交会处。在右侧，题记前还有一只香炉，一个下蹲的人物扛着香炉，在更偏右处，好像还有其他供养人朝香炉走过来。题记是为其上方的佛龛撰写的。

第四百二十二幅拓片（图588右侧和图1642）[1]

熙平二年五月廿四日（517年6月28日），比丘惠，仰为父母眷属，及以己身，敬造释迦像一区，并七佛，[2]愿所愿随心。

第四百二十三幅拓片（图588中间和图1675）

比丘尼□祉，造释加牟尼像壹堪，为身所造。上为七世父母，所生父母，兄弟姊妹，五等眷属，因缘□□□□堕三恶道中，皆得解脱。

第四百二十四幅拓片（图588左侧）

比丘□□造观世音菩萨一区，供养。

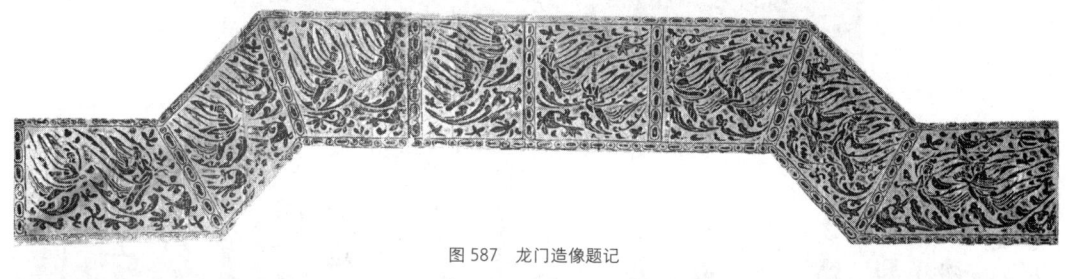

图587　龙门造像题记

图588　龙门造像题记

图1642

图1675

---

[1] 《寰宇访碑录》卷二，第5页上；《攈古录》卷六，第13页上；《艺风堂金石文字目》卷二，第5页下，此书将像主的名字写为惠珍。此题记及后面两题记都拓在图588上，此题记可见图394，位于距下边缘25毫米与左边缘53毫米的交会处。

[2] 用一只放大镜可在图394上看到此题记，在距下边缘32毫米与左边缘50毫米的交会处，看到题记所说的七尊小佛像，小佛像上方有一佛龛，内有一释迦牟尼坐像。题记就刻在佛龛下方。

第四百二十五幅拓片（图545和图1643）[1]

夫玄宗冲邈，迹远于鹿开[2]，灵范崇虚，理绝于埃境。若不图色相[3]以表光仪，寻声教以陈妙轨，将何以依希至象，仿佛神功者哉？持节[4]督泾州诸军事、征虏将军、泾州刺史、

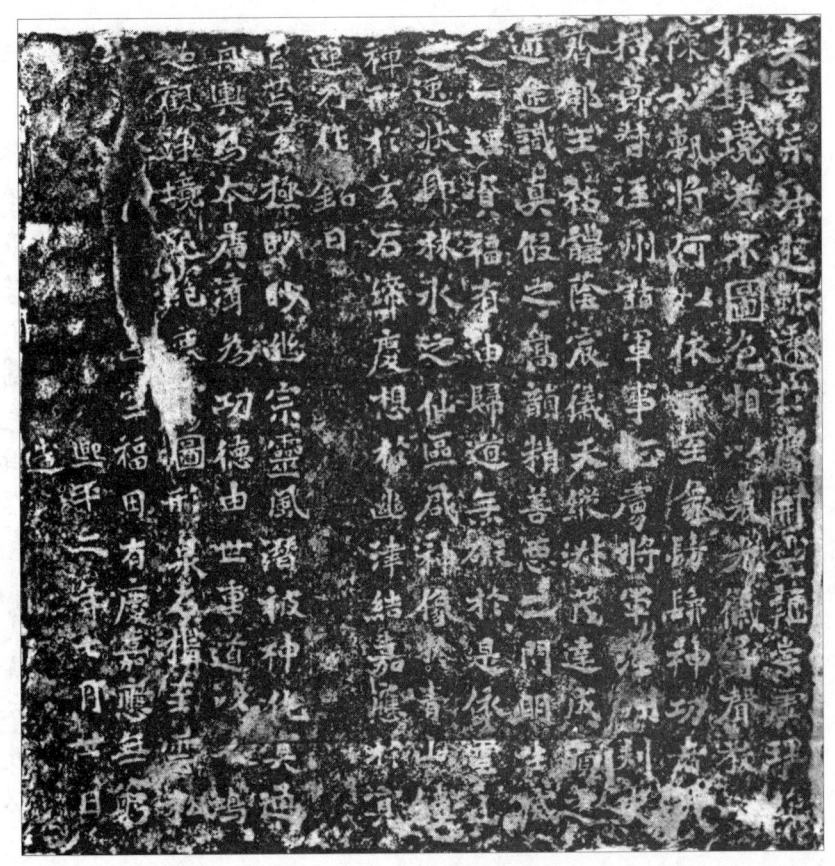

图545　龙门造像题记

---

[1]　《金石萃编》卷二十八，第3页下；《平津读碑记》卷二，第14页；《古墨斋金石跋》卷二，第11页；《校碑随笔》第85页下；《寰宇访碑录》卷二，第5页上；《攈古录》卷六，第13页上；《艺风堂金石文字目》卷二，第5页下。此题记可见图394，位于距下边缘70毫米与左边缘64毫米的交会处。

[2]　我参照《金石萃编》将这两个字抄录为"**鹿开**"，但我认为这两个字没有任何意义，也许"鹿"字应该读为"尘"，但题记上的"开"字写得很清楚，这个字在此又表示什么意思呢？

[3]　意思是说，如果不造佛像的话。

[4]　**持节**的完整官衔应为**使持节**。

齐郡王祐[1]，体荫宸仪，天纵淑茂，达成□[2]之通途，识真假之高韵，精善恶二门，明生灭之一理，资福有由，归道无碍，于是依云山之逸状，即林水之仙区，启神像于青山，镂禅形于玄石，缔庆想于幽津，结嘉应于冥运，乃作铭曰：茫茫玄极，眇眇幽宗，灵风潜被，神化冥通，舟舆为本，广济为功，德由世重，道以人鸿，超观净境，□绝尘□，图形泉石，构至云松，□□□□，□□□空，福田有庆，嘉应无穷。熙平二年七月廿日（517年8月22日）造。

图1643

---

[1] 《魏书》（卷二十，第2页）简单记述了齐郡王祐的传记，祐是齐郡王简的儿子，通过此题记，我们可以看出祐继承了父亲的爵位，他父亲于499年去世，祐还是文成皇帝的孙子。依照《古墨斋金石跋》的说法，此人的真名或许是祜，题记（图545）上也刻的是这个字，这个字或许与祐字搞混淆了，但《魏书》上写的确实是祐字。

[2] 成字后面所缺之字也许是败字，但从拓片的痕迹看，败字好像说不通。

第四百二十六幅拓片（图570和图1644）[1]

神龟元年六月十五日（518年7月8日），杜迁等廿三人，敬造释迦像一区，各为七世父母，师僧眷属，一切众生，俱发正觉。

第四百二十七幅拓片（图1645）

神龟二年三月十五日（519年4月29日）造。

邑师惠咸[2]

邑主孙年堂吴□□

都唯那吴□□

唯那张□□

唯那□□□

图570　龙门造像题记

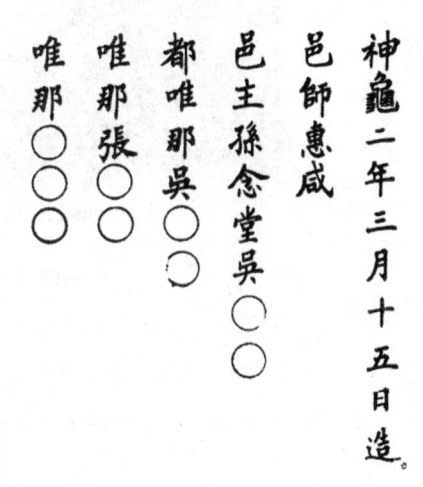

图1644　　　　　　图1645

---

[1]《寰宇访碑录》卷二，第5页下；《攈古录》卷六，第13页上；《艺风堂金石文字目》卷二，第5页下。此题记可见图382，位于最下方距左边缘23毫米处。题记前写着23位邑人的名字（图1644没有抄录这些人的名字），名单中排在首位的是一位邑师，名**邑师慧□**，第二位是僧人，名**比丘道因**，后面二十一位都是邑人，排在首位的名叫**杜安迁**，与题记上提到的**杜迁**为同一人。

[2]《攈古录》卷六，第13页下，此书将像主的名字写为**惠盛**。此题记可见图385，位于距下边缘87毫米与右边缘9毫米的交会处。题记（图1645）的第一行刻在佛龛的右侧，其他文字则刻在佛龛的下方。

图 580 龙门造像题记

图 616 龙门造像题记

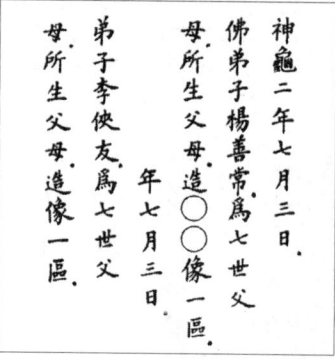

图 1646

第四百二十八幅拓片（图580）[1]

题记正中刻着一幅图像：一僧人站在一香炉旁，图像右侧文字已漫漶不清，难以解读；不过图像左侧文字保存得稍好些：供养人造无量寿佛一躯，愿天下一切含生，七世父母，所生父母及善知识，吉遇弥勒三唱，恒登先□。神龟二年四月廿五日（519年6月8日），清信士杜匡安造。[2]

第四百二十九幅拓片（图580左侧）

在图580的最左侧，有一小题记，系为其上方佛像所作，这尊立佛像可见图384，在距右边缘75毫米处。这是一尊观世音菩萨像。

第四百三十幅拓片（图616和图1646）[3]

神龟二年七月三日（519年8月13日），佛弟子杨善常，为七世父母，所生父母，造□□像一区。年七月三日，弟子李侠友，为七世父母，所生父母，造像一区。

---

[1] 《寰宇访碑录》卷二，第5页下；《攈古录》卷六，第13页上；《艺风堂金石文字目》卷二，第5页下。
此题记可见图384，位于距下边缘64毫米与右边缘42毫米的交会处。

[2] 杜**匡**安。《艺风堂金石文字目》（卷二，第5页下）将其写为杜**民**安。

[3] 《寰宇访碑录》卷二，第5页下；《攈古录》卷六，第13页下；《艺风堂金石文字目》卷二，第5页下。
此题记可见图382，位于距下边缘54毫米与左边缘37毫米的交会处。

第四百三十一幅拓片（图548和图1647）[1]

大魏神龟三年三月廿日，比丘尼慈香、慧政，造窟一区记。夫零[2]觉弘虚，非体真遂，其跡道建，崇[3]表常范，无乃标美幽宗，是以仰渴法津，应像营微，福形且逸，生讬烦躬，愿腾无碍[4]之境，逮及□恩含闰[5]，法界滋蒙□泽，□石成真，刊功八万，延及三从[6]，敢同斯福。

图548 龙门造像题记　　　　　　　图1647

---

[1]《十二砚斋金石过眼录》卷六，第10页；《寰宇访碑录》卷二，第2页下；《攈古录》卷六，第14页上；《艺风堂金石文字目》卷二，第5页下。

[2] 零=灵。

[3] 在崇字后面，有一尚未刻完的字，但此字可以忽略不译。

[4] 在题记里，碍字没有写石字旁。

[5] 闰=润。此处译文不一定很准确。

[6] 不知三从在此表达什么意思，或许应将其解读为"三徒"，而"徒"字可以作"途"字解，希望陷入三途（血途、刀途、火途）的人也能通过这两位比丘尼的善举，共享此福。

图571 龙门造像题记

图1648

第四百三十二幅拓片（图571和图1648）[1]

夫冲宗凝湛，非妙像无以启其原；至道玄微，非诠[2]莫能寻其本。是以阙口[3]赵阿欢诸邑卅二人，[4]体生灭之际，识去流之分，知身浮云，余如霜露，故合竭家财，造弥勒像一区，借因此福，缘邑仪光，著道根扶疎，□外增□□□□□万吉，实侍龙花之期。因缘知识。神龟三年[5]六月九[日（520年7月9日），功讫]。

题记后面列出邑主名单，《金石萃编》收录了这份名单，但人名并不一定十分准确：名单中第一个名字惠感，这是一个僧人的名字，应该仅有两个字，而不应再有缺字；第五个人的姓应为**常**，而不是**韦**；第六个人名的第二字肯定不是**胜**字，但我不该如何解读这个字；第十一个人名中的第三字应为**冕**。

---

[1] 《金石萃编》卷二十八，第7页上；《平津读碑记》卷二，第14页；《古墨斋金石跋》卷二，第15页下；《校碑随笔》第89页；《攈古录》卷六，第14页上；《艺风堂金石文字目》卷二，第6页上。这块大题记可见图384最下面，位于距右边缘40毫米处。

[2] **诠**字前面应有一形容词。

[3] 即指龙门镇。

[4] 若将赵阿欢本人算在内，邑主应为卅五人。图1648上所抄录的文字应作相应的修改，要将其读作"**诸色**（而非诸邑）**卅五**（而非卅三）**人**"。（图1648题记抄录为"卅二人"——译者注）

[5] 《金石萃编》（卷二十八，第7页上）将纪年写为神龟"二"年，但拓片上，那个"三"字清晰可辨。从520年8月18日起，年号由神龟改为正光，因此在7月9日那一天，确实应该是神龟三年。

第四百三十三幅拓片（图585和图1649）[1]

正光元年九月廿日（520年10月17日），前部荥阳郡[2]从事刘显明，酬昔生愿，今生造释迦像一区。

第四百三十四幅拓片（图608右侧和图1676）[3]

清信佛弟子杨道苌，侍佛时。

图585　龙门造像题记

图1649　　　　　　　　　　　　　　图1676

图608　龙门造像题记

---

[1] 参阅《寰宇访碑录》卷二，第6页上；《攈古录》卷六，第14页上；《艺风堂金石文字目》卷二，第6页上。此题记可见图386，位于距下边缘39毫米与左边缘43毫米的交会处。

[2] 今为荥阳县，隶属河南省开封府。

[3] 《攈古录》卷六，第14页下；《艺风堂金石文字目》卷二，第6页上。此题记及后两则题记可见图366，位于距下边缘118毫米与左边缘44至72毫米的交会处。这三则题记是由三个供养人同时刻在石壁上的，其中一人出资造了佛像，另两人仅出钱刻了佛龛两侧的人物。

图1650

第四百三十五幅拓片（图608中间和图1650）[1]

正光二年八月廿日（521年10月6日），比丘惠荣，造释迦像一区，愿帝祚永□，□及姊妹，一切含生，□登彼□，同证正觉。

第四百三十六幅拓片（图608左侧和图1651）[2]

正光二年八月廿日（521年10月6日），清信佛弟子王永安，供养佛时。

第四百三十七幅拓片（图606和图1652）[3]

正光二年十月廿二日（521年12月6日），清信士佛弟子徐□和，为亡祖母，造像一区。

图1651　　　图606　龙门造像题记　　　图1652

---

[1]　《攈古录》卷六，第14页下；《艺风堂金石文字目》卷二，第6页上。

[2]　《寰宇访碑录》卷二，第6页上；《攈古录》卷六，第14页下；《艺风堂金石文字目》卷二，第6页上。

[3]　《寰宇访碑录》卷二，第6页上；《攈古录》卷六，第14页下，此书将像主的名字写为**徐显和**，而《艺风堂金石文字目》（卷二，第6页上）则将此名写为**侯黎和**。此题记可见图368，位于距下边缘128毫米与左边缘68毫米的交会处。

第四百三十八幅拓片（未复制）[1]

如果仔细观看图365，就会发现右边缘处有一堵砌得很粗糙的墙，有人用这堵墙把石窟给封死了，甚至把上面的一个佛龛给分割成两半，图片右上的白色是因外面光线照进石窟所致，此墙不但把上面的佛龛分割成两半，还把下面的题记碑文也分割开来，此题记大概就是为上面佛龛所写的造像记，在此仅能看到题记的结尾部分，但字迹已漫漶，我们只能猜测出此类题记所书写的内容，再往下就能看到题记刻于正光二年十二月七日（522年1月19日）。根据《艺风堂金石文字目》（卷二，第6页上）的说法，像主为比丘惠荣（参阅第435幅拓片），为亡僧剋眆造像。

第四百三十九幅拓片（图577和图1653）[2]

正光三年九月九日（522年10月14日），比丘慧畅，仰为皇帝大君，师僧父母，兄弟姐妹，一切众生，敬造弥勒□□□□，同时成佛。

图 577　龙门造像题记

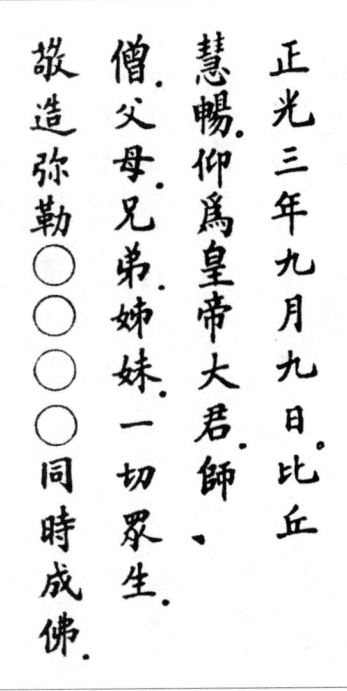

图 1653

---

[1] 与本拓片相吻合的题记可见图365，位于距下边缘90毫米与右边缘20毫米的交会处。

[2] 《寰宇访碑录》卷二，第6页上；《攈古录》卷六，第15页上；《艺风堂金石文字目》卷二，第6页上。此题记可见图382，位于距下边缘80毫米与右边缘67毫米的交会处，是为右侧佛龛所刻的造像记。

第四百四十幅拓片（图582和图1654）[1]

夫圣觉潜晕，[2]□□形相，幽宗弥□，攀寻莫晓，自非影像，遗训安可崇哉？是以比丘尼法俭[3]，感庆往因，得育天徽，[4]故献单诚，为女安乐郡君，于氏□□[5]奢难陀，造释迦像一区，愿女□住多康，众□永□，□荣遐纪，□□加助。正光四年正月廿六日（523年2月26日）。

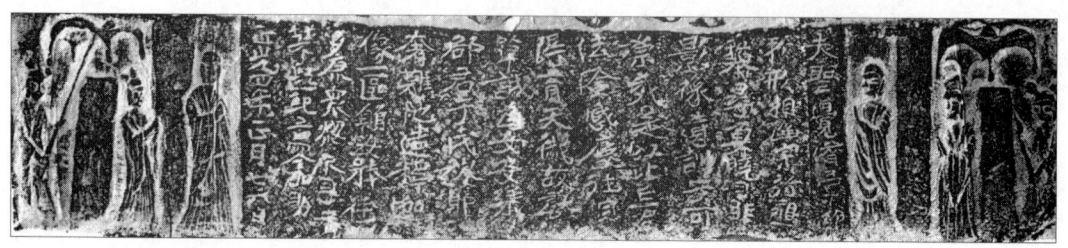

图 582　龙门造像题记

图 1654

---

[1]　《寰宇访碑录》卷二，第12页上；《攈古录》卷六，第15页上；《艺风堂金石文字目》卷二，第6页上。这后两部金石著作将像主的名字写为**法险**，因此要将图1654上的**法俭**两字修改过来。此题记可见图369，位于距下边缘92毫米与左边缘35毫米的交会处。题记两边各有三个人物，第一个人物是僧人，第二人是女子，身后紧随一女仆，为她持伞，每位女子身后有一榜题，但榜题如今已完全损毁，榜题内应写着女子是姓名，这两位女子大概是安乐郡公主和她母亲。

[2]　即佛陀涅槃之后。

[3]　这位比丘尼或许曾是公主，她为女儿安乐郡公主造像。

[4]　即指她女儿，安乐郡公主。

[5]　根据《艺风堂金石文字目》（卷二，第6页上）的解读，图1654里所缺之字应为**嫁耶**。

第四百四十一幅拓片（图568和图1655）[1]

孝昌元年七月十七日（525年7月24日），比丘尼僧贤，□迦衣[2]□□之余，仰为皇帝下[3]，师僧、父母、四辈[4]，敬造弥勒像一堪，观音、药师，今已就达，愿从此善，庆钟皇家，师僧父母，己身眷属，命延无穷，禀领四气，行禁积晕[5]，思悟二□，地狱舍刑，离苦福存，愿如是。

图568　龙门造像题记

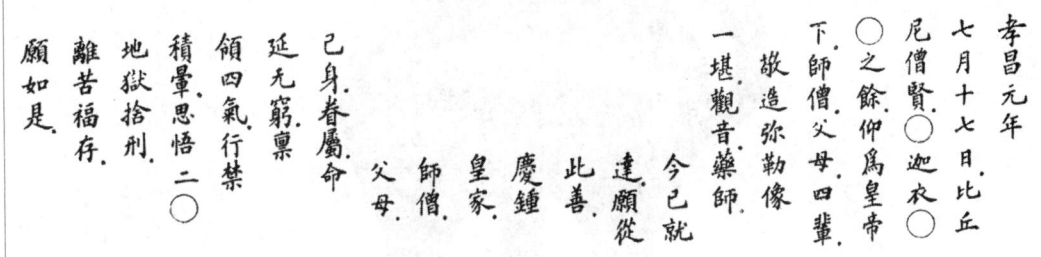

图1655

第四百四十二幅拓片

这里要放入一幅拓片，不过说实在的，我在金石著作里并没有查到这一题记。我只是通过翻阅赵声伯先生在1905年出版的一书才获知有这样一则题记。据赵声伯先生讲，1901年，他在一家旧书店里找到一幅拓自老君洞的拓片，如今这则题记碑文已完全漫漶，他采用珂罗版印刷术将这幅拓片制成一个小册子，由上海有正书局出版，小册子的标题为《**魏孝昌石窟碑**》。

这幅拓片极不清晰，不过依然能看出题记镌刻日期：**大魏孝昌三年岁次丁未九月辛酉朔十七日**（527年10月27日）。题记的标题为：**"太尉公皇甫公石窟碑"**。在碑文当中，我们看到皇甫公还是**左光**

---

[1] 《攈古录》卷六，第16页上；《艺风堂金石文字目》卷二，第6页下。此题记可见图381，位于距下边缘43毫米处，从左边缘42毫米处起看。

[2] **迦衣**大概就是指袈裟。比丘尼本人身无分文，只能靠节衣缩食，省下钱来造佛行善。

[3] 我猜测下字前应加**陛**字。

[4] 即指比丘、比丘尼、优婆塞、优婆夷。

[5] 我认为**晕**字在此含**晖**意。

禄大夫、中领军将军、司空公，由此我们得知，此人正是皇甫度。碑文由著名将军袁翻撰写，《魏书》（卷六十九）和《北史》（卷四十七）都记载了袁翻的传记。碑文为王实书丹，张文镌刻。碑文每行十八字。

第四百四十三幅拓片（图522和图1656）[1]

孝昌三年（527年）□月十二日，清信女刘□儿，为亡父母，造定光像一区，愿□□□□，使现在父母……[2]

图 522　山东潍县张毓琮收藏的青铜器皿

图 1656

---

[1]　此题记可见图375，位于距下边缘8毫米与右边缘65毫米的交会处。

[2]　后面一句"使现在父母……"不像是同一则题记上的文字。

第四百四十四幅拓片（图576和图1657）[1]

永熙二年九月十日（533年10月13日），佛弟子陵江将军政机树，敬造无量寿像一区，父母家眷[2]，暨一切众生，离苦得洛[3]，值遇诸佛。

第四百四十五幅拓片（图612和图1658）[4]

天平二年四月八日（535年5月25日），清信士佛弟子□□僧济长□□，愿比丘法□三人仰为己身，造□弥勒佛一区，后□□复愿七世父母，因缘眷属，佛闻法，□同斯愿。

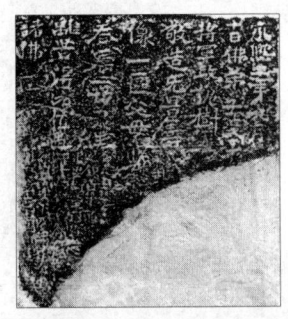

图576　龙门造像题记　　　　图1657

图612　龙门造像题记

图1658

---

[1]　《寰宇访碑录》卷二，第8页下；《攈古录》卷六，第19页上，此书将像主的名字写为**段桃树**。此题记可见图369，位于距下边缘30毫米与左边缘27毫米的交会处。

[2]　卷=眷。

[3]　洛=乐。

[4]　《寰宇访碑录》卷二，第10页上；《攈古录》卷六，第21页下；《艺风堂金石文字目》卷二，第16页上。此题记可见图384，位于距下边缘82毫米与右边缘80毫米的交会处。

第四百四十六幅拓片（图618和图1659）[1]

天平三年五月十五日（536年6月19日），比丘尼昙会、阿容，自为己身，师僧眷属，造观世音像一区，并及有形，共同斯福。

图618 龙门造像题记

图1659

---

[1]《寰宇访碑录》卷二，第10页下；《攈古录》卷六，第22页上；《艺风堂金石文字目》卷二，第16页上。这两尊佛龛可见图374，分别位于距下边缘10毫米与右边缘45毫米及左边缘58毫米的交会处。两尊佛龛好像是同时镌刻，不过刻在右侧佛龛下方的原始题记似乎被抹掉了，接着在那个位置上又刻了两尊小佛像，每尊佛像都有一题记，其中一题记为**忠州刺史李**所作。两尊佛龛的装饰几乎完全相同，很像图573右上那尊佛龛的装饰：龛楣顶部有帷帐，下有两行僧人，各朝一坐着的人物走去，其中一人手持团扇，另一人拿着弯曲的扇状物。这一场面很常见，但我不知道究竟代表什么意思。再往下，龛楣两端各刻着一只昂首的龙头；下面有两个人物站在莲花座上，头上有小屋檐为其遮挡（参阅图361中间那尊大佛龛）。在左侧佛龛里，题记刻在两位站立的弟子像之间，题记下方有一香炉，香炉两边各有一头蹲立的狮子；右侧佛龛里没有弟子像，右侧那头狮子完全站起来，好像在吼叫。

第四百四十七幅拓片（图573和图1660）[1]

清信女孙思香，为亡息傅诗始，造观世音石像，愿七世见存，常与善居。天平四年正月廿一日（537年2月16日）造。

第四百四十八幅拓片（图573和图1677）

在前一题记左侧，我们看到另一题记，此题记很有可能是在将原始题记抹掉后镌刻的，原始题记为左侧佛龛所立：

司马旦、郑性田等同来。丙寅年。

图573　龙门造像题记

图1677

图1660

---

[1]　《寰宇访碑录》卷二，第10页下；《攟古录》卷六，第22页上；《艺风堂金石文字目》卷二，第16页下。此题记可见图385，位于距下边缘113毫米与右边缘65毫米的交会处。此佛龛装饰与图618的两尊佛龛装饰极为相似，这两尊佛龛在石窟的另一侧（图370），与此题记佛龛相对。此题记仅比另两个佛龛题记晚刻三个半月。

第四百四十九幅拓片（未复制）[1]

天平四年七月廿五日（537年8月16日），清信女佛弟子**曹暎容**，为亡夫敬造弥勒像一躯。

第四百五十幅拓片（图611和图1661）[2]

大统六年四月廿八日（540年5月19日），平东将军、银青光禄大夫、石城县开国男，池阳开国伯，立□都□苏方[3]成妻赵□信、陈元清等造石窟一□，中有释迦像，仰为七世父母，因缘眷属，常与善居，愿愿从心。

图611 龙门造像题记

图1661

---

[1] 《寰宇访碑录》卷二，第10页下，像主的名字写为**曹敬容**；《攈古录》卷六，第22页上，而此书则把像主的名字写为**曹敬客**。《艺风堂金石文字目》卷二，第22页上，像主的名字写为曹映容。

[2] 《寰宇访碑录》卷二，第8页下；《攈古录》卷六，第20页上；《艺风堂金石文字目》卷二，第15页下。此题记刻于大佛像基座的正面。

[3] 此字应解读为**万**，而不应解读为**方**，图1661上的写法是错误的。

第四百五十一幅拓片（图624和图1662）[1]

平东将军、银青光禄大夫、万城县开国男、池阳县开国伯[2]苏方成为父母造。

第四百五十二幅拓片（图601和图1663）[3]

武定三年十一月十日（545年12月28日），故[4]比丘昙静，为大统寺主安法□□□释迦像一区；复愿静身，生生世世，值佛闻法，所愿如是。

图 624 龙门造像题记

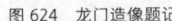

图 1662

图 1663

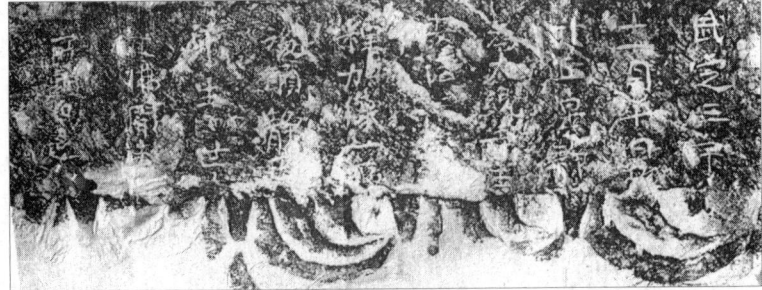

图 601 龙门造像题记

图 602 龙门造像题记

---

[1] 此题记可见图369，位于距下边缘80毫米与左边缘26毫米的交会处。

[2] 根据《魏书》卷一百十三（第14—15页）的解释，开国男为五品官职，而开国伯则为三品官职。此人同时享有这两个官职，真不知该如何解释。

[3] 《寰宇访碑录》卷二，第11页下；《攈古录》卷六，第24页下；《艺风堂金石文字目》卷二，第16页下。此题记刻于主佛像基座的前面。

[4] 故字在此显得很怪异，但此字解读得无误。

图 600　龙门造像题记

图 1664

图 572　龙门造像题记

图 1665

第四百五十三幅拓片（图600和图1664）[1]

武定三年十一月十日（545年12月28日），故比丘昙静，造释迦像一区，为大统寺造。

第四百五十四幅拓片（图572和图1665）[2]

武平三年十二月十八日（573年2月5日），戎昭将军、尹阳城骑兵参军赵桃科妻[3]刘，知善可崇，知恶可舍，上为皇帝陛下，见存眷属，亡过父母，敬造石像一堪，愿亡者获果，存者延遐，有形之类，咸同斯福。

第四百五十五幅拓片（未复制）

本题记是为左侧佛龛所作，在佛龛上方，我们看到零散的题记文字，文字镌刻得很深，在整座佛龛从上到下的这面岩壁上，最初应该刻满了碑文（此佛龛肯定是后来才刻造的）；还看到碑首的龙纹雕刻。此题记约有二十行文字，每行六字，但最后一行为十字。碑文下方有供养人名字，不过题记好像没有刻完，因为上面刻了许多遍唯那，而随后却不见供养人的名字。此外我们还注意到一些不常见的职事名，如**典坐**、**呗匿**及**香火**等。

---

[1]　《艺风堂金石文字目》卷二，第16页下。此题记刻在大佛像南侧基座上，在石狮子爪下方。

[2]　《平津读碑记》卷三，第10页上；《攗古录》卷六，第34页上，此书将像主的名字写为**赵桃椒**。此题记可见图365，位于距下边缘123毫米与右边缘66毫米的交会处。

[3]　**妻**字在此的写法很特别，这也许是《说文》所提到的古写法之一吧。

图 579　龙门造像题记

第四百五十六幅拓片（图579）[1]

题记漫漶难辨，不过倒数第二行的文字仍可辨识："永徽五年二月廿九日（654年3月21日）"。

第四百五十七幅拓片（图574和图1666）[2]

总章二年（669年）十月，佛弟子妫独，妻魏早亡身，复失明，作叹词。盖闻湘妃之竹，由泪染以成斑；[3] 五曜神珠，感哀声于□□。[4] 出□山之鸟，尚怨分离，[5] 况吾之情，而不叹恨者也。但政[6]春秋册，过患沉疴，谁□荼苦，由[7]如暗室，[8] 上无元季之兄，[9] 下无伏床

---

[1]《攗古录》卷七，第11页上；《艺风堂金石文字目》卷四，第9页上，此书将像主的名字写为**程受**。此题记可见图368，位于距下边缘115毫米与左边缘62毫米的交会处。

[2]《寰宇访碑录》卷三，第11页下；《攗古录》卷三，第24页；《艺风堂金石文字目》卷四，第9页上。此题记刻在石窟主佛像的基座上，狮子脚下有一佛龛，它就刻在佛龛下方。

[3] 据《博物志》记载，相传上古帝王尧将两个女儿嫁给了舜，听闻舜去世的噩耗，两位女子伤心痛哭，泪水洒在湘江之畔的竹子上，让竹子染上了泪斑。

[4] 我没有查到这个典故的出处。

[5] 这句话的意思是，他对妻子早亡感到非常伤心。

[6] 我认为这个**政**字应该是他妻子的名字，但这仅仅是推测而已。

[7] 由=犹。

[8] 即指他看不清未来的生活方向，我认为这里并不是在暗指作者失明的处境，而是指妻子去世后，他的内心焦虑不安。

[9] **元**是指长兄，**季**是指最小的弟弟。兄字在此仅为泛意，并非特指长兄。

图 574　龙门造像记

總章二年十月佛弟子阶复失明妻魏歡辭蓋聞湘妃之竹由淚染以成斑五曜神珠感哀聲于○出○山之鳥尚怨分離況吾之情而不歎恨者也但政春秋卅過患疴誰○茶苦由如閣室上無之子苟存朝夕養其蜉蚰之命知遺光之不久曉零之難停加以減割朝食剝其寒暑之服敬造尊像一龕○龍門以記功釜山盈而存朽

图 1666

图 622　龙门造像题记

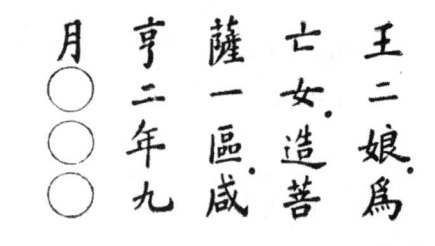

王二娘爲亡女造菩薩一區咸亨二年九月○○○

图 1667

之子；苟存朝夕，养其蜉蚰[1]之命，知遗光之不久，晓零[2]之难停，加以减割朝食，剥其寒暑之服，敬造尊像一龛，□龙门以记功。釜[3]山盈而存朽。

第四百五十八幅拓片（图622和图1667）[4]

王二娘，为亡女，造菩萨一区。咸亨二年（671）九月□□□。

---

[1] **蜉蚰**＝蜉蝣。参阅《诗经·国风》。

[2] 零字后面应该有一"丁"字。

[3] 釜（鄜）山位于洛川县境内，洛川隶属陕西省鄜州。

[4] 《寰宇访碑录》卷三，第12页上；《攈古录》卷七，第24页下；《艺风堂金石文字目》卷四，第9页上。

第四百五十九幅拓片（图598和图1668）[1]

长安四年二月廿四日（704年4月2日）造，□佛弟子区季昌，为七世父母，造释迦牟尼像一区，一心供养。

第四百六十幅拓片（未复制）[2]

魏怀静为亡□，敬造佛像一躯。长安四年二月廿四日（704年4月2日）。

第四百六十一幅拓片（图614左侧和图1669）[3]

长安四年十二月廿七日（705年1月26日），韩寄生造。

图598　龙门造像题记

图1668

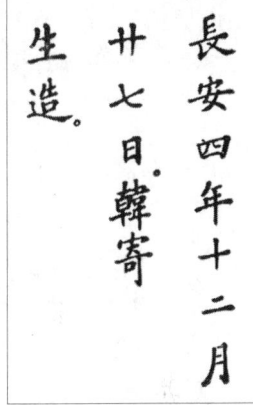

图1669

---

[1]　《寰宇访碑录》卷三，第21页下；《攈古录》卷七，第44页上；《艺风堂金石文字目》卷四，第9页上。

[2]　《寰宇访碑录》卷三，第21页上；《攈古录》卷七，第43页下；《艺风堂金石文字目》卷四，第9页上，此书将像主的名字写为魏怀绪。此题记可见图384，位于距下边缘115毫米与左边缘61毫米的交会处。

[3]　《寰宇访碑录》卷三，第21页下，此书将像主的姓写为**转**；《攈古录》卷七，第44页上；《艺风堂金石文字目》卷三，第24页上。此题记可见图365，位于距下边缘59毫米与右边缘40毫米的交会处。在拓片上（图614左侧），最先看到的是**延昌**两字，这两个字大概是北魏时期某题记的开篇文字，不知出于什么原因，原始题记没有刻完，就被唐朝的题记给替换掉了。

第四百六十二幅拓片（图562）[1]

此题记文字已漫漶不清，系为左侧小佛龛所题。此处最初应为一则刻于北魏时期的碑文，是为其上一尊较大的佛龛所作的题记，但原始题记已被现题记给覆盖住了。现题记刻于景龙三年七月八日（709年8月17日）。

第四百六十三幅拓片（图544和图1670）[2]

大觉去尘，有生谓绝，寻刊处形，则应合无方。升峰由源，思果依本，是以比丘道匠，住与妙因。今悟尽性，竭己成[3]心，造像六区。上为皇道更隆，三宝无点，愿师僧父母，魂与神游，宿与慈会，身终百六[4]，视绝三涂，动不远于如来。有气者咸资来业。

图562 龙门造像题记

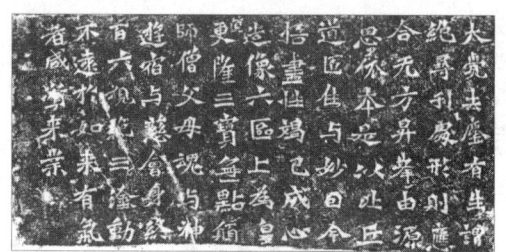

图544 龙门造像题记

图1670

---

[1] 《寰宇访碑录》卷三，第24页上和《攈古录》卷七，第49页上，此书将像主的名字写为**启吉**。此题记可见图375，位于距下边缘121毫米与右边缘50毫米的交会处。

[2] 《十二砚斋金石过眼录》卷六，第15页下；《艺风堂金石文字目》卷二（北魏），第23页上。

[3] 成=诚。

[4] 我猜测这里的百字即为**百非**之意，只有清除百非，才能成为佛。至于说"六"字，大概是指六觉，即视觉、听觉、嗅觉、味觉、触觉及知觉；当然也可指佛教里的六道，即生死轮回。

图 558　龙门造像题记

图 1671

图 1672

第四百六十四幅拓片（图558和图1671）[1]

比丘僧力僧，恭敬造无量寿像，普为一切众生，愿讬彼国。

第四百六十五幅拓片（图1672）[2]

弟子清信女杨宝胜，为亡考多汗王，造弥勒像一躯。

第四百六十六幅拓片（未复制）[3]

清信女敬造弥勒佛一躯，愿离苦解脱，值遇诸佛。

---

[1]　《艺风堂金石文字目》卷二（北魏），第21页上；《攈古录》卷六，第52页上。此题记可见图375，位于距下边缘55毫米与右边缘71毫米的交会处。

[2]　《艺风堂金石文字目》卷二，第17页上；《攈古录》卷六（北魏），第52页下。此题记可见图368，位于距下边缘134毫米与右边缘21毫米的交会处。

[3]　此题记可见图368，位于距下边缘134毫米与右边缘41毫米的交会处。

第四百六十七幅拓片（图583和图1673）[1]

沙弥法宁，敬造释迦坐佛一坯，上为皇家，师僧父母，有识含生，普乘微善，弥勒三会，俱望齐上。

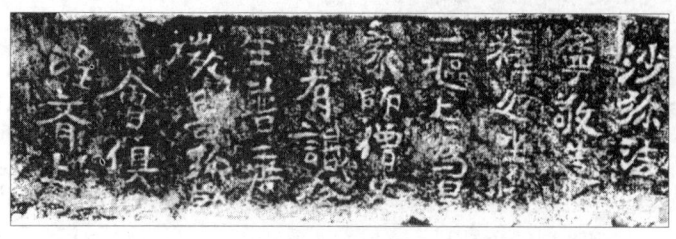

图583　龙门造像题记

图1673

第四百六十八幅拓片（图560和图1674）[2]

□□□为女夫闾散故入法，敬造观世音像一躯，圣教晔，真相景发，妙极天义，含生仰化，愿使闾散□缘此入法之功，当令永离尘躯，即真无尊，开明玄门，常为龙华唱首，又愿眷万善归祐，吉祥□集，一切群生，咸同兹愿。

图560　龙门造像题记

图1674

---

[1] 此题记可见图366，位于距下边缘119毫米与右边缘8毫米的交会处。

[2] 《攈古录》卷六，第52页上，此书将像主的名字解读为**安定王**，因此很有可能是指安定王元燮，他分别在507年和511年撰写了两则题记（第三百九十四和四百一十一幅拓片），题记领受者为**闾散骑**。此题记可见图367，位于距下边缘140毫米与左边缘23毫米的交会处。

第四百六十九幅拓片（图605和图1679）[1]

清信女佛弟子□□，为身造世加文尼佛一区，愿弟子见安。

第四百七十幅拓片（图1680）[2]

清信女佛弟子吴□□，造释迦像一区，愿七世父母，所生父母，因缘眷属，普同斯福。

第四百七十一幅拓片（图1681）[3]

清信士佛弟子魏□仙，为七世父母，所生父母及己身太平。

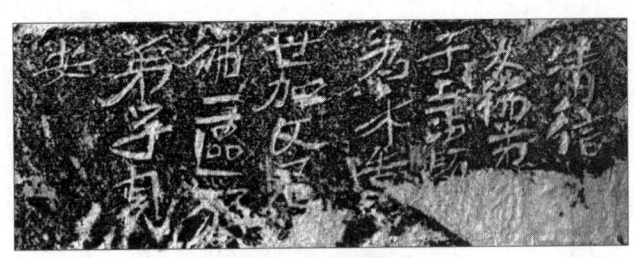

图605　龙门造像题记

图1679

图1681

图1680

---

[1] 此题记刻于石窟南侧大佛像后面。

[2] 《攟古录》卷六，第53页下，此书将像主的名字解读为**吴冬花**；《艺风堂金石文字目》卷二，第22页下，此书将像主名字写为吴冬儿。此题记可见图394，位于距下边缘60毫米与右边缘61毫米的交会处。

[3] 《寰宇访碑录》卷二，第17页上。此题记可见图368，位于距下边缘99毫米与右边缘25毫米的交会处。

第四百七十二幅拓片（图1682）[1]

清信女李前贵，敬造释加文佛一区。

第四百七十三幅拓片（图613和图1683）[2]

图613右侧与左侧系两则不同的题记，右侧题记开篇列出一行供养人的名字，此名单上面还有一行人名单，但我们并未拓制这份名单。虽然每个人姓不同，但每个人名前均有一个**惠**字。每个名字前都有**邑子**两字。

左侧题记是这样写的：

清信士佛弟子董僧智，为亡女[3]阿足，造弥陀，□亡女上生天上。

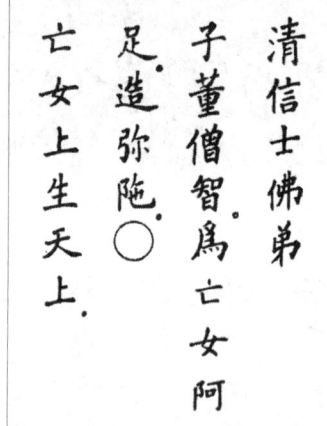

图1682

图1683

图613　龙门造像题记

---

[1]　《攈古录》卷六，第53页上；《艺风堂金石文字目》卷二，第22页下，此书将像主的名字写为**李文贵**，并将此题记划入北魏朝代。此题记可见图394，位于距下边缘63毫米与右边缘65毫米的交会处。

[2]　《攈古录》卷六（北魏），第55页上。此题记可见图365，位于右下黑暗处。

[3]　在图613里并未见**亡女阿**三个字，但我手中有另一拓片，上面能清楚地看到这三个字。

第四百七十四幅拓片（图594和图1684）[1]

强弩将军[2]、掖庭[3]令赵振，仰为七世父母，亡妇，敬造弥勒像一堪。

第四百七十五幅拓片（图1685）[4]

夏侯升为合家口人，造像一躯，一心供养。

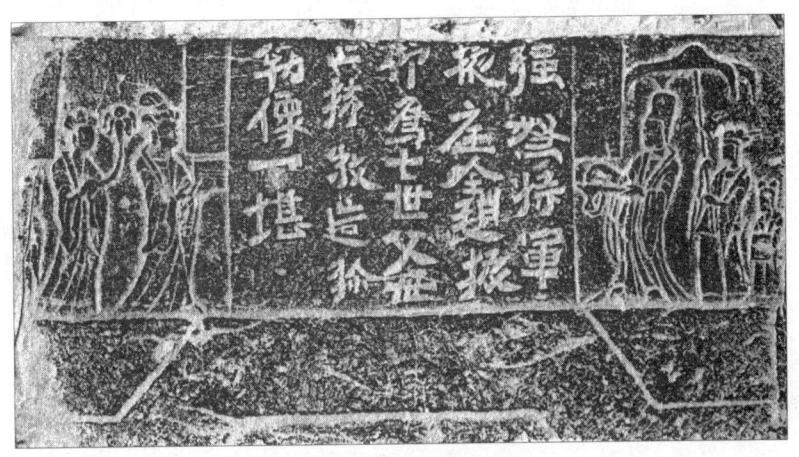

图594　龙门造像题记

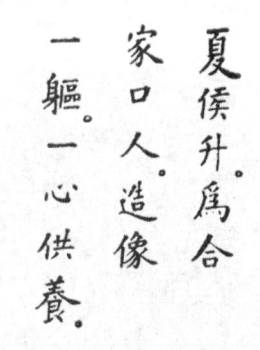

图1684　　　　　　　　图1685

---

[1]《平津读碑记》卷二，24页上；《艺风堂金石文字目》卷二，第16页下；《攈古录》卷六（北魏），第51页下。此题记可见图370，位于距下边缘141毫米与左边缘的交会处。

[2] 另有一人在龙门造像，也称是强弩将军，其题记标题为："强弩将军王欢欣兄弟等造释迦像"。此题记立于永安三年十月十八日（530年11月23日）。《攈古录》卷二，第18页下；《艺风堂金石文字目》卷二，第7页下。

[3]《魏书》地理志当中并没有掖庭县这个地名。我采纳了《寰宇访碑录》卷二，第12页下的解读文字。（掖庭令为官职名称，作者在此又将其理解为县令了。——译者注）

[4] 此题记可见图369，位于距下边缘130毫米与左边缘50毫米的交会处。

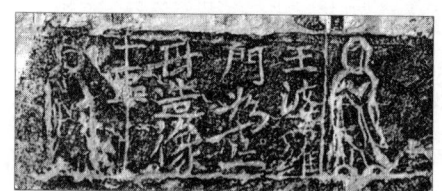

图597 龙门造像题记

王婆羅
門為亡
母造像
一區。

图1686

第四百七十六幅拓片（图597和图1686）[1]

王婆罗门[2]为亡母造像一区。

第四百七十七幅拓片（图596和图1687）[3]

入内[4]内侍省内西头供奉官余祺，今舍己俸，镌观音菩萨壹尊。

图596 龙门造像题记

入内内侍省内西
頭供奉官余祺今
捨己俸鐫
觀音菩薩壹尊.

图1687

---

[1] 《寰宇访碑录》卷二，第14页上；《艺风堂金石文字目》卷二，第17页下。《攈古录》卷六（北魏），第52页下；此题记可见图375，位于距下边缘86毫米与左边缘50毫米的交会处。

[2] 我们注意到此人的名字与婆罗门的汉译名写法一样。

[3] 此题记刻在大佛的基座上，位于大佛与南壁菩萨之间的位置上。

[4] 入内的法译文不一定准确。

第四百七十八幅拓片（图615右侧和图1688）[1]

□□身□造释加牟尼佛、多宝佛二区。

第四百七十九幅拓片（图615左侧和图1689）[2]

比丘尼僧晖，为亡母惠好敬造。愿天下含迷受苦众生，劫尘有命，普离幽辰，[3]上胜[4]妙景；伏愿七世父母，所生父母，下及因缘眷属，生生之处，恒遇诸佛，同生妙洛[5]，游步三乘。

图615　龙门造像题记

图1688

图1689

---

[1] 尽管题记文字（图615）从头至尾完全一样，但我们在此还是应该注意，这是两则完全不同的题记（图1688和图1699）。两题记可见图385，位于距下边缘116毫米与右边缘15毫米的交会处。前一题记（图1688）肯定是为其上面的佛龛所作，在此佛龛里确实能看到题记所说的释迦牟尼佛和多宝佛。

[2] 《攈古录》卷六（北魏），第51页下。

[3] 此句不一定准确。

[4] 胜=升。

[5] 洛=乐。

图1690　　　　图1691

第四百八十幅拓片（图1690）

刘华为七世父母，所生父母，兄弟姊妹，造佛一区。

第四百八十一幅拓片（图1691）[1]

李五德造七佛。

第四百八十二幅拓片（图575和图1692）[2]

拓片最上方为一石刻装饰框缘，系供养人像图。图中共有十四个人物，分列两行，排在一尊香炉两侧，一个小神仙用双手托着香炉。每个人像旁有一榜题，上面写着供养人的名字，但紧挨着香炉的两个人没有名字，他们大概是僧人。因此供养人应该是十二人，香炉右侧一行从左至右的人名如下：

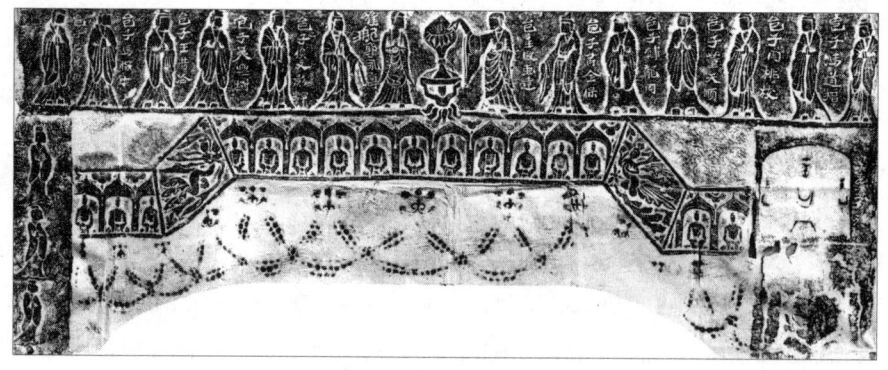

图575　龙门造像题记

---

[1]　《攈古录》卷九（唐朝），第47页下。此题记可见图369，位于距下边缘55毫米与左边缘60毫米的交会处，系为左侧的七尊佛像所作。

[2]　此装饰框刻在图373中间的位置上。

图1692

邑主艮惠达，邑子万全保，邑子韩龙国，邑子董天顺，邑子周桃校，邑子冯道智；香炉左侧一行从右至左的人名如下：

唯那郭永寿，邑子侯文影辉，邑子吴丰树，邑子王昔咨，邑子马保安，邑子□光用。

第四百八十三幅拓片（图595和图1693）[1]

题记开篇列出十位供养人的名字，随后补充这样一句话："十人等，敬造弥勒像一区，上为七世父母，下及法界众生，皆得离苦，愿愿从心。"

图595 龙门造像题记

图1693

---

[1] 此题记可见图370，位于距下边缘96毫米与左边缘的交会处。

图 609　龙门造像题记

图 1694

第四百八十四幅拓片（图609和图1694）[1]

大清同治九年（1870）二月，燕山德林，祭告山川洞佛，立大木，起云架，拓老君洞巍造像，选最上乘者，标名曰龙门十品。

同事人释了亮；

拓手释海雨；

布衣俞凤鸣。

（此文最后列出龙门十品的名单，列出的名字为题记所涉及的人物）

1. 孙保（参阅第三百七十四幅拓片）；

2. 侯太妃（参阅第三百八十四幅拓片）；

3. 贺兰汗（参阅第三百八十三幅拓片）；

4. 慈香（参阅第四百三十一幅拓片）；

5. 元燮（参阅第三百九十四幅拓片）；

6. 大觉（参阅第四百六十三幅拓片，此题记以大觉两字开篇）；

7. 牛橛（参阅第三百七十三幅拓片）；

8. 高树（参阅第三百八十二幅拓片）；

9. 元详（参阅第三百七十七幅拓片）；

10. 云阳伯（参阅第三百七十九幅拓片）。

---

[1]　此题记可见图384，位于距上边缘31毫米处，它大概是把原始题记抹掉之后镌刻的，原始题记是为其上方的大佛龛所作。

上面是北魏时期最著名的十则题记，当然由于书法爱好者的趣味不同，此名单也会因此而有所不同。比如方若在《校碑随笔》(第78—79页)里就列举了另外十品，"龙门山造像十种"：1. 孙秋生造像记（第三百八十一幅拓片）；2. 始平公造像记（第三百七十六幅拓片）；3. 杨大眼造像记（第三百九十一幅拓片）；4. 魏灵藏造像记（第三百九十二幅拓片）；5. 丘穆陵亮夫人造像记（第三百七十三幅拓片）；6. 高树造像记（第三百八十二幅拓片）；7. 比丘惠感造像记（第三百八十幅拓片）；8. 比丘道匠造像记[1]（第四百六十三幅拓片）；9. 广川王祖母太妃造像记（第三百八十四幅拓片）；10. 比丘尼慈香造像记（第四百三十一幅拓片）。此外，《校碑随笔》(第79—81页)还整理出另一份清单，名为"龙门山魏造像二十六种"[2]，并从书法艺术重要性的角度，将其列为上中下三等。这二十六品为上等：1. 丘穆陵亮夫人造像记（第三百七十三幅拓片）；2. 北海王造像记（第三百七十七幅拓片）；3. 郑长猷造像记（第三百七十九幅拓片）；4. 高树造像记（第三百八十二幅拓片）；5. 广川王贺兰汗造像记（第三百八十三幅拓片）；6. 广川王祖母太妃造像记（第三百八十四幅拓片）；7. 安定王元燮造像记（第三百九十四幅拓片）；8. 比丘尼慈香造像记（第四百三十一幅拓片）；9. 北海王母太妃造像记（第三百七十四幅拓片）；10. 比丘道匠造像记（第四百六十三幅拓片）。中等：11. 孙秋生造像记（第三百八十一幅拓片）；12. 司马解伯达造像记（第三百七十八幅拓片）；13. 一弗造像记（第三百七十五幅拓片）；14. 始平公造像记（第三百七十六幅拓片）；15. 杨大眼造像记（第三百九十一幅拓片）；16. 魏灵藏造像记（第三百九十二幅拓片）；17. 比丘惠感造像记（第三百八十幅拓片）；18. 比丘法生造像记（第三百八十五幅拓片）；19. 齐郡王祐造像记（第四百二十五幅拓片）；20. 优填王像造像记[3]（第一百六十二幅拓片）。下等：21. 马振拜造像记；[4] 22. 法端造像记；[5] 23. 华州刺史安定王造像记（第四百一十一幅拓片）；24. 赵阿欢造像记（第四百三十二幅拓片）；25. 比丘法胜造像记；[6] 26. 比丘惠敦造像记；[7] 27. 法安造像记。[8] 相关的具体内容可参阅《校碑随笔》第78—81页。

---

[1] 此题记无纪年。《艺风堂金石文字目》卷二，第23页上。

[2] 我们在后文会看到，名单共列出二十七品。

[3] 题记无纪年，或许刻于唐代。

[4] 马振拜。此题记刻于景明四年（503）八月五日。《攟古录》卷六，第9页上；《艺风堂金石文字目》卷二，第2页上。

[5] 瞢法端。此题记刻于正始三年三月十九日（506年4月27日）。我手中没有此题记的拓片，但在《十二砚斋金石过眼录》（卷五，第3—4页）里能查到题记文字。《攟古录》卷六，第9页上；《艺风堂金石文字目》卷二，第2页上。

[6] 法胜。题记无纪年。《艺风堂金石文字目》卷二，第23页上。

[7] 惠敦。题记无纪年。

[8] 尼僧道道法安。题记无纪年。《艺风堂金石文字目》卷二，第17页上，此书将题记写在"尼僧道安"名下。

第四百八十五幅拓片（图1695）[1]

光绪庚寅春（1890年），长白[2]丰二，文十三，住潜溪寺，拓龙门造像铭，共得千五百品。

> 光绪庚寅春．长白丰二．文十三．住潜溪寺．拓龙门造像铭．共得千五百品．

图1695

---

[1] 此题记可见图377，位于距下边缘39毫米与右边缘63毫米的交会处，此处原本镌刻着北魏时期的铭文。

[2] 这些人是东北人，大家知道东北人都称自己是长白山人。

第十九节　Y 号窟

图 312　Y 号窟：正佛

图 395 Y 号窟：分列正佛两侧的弟子菩萨及天王像

图 396 Y 号窟：分列正佛两侧的弟子菩萨及天王像

过了老君洞之后，伊水西侧石窟就变得越来越小，而且很难走进去，经过一番探寻之后，仅有一窟还值得看，就是在全景图（图285）里字母Y所标示的石窟。石窟内有一佛二弟子、二菩萨和二天神（参阅图395和图396，图中看不到石窟的正佛）。石窟外刻着两篇文字，每篇文字后有一供养人名单。

第四百八十六幅拓片（未复制）

其中一篇文字是题记，但字体已残泐，仅能辨认出造像年代："岁次甲午八月壬子朔卅日"，此外，铭文所用的字体是武则天皇后所创制的字，与题记农历纪年所对应的西历应该是694年10月24日。另一篇文字也镌刻于同一年代，是《菩萨诃色欲法经》的经文（参阅南条文雄的《汉文大藏经目录册》第1416册，东京版《大藏经》第十九卷，第六册，第33页）。这篇由后秦高僧鸠摩罗什所翻译的短小经文，措辞严厉，抨击女性是所有罪恶的源头，下面是这篇经文的全文：

第四百八十七幅拓片[1]（未复制）

《菩萨诃色欲法经》

后秦高僧鸠摩罗什译

女色者，世间之枷锁，凡夫恋著不能自拔。女色者，世间之重患，凡夫困之至死不免。女色者，世间之衰祸，凡夫遭之无厄不至。行者既得舍之，若复顾念，是为从狱得出，还复思入，从狂得正，而复乐之，从病得差，复思得病，智者愍之知其狂而颠蹶，死无日矣。凡夫重色，甘为之仆，终身弛骤，为之辛苦，虽复铁质寸斩以为，锋镝交至，甘心受之不患，狂人乐狂不是过也。

行者若能弃之不顾，是则破枷脱锁。恶狂厌病，离于衰祸。既安且吉，得出牢狱，永无患难。女人之相，其言如蜜，而其心如毒。譬如亭渊澄镜，而蛟龙居之；金山宝窟，而狮子处之。当知此害不可近。室家不和，妇人之由。毁宗败族，妇人之罪。实是阴贼，灭人智慧。亦是猎围鲜得出者，譬如高罗；群鸟落之，不能奋飞，又如密网；众鱼投之，刳肠俎肌，亦如暗坑，无目投之，如蛾扑火。是以智者知而远之，不受其害。恶而秽之，不为此物之所惑也。

---

[1] 在后文石窟寺那一章里，作者又重复使用了"第四百八十七号拓片"编码。——译者注

第二十节 伊水东侧石窟

图 397 龙门看经寺内石窟：传法世系的祖师像

图 398 龙门看经寺内石窟：传法世系的祖师像

在看过伊水西侧的Y号窟之后，我们渡过伊水，去观看河东岸的石窟。在抵达河东岸时，我们几乎到达龙门山的最南端，那里耸立着一座寺庙建筑，这就是**看经寺**（参阅图960）。这座道观建筑物是近代才修建的，建筑物把一座石窟给遮挡起来，而这座石窟还是很有意思的。石窟为长方形，宽11米，进深11米，窟顶藻井刻着一朵巨大的莲花，莲花周围有六个飞天。石窟东壁、北壁和南壁下方刻着装饰框，内有二十九位人物，如真人般大小，这些浮雕造像人物外表漆着石灰，用刷子刷掉表面浮尘之后，浮雕人物倒像是被漆成白色似的。人物装饰框的上方就是一个个小佛龛形成的栅格状装饰。

走出看经寺之后，继续朝南走，就会看到另一石窟，与我们刚才描述的这座石窟极为相似，但石窟面积小了很多，进深仅为5.6米，宽度也只有6.5米，不过我们发现，这座石窟下方也刻着人物装饰框（参阅图397和图398）。通过窟内的解释文字，我们得知此处的二十五人都是传法世系的祖师，而这些文字撰写于689年至705年间，系选自《**付法藏因缘传**》[1]的节录，但部分节录文字与原书相比略有不同。这份祖师名单还是很有意义的，因为它表明在7世纪，在《付法藏因缘传》里还能看到二十五位祖师，而到后来，人们仅承认二十三位祖师。[2]下面就是龙门石窟经文节录所列举的二十五位祖师名单，在每一祖师名字下方，我们将标出在《付法藏因缘传》当中与其相关的经文段落，即石窟所抄录的经文段落。

1. 摩诃迦叶

（第90页上，从第3行21字起，直至第17行9字止）。

2. 阿难比丘

（第93页下，从第5行首字起，直至第7行第42字止，但拓片最后两字写为□议）。

---

[1] 东京版《大藏经》第三十四卷，第九册，第90—111页；南条文雄：《汉文大藏经目录册》第1310册。

[2] 在《汉文大藏经目录册》第1340册里，南条文雄列出二十三位祖师的名字，这也是《付法藏因缘传》所列举的名字，但与我们在龙门石窟所拓制的名单略有不同，其中缺少了摩田提（在我们的名单上排第3位）和夜奢（我们的名单上排第23位）。在7世纪，大家一致认可《付法藏因缘传》中的二十五位传法祖师，这一名单不但被龙门石窟的碑铭所认可，而且也得到下列著作的认可，其中有《**集神州三宝感通录**》（载南条文雄的《汉文大藏经目录册》第1484册），此书撰写于664年，它明确指出，据《**付法藏传**》记载，先后有二十五人付嘱佛法（东京版《**大藏经**》第三十七卷，第七册，第59页）；还有《**四分律开宗记**》，此书指出，据《付法藏传》介绍，继忧波鞠多之后，仍有二十位祖师在传法（《大日本续藏经》第一辑第四十六卷，第4册第1章，第344页），这表明此书也认为有二十五位祖师。

3. 摩田提[1]

4. 商那和修

（第95页下，从第1行第5字起，直至第5行第14字止）。

5. 忧波毱多

（第96页下，从第10行首字起，直至第15行第3字止）。

6. 提多迦比丘

（第104页上，从第8行第12字起，直至第15行第16字止）。

7. 弥遮迦比丘[2]

（第104页上，从第16行第12字起，直至第18行第9字止）。

8. 佛陀难提比丘

（第104页上，从第18行第10字起，直至第19行第8字止）。

9. 佛陀蜜多比丘

（第104页上，从第19行第9字起，直至第20行第11字止）。

10. 胁比丘

（第104页下，从第18行第30字起，直至第105页上，第2行第27字止）。

11. 富那奢比丘[3]

（第105页上，从第2行第28字起，直至第4行第29字止）。

12. 马鸣菩萨

（第105页上，从第14行倒数第2字起，直至第17行第40字止）。

---

[1] 我没有这段经文节录的拓片，这段节录文字过于简短，或许这就是它散落的原因吧。实际上，关于摩田提，《付法藏因缘传》（第95页上，第18—19行）仅写了这样一句话："阿难念曰：佛记罽宾当有比丘名摩田提，于彼国土流布**法眼**，即便以法付摩田提。"龙门石窟碑铭所节录的也许恰好是这句话。在《付法藏因缘传》里，继这段文字之后，又有一段文字描述了商那和修，并明确指出，阿难在自己行将涅槃时告诉商那和修，要把法果直接传与他。我们由此也就明白为什么有些经文著作把商那和修看作是阿难的付法者，而另一些著作则把摩田提看作是阿南和商那和修之间的承上启下者。

[2] 在一篇题为"马鸣菩萨：《大庄严经》及其源泉"（载《亚洲学刊》1908年7—8月期）的文章中，李维指出："莱森相信儒莲的说法，用梵文重新书写了弥遮迦的名字，但这种梵文写法没有人认识，不过瓦西列夫更正了这个名字的写法。"

[3] 儒莲又重新书写了这个名字，李维在"马鸣菩萨：《大庄严经》及其源泉"一文中写道："表面看起来，有那么多权威人士关注这个名字，但此名的写法则应更改，还是应当采用原有的写法，因为富那奢为合成名，意为'实现愿望'。"

13. 毗罗比丘[1]

（第107页上，从第7行第37字起，直至第9行第23字止，但拓片的最后一字写为败，而非伏字）。

14. 龙树菩萨

（第107页上，从第10行第12字起，直至第13行第23字止；再从第107页下第7行第18字起，直至第11行第13字止；又从第14行第3字起，直至最后一行第26字止）。

15. 迦那提婆菩萨

（第108页下，从第3行首字起，直至第5行第10字止）。

16. 罗侯罗[2]

（第109页上，从第13行第11字起，直至第14行第35字止，接着又从第18行第34字起，直至第19行第4止）。

17. 僧伽难提比丘

（第109页上，从第19行第7字起，直至第20行第11字止）。

18. 僧伽耶舍比丘[3]

（第109页下，从第7行第36字起，直至第15行第20字止，接着又从第18行第10字起，直至第19行第36字止）。

19. 鸠摩罗驮比丘[4]

（第110页上，从第1行第19字起，直至第3行第20字止）。

20. 阇夜多比丘

（第110页上，从第10行第6字起，直至第12行第23字止，接着又从第109页下第15行第25字起，直至第18行第5字止）。[5]

21. 婆修槃陀

（第110页下，从第11页第23字起，直至第13行第40字止）。

22. 摩奴罗比丘

（第110页下，从第13行第41字起，直至第15行第14字止）。

23. 夜奢比丘

（第110页下，从第15行第17字起，直至第18行第7字止，拓片上的文字比《付法藏因缘传》多了9个字，见后文对此拓片及图1739的译文）。

---

[1] 儒莲复用此名的原写法，因为此名是由**迦毗摩罗**转写过来的。龙门石窟碑文将此名写为**毗罗**，而不是像《付法藏因缘传》那样写成**比罗**。

[2] 此名中间一字写为**侯**，而不是像《付法藏因缘传》那样写成**睺**。

[3] 马伯乐（Henri Maspro）在"《付法藏因缘传》的成书时间与真伪"（载李维的《印度学文集》第142页）中复用僧伽耶舍一名的原写法。

[4] 马伯乐复用此名的原写法，与儒莲所复用的写法略有差别。

[5] 我们在此发现龙门石窟碑文与《付法藏因缘传》之间的唯一重大差别，在《付法藏因缘传》一书里，第109页下，从第15行第25字起，直至第18行第5字止，这段文字是在谈论僧伽耶舍，但龙门石窟碑文却将这段文字写成是在评述阇夜多，并把僧伽耶舍的名字替换成了阇夜多。

24. 鹤勒那比丘

（第110页下，从第18行第8字起，直至第19行第12字止）。

25. 师子比丘

（第110页下，从第18行第9字起，直至第111页上第5行第10字止）。

我在此复制了龙门石窟碑文拓片（图1739），此碑文描述了第二十三位传法祖师，也就是这位名叫夜奢的祖师，此人并未列入南条文雄的二十三位祖师名单里（《汉文大藏经目录册》第1340册）。实际上，我们在《付法藏因缘传》里会看到，夜奢根本就不是传法祖师，摩奴罗并未将法果传给他，只不过是建议他到恒河南部地区去传法。因此，在有关摩奴罗的描述当中，夜奢仅仅是一个过客而已。但我们不知道究竟出于什么原因，在7世纪，中国经文作者将夜奢视为一位传法祖师。不管怎么说，我们还是看看龙门石窟的碑文吧（图1739；东京版《大藏经》第二十四卷，第九册，第110页下，第15—18行）。

次付**夜奢比丘**第廿三[1]

时摩奴罗灭度之后告尊者号曰夜奢，[2]辩慧聪敏，甚深渊博[3]，与摩奴罗功德同等。亦能解了三藏之义，流布名闻，咸为宗仰。曾于一时彼摩奴罗至北天竺[4]，尊者夜奢而语之言：恒河以南二天竺国[5]，人多邪见，听辩利智。**长老善解音声之论，可于彼往**[6]游行教化。我当于此利安众生。时摩奴罗即如其语，至二天竺，广宣**毗罗无我之论**，摧伏一切异道**邪魔**[7]。

---

[1] 刻在龙门石窟里的节录文字都有标题，但此标题并未出现在《付法藏因缘传》一书里。

[2] "摩奴罗灭度之后告"这几个字是碑文作者添加的，《付法藏因缘传》只是写了"**时有尊者号曰夜奢**"。由此我们看到碑文作者是如何歪曲《付法藏因缘传》的，其目的就是为了把夜奢列为祖师。

[3] 渊博。我们注意到渊字在此是按正常笔画书写的，并未因唐高祖李渊（618—626年在位）的名字而避讳，不过在镌刻于837年的经典古书里，"渊"字则以缺笔书写来避讳，如图773右边第三部分第六层第22行《**大诰**》章节里的**若涉渊水**；又如图772最后一部分第三层第25行《**汤诰**》章里的**若将陨于深渊**。一般来说，唐代镌刻于龙门的铭文都不避讳。比如**世**字就不以缺笔来避讳（图718第3行第5字；图703第5行第1字），同样昬字也按正常笔画来书写（图656第29行第32字）。在镌刻于837年的经典古书里，**世**字缺笔以避讳，至于说昬字，为避讳要将其写为**昬**，用笔画**氏**来替代**民**，因为大家知道唐朝的第二位皇帝名叫**李世民**。

[4] 北天的"**天**"字是按照武则天皇后创制的字书写的（图1731里的第一个字）。

[5] 二天竺国当中的竺字将笔画"**二**"改写为"**工**"，而国字则按照武则天皇后创制的字来书写（图1731里的最后一个字）。

[6] 碑文将《付法藏因缘传》中的"**土**"字改写为"**往**"。

[7] 碑文将《付法藏因缘传》中的"**邪见**"两字改写为"**邪魔**"。

图 1739

现在我们再来描述一下镌刻着二十五位祖师的那座石窟：石窟最里面刻着一尊坐佛，坐佛双腿自然下垂，双脚落地，左右两边各有一尊菩萨。石窟当中有三尊坐佛，当中那尊佛像坐在由一根根像柱支撑的台座上，另外两尊佛像则坐在莲座上。石壁的突出部分将石窟入口包裹起来，在这突出部分上，能看到佛教经文：北侧面从左至右刻着《佛说阿弥陀经》，这部经书是在402年由鸠摩罗什翻译的（南条文雄：《汉文大藏经目录册》第200册；东京版《大藏经》第二卷，第十二册，第72—73页；法文版由今池和山田先生翻译，载《吉美博物馆年鉴》卷二，第39—44页）；南侧面刻着《金刚般若波罗蜜经》，由菩提流支翻译（南条文雄：《汉文大藏经目录册》第11册；东京版《大藏经》第十卷，第九册，第23—26页）[1]，此经文后面是《六门陀罗尼经》，由玄奘翻译（南条文雄：《汉文大藏经目录册》第493册；东京版《大藏经》第二十七卷，第八册，第68页），还刻着《般若波罗蜜多心经》，也是由玄奘翻译（南条文雄：《汉文大藏经目录册》第20册；东京版《大藏经》第十卷，第九册，第56—57页）。在所有这些经文及有关祖师传法的节录里，都能看到武则天皇后创制的字，因此这些铭文应该是689—705年间镌刻的。

走出看经寺之后，沿着伊河东岸继续往前走，我们还看到一些小石窟，但这些石窟意义不大（图959），接着我们走上一条小径，沿着这条小径一直往前走，就会来到**香山**寺前（图956）。虽然这座寺庙在考古学家眼里并无任何值得关注的地方，但它在中国文学界却享有很高的声望，因为香山寺与著名诗人**白居易**（772—846年）的名字紧密地联系在一起，白居易在此居住了很长时间，去世之后，就被埋葬在寺院附近，因此这里往往又被人称作**白香山**。下面我们来欣赏白居易所写的《晚归香山寺因咏所怀》：

我年日已老，我身日已闲。
闲出都门望，但见水与山。
阙塞碧岩岩，伊流清潺潺。
中有古精舍，轩户无扃关。[2]
岸草歇可藉，逐萝行可攀。
朝随浮云出，夕与飞鸟还。
吾道本迂拙，世途多险艰。
尝闻嵇吕辈，尤悔生疏顽。[3]

---

[1] 因碑文已残泐，拓片仅从第24页上第12行开始制作。

[2] 因此从11世纪初起，龙门的寺庙便逐渐变得荒落了。

[3] 嵇康（223—262）是著名的养生学家和诗人，后遭人陷害而被处死。吕不韦（卒于公元前235年）曾任秦朝丞相，后因太后失宠而被迫自杀。这两个历史人物都是因不知适时引退才招来杀身之祸。

图 959　龙门伊河右岸

图 965　登封县北中岳嵩山全景图

图 960　龙门伊河右岸的看经寺

805 | 第二章　龙门石窟

巢悟入箕颍，[1]皓[2]知返商巅。

岂唯乐肥遁，聊复祛忧患。

吾亦从此去，终老伊嵩[3]间。

诗人希望能把香山寺当作自己的归宿，在诗句中所表达的愿望最终得以实现，他去世之后，就埋葬在香山寺的后面。[4]

如今香山寺将最新建的厅堂命名为九老堂，让人能回想起香山九老，这其中除了白居易之外，还有其他八位遗老。这里收藏着他们在845年所吟咏的九部诗篇，[5]他们吟诗赏景，欢度晚年，这九部诗篇依照每位遗老的年纪排列，其中年纪最大的为八十九岁，而年纪最小的正是白居易，那一年他已七十四岁了。

---

[1] 巢父系远古一位著名隐士，年老之后，在树上筑巢，并能安然入睡，被人称为"巢父"。帝尧想禅让许由，并向他讲述禅让天下的理由，许由听了这话以后，以为玷污了自己的耳朵，便跑到颍水边，用清水洗耳朵。而巢父听闻此事后，把小牛牵到河上游去给牛饮水，以免让许由洗过耳朵的水污染牛嘴（《高士传》载《汉魏丛书》）。由此，我们得知巢父与许由住在同一地区，即**于中岳颍水之阳，箕山之下**。

[2] 此指**商山四皓**，系指生活在秦末时代的四位隐士，他们因避乱世而隐居商山（见《高士传》）。无论是巢父，还是商山四皓，都是识时务的贤士，知道适时隐退。白居易决意要照他们的样子去做。

[3] 嵩高或嵩山，位于登封县北（图965）。

[4] 白居易（字乐天）墓冢又称**白乐天墓**，此墓的位置标在1904年刻制的龙门阙塞风景图上。

[5] 这些诗篇可见于1792年所出版的《唐代丛书》卷八上，此书还有一个1869年刻本。

第二十一节　龙门题记碑文所包含的信息

在对题记碑文作出研究之后，我们从这些丰富的素材当中，得出一些概况性的看法。

首先，要单独看待那些仅刻着经文的题记碑文，我们注意到，这类题记相当多，而且碑文都相当长。一位供养人（第三百七十二幅拓片）声称要在石壁上镌刻一部《般若经》。表达这种愿望的并非仅有他一人，因为我们确实在一座石窟里（第二百八十六幅拓片和二百八十七幅拓片）看到刻在石壁上的《般若波罗蜜多心经》全文。而在另一座石窟里（第五十五幅拓片），一位少女要为亡父在石壁上镌刻一部《妙法莲华经》。我们恰好在祖师窟里看到这部经文，此经文刻于689—705年间，在此石窟内，刻有《无量寿经》《金刚般若波罗蜜经》（第八十九幅拓片）和《六门陀罗尼经》。在隔开不远的另一座石窟里，其门洞处还刻着《菩萨诃色欲法经》。

将经文刻在石壁上的做法不仅仅见于龙门地区，在中国的其他地方也能看到刻在石壁上的经文。在山西太原府，人们将《华严经》全文镌刻在126根四方立柱的每一立面上。[1]有人认为镌刻此经书的工作是在北齐天保二年（551）完成的。还是在北齐朝代，即在570—575年间，有人用大字将《金刚经》刻在泰山的一处岩壁上，形成摩崖刻石。[2]在直隶省**房山**寺里，如今依然能看到145块石刻铭文，这些铭文全部是经文，大概刻于7世纪。还是在房山寺，2740块刻经石堆放在山洞里，另外还有4260块经石则埋在地下。[3]此外，在中国各地还有许多刻着经文的八角柱，这种石柱又被称作"**幢**"，除了陀罗尼经外，幢上往往还刻着咒语，而且都是很灵的咒语。我们注意到，中国虔诚的佛教徒最热衷于做的事情就是把经文刻在石头上，这种虔诚劲儿不仅仅见于龙门地区，在其他地区也如此，经书一旦刻在石头上，就会永世流传。

现在我们再来回顾一下龙门石窟的题记，看一看我们从中能领会些什么。首先许多题记都刻有纪年，我们凭此可以看出来在哪个朝代，佛教徒进香朝圣最频繁。[4]为此，我们制出一个图表，粗体数字表示公元纪年，普通数字表示在那个年份里镌刻的题记拓片编号：

---

[1]　《攈古录》卷六，第26页上。

[2]　参阅拙作《泰山铭文》，第82页。

[3]　沃德斯卡勒：《石经山云居寺的经石》（载《亚洲学刊》1914年3—4月期，第375—459页）。

[4]　915年所刻制的题记（第二百七十四幅拓片）不应算在此列，这仅仅是一单独个例，至于说1602年的题记（第一百幅拓片），它列出一份供养人的名单，但我们不知道他们所捐献的那笔微薄资金能派上什么用场，即使我们推测这笔捐款是用来做善事的，可拿这点钱去造像是远远不够的。此外，还有950年的题记（第一百一十九幅拓片）、1026年的题记（第三百四十一和三百七十一幅拓片）、1113年题记（第十三幅拓片）以及1462年题记（第六十七幅拓片），这几则题记都与佛教造像无关。因此，我们可以说，从8世纪中叶起，龙门石窟就不再是佛教中心了。

公元纪年	拓片编号
495	第三百七十三幅拓片
496	第三百七十五幅拓片
497	
498	第三百七十六幅拓片、第三百七十七幅拓片
499	第三百七十八幅拓片（？）
500	
501	第三百七十九幅拓片
502	第三百八十幅拓片、第三百八十一幅拓片、第三百八十二幅拓片、第三百八十三幅拓片
503	第三百八十四幅拓片
504	第三百八十五幅拓片
505	第三百八十六幅拓片
506	第三百八十九幅拓片、第三百九十幅拓片、第三百九十一幅拓片（？）
507	第三百九十三幅拓片、第三百九十四幅拓片、第三百九十五幅拓片
508	第三百九十六幅拓片、第三百九十七幅拓片、第三百九十八幅拓片、第三百九十九幅拓片、第四百幅拓片、第四百零一幅拓片
509	第四百零二幅拓片
510	第四百零三幅拓片、第四百零四幅拓片、第四百零五幅拓片
511	第四百零六幅拓片、第四百零七幅拓片、第四百零八幅拓片、第四百零九幅拓片、第四百一十幅拓片、第四百一十一幅拓片
512	第四百一十二幅拓片、第四百一十三幅拓片、第四百一十四幅拓片
513	第四百一十六幅拓片
514	第四百一十七幅拓片
515	第四百一十八幅拓片、第四百一十九幅拓片、第四百二十幅拓片
516	
517	第四百二十一幅拓片、第四百二十二幅拓片、第四百二十五幅拓片
518	第一百四十五幅拓片、第四百二十六幅拓片
519	第四百二十七幅拓片、第四百二十八幅拓片、第四百三十幅拓片
520	第四百三十一幅拓片、第四百三十二幅拓片、第四百三十三幅拓片
521	第二百八十八幅拓片、第二百八十九幅拓片、第四百三十五幅拓片、第四百三十六幅拓片、第四百三十七幅拓片
522	第四百三十八幅拓片、第四百三十九幅拓片
523	第三百一十一幅拓片、第三百一十二幅拓片、第三百一十三幅拓片、第四百四十幅拓片
524	第三百一十四幅拓片
525	第一百五十五幅拓片、第一百五十六幅拓片、第二百四十五幅拓片、第二百四十六幅拓片、第二百九十幅拓片、第四百四十一幅拓片
526	第二百九十一幅拓片、第三百一十五幅拓片、第三百一十六幅拓片、第三百一十七幅拓片、第三百一十八幅拓片、第三百一十九幅拓片、第三百二十幅拓片、第三百二十一幅拓片、第三百二十二幅拓片、第三百二十三幅拓片、第三百二十四幅拓片、第三百二十五幅拓片、第三百二十六幅拓片
527	第二百四十七幅拓片、第二百四十八幅拓片、第二百四十九幅拓片、第四百四十二幅拓片、第四百四十三幅拓片
528	第二百五十幅拓片、第二百五十一幅拓片、第二百五十二幅拓片
529	第二百九十二幅拓片
530	第三百四十五幅拓片
531	第一百六十三幅拓片、第二百五十三幅拓片
532	第二百五十四幅拓片、第三百四十六幅拓片

公元纪年	拓片编号
533	第二百五十五幅拓片、第四百四十四幅拓片
534	第二百五十六幅拓片、第三百四十七幅拓片
535	第四百四十五幅拓片
536	第四百四十六幅拓片
537	第三百二十八幅拓片、第四百四十七幅拓片、第四百四十九幅拓片
538	
539	
540	第三百二十九幅拓片、第四百五十幅拓片
541	第三百三十幅拓片
542	
543	
544	
545	第四百五十二幅拓片、第四百五十三幅拓片
546	
547	
548	
549	
550	
551	
552	
553	第三百四十八幅拓片
554	
555	
556	
557	
558	
559	
560	
561	
562	
563	
564	
565	
566	
567	
568	
569	
570	第二百五十七幅拓片
571	
572	
573	第四百五十四幅拓片
574	
575	第五百二十八幅拓片、第三百四十九至第三百五十一幅拓片
576	

公元纪年	拓片编号
577	
578	
579	
580	
581	
582	
583	
584	
585	
586	
587	
588	
589	
590	
591	
592	
593	
594	
595	第三幅拓片
596	
597	
598	
599	
600	
601	
602	
603	
604	
605	
606	
607	
608	
609	
610	
611	
612	
613	
614	
615	
616	
617	
618	
619	
620	

公元纪年	拓片编号
621	
622	
623	
624	
625	
626	
627	
628	
629	
630	
631	
632	
633	
634	
635	
636	
637	
638	第一百六十四幅拓片
639	第一百七十六幅拓片
640	
641	第二幅拓片、第十六幅拓片、第十七幅拓片、第十八幅拓片、第十九幅拓片、第二十幅拓片
642	第二十一幅拓片、第二十二幅拓片
643	
644	第二十三幅拓片、第二十四幅拓片
645	第一幅拓片
646	第二十六幅拓片、第二十七幅拓片、第二百五十九幅拓片
647	第二十八幅拓片、第二十九幅拓片
648	第十四幅拓片、第三十幅拓片、第三十一幅拓片、第一百六十五幅拓片
649	第三十二幅拓片、第三十三幅拓片、第三十五幅拓片
650	第三十六幅拓片、第一百七十七幅拓片、第一百七十八幅拓片、第一百七十九幅拓片、第三百五十二幅拓片、第三百五十三幅拓片
651	第三十七幅拓片、第三十八幅拓片
652	第三十九幅拓片、第四十幅拓片、第一百八十幅拓片、第一百八十一幅拓片、第三百五十四幅拓片、第三百五十五幅拓片、第三百五十六幅拓片
653	第四十二幅拓片、第四十三幅拓片、第一百八十三幅拓片、第一百八十四幅拓片、第一百八十五幅拓片、第一百八十六幅拓片、第二百六十幅拓片、第二百六十一幅拓片、第三百五十七幅拓片、第三百五十九幅拓片、第三百六十幅拓片
654	第一百八十七幅拓片、第一百八十八幅拓片、第一百八十九幅拓片、第一百九十幅拓片、第一百九十一幅拓片、第三百三十二幅拓片、第三百六十一幅拓片、第四百五十六幅拓片
655	第六十九幅拓片
656	第五幅拓片、第四十四幅拓片、第一百九十二幅拓片、第一百九十三幅拓片、第一百九十四幅拓片
657	第三百零一幅拓片、第三百六十二幅拓片
658	第一百九十五幅拓片、第一百九十六幅拓片

公元纪年	拓片编号
659	第六幅拓片、第七十幅拓片、第七十一幅拓片、第三百零二幅拓片、第三百零三幅拓片、第三百零五幅拓片、第三百六十三幅拓片、第三百六十四幅拓片
660	第四十五幅拓片、第一百六十六幅拓片、第一百六十七幅拓片、第一百六十八幅拓片、第一百七十幅拓片、第一百七十一幅拓片、第一百九十七幅拓片
661	第七十二幅拓片、第一百九十八幅拓片、第一百九十九幅拓片、第三百零六幅拓片、第三百三十三幅拓片
662	第四十六幅拓片、第四十七幅拓片、第二百六十二幅拓片
663	第二百幅拓片
664	第六十八幅拓片
665	第四十八幅拓片、第四十九幅拓片、第七十三幅拓片
666	第五十幅拓片、第二百六十三幅拓片
667	第五十一幅拓片、第二百零一幅拓片、第三百二十七幅拓片
668	第五十二幅拓片、第一百四十三幅拓片、第二百零二幅拓片、第二百零三幅拓片、第二百零四幅拓片、第二百六十四幅拓片、第二百六十五幅拓片、第二百六十六幅拓片、第二百六十七幅拓片、第四百五十七幅拓片
669	第二百零五幅拓片、第二百零六幅拓片、第三百零七幅拓片
670	
671	第四百五十八幅拓片
672	
673	第九十幅拓片（？）、第一百四十九幅拓片
674	
675	第一百二十幅拓片
676	第一百二十一幅拓片、第一百二十二幅拓片
677	第一百五十幅拓片
678	第一百二十三幅拓片
679	
680	第一百零一幅拓片、第一百零二幅拓片、第一百零三幅拓片、第一百零四幅拓片、第一百零五幅拓片、第一百零六幅拓片、第一百零七幅拓片、第一百零八幅拓片
681	第一百零九幅拓片、第一百一十幅拓片、第一百一十一幅拓片
682	
683	
684	第一百五十一幅拓片
685	
686	第七十四幅拓片、第九十一幅拓片、第一百一十二幅拓片、第二百零七幅拓片、第二百六十八幅拓片
687	第九十二幅拓片、第九十三幅拓片、第一百二十四幅拓片、第一百二十五幅拓片、第一百二十六幅拓片、第三百六十六幅拓片
688	
689	第一百二十七幅拓片、第一百二十八幅拓片、第一百四十四幅拓片、第二百零八幅拓片
690	
691	第九十四幅拓片、第九十五幅拓片、第二百零九幅拓片、第二百一十幅拓片、第二百一十二幅拓片
692	第一百二十九幅拓片
693	第二百六十九幅拓片
694	第四百八十六幅拓片、第四百八十七幅拓片
695	第九十六幅拓片
696	第二百七十幅拓片

公元纪年	拓片编号
697	
698	
699	第一百三十幅拓片
700	
701	
702	第二百七十一幅拓片
703	
704	第一百三十一幅拓片、第四百五十九幅拓片、第四百六十幅拓片
705	第四百六十一幅拓片
706	
707	
708	
709	第四百六十二幅拓片
710	
711	
712	
713	
714	
715	第一百三十二幅拓片、第二百一十六幅拓片
716	
717	第九十七幅拓片
718	
719	第二百一十七幅拓片
720	
721	
722	
723	第三百四十幅拓片
724	
725	
726	
727	
728	
729	
730	第三百四十二幅拓片（？）、第三百四十四幅拓片
731	
732	
733	
734	
735	
736	
737	
738	
739	
740	

公元纪年	拓片编号
741	
742	
743	
744	
745	
746	
747	
748	
749	第二百七十三幅拓片

我们注意到龙门石窟的供养人是在495年开始造像的，也就是说，在北魏迁都后的第二年，就已经有人在龙门着手造像了。整个造像过程一直持续到749年，然而正是在751年，唐朝的军队在云南和怛罗斯河畔几乎同时败给了南诏和大食，安禄山趁朝廷连续遭遇败仗而密谋叛乱，起兵造反。756年，唐玄宗慌忙逃离西安城，跑到四川躲避起来。756年，洛阳城落入叛军之手，到了762年，吐蕃攻陷洛阳城，入城之后，吐蕃人大肆烧杀抢掠。我们由此看到，在8世纪中叶，这一系列重大事件让唐朝蓬勃发展的局面戛然而止，同时让唐朝的东都洛阳毁于一旦，正是由于这个原因，在749年之后，供养人再也不到龙门来造像了。

在495至749年间，龙门石窟的造像题记分布得很不均匀。自495年至537年，也就是说在43年间，共有108则造像题记；从538年至637年，即在100年间，仅有13则造像题记；但是从638年至705年，即68年间，共有166则题记，而在706至747年间，即在44年间，却仅有8则造像题记。这个简单的统计数据告诉我们，龙门石窟经历了两次造像高峰：一次是在北魏迁都洛阳城期间（494—534年）；另一次是在唐朝，即在唐太宗（627—649年在位）、唐高宗（650—683年在位）及武后（684—705年在位）执政期间。

我们可以借助于历史文献来检验一下上述结论是否准确。当北魏人把都城从大同府迁到洛阳之后，他们很快就想在新都城的南郊将其在大同西郊的做法照搬过来。在《魏书》（卷一百一十四，第8页）当中，我们看到这样一段文字："景明初（500—503年），世宗[1]诏大长秋卿白整准代[2]京灵岩寺石窟，于洛南[3]伊阙山，为高祖[4]、文昭皇太后[5]营石窟二所。初建之始，窟顶去地三百一十尺。至正始二年中，始出斩山二十三丈。至大长秋卿王质，谓斩山太高，费功难就，奏求下移就平，去

---

[1] 世宗于500—515年在位。

[2] 代字在此就是指大同府，在494年前，大同府一直是北魏的国都，灵岩寺是云冈石窟的主寺。

[3] 即指龙门地区。

[4] 高祖是指世宗的父亲，他于499年去世。

[5] 文昭皇太后为世宗母亲的谥号。

地一百尺，南北一百四十尺。永平（508—512年）中，中尹刘腾奏为世宗[1]复造石窟一，凡为三所。从景明元年（500）至正光四年（523）六月已前，用功八十万二千三百六十六（钱）。"[2]

那么龙门最早的三座石窟究竟是哪三座呢？

X号石窟，即老君洞（图365—394）肯定是其中的一座。实际上，此石窟内有两则造像题记证明窟内的佛像是为孝文皇帝建造的，其中一则镌刻于504年（第三百八十五幅拓片），另一则大概镌刻于同一年，而孝文皇帝不是别人，正是高祖，他于499年去世。至于说为文昭皇太后和世宗帝所营造的石窟，M号石窟很有可能是其中之一座（参阅图321—图323和图325—图330），假如图328[3]上的题记文字能保存下来的话，那么我们肯定就能知道是不是这座石窟，但如今我们仅能看到石碑上的龙纹碑首；而另一座石窟很有可能是S号石窟（图340—图346）。如果我们认为与X号石窟（图282和图283）相比，S号石窟更贴近M号石窟，那么S号石窟极有可能和X号石窟是在同一年代营造的，因此它就是为文昭皇太后营造的那座石窟，而M号石窟则是若干年后为世宗帝营造的，世宗是宣武帝元恪的庙号。

《魏书》曾多次提到皇族成员前来伊阙石窟祈福，因此在514年，世宗"**行幸伊阙**"（《魏书》卷八，第4页）；在世宗帝于515年突然去世之后，由皇太后胡氏摄政，517年，"**皇太后幸伊阙石窟寺**"（《魏书》卷九，第3页）；526年，肃宗帝前往**南石窟**寺祈福（《魏书》卷九，第10页）。所有这些迹象都表明，在北魏迁都洛阳期间，龙门的寺庙确实享有很高的声望。

虽然在唐代的历史文献里我们并未发现如此清晰的记载，但许多史实告诉我们，在玄奘西行取经并于645年顺利返回长安之前，直至695年义净西行取经求法，胜利返回洛阳时止，佛教在中国取得了辉煌的成就。然而，也正是在638至705年间，龙门石窟的造像题记数量达到了峰值。

既然造像题记在749年戛然而止，由此也就不难理解诗人白居易在845年所写的诗，在这一诗篇当中，他感叹龙门的古寺已变得十分荒凉，甚至连门窗都关不上了，其实这也不足为奇，因为到白居易咏香山寺的那个年代，龙门石窟已被冷落了将近一个世纪。

龙门石窟内几乎所有的题记都记录了造像年代，这一点这对于艺术史来说非常重要，正是凭借这些造像纪年的记录，我们才得以精准地确定某些作品的创作年代，由此我们能够清楚地看出北魏时期的雕像与唐代雕像的差别，这样就能以更科学的方法去评判作品的风格，而不是仅仅凭借自己的主观印象去判断这个或那个雕像属于哪一种风格。比如当我们知道M号窟、S号窟和X号窟的主要

---

[1] 那时候世宗帝依然在世。因此龙门最初的两座石窟是为高祖和文昭皇太后开凿的，而第三座石窟则是为在位的皇帝世宗开凿的。

[2] 最后一句话比较难解释。不过它所标明的日期倒更有意义，此外它还讲述了开凿石窟的细节，比如窟顶去地三百一十尺，直到505年，始出斩山二十三丈。至大长秋卿王质甚至指出，如果斩山太高，很难完成，于是便奏求下移就平，去地一百尺，南北一百四十尺。若从X号石窟窟顶量至伊河河床，这个高度应为一百尺，但我认为实际上这一高度不足一百尺。至于说"南北一百四十尺"，假如这是指石窟内的空间，那么我认为这个数字太大了；但如果是指从S号石窟到X号石窟的间距，这个数字又太小了。

[3] 位于距上边缘30毫米与左边缘120毫米交会处。

佛像都是在6世纪初镌刻的，而大佛像及其大弟子像（图351—图353及图355和图356）则是在672—675年间雕刻的，我们由此便能更好地描绘出中国美术史上两个重要的发展时刻。

龙门题记铭文并非仅仅是造像的说明文字，对于书法爱好者和古文字学者来说，它还具有难以估量的价值。

北魏碑刻一直备受中国人推崇，尤其是碑刻上的汉字书写形式更让人百看不厌，人们似乎在北魏碑刻的书法里看到了纯真、清晰的特质，如同那一时代的佛像雕像一样。除了龙门石窟的题记之外，北魏时期的其他碑刻极为罕见，因此一说起研究北魏书法，通常就是指研究龙门石窟的造像题记。我们在前文已看到，有人将龙门石窟的若干题记碑刻列为极品，并列出几种不同的清单，这些题记碑刻一直被看作是最优秀的书法作品，而且题记文字也相对较为完整，人们将碑刻文字制作成拓片之后，再把单个字剪下来，贴在本子上，当作字帖来卖。

到唐朝时，各类题记碑刻也随之变得丰富起来，即使这类碑刻文字数不胜数，龙门石窟的造像题记依然占有很重要的地位，因为唐朝最著名的书法作品就有几则出自龙门石窟的造像题记。倘若能完整看到镌刻于641年的巨幅碑铭，那我们一定会领略到大书法家褚遂良的真迹，因为有人认为《同州圣教序》[1]的碑文就是这位著名书法家书写的。

然而，龙门石窟造像题记还多次向我们展示出书写形式很怪异的汉字，这些字在武则天当政时期十分流行。下面是我们所了解的这类汉字的具体信息：

《新唐书》当中有一章被认作是由宋祁修订的，此书于1060年进献给皇帝，在这一章节（卷七十六，第6页）里，宋祁告诉我们，在永昌元年，武后创制十二个新字，并将此十二字书写出来，但并未列出与这些新字所对应的汉字。

司马光所编写的《资治通鉴》（成书于1084年）告诉我们，天授元年正月一日从689年12月18日起算，当时一个名叫**宗秦客**的人提议采纳"天"、"地"等十二字；到了1285年，**胡三省**对这段文字作了评注，并列出这十二个新字，而这些字正是《新唐书》（卷七十六，第6页）所列举的，它们是**照**、**天**、**地**、**日**、**月**、**星**、**君**、**臣**、**人**、**载**、**年**、**正**，但胡三省在评注当中又添加了**证**和**圣**字。

早在胡三省作评注之前，《宣和书谱》就已经把武后所创制的新字罗列出来，[2]总共有十九个字，它们是**天**、**地**、**日**、**月**、**星**、**君**、**年**、**正**、**臣**、**照**、**戴**、**载**、**国**、**初**、**证**、**授**、**人**、**圣**和**生**。

1161年，**郑樵**完成了那部百科全书式的巨著《通志》，此书（1859年武昌版卷三十五，第13页）列举出武后创制的十六个新字，这些字与《宣和书谱》所列举的新字略有不同，其中缺少了**君**、**人**和**生**字。我在图1731里复制了这些新字。[3]

在我们所制作的拓片里，大家也能看到这些新字：

---

[1]　参阅《金石萃编》卷四十九，第7页。

[2]　《宣和书谱》所列举的新字清单转载于《图书集成·字学典》卷一，第9页。

[3]　此图是根据《图书集成·字学典》卷六，第10页复制的，与《通志》上的图相比，此图更清晰。

天：第一百二十九幅拓片（图715），第二百零九幅拓片（图680），第二百七十幅拓片（图662）；

地：第二百六十九幅拓片（图663），第一百三十四幅拓片（图705），第一百五十二幅拓片；

年、月、日：第九十六幅拓片（图726），第一百二十八幅拓片（图709），第一百三十幅拓片（图708），第一百三十一幅拓片，第二百零九幅拓片（图680），第二百一十幅拓片，第二百一十二幅拓片，第二百六十九幅拓片（图663），第二百七十幅拓片（图662），第二百七十一幅拓片，第二百七十二幅拓片，第四百五十九幅拓片（图598），第四百六十一幅拓片（图614）；

载：第一百二十八幅拓片（图709）；

初：第一百二十八幅拓片（图709）；

授：第九十四幅拓片，第九十五幅拓片，第二百零九幅拓片（图680），第二百一十幅拓片，第二百一十二幅拓片；

证：第九十六幅拓片（图726）；

圣：第九十六幅拓片（图726），第一百三十幅拓片（图708）。

我们注意到在图715里（第一百二十九幅拓片），**君**和**生**字是按正常笔画书写的，在图662和图705里，**生**字也是按正常笔画书写的，因此我们不禁琢磨《宣和书谱》将君、生和人字列入新字清单是否有道理。而郑樵未将这三个字列入《通志》里恐怕也是有原因的。

对于古文字学者来说，无论龙门石窟造像题记多么有意义，但在历史学家看来，这些题记还有另一用途。我们在前文已论述过这些新字起着纪年的作用。然而，我们还可以用统计学方法来划定龙门地区佛教崇拜对象的演变过程，我们由此也会发现信男信女们会向哪些佛和菩萨祈福。下面的几幅图表将会把实际结果告诉我们，粗体数字表示公元纪年，普通数字表示题记拓片编号：

阿弥陀佛

公元纪年	拓片编号
647	第二十八幅拓片、第二十九幅拓片
648	第三十一幅拓片
649	第三十二幅拓片
650	第一百七十七幅拓片、第一百七十八幅拓片、第三百五十三幅拓片
651	第三十七幅拓片、第三十八幅拓片
652	第三十九幅拓片、第四十幅拓片、第一百八十一幅拓片
653	第四十二幅拓片、第四十三幅拓片、第二百六十幅拓片、第二百六十一幅拓片、第三百五十九幅拓片
654	第一百八十八幅拓片、第一百九十一幅拓片、第三百三十二幅拓片、第三百六十一幅拓片
656	第四十四幅拓片、第一百九十二幅拓片、第一百九十三幅拓片、第一百九十四幅拓片
658	第一百九十五幅拓片、第一百九十六幅拓片
659	第三百零五幅拓片、第三百六十四幅拓片
660	第一百六十八幅拓片、第一百七十七幅拓片、第一百九十七幅拓片、第一百九十七幅拓片
661	第七十二幅拓片、第一百九十九幅拓片、第三百零六幅拓片

公元纪年	拓片编号
662	第四十六幅拓片、第四十七幅拓片
665	第七十三幅拓片
666	第五十幅拓片、第二百六十三幅拓片
667	第三百二十七幅拓片
668	第五十二幅拓片、第二百零四幅拓片、第二百六十四幅拓片、第二百六十五幅拓片、第二百六十七幅拓片
669	第二百零五幅拓片
673	第九十幅拓片（？）
675	第一百二十幅拓片
680	第一百零八幅拓片
681	第一百一十幅拓片
686	第九十一幅拓片、第一百一十二幅拓片、第二百零七幅拓片
687	第九十二幅拓片、第九十三幅拓片
689	第一百二十七幅拓片、第一百二十八幅拓片
691	第九十四幅拓片、第二百一十幅拓片
692	第一百二十九幅拓片
693	第二百六十九幅拓片
698	第一百三十幅拓片
702	第二百一十七幅拓片
715	第二百一十六幅拓片
年代不详	第七幅拓片、第十一幅拓片、第十二幅拓片、第二十五幅拓片、第五十三幅拓片、第六十五幅拓片、第七十五幅拓片、第七十六幅拓片、第七十八幅拓片、第八十一幅拓片、第一百三十三幅拓片、第一百三十七幅拓片、第一百四十二幅拓片、第一百五十三幅拓片、第一百五十八幅拓片、第一百六十九幅拓片、第二百一十五幅拓片、第二百二十二幅拓片、第二百三十一幅拓片、第二百三十五幅拓片、第二百三十六幅拓片、第二百三十七幅拓片、第二百四十二幅拓片、第二百七十二幅拓片、第二百八十二幅拓片、第二百九十三幅拓片、第二百九十六幅拓片、第三百零四幅拓片、第三百三十六幅拓片、第三百五十八幅拓片、第三百六十七幅拓片、第四百七十三幅拓片

观世音菩萨

公元纪年	拓片编号
508	第四百幅拓片（？）
512	第四百一十二幅拓片
523	第三百一十二幅拓片
524	第三百一十四幅拓片
525	第一百五十六幅拓片、第四百四十一幅拓片
526	第三百一十八幅拓片、第三百二十二幅拓片、第三百二十四幅拓片
529	第二百九十二幅拓片
531	第一百六十三幅拓片
536	第四百四十六幅拓片
537	第四百四十七幅拓片
615	第四幅拓片、第二百九十九幅拓片
642	第二十二幅拓片
651	第一百七十九幅拓片
652	第三百五十四幅拓片、第三百五十六幅拓片
653	第一百八十五幅拓片、第一百八十六幅拓片

公元纪年	拓片编号
657	第三百六十二幅拓片
659	第三百零三幅拓片、第三百六十三幅拓片
660	第一百六十七幅拓片、第一百七十一幅拓片
668	第二百零二幅拓片、第二百零三幅拓片
676	第一百二十一幅拓片、第一百二十二幅拓片
680	第一百零二幅拓片
681	第一百零九幅拓片、第一百一十一幅拓片
687	第九十二幅拓片、第九十三幅拓片
691	第二百一十二幅拓片
693	第二百六十九幅拓片
915	第二百七十四幅拓片
年代不详	第八幅拓片、第三十四幅拓片、第五十三幅拓片、第五十四幅拓片、第五十五幅拓片、第八十幅拓片、第八十二幅拓片、第九十九幅拓片、第一百一十三幅拓片、第一百一十四幅拓片、第一百一十五幅拓片、第一百一十六幅拓片、第一百一十七幅拓片、第一百三十四幅拓片、第一百三十五幅拓片、第一百三十六幅拓片、第一百三十九幅拓片、第一百四十幅拓片、第一百四十七幅拓片、第一百五十七幅拓片、第二百一十五幅拓片、第二百一十九幅拓片、第二百二十幅拓片、第二百二十一幅拓片、第二百二十五幅拓片、第二百二十六幅拓片、第二百三十二幅拓片、第二百三十三幅拓片、第二百四十幅拓片、第二百五十四幅拓片、第二百七十六幅拓片、第二百八十幅拓片、第二百九十四幅拓片、第三百三十八幅拓片、第三百六十五幅拓片、第三百六十八幅拓片、第三百六十九幅拓片、第三百七十二幅拓片、第四百二十四幅拓片、第四百二十九幅拓片、第四百六十八幅拓片、第四百七十七幅拓片

释迦牟尼

公元纪年	拓片编号
506	第三百九十幅拓片
507	第三百九十三幅拓片、第三百九十四幅拓片
508	第三百九十六幅拓片、第三百九十七幅拓片
510	第四百零四幅拓片
511	第四百零六幅拓片、第四百零八幅拓片
512	第四百一十三幅拓片
513	第四百一十六幅拓片
515	第四百一十八幅拓片
517	第四百二十二幅拓片
518	第四百二十六幅拓片
520	第四百三十三幅拓片
521	第四百三十五幅拓片
522	第二百四十四幅拓片
523	第四百四十幅拓片
525	第二百四十五幅拓片、第二百九十幅拓片
526	第三百二十六幅拓片
527	第二百四十八幅拓片、第二百四十九幅拓片
530	第三百四十五幅拓片
532	第二百五十四幅拓片、第三百四十六幅拓片
534	第三百四十七幅拓片
540	第四百五十幅拓片
545	第四百五十二幅拓片、第四百五十三幅拓片

公元纪年	拓片编号
575	第三百四十九幅拓片
617	第十五幅拓片
652	第三百五十五幅拓片
654	第三百幅拓片
657	第三百零一幅拓片
659	第三百六十三幅拓片
704	第四百五十九幅拓片
749	第二百七十三幅拓片
年代不详	第一百七十二幅拓片、第一百七十三幅拓片、第二百九十八幅拓片、第三百零八幅拓片、第三百九十二幅拓片、第四百一十五幅拓片、第四百二十三幅拓片、第四百六十七幅拓片、第四百六十九幅拓片、第四百七十幅拓片、第四百七十二幅拓片、第四百七十八幅拓片

弥勒佛

公元纪年	拓片编号
495	第三百七十三幅拓片
498	第三百七十七幅拓片
501	第三百七十九幅拓片
502	第三百八十幅拓片、第三百八十三幅拓片
503	第三百八十四幅拓片
505	第三百八十六幅拓片
508	第四百零一幅拓片
509	第四百零二幅拓片
501	第四百零五幅拓片
511	第四百零七幅拓片、第四百零九幅拓片、第四百一十幅拓片
512	第四百一十四幅拓片
514	第四百一十七幅拓片
517	第四百二十一幅拓片
520	第四百三十二幅拓片
522	第四百三十九幅拓片
523	第三百一十一幅拓片
525	第二百九十幅拓片、第四百四十一幅拓片
526	第三百一十六幅拓片、第三百一十九幅拓片、第三百二十幅拓片、第三百二十一幅拓片
528	第二百五十幅拓片
534	第二百五十六幅拓片
535	第四百四十五幅拓片
537	第四百四十九幅拓片
648	第十四幅拓片
653	第一百八十三幅拓片
659	第七十一幅拓片
660	第四十五幅拓片
673	第一百四十九幅拓片
680	第一百零四幅拓片、第一百零七幅拓片
696	第二百七十幅拓片

公元纪年	拓片编号
年代不详	第三百零九幅拓片、第三百三十一幅拓片、第三百七十八幅拓片、第四百六十五幅拓片、第四百六十六幅拓片、第四百七十四幅拓片、第四百八十三幅拓片

地藏菩萨

公元纪年	拓片编号
667	第五十一幅拓片.
669	第二百零六幅拓片
693	第二百六十九幅拓片
年代不详	第六十一幅拓片、第七十九幅拓片、第八十幅拓片、第一百一十三幅拓片、第一百三十四幅拓片、第一百四十一幅拓片、第一百五十二幅拓片、第二百一十九幅拓片、第二百三十四幅拓片、第二百九十四幅拓片、第三百三十五幅拓片

无量寿佛

公元纪年	拓片编号
518	第一百五十四幅拓片
519	第四百二十八幅拓片
523	第三百一十三幅拓片
526	第三百一十五幅拓片、第三百一十七幅拓片
527	第二百四十七幅拓片
533	第四百四十四幅拓片
730	第三百四十四幅拓片
年代不详	第二百七十五幅拓片、第二百七十七幅拓片、第二百八十三幅拓片、第四百六十四幅拓片

药师佛

公元纪年	拓片编号
525	第四百四十一幅拓片
年代不详	第一百三十五幅拓片、第一百四十六幅拓片、第二百一十五幅拓片、第二百二十四幅拓片、第三百三十九幅拓片

卢舍那佛

公元纪年	拓片编号
662	第二百六十二幅拓片
675	第三百四十幅拓片
691	第二百零九幅拓片

多宝佛

公元纪年	拓片编号
515	第四百一十九幅拓片
531	第二百五十三幅拓片
年代不详	第四百七十八幅拓片

定光佛

公元纪年	拓片编号
510	第四百零三幅拓片
527	第四百四十三幅拓片

大势至菩萨

公元纪年	拓片编号
687	第九十二幅拓片

人们祈福次数最多的佛是阿弥陀佛，九十九则造像题记里都提到阿弥陀佛，其中六十六则题记是在647至715年镌刻的。[1]题记纪年非常重要，它清楚地表明，阿弥陀佛这位西方极乐世界的教主是在7世纪中叶才在中国得到了大众的喜爱。

有人认为无量寿佛就是阿弥陀佛，只不过是译名不同罢了，然而仅有十二则题记提到无量寿佛，而祈福无量寿佛且注明纪年的造像题记是在518至533年间镌刻的（仅有一则是在730年镌刻的），因此我们可以说，对阿弥陀佛的崇拜，包括对无量寿佛的崇拜早在唐代之前就已兴起。无论无量寿佛和阿弥陀佛为同一佛的理论依据多么充分，但从具体实例上看，这两尊佛其实有很大差异，至少在其问世的初始阶段是完全不同的。

实际上，在少林寺的一座石碑上，阿弥陀佛和无量寿佛是两尊明显不同的佛像。

对阿弥陀佛的崇拜是在对弥勒佛崇拜之后兴起的，但并未完全取代对弥勒佛的崇拜。弥勒佛也是未来佛，只不过他的领域仅局限于人间凡界，而阿弥陀佛则身处凡界之外的西方极乐世界。龙门石窟有四十五则题记祈福弥勒佛，其中三十七则注明造像年代，在这三十七则当中有三十则是在495至537年间镌刻的，另有七则是在648至696年间镌刻的。由此大家可以看到，对弥勒佛的崇拜要早于对阿弥陀佛的崇拜。

和阿弥陀佛一样，观音菩萨也是龙门地区最受人爱戴的神。共有八十则造像题记提到观音菩萨，其中三十七则注明纪年，在龙门石窟香火最盛的年代里，总有人向观音菩萨祈福，而且人们往往把他称为"救苦观音"。正是这个大慈大悲的角色让他赢得了很高的威望，不过从信男信女的想法来看，没有任何迹象表明，他是被当作女神来看待的。

有四十九则题记向释迦牟尼祈福，而注明造像年代的共有三十七则，而且大部分都是在北魏时期镌刻的，其中有二十六则镌刻于506至534年间，另有五则分别镌刻于540年、545年（两则）、575年和617年。进入唐代之后，在652至749年，有六则题记向释迦牟尼祈福。这其中或许也是有原因的，鉴于云冈石窟的佛像都是在北魏时期雕刻的，而那里的佛像往往都被认作是弥勒佛像或释迦牟尼像。

除了我们刚刚提到的这些大佛、大菩萨之外，还有地藏菩萨，这是一位救度地狱众生的菩萨，也是民众祈求保佑次数最多的神，但遗憾的是，在十四则向地藏菩萨祈福的题记当中，仅有三则注

---

[1] 在镌刻于595年的题记（第三幅拓片）当中，将祈福的佛像解读为"无量寿佛"并不一定准确。

明了造像年代，这三则题记分别镌刻于667年、669年和693年。尽管相关的题记数量稀少，不足以得出坚实的评判意见，但造像年代的信息似乎印证了大家的看法，人们普遍认为在转变为菩萨之后，地藏比丘直到很晚才成为中国佛教当中的一位菩萨。[1]

医神即药师佛则出现在六则题记里，但其中仅一则注明造像年代，在三则题记当中，药师佛是与其他神联袂出现的，比如与观世音菩萨（第一百三十五幅拓片），与阿弥陀佛及观世音菩萨（第二百一十五幅拓片），与弥勒佛及观世音菩萨（第四百四十一幅拓片）一起出现。

在云冈石窟里，过去七佛造像常常被用来作佛龛顶部的装饰（图二百六十七等），[2]但在龙门石窟里，人们不再用他们作装饰。过去七佛出现时，往往是被拿来作还愿用，[3]总共有七则题记提到过去七佛（第四十四幅、第六十四幅、第一百五十二幅、第一百六十四幅、第四百零一幅、第四百二十二幅、第四百八十一幅拓片）。不过也许应该把**叶道**七佛像也划入此列当中，第九十五幅、第九十八幅、第二百一十一幅拓片里提到叶道七佛像。第七十四幅、第二百一十四幅、第二百一十五幅、第二百三十九幅拓片也采用了**叶道**一词，虽然我不知道此词的出处，但我认为叶道就是指佛陀。

定光佛预言释迦牟尼将来一定能成为佛陀，有两则题记（第五百一十幅和第五百二十七幅拓片）也向定光佛祈福。

我们看到有三则题记是向毗卢遮那佛祈福，这三则题记分别刻于662年、675年和691年，而其中之一则题献给龙门石窟最大的坐佛，即那尊奉武后之命而镌刻的大佛。实际上，我们一直在琢磨，毗卢遮那佛的名字在此用得是否得当，是不是应该用卢舍那佛这个名字。在其中两则题记里，卢舍那佛的名字看得很清楚，但在第三则题记里，我们既可以将其解读为卢舍那佛，也可读为毗卢遮那佛。不过有一点是确信无疑的：根据佛教**三身**的说法，毗卢遮那佛和卢舍那佛是两个截然不同的人

---

[1] 在695至700年间，由和阗的一位比丘所翻译的《地藏菩萨本愿经》（《大藏经》第二十五卷，第十册，第9—10页；南条文雄：《汉文大藏经目录册》第1003册）列举出为地藏菩萨造像的种种功德。亦可参阅韦沙先生的《地藏菩萨在中国与日本》（柏林，1915年）。

[2] 参阅图265和图257，在下面那尊佛龛的顶部，即在拱形装饰里能看到过去七佛造像；见249和图252当中，上面及左下佛龛，还有图268。在其他装饰图案里，能看到九佛造像，见图247中间佛龛及图249左侧的两座佛龛。

[3] 参阅图322，在距上边缘65毫米与左边缘92—95毫米交会处；图327，在距下边缘90毫米与右边缘55—85毫米交会处；图336，在距上边缘50毫米与左边缘25—70毫米交会处；图346，在距下边缘110毫米与左边缘28—50毫米交会处；图369，在距下边缘55与左边缘37—60毫米交会处。在石窟寺的石窟里（图412），有一幅造像上面书写着过去七佛每一佛的名字，参阅后文介绍第四百九十三幅拓片的文字。

物。[1]毗卢遮那佛为**法身佛**，而卢舍那佛为**报身佛**，释迦牟尼为**化身佛**，[2]不过早在三身佛理论问世之前，佛教曾有过二乘论，艾特尔也注意到这一点（参阅他所编写的《汉梵字典》之"三身"词条），此二乘论将物质（释迦牟尼）与非物质（毗卢遮那），将显（释迦牟尼）与密（毗卢遮那）区分开来，此外，**湛然**高僧（711—782）就曾抱怨说，在他那个年代，翻译法报不分，总是把法身和报身混在一起。[3]湛然甚至拿出证据，以表明在将毗卢遮那的名字分割开，让二乘去对应三身后，人们又重新回到传统的说法上，即仅见密宗毗卢遮那，而不见其他，这也正是释迦牟尼佛陀本人的反应。因此卢舍那佛显然是一个假托，其问世过程似乎可以这样来解释：当需要把二乘理论与三身理论对应起来时，人们便将毗卢遮那佛一分为二，分成毗卢佛和舍那佛，湛然也是这样解释的。只不过被分割的名字后来又各自组成新的名字：毗卢变为毗卢遮那，而舍那这个名字仅作出微小的改动，变为卢舍那，以便与其孪生兄弟区分开来。不过，正如我们所注意到的那样，卢舍那的个性完全是一个假托。因此，当我们看到一尊佛像时，最好将其称为毗卢遮那佛，因为此佛是佛教密宗所尊奉的最高神明，而不要把他称作卢舍那，因为卢舍那只是为弥补三身理论缺陷而从毗卢遮那佛脱胎而来的。

另外一个非常有意思的佛是**多宝佛**。他在龙门石窟的造像题记里出现过三次，在其中两则造像题记（第四百一十九幅和第四百七十八幅拓片）里，我们能在照片中找到与其相对应的佛像，这两尊佛像都雕在小佛龛的下面，佛龛里有两尊结跏趺坐的佛像，他们就是释迦牟尼和多宝佛（如图361所示，主佛龛里的其中一佛处于阴影里；再如图388）。此外，在镌刻于535年的一块佛教石碑上（图419和图421）有一佛龛，佛龛里有二佛像，石碑左侧书写的题记告诉我们，这二佛像正是释迦牟尼和多宝佛。1913年，赛努奇博物馆展出了一块镌刻于543年的石碑，[4]石碑上也有一佛龛，内有二佛，石碑后面明确写着释迦牟尼和多宝佛的名字，博物馆当时还展出了两尊铜佛像，分别雕制于518和519年，这两尊佛像就是释迦牟尼和多宝佛。[5]在674年刻制的一幅铜版画上，雕着一座高塔，释迦牟尼和多宝佛端坐在塔的顶层上，这幅铜版画现由日本的一家寺庙收藏。[6]我们在此看到的正是佛教艺术最流行的一个主题，因此可以这样说，只要看到二佛结跏趺坐在同一佛龛里，此二佛必定是释迦牟尼和多宝佛。况且这

---

[1] 有关三身佛，即**法身**、**报身**和化身的描述，看参阅马松-乌塞尔的《佛教三身佛》（载《亚洲学刊》1913年5—6月期，第581—618页）及瓦雷-普桑的《三身佛注解》（载《东方研究杂志》1913年，第257—290页）。我们注意到在这套理论当中，报身佛的概念最为晦涩，或许正是因为要把报身佛与法身佛区分开，才将其分割成两部分，三身佛是从二乘佛演变而来的，只不过后来又添加了报身佛。

[2] 参阅佛教各相关字典之"三身"词条。

[3] 《法华文句记》（《大藏经》第三十一卷，第三册，第54页）："近代翻译，法报不分"；"若言毗卢舍那不别，则法身即是报身"。亦可参阅菲诺先生就此话题所发表的看法（载《亚洲学刊》1910年5—6月期，第552—553页）。

[4] 参阅《亚洲艺术》第二卷，第14页。

[5] 阿登·德·蒂扎克和戈卢贝夫：《佛教艺术展简明画册》第435期及第440期。

[6] 布努夫法译本，第141页、第181页和第234页。

一表现形式是以著名佛经《妙法莲华经》为依据的，根据《法华经》的解释，在释迦牟尼讲经后，地上涌出一座高塔，高塔停在半空，塔内有多宝如来全身，释迦牟尼以其神力，于座上起身，悬在半空中，并用右指打开塔户，这时众人惊奇地发现多宝佛端坐于塔中，并分半座与释迦牟尼佛，两人并肩坐在一起，讲经说法。

另外一组常见的佛像是阿弥陀佛，他的左右各有观世音菩萨和大势至菩萨相伴。实际上，这组一佛二菩萨的造像仅在龙门石窟里出现过一次，只有687年镌刻的题记是向这组佛像祈福的，[1] 不过708年在济南府所立的题记里也能看到这组造像。[2] 因此，我们可以这样说，凡是看到一佛二菩萨的造像，只要这是阿弥陀佛，那么他两侧的菩萨就必定是观世音菩萨和大势至菩萨。[3]

在此我们是否能够借鉴这一理论，来确定陪伴在释迦牟尼身边的菩萨究竟是谁吗？或者确定毗卢遮那佛身边的胁侍菩萨，或陪伴着弥勒佛的菩萨究竟是谁吗？我认为这完全有可能，只不过到目前为止，我们手中掌握的资料还不够丰富，无法明确地回答这个问题。[4]

尽管如此，佛像两边还常常有两位弟子陪伴在左右。前文所提到的济南府造像题记就明确指出，阿弥陀佛身边不仅有观世音菩萨和大势至菩萨，还有**二圣僧**陪伴在左右，但我们不知道这二圣僧究竟是谁。相反，假如正佛为释迦牟尼，即使我们不知道胁侍菩萨的名字，但至少也会知道陪伴在他身边的弟子是阿难陀和摩诃迦叶。实际上，他们俩被明确地写入石窟寺的一则造像题记里（第四百九十三幅拓片），此题记镌刻于663年。另外，两弟子当中有一人被塑造成老年人的模样（图323），我们由此猜测此人就是老年摩诃迦叶。

在唐代所营造的龙门石窟里，一佛二弟子二菩萨的造型极为常见，但我感觉这类造型在5世纪，甚至在6世纪都极为罕见。在云冈石窟所拍摄的照片里，这样的造型我竟然连一组都没有看到过，在图265里，佛陀身边有二弟子，但没有胁侍菩萨；在图256里，弟子则雕刻在佛龛的外面，如果佛像左右两侧的人物是菩萨的话，那么我们就会看出来他们的位置并不完全一样，因为相对于佛陀而言，弟子与胁侍菩萨的位置作了调换。

我们对中国佛教考古学的认识还十分浅薄，因此目前尚无法确立起通则，尽管如此，除非将来考古发现能拿出新的证据，以考古学当下所掌握的情况看，一佛二弟子二菩萨的造型是迟至7世纪

---

[1]　第九十二幅拓片。

[2]　《济南金石志》卷二，第11页。

[3]　在此我们再次看到，许多文学作品给佛教造像带来了灵感。艾特尔曾告诉我们（《汉梵字典》之"阿弥陀"词条），当阿弥陀在极乐世界变身为佛时，观世音菩萨和大势至菩萨始终跟随着他，但遗憾的是艾特尔并未指出这段故事的出处。同样，根据《观世音菩萨普门品》（东京版《大藏经》第二十七卷，第十册，第45页；南条文雄：《汉文大藏经目录册》第326册）记载，毘耶离城爆发瘟疫，城内居民祈求无量寿佛（在此肯定指阿弥陀佛）以及观世音菩萨和大势至菩萨，于是观世音菩萨便把摆脱苦难的神奇经法教给了民众。

[4]　有关这一话题，我在华旅行期间曾在山西太原府北三十里的**阳曲镇**发现一组佛像雕塑，释迦牟尼端坐在中央，左侧是**香云盖**菩萨，右侧是**宝坛花**菩萨，但我不知道这几个名字的出处是否可信。

才出现的。[1]

除了弟子和菩萨之外，我们在龙门石窟还看到另外两个人物，他们有时守护在佛陀旁边，但往往会守护在石窟外面，这两尊巨大的塑像外形有些可怕，他们保护佛陀和石窟不受恶魔侵袭。在第一百四十九幅拓片里，他们被称作**天王**，而另一题记（第四百九十三幅拓片）则将其称为**二金刚力士**。金刚这个名字在梵语里对应的是vajra一词，但是如果印度经文或图像把金刚手菩萨表现为保护佛陀的力士，那应该是很容易辨认出来的。[2]大家知道在犍陀罗国艺术里，金刚手菩萨这个人物化身为两个人，在佛陀进入涅槃那个场景里，有时就能看到两个金刚手菩萨。[3]在我看来，这两个金刚手菩萨变成两位天王，在龙门石窟的造像里常常能看到他们的身影。

这两位天王与护世四天王之间应该有一种直接的同源关系，后者之所以被称作护世天王，是因为每一天王各守天穹之一方。护世四天王如今依然被称为四**西天王**，龙门石窟大佛造像记（第三百四十幅拓片）则将其称为四**金刚**，而这四位金刚又是从化身为二的金刚手菩萨变来的。不过在变身为新形态之后，每一位天王都有自己的名字和为其所独有的法器：西方广目天王托着一个宝塔或圣物盒；[4]北方多闻天王手里拿着一支花葶，花葶上有一布制套筒；[5]东方持国天王手持琵琶；[6]而南方增长天王则手持一把宝剑。[7]从7世纪起，护世四天王的造像就出现在龙门石窟里了：他们从四个方向护卫着由毗卢遮那佛及二弟子二菩萨组成的群雕，我们确实在北石壁（图353）和南石壁（图356）上看到分为两组的护世四天王，不过坦诚地说，南石壁上的两位天王（图356）损毁严重，而北石壁上的两位天王（图353）则保存得更好些，其中之一无疑正是西方广目天王，因为他右手上托着宝

---

［1］ 不过现在有一件古文物似乎推翻了这一结论：在1913年赛努奇博物馆组织的佛教艺术展上（《佛教艺术展简明画册》第338期），我们看到一块石碑，石碑正面雕刻着一尊坐佛，身边有二弟子和二菩萨陪伴，石碑底座上的碑文是这样写的："**永定二年**（558）**六月初六日造，佛弟子柳绍唐沫手供奉**"。造像纪年表明这是南朝**陈**国时期的作品，因此这件古物属于南方佛教的产物，南方佛教的艺术形式似乎与北方的截然不同，而北方的艺术形式一直占主导地位。不过题记当中有一难点，我想在此特别指出来：在表述一个月前十天时，可在日期前放一个**初**字，虽说这一用法是非强制性的，但在宋朝之前尚无人使用，据我所知，这一用法最古老的例子（《攈古录》卷十一，第2页上）出现在建隆三年五月二日所立题记上，但是在558年就能看到**初六日**的表述，让人感觉很奇怪。因此，我很难相信此文物是一件真品。

［2］ 瑟纳尔：《犍陀罗国雕塑所表现的金刚手菩萨》（第十四届东方学者大会会议纪要，第一部分，第121—131页）。

［3］ 福歇：《犍陀罗国的希腊式佛教浮雕》，第565页及图282。

［4］ 瓦德尔：《喇嘛教》第289页。

［5］ 瓦德尔：《喇嘛教》第370页。

［6］ 瓦德尔：《喇嘛教》第83页。

［7］ 瓦德尔：《喇嘛教》第330页。

塔，站在他身旁的应该就是北方多闻天王，因为此处恰好位于大望台的北侧。[1]因此，南石壁上（图356）就应该刻着东方持国天王和南方增长天王。通过镌刻在大佛基座上的题记（第三百四十幅拓片），我们得知这些塑像是在672年至675年间雕制的。由此看来，艾特尔的说法就不准确了，[2]他认为信仰四天王是由不空引入中国的，但实际上不空是在14岁时（719年）才来到中国。那时候，龙门石窟的护世四天王已经问世有近半个世纪了。不过有一点是确信无疑的，在龙门石窟里，护世四天王塑像是这类造像当中是独一无二的，在龙门石窟的其他地方，通常都仅有二天王塑像，这组塑像是中国艺术品当中已知最古老的护世四天王形象。

在北魏艺术里，我们常能看到在交脚坐佛前一左一右雕着两头狮子，[3]这两头狮子是否也起着保护神的作用呢？对于能否凭借历史文献确认这一点，我不得而知。在此我们仅想强调指出，北魏艺术往往将狮子雕入佛龛，[4]雕在佛像的左右两侧，而唐代艺术则把狮子置于佛龛的下方，放在一座香炉的两侧。[5]香炉常常以单线条勾勒出来作装饰，让人很难辨认出来，要不是龙门石窟的造像题记（第十五幅和一百七十幅拓片）明确道出**香炉狮子**的名字，我们还在猜测这究竟是什么物件。

虽然造像题记告诉我们主佛像雕刻的是什么人物，但对整个造像的装饰细节却未作出任何描述，我们在此倒应该花费些笔墨，作一些评论。在仔细观察某些佛龛的外框装饰时，我们发现其中有些装饰极为奇特。在有些装饰当中，我们看到佛教传说所宣扬的场景，不过遗憾的是这类场景极为罕见。比如，大家可以仔细观察图384下方的佛龛，佛龛边缘右侧图案与图580及图1735拓片上的图案如出一辙。如果我们从左至右仔细研究图1735下部的图案，首先看到的就是佛陀母亲摩耶生产的场景，她一手抓住树枝，从右胁把孩子生出来；再靠右有一人物，他一手指天，一手指地，向前走着，这就是未来的佛陀，他刚出生时，向前走了七步，并宣称天上天下，唯我独尊；再往右，佛

---

[1] 同样在北京北部南口**居庸关**云台石壁上（图1142—图1147）也能看到护世四天王的塑像，云台建于1345年，云台西壁的最南端能看到**西方广目天王**（图1141），在最北端能看到**北方多闻天王**；在云台东壁的最北端能看到**东方持国天王**（图1146），而在最南端能看到南方增长天王。四天王的名字（《大藏经》第二十七卷，第五册，第7页上）都准确地刻在其所应处的位置上，这一布局与我们在龙门石窟里所看到的极为相似，但是由于一个意想不到的错误，在本应雕刻北方多闻天王的位置上却刻上南方增长天王（1145），相反，在南方增长天王的位置上展现的是北方多闻天王（图1147）的形象。这四个天王造像分为两组，烘托着居庸关云台上的著名题记碑铭，这些题记碑铭虽然制作年代很晚（1345年），但却非常有意思，其艺术表现手法极为精美，烘托着碑铭的雕塑人物栩栩如生，居庸关的护世天王将与龙门石窟的护世天王一起在中国肖像史上占据一席之地，将来人们必定会给这些保护神留出这样的位置。

[2] 艾特尔：《中国佛教指南》之"四大天王"词条。

[3] 图248、图250、图339、图371等。

[4] 然而，在图423和图433里，两只狮子就雕在香炉两侧，这几件作品都是北魏时期创作的。图427和图618为北齐时期的作品。

[5] 图315和图316，旁有两天王塑像；图320左上；图324左下，旁有两天王等。

陀站在一个平台上，左右各有一人跪在他面前，尽管塑像这部分已损毁，但只要同福歇先生的《犍陀罗国的希腊式佛教浮雕》所附图像（第310页）作一下对比，就能辨认出这是太子沐浴的场景。我们在此看到太子出生、七步莲花以及沐浴的三幅场景，这也是佛教图像中最著名的场景（参阅图275）。

假如这里描述的是佛教传说，那么在图384所展示的佛龛当中，与左侧边缘对称的右侧边缘装饰很有可能也同佛教传说有关，因此我们将来总有一天能找到对图1736下部装饰的解释，不过到目前为止，我尚未发现解开此谜的秘诀。

图 581　龙门造像题记

在同一石窟里，还有另一个稍小些的佛龛，佛龛的边缘装饰也很有意思，此装饰与图581所展示的装饰完全一样，而且局部很像图1737和图1738的装饰图案，只不过将此图案放大了许多。佛龛本身在图375里可以看得到，但却被石狮子头给遮挡住了，在距此图左边缘64毫米与下边缘50毫米的交会处，能看到佛龛的最右侧。如果仔细观看左侧装饰框，我们马上就能辨认出这是佛陀的爱马康特迦与佛陀告别的场景，佛陀坐在一棵大树下，马跪在他面前，舔他的双脚（图1738下方；图220）；在与其相对称的右侧装饰框上（图1737下方），我们能清楚地辨认出这是著名的尸毗王割肉贸鸽的故事，在图中甚至能看到天平秤，尸毗王怜悯白鸽，愿割下自己身上的肉来换取白鸽的性命。

在上文介绍的两座佛龛里，就在刚刚提到过的装饰图案上方，我们看到一个人物端坐在平台上，多位崇拜者在他面前跪拜下来。这一装饰图案有多个略微不同的版本，在许多佛龛里都能看得到，比如在图618两座佛龛的顶部，在图327、图343、图344所展现的装饰图案里。在图1732里可以非常清楚地看到两个端坐在平台上的人物，我们甚至能看出他们手中所拿的物件也不相同，左侧人物拿的显然是蝇拂，蝇拂在印度被看作是讲法大师的法器；而右侧人物拿的像是一根枝杈，一则刻于894年的题记提到一种名为谈柄的东西，[1]我觉得这就是谈柄，在另一篇文字中，我们得知谈柄有可能就是一支松枝。如果我的解释准确无误的话，那么出现在多个佛龛上方的两个人物，其中一人拿着蝇拂，另一人拿着枝杈，就很有可能是著名的讲经授法者。

图702　龙门造像题记

在图702里，右侧展现的肯定是佛陀进入涅槃的场景，佛陀刚刚圆寂，他躺在那里，一位弟子跪在他的床头，远景里能隐约看到三位胁侍的身影。左侧有两位比丘跪在一口大钟下，这个场景很像刻于528年的一幅石刻画图案。[2]

在图1734里，我们看到一头披着盛装的大象，骑在大象背上的人手拿一把钩子，用来驾驭大象。大象朝一祭坛走去，一人站在祭坛上，好像在喷洒香料。一个仙女在天上飞。我不知道这个场景究竟代表着什么。

如同在云冈石窟里一样，佛龛装饰框上部常常配着仿帷幔装饰，帷幔上还刻着一层层束带（图326、图343、图366、图368等）。在这组帷幔和穗子装饰的上方，有一个小佛龛（图1733、图366和图371），佛龛

---

[1] 参阅拙作《博宁拓片之中亚的十种汉文碑铭》，第85页注5。

[2] 《亚洲艺术》第二卷，第9号图版左侧。

图 1731　武后创制的字

图 1732

图 1733

图 1734

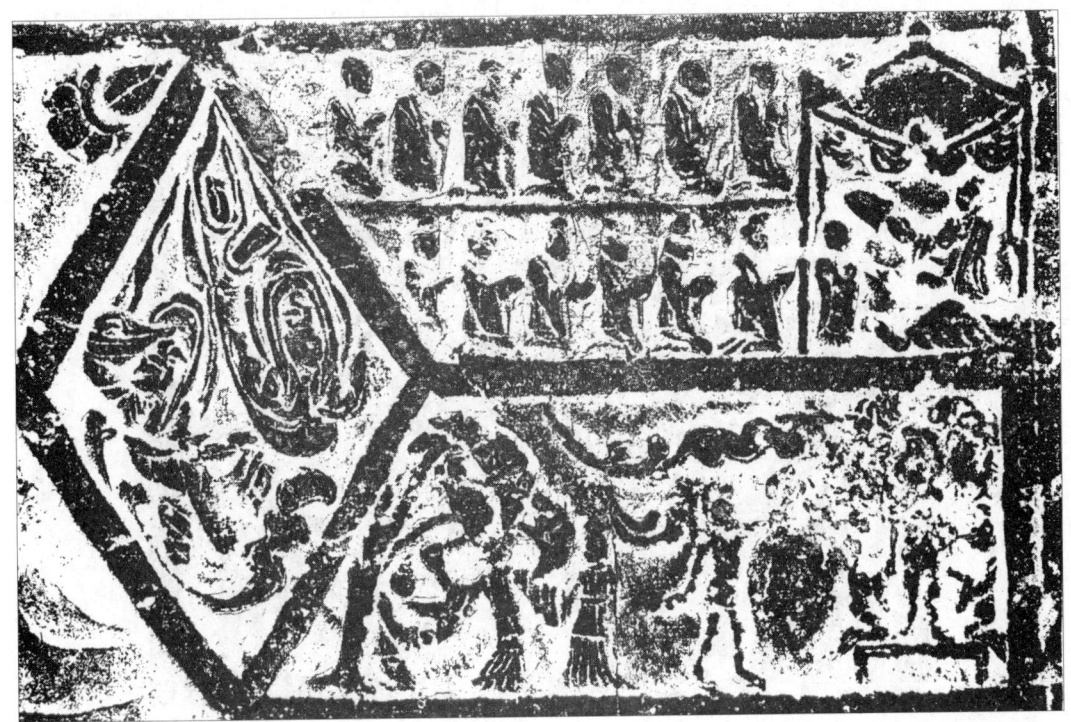

图 1735

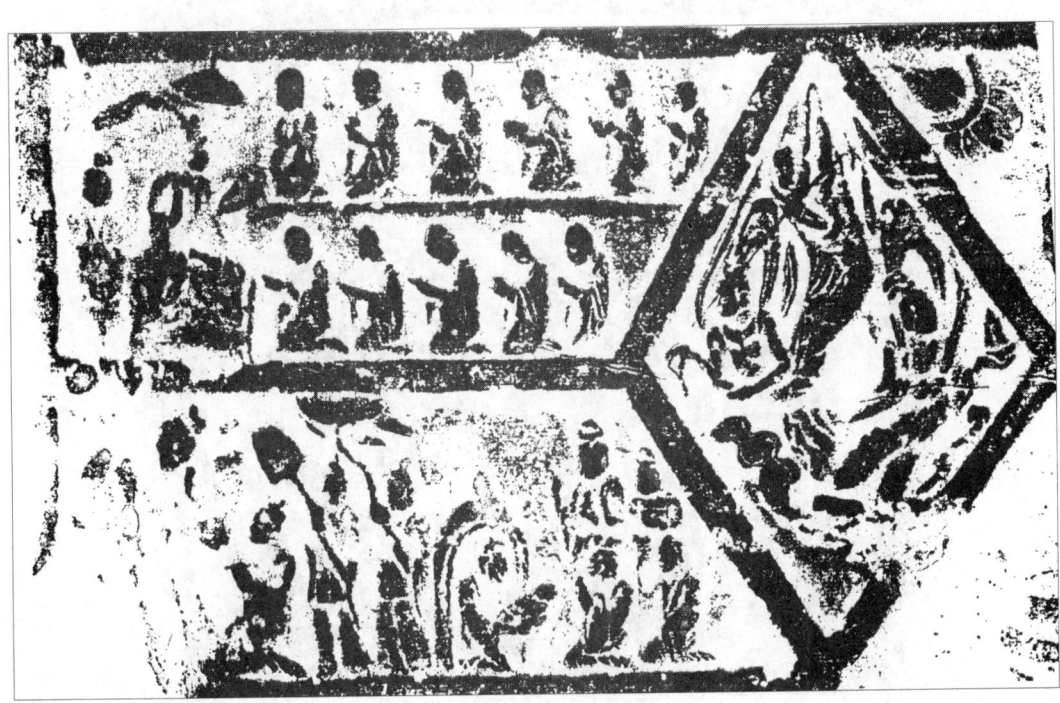

图 1736

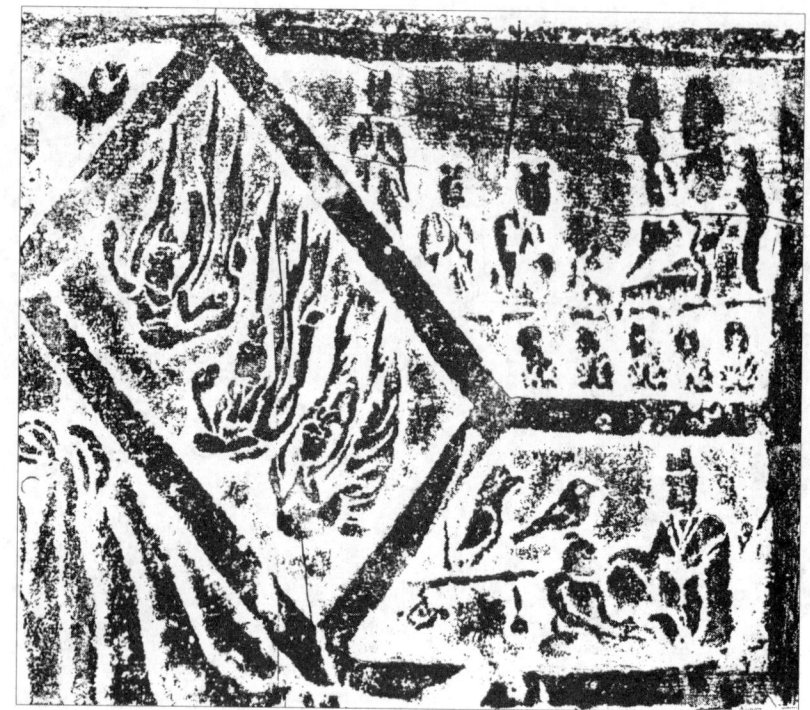
图 1737

图 1738

上蒙着一条由球形和菱形相互交叉构成的装饰带，这条装饰带显得格外奇特。[1]

在北魏时期开凿的石窟里，供养人往往把自己的肖像也镌刻在岩壁上，比如在图582里，造像题记两侧各有一比丘，右侧是供养者本人，身后有侍从给他撑着华盖；左侧为供养者的妻子，身旁有女仆为她撑伞。在图589里，造像题记两侧各有一香炉，香炉由一怪诞的人物驮着，右侧有三位供养人，左侧是供养人的妻子。在其他图案里，供养人或者都是男子（图569和图369），或者右侧为男子（图566和图368），左侧为女子（图368），他们排成很长的队列，营造出很美的装饰效果。

然而，在形形色色的装饰图案里，也有某种千篇一律的单一性，这是因佛像占主导地位而造成的：石窟里只要有空间，就会刻上无数的小佛龛，佛龛把剩余的空间都给填满了（图368、图369等）。其他的一切不过是次要的装饰，最重要的就是要尽可能多地镌刻佛像，因为营造佛像才是真正的善举，这一直是人们在龙门石窟里营造佛像的动力。所有的造像题记都印证了这一点。

那么龙门石窟这千百尊佛像最原始的出处究竟来自哪里呢？大家知道，佛教认为在世间出现佛陀与另一佛陀来到人世间，中间相隔着极为漫长的年代，释迦牟尼已圆寂很久了，人们期待着弥勒佛能来到人世间。然而，如果生活在没有佛陀的年代里确实是一种巨大不幸的话，那么有什么办法能挽回这种局面呢？人们再也看不到佛陀本人，也聆听不到他的声音，但看到他的塑像就仿佛见他本人一样，听到各种佛经就如同听到他声音似的。虽然塑像和佛经依然有许多不足之处，但它们却可以弥补不见佛陀本人，不闻佛陀教诲的遗憾。坦白讲，假如佛陀的影像及佛经逐渐消失的话，那么佛教也就没有希望了；如果普世的佛经不再传播了，那么人们只能去接受人生哲理的教育，去接受儒家和道教的宣传。因此，倘若人们想把佛教信仰一代代地传下去，最重要的举措就是要尽可能多地营造佛像，并扩大佛教的宣传途径，这就是为什么人们要造佛、要刻印经书的原因。

造像当中确实有同佛陀产生关联的东西，人们看到佛像，宛如亲身感受到佛陀本人似的，我们由此也就明白，为什么有那么多造像题记都是在四月初八刻立的，因为这一天是佛陀的诞辰纪念日，如今每逢佛陀诞辰纪念日，人们便来清洗佛像，因为佛陀刚一降生，便有龙王为其沐浴，因此人们很想在四月初八那一天造一尊佛像，让佛像和佛陀在同一天诞生。于是人们便刻意在佛陀生日那一天，让自己所造的佛像来到人世间。

既然所有的佛像都起到巩固佛教的作用，那么造佛就成为一件善事，一件功德之举。佛教推崇因果报应的思想，这也是佛教最基本的思想，基于这一点，佛教认为恶有恶报，善有善报。因此正像人们所说的那样，做善事也是一种幸福，宛如在田野里撒下细小的种子，最后结出丰硕的成果。那么人们最终期待着什么样的幸福呢？

在造像题记当中，很少有人祝愿自己兴旺发达，事业有成。不过在有些题记当中，有人祝愿自身平安；也有人希望能治愈自身的疾病，或者为感谢佛助其痊愈而造像。但这些都是极个别的例子。当供养人在题记里说起本时代时，仅满足于向皇帝陛下，向天皇天后表达祝愿，或者向亲生父母表达祝愿。尽管如此，时时萦绕于供养人心头的并不是当下的生活状况，而是另一种局面。依照佛教的说法，人生死无常，而生死轮回则取决于人在前世的行为，前世的修行决定着后世的处境。

---

[1] 云冈石窟相似的装饰图案可见图209、图248、图249和图250，图案刻在低处的佛龛上面。

因此，最重要的举措就是要避免在后世遭受折磨，而人本身所犯下的过错很有可能让人在后世去蒙受磨难，那么该怎么样做呢？这就要靠做善事，来赎回自己的罪过。因此，首先要脱离三恶道，所谓三恶道就是指地狱、饿鬼和畜生。倘若有人希望轮回转世到人间仙境，愿转世投胎做高官也是可以的。不过，无论人世间有多少好处，轮回转世到人间并不是人的最高理想，人的最高理想是最终跨越苦海，抵达彼岸，所谓苦海就是生死轮回所遭遇的磨难，而彼岸则指超脱生死的精神世界。无论是来到阿弥陀佛身边，来到西方的极乐世界；还是在人世间去聆听主持来世的弥勒佛的教诲，最重要的还是要能够同至菩提，俱登正觉。这也正是龙门石窟造像题记所表达的最高愿望。

然而，供养人往往并不是为自身来表达这一愿望的，大部分情况下，他们是为亡者造像：不是为亡父母祈福，就是为夭折的孩子祈求保佑，再不然就是为兄弟姊妹祈福。假如供养人是鳏夫，那他就会为亡妻造像祈福，同样，寡妇也会想着为亡夫造像祈福。此外供养人希望七世父母、师僧也能分享他的功德之举，最后供养人希望法界众生，共登正觉。

通过造像题记，我们知道龙门石窟在哪些年代里香火最旺，得知这些艺术雕塑准确的营造年代，了解驱动大家去造像的情感；还能辨别出哪些是北魏风格的作品，哪些是唐代风格的雕塑，认识了出现次数最多的佛及菩萨的名字；还洞察到究竟是什么情感促使供养人去造像，这些造像题记最后还告诉我们供养人到底都是些什么样的人：在北魏时代所营造的三所石窟里（M号窟、S号窟和X号窟），有两座是世宗皇帝下令为父亲高祖皇帝和母亲文昭皇太后打造的。那组最大的坐佛及其弟子的雕像（V号窟）是在672至675年营造的，是遵照唐高宗的意愿雕制的，武后为此还拿出自己的脂粉钱，因此率先在龙门地区大规模造佛的正是这几代皇帝。皇室其他成员也按照皇帝的做法，在龙门石窟里营造佛像：北海王（第三百七十七幅拓片）、广川王祖母太妃（第三百八十三幅拓片）和安定王（第三百九十四幅和第四百一十四幅拓片）分别于498年、502年、507和511年在X号石窟里营造佛像，此石窟的正佛及二菩萨二石狮雕像则是由为世宗皇帝造像的同一批匠人雕刻的。到唐代时，魏王泰于641年在宾阳中洞（第二幅拓片）开始大规模造像。王室表现出的虔诚之意很快就得到民众的响应，大家都想按照王室的样子去做。将军及公卿把自己的名字刻在佛龛的下方，有些佛龛雕刻得确实极为奢华。比丘和比丘尼也加入到世俗民众的行列，在这庙宇神堂之地雕龙刻凤；再往后，来自社会各阶层的供养人便见缝插针，在石壁的空余处雕上佛龛，而这些供养人大部分都是女子。因此，在最后一位香客留下题记1200年之后，我们来到龙门石窟，在挖掘一则则题记的同时，我们仿佛看到诸多的皇家或王室的礼佛队列从我们面前走过，看到比丘和比丘尼在各个石窟寺里主持佛礼，看到无数的普通民众前来石窟寺敬香祈福。这些题记看上去有些枯燥乏味，或许还有些单调，但题记本身却蕴藏着一种活力，这种活力比内容丰富的史书更富有生气。当查阅有关中国佛教的史书时，我们看到的都是强者和博学者，无论这些人物多么优秀，若单独挑出一个人物来看的话，他们并不能让我们准确地认识佛教的情感，而佛教情感其实就是由种种社会现实汇集而成的。要想超越时空，去聆听民众的声音，就要去唤醒龙门石窟里的生灵，它们依然在那里沉睡；然而，祈福的声音会在这一层层石壁间慢慢升起，恰如过去人们前来石窟许愿、表达自己的信仰时所作的祈福一样。人们在祈福时所发出的响声一阵高似一阵，却又格外清晰，仿佛让我们透过佛语，聆听到人对自己命运之谜所作出的最美妙的回应。

第三章 巩县石窟寺

图 399 巩县石窟寺

图 400　巩县石窟寺

图 401 巩县石窟寺

图 402 巩县石窟寺

图 403 巩县石窟寺

图 404　巩县石窟寺：装饰带中的乐师

图 405　巩县石窟寺：礼佛图，恶神打斗图

图 406　巩县石窟寺：诸天神像

图 407　巩县石窟寺：礼佛图

图 408　巩县石窟寺：礼佛图

图 409　巩县石窟寺：礼佛图

图 410 巩县石窟寺：礼佛图

图 411　巩县石窟寺

845 | 第三章　巩县石窟寺

图 412　巩县石窟寺

图 413　巩县石窟寺

图 414　巩县石窟寺

图 415 巩县石窟寺

图 416　巩县石窟寺

巩县位于洛河右岸，坐落在洛河与黄河交会处的前端，属河南府管辖。县城显得死气沉沉的，县城四分之三都是水面，人们在一座座池塘里种植睡莲。居民活动的范围大都集中在镇子东面。在镇子的河岸边租上一条船，渡过洛河之后，再沿着左岸往上游方向走，就来到靠近县城的地方，来到一处红色砂岩高地，红色砂岩都嵌在黄土层里，这里有许多佛像，十分精美，值得一看。1907年7月21日，在阿列克谢耶夫和斯普鲁伊特（Spuyt）的陪同下，我参观了这座石窟寺。

雕刻着佛像的这座山名叫**大刀山**，此山坐落在县城北面，距县城仅八里地。根据《大清一统志》（卷一百六十三，第7页）的描述，石窟寺原名**净土寺**，不过也有人将其称为**石佛寺**。石窟是在北魏景明年间（500—503年）开凿的。

不过，要想准确分辨出雕像的布局还是很难的，除了石窟之外，好像在岩壁的外面也有装饰画，在图401上就能看到刻在岩壁西面的装饰画，[1] 我们也能猜想到装饰画所要表现的内容：装饰画最上方有一条很宽的边缘，边缘上刻着飞天图案，接下来是一条很窄的装饰带，上面绘着叶饰图案，装饰带下方是宽大的中楣，上面刻着三行人物，只有最下面一行人物是整身造型，其他两行人物仅仅是半身造型。中楣下方还有另一层画面，但这一层画面如今已完全损毁。如果这一解释准确的话，那么我们在图401上所看到的小洞穴就是后人打在这层浮雕造像上的，这确实令人感到极为遗憾。

岩壁外面还有另一个装饰图案，这个装饰似乎是在上文所描述的图案之后雕制的，此图案由许多高大的雕塑人物组成，在图399和图400上能看到这些人物：中间为一立佛，他站在图399的中间位置上，但是我们无法判断他的准确高度，因为雕像有三分之一被掩埋在砂土里，立佛的右侧是一尊菩萨像，在图399和图400（右侧）上都能看到这尊菩萨像，再偏右一点，还有一尊天王像（图400左侧），在中央立佛的左侧，刻着完全相同的菩萨——天王雕像。

至于说岩壁外面的其他装饰图案（图402），它们显得毫无章法，至多能看到一些对称的图案，比如在图411和图412当中，在三座上下叠雕的佛龛里，都是中央一坐佛，两边分列二弟子二菩萨二天神，但是最下面那座佛龛并非与中间一龛处于同一轴线上（图411），坦诚地说，只是中间一龛和最上面一龛还算是严格按照对称图案雕制的（图412）。

现在我们来看一看刻在岩壁上的石窟，如果从东往西走，最先看到的那座石窟位于石窟寺院墙的外面，石窟洞口都被树枝给遮挡住了，进入寺庙院墙之后，我们就看到第二座石窟，石窟宽五米，进深五米，中间有一方柱，柱子每一面上下相叠刻着两尊佛像。第三座石窟中央也有一方柱，但柱子每一面仅刻着一尊佛像。第四座和第五座石窟都很小，在我们参观的时候，第五座石窟里放着一口棺材，因为洞口被砖封住了，我们没有看到这座石窟。第六座石窟宽6米，进深6米，石窟中央也竖立着一根石柱，柱子每一面刻着一尊佛像。

这几座大石窟的装饰很规整，而且似乎是一次雕刻而成的。石窟内有许多方格状小佛龛，众佛龛中间有时会嵌入一座大佛龛（图403、图404和图406）；还有一些礼佛图，在礼佛队列的前面有一僧人，他正往香炉里添香，香炉旁有一棵大树，僧人后面排着很长的礼佛队列，侍从为供养人撑着障扇和华盖（图405、图407、图408、图414）。在小佛龛和礼佛图的下方，即在石窟岩壁最靠下的地方，刻着一条

---

[1] 在图400当中还能看出几处古遗迹。

很怪异的装饰带：里面既有凶煞恶神般的人物，恶神之间仿佛打斗得十分激烈（图405和图413）；也有弹奏各种乐器的乐师（图404）；还有许多神仙造型，凭借543年的一幅雕像画，[1] 我们辨认出这些神仙是鱼王、大象王和鸟王。正如543年那尊雕像画的底座一样，这座石窟岩壁的底部最初很有可能刻着古代十大神王，即那迦王、风王、珍珠王、火王、树王、山王、鱼王、大象王、鸟王和狮子王。

我们对巩县石窟寺里的造像题记作了拓片，经整理后，尽量按造像年代来排列，石窟寺内有下列一些题记：[2]

第四百八十七幅拓片（图1696）[3]

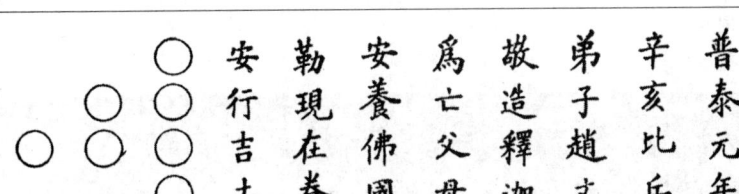

图1696

---

[1] 《亚洲艺术》第二卷，第15页。

[2] 除了我们拓制及翻译的题记之外，《攈古录》还列举了石窟寺内另一些刻于不同年代的题记：1.普泰元年四月八日（531年5月9日）；2.大同四年二月廿六日（538年4月10日）；3.天平二年五月十二日（535年6月27日）；4.天平二年五月十四日（535年6月29日）；5.天平二年（535）五月；6.天平三年四月十五日（536年5月20日）；7.天保二年三月三日（551年4月23日）；8.同年三月九日（551年4月29日）；9.同年四月三日（551年5月23日）；10.同年四月八日（551年5月28日）；11.同年四月十一日（551年5月31日）；12.同年四月十五日（551年6月4日）；13.同年（551）六月；14.天保三年六月十五日（552年7月21日）；15.天保九年四月三日（558年5月5日）；16.同年六月十四日（558年7月15日）；17.天保？年四月；18.天保？年；19.河清二年八月十五日（563年9月17日）；20.河清三年三月十九日（564年4月15日）；21.同年四月；22.河清四年四月八日（565年5月23日）；23.天统元年三月卅日（565年5月15日）；24.天统二年二月九日（566年3月15日）；25.同年二月十八日（566年3月24日）；26.同年三月十二日（566年4月16日）；27.同年四月七日（566年5月11日）；28.天统四年二月十五日（568年3月28日）；29.天统七年四月（571年）；30.龙朔元年四月八日（661年5月11日）；31.乾封元年八月廿四日（666年9月27日）；32及33.乾封三年二月十五日（668年4月1日）；34.同年二月廿一日（668年4月7日）；35.同年二月（668年）；36.总章元年四月二日（668年5月18日）；37.同年四月三日（668年5月19日）；38.咸亨元年五月十八日（670年6月11日）；39.同年五月廿一日（670年6月14日）；40.同年五月卅日（670年6月23日）；41.咸亨三年七月十日（672年8月8日）；42.同年十月（672年）；43.久视元年二月（700年）；44.咸通八年六月七日（860年6月29日）。

[3] 《攈古录》卷六，第18页下，本题记被错误地认作为出自龙门石窟。

（题记仅最上面几行文字尚可辨认）

普泰元年（531）岁次辛亥，比丘法云弟子赵文观，敬造释迦像，为亡父母舍，安养佛国，勒现在眷……安行吉土□□□□，□□，□……

第四百八十八幅拓片（图748右侧和图1697）[1]

天平三年岁在丙辰三月壬寅朔三日甲辰（536年4月9日），幽州北平人[2]杨弋具，□□为□□造观世音一区二菩萨□□□，为一切边地终[3]生无□，上为忘[4]父母弟妹妻子眷属并身，愿忘者讬生西方妙洛[5]国土，现在得富[6]，灾永消除，业鄣永尽，值善知识，终缘□□，与□□□□同庆。

图748　巩县石窟寺造像题记

图1697

---

[1]　《攈古录》卷六，第22页上。

[2]　在今直隶省保定府满城县西部。

[3]　终=众。

[4]　忘=亡。

[5]　洛=乐。

[6]　富=福。

在此题记的左侧，可见一僧人和一俗人正在往香炉里添香（图748）；再往左，一人手里拿着花，站在那里。在这两幅画面的右侧，各有一题记，第一则题记是这样写的：

第四百八十九幅拓片（图748左侧和1698）

开□□种休罗，愿学心开，问一知十。

第二则题记则说：

第四百九十幅拓片（图748左侧和1699）

清信士佛弟子种休罗供养。

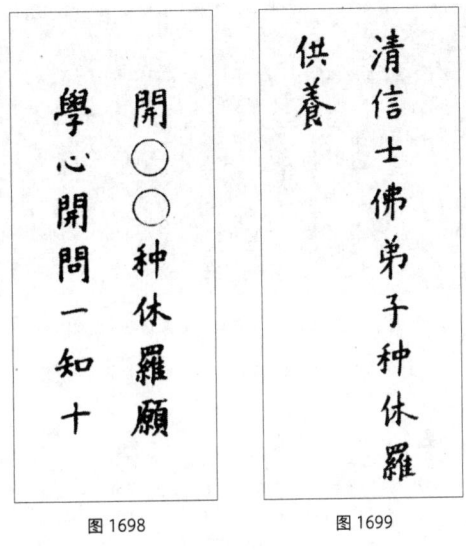

图1698　　　　图1699

第四百九十一幅拓片（图1700）

天平三年岁次丙辰四月十五日（536年5月20日），清信士佛弟子□□□，为亡父造像一区，愿亡父□□□□託生西方□□之□。

图1700

第四百九十二幅拓片（图750和图1701）[1]

夫因果之本，依释氏以为基，[2]名教潜敷，济度苍生者矣。粤以大唐龙朔二年岁次壬戌五月己丑朔廿八日（662年6月19日）景辰，佛弟子魏处旻，仰为亡考积善无征，早从物化，见存慈母，身带沉疴，季弟文宽忧患多日，旻等归钦上圣，遂磬家珍，敬造弥陀像一龛。望使烦笼解脱，福庆缘身，同履妙因，[3]咸登正觉。

在题记上方刻着供养人的名字及家族成员的名字，每个名字下方，有与名字相对应的人像，右边刻的是男子的名字，左边刻的是女子的名字。

图750　巩县石窟寺造像题记

图1701

男子的名字从左至右为：

旻祖魏道邕，[4]**旻父干芝，像主处旻，旻弟文宽，旻男公爽，宽男元爽，宽男元亮。**

---

[1] 此题记可见图411，位于上部佛龛的下方，还可见图412，位于底部佛龛的下方。参阅《攈古录》卷七，第18页下。

[2] 这一基本原则解释了供养人为何要营造佛像，这种功德之举必将会得到回报。

[3] 营造佛像的善举将会保佑人的幸福。

[4] 指像主魏处旻的祖父。

女子的名字从右至左为：

旻祖婆游，旻母杨，旻妻徐，宽妻窦，旻女大娘，旻女二娘，宽女四娘。

在题记的左侧，可见一图像（图650），图像显得很粗糙，或许是后代人刻上去的，图像表现出一个人物，身上像是背负着一条链子，人物右侧刻着"河府表记"四个字，此图像和题记让人看不明白，但从表面上看，它似乎在表达一种神奇的意义，也许是在祈求**河伯**保佑吧。

第四百九十三幅拓片（图749和图1702）[1]

大唐龙朔三年五月七日（663年6月17日），比丘僧法平[2]敬造释迦牟尼佛，并二菩萨阿难、加叶，二金刚力士，并造七佛。上为皇帝，师僧父母，十方坛越，法界有形，同出苦门，利[3]郭解脱。

图749　巩县石窟寺造像题记

图1702

大家在此也许注意到了，此题记准确地描绘了佛龛里的人物（图412），与此同时，题记还提到七佛造像，这七尊佛像就刻在佛龛的下方，每尊佛像的左侧都刻着佛的名字，他们是：

第一唯卫佛，第二饰佛，第三随叶佛，第四枸楼秦佛，第五迦那含牟尼佛，第六迦叶佛，第七释迦牟尼佛。

---

[1]　此题记可见图412，在上部佛龛的下方。参阅《攈古录》卷七，第19页下。

[2]　法平还出现在第四百九十四、第四百九十五和第五百幅拓片上。

[3]　利=离。

第四百九十四幅拓片（图751和图1703）[1]

大唐乾封二年八月十日（667年9月4日），比丘僧法平，敬造阿弥陀像一龛，上为皇帝，师僧父母，东征行人，并愿平安；又愿国土安宁，十方施主，离郭解脱，成无上道。

图751　巩县石窟寺造像题记

图1703

第四百九十五幅拓片（图1704）[2]

乾封二年十一月卅日（667年12月20日），苏冲生为亡男造阿弥陀像一龛，愿亡男西方净土，随意往生，合门大小，一心供养。

图1704

---

[1]　《攈古录》卷七，第22页上。

[2]　《攈古录》卷七，第22页上。

第四百九十六幅拓片（图1705）[1]

元大娘□□八月身患，愿身差日敬造像一躯，合家供养佛时。乾封三年正月廿一日（668年3月10日）功记。

图 1705

第四百九十七幅拓片（图1706）

乾封三年二月廿四日（668年4月10日），佛弟子种玄应妻，为亡母，见存父，又为婆造像一龛一佛二菩萨，合家大小，愿得平安，一心供养。

图 1706

---

[1]《攈古录》卷七，第22页下，此书将日期解读为"二月廿一日"。

第四九十八幅拓片（图1707）

咸亨元年五月卅日（670年6月22日）[1]，弟子成思齐兄弟姊妹，为亡父造观音菩萨一区，愿亡父托生西方，见存者□□□福。

第四百九十九幅拓片（图754和图1708）[2]

咸亨元年九月十八日（670年10月7日），比丘僧法平为国王帝主，愿四方宁静，及为师僧父母，十方施主，法界含灵，敬造尊像一龛，愿同出苦门，离障解脱，成无上道。

图1707　　　图754　巩县石窟寺造像题记　　　图1708

---

[1]　图1707错误地将日期抄录为"十月"。

[2]　《攈古录》卷七，第24页上。

第五百幅拓片（图752和图1709）[1]

唐咸亨元年十[2]月五日（670年11月22日），比丘僧法平为国王□主，愿天下太平，四方宁静，及□师僧父母，□□禅师，十方施主，敬造优填王□一区，愿法界□□，同出苦门，□□解脱，成无□□。

第五百零一幅拓片（图1710）[3]

咸亨元年十月卅日（670年12月17日），佛弟子张文政，为亡妻敬造尊像一龛，合家一心供养佛时。

图752 巩县石窟寺造像题记

图1709

图1710

---

[1] 《攈古录》卷七，第24页下。

[2] 碑文此字缺，我参照吴式芬的《攈古录》补为十月。此题记的其他缺字可参照前一题记补齐。

[3] 《攈古录》卷七，第24页下。

第五百零二幅拓片（图1711）[1]

仪凤二年四月十日（677年5月16日），弟子巩县令许思言，敬造释迦牟尼像一龛并二菩萨，夫妻供养，愿先世考妣，内外眷属及法界……

第五百零三幅拓片（图1712）[2]

延载元年八月十六日（694年9月10日），比丘僧道贞为亡父生母，敬造观世音菩萨大世至菩萨二区，今得成就，一心供养。

第五百零四幅拓片（图1713）[3]

久视元年六月廿八日（700年6月28日），弟子程基为亡妻王，敬造释迦像一区。

图1711

仪鳳二年四月十日弟子鞏縣令許思言敬造釋迦牟尼像一龕并二菩薩夫妻供養願先蘂考妣内外眷屬及法界

图1712

延載元年八月十六日比丘僧道貞爲亡父生母敬造觀世音菩薩大世至菩薩二區今得成就一心供養

图1713

久視元年六月廿八日弟子程基爲亡妻王敬造釋迦像一區

---

[1] 《攈古录》卷七，第26页下。

[2] 《攈古录》卷七，第38页下。抄本并未完全按照原碑文的排列方式抄录，拓片上原有一条竖线，这与抄本上第一行字相吻合，只是去掉第一行最后两字，碑文的其他文字按横行排列，每一行两个字。

[3] 《攈古录》卷七，第41页上，此书将日期解读为"六月廿八日"。

图1714

图1715

第五百零五幅拓片（图1714）

本拓片包含两则不同的题记，右侧题记从右向左读，题记是这样书写的：

路历节妻崔为夫患□风，愿造救苦观世音像三区。[1]

左侧题记从左向右读，题记这样写道：

咸通八年六月七日（867年7月11日），女弟□□□敬装前件[2]功德两躯，愿疾病早差。[3]

第五百零六幅拓片（图1715）

在拓片右侧，可见一题记的最后几个字，此题记从右向左读，仅能辨认出"世音像一区"几个字。

在拓片左侧，有另一题记，从左向右读，碑文这样写道：

咸通八年六月七日（867年7月11日），男弟子李成[4]，敬装前件[5]功德两躯，愿身无灾难。

---

[1] 根据《攈古录》的解释，此题记应刻于乾封三年二月十五日（668年4月1日），日期很有可能是竖着刻在第一行文字的下方，我的拓片把日期给漏掉了。

[2] 此题记与后两则题记刻于同一时间，但题记表明，这并不是新的造像，而是把前人的造像重新粉刷一下。

[3] 此题记结尾处写着"大中六年"（852），这个日期应该是早年题记留下的，但被咸通八年的题记文字给盖住了。

[4] 《攈古录》将像主的名字解读为"**李仲舒**"，而我则解读为"**李成敬**"。

[5] 这段文字表明，刻于9世纪的题记是石窟开凿过后很久才写上去的。

第五百零七幅拓片（图1716）[1]

咸通八年六月七日（867年7月11日），女弟子苏氏，重装前件功德三躯，愿合家平安。

第五百零八幅拓片（图1717）[2]

咸通八年六月七日（867年7月11日），女弟子李□□，为□敬装前件功德两躯，永无灾难。

第五百零九幅拓片（图1718）[3]

佛弟子王余庆及姊妹，为父造像一龛，愿亡父托生西方，见存者俱登福□□□，一心供养。

图1716

图1717

图1718

---

[1] 此题记从左向右读。参阅《攈古录》卷九，第24页上。

[2] 此题记从左向右读。

[3] 此题记可见于图416，位于佛龛的下方。

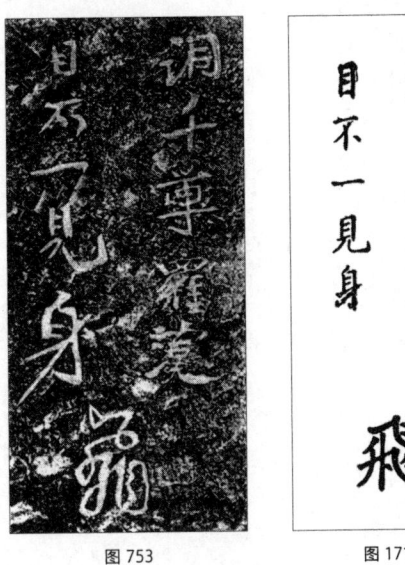

图 753　　　　图 1719

第五百一十幅拓片（图753和图1719）

洞千尊罗汉

目不见一身

在这则题记下面有一用篆体书写的"飞"字，我们将其抄录到抄本上（图1719），但此字有可能是另一则题记用字。

第五百十一幅拓片（未复制）

都维那惠明及寺主惠瑄共同供养佛时。

第五百十二幅拓片（未复制）

……造阿弥陀像一龛，合家一心供养。[1]

第五百十三幅拓片（未复制）

后人在石窟前面建造了一座寺庙，在寺庙的外墙上嵌着一块石碑，石碑题记刻于贞元十八年一月廿二日（802年2月27日）。碑铭刻在僧人**明演**的舍利塔上。明演原本姓柳，二十六岁时进入佛门，其生卒年为741—801年。碑文由**杨叶**撰文，**刘钧**书丹。我认为没有必要全文翻译此碑文，一是因为碑铭意义不大；二是因为碑文本身与石窟文字无关。

---

[1]　除了这两则题记之外，还有另一题记，它刻在图416所展示的佛龛左侧，题记这样写道："**佛弟子王千庆**及姊妹为父造像，□亡父讬生西方，见存者具登□□，一心供养。"

第四章　济南府千佛山

图 417　济南府千佛山佛寺前院

图 418　济南府千佛山佛寺后景

千佛山位于山东省会济南府东南,走出省城之后,就来到一片平原前,地面上有许多坟地,再往前走,就来到千佛山脚下,那里没有普通百姓的坟墓,却能见到一座座用砖石砌成或刻成的小佛塔(图822)。我们沿着一条陡峭的山路往上走,有的地方实在太难走了,有人便在那里用石块砌成台阶,一刻钟之后,我们来到寺庙前,寺庙大部分建筑都被绿郁葱葱的植物给遮挡住了。在寺庙的前院(图417)及稍靠山边的过道里,我们看到一座座佛龛,这些佛龛都是在6世纪末雕制的,不过佛龛历经后人修复,上面已涂满胶泥,而且被反复粉刷过,因此从艺术史角度看,我们很难从中汲取更有益的信息。部分造像题记确实证明这些佛龛是古代遗迹,下面我们列举三则最主要的题记:

第五百十四幅拓片(图1720)[1]

大隋开皇七年岁次丁未七月十五日(587年8月24日),[2] 弟子刘景茂,知身非恒,疾踰露草[3],是以敬造弥勒像一区,伏愿皇帝□□,臣僚百官,□□□七世师僧父母,见存眷属,一切法界众生,共同斯福。

图1720

---

[1] 《金石萃编》卷三,第1页上;《艺风堂金石文字目》卷二,第41页上,此书将像主的名字解读为**邓景茂**。

[2] 我们注意到,在此题记刻立两年之后,隋朝皇帝统一了整个帝国。

[3] 从字面上看,此词意为"沾满露水的草",但这里显然是在暗喻一曲哀歌,人的生命极为短暂,就像早晨的露水。

第五百十五幅拓片（图1721）[1]

开皇八年五月十五日（588年6月14日），时肯□为七世父母，敬造释加像一□，愿法界众生，□□□□。

第五百十六幅拓片（图1722）[2]

维大隋开皇十年岁次庚戌八月丙辰朔八日癸亥（590年9月12日），弟子李景崇，知身非永固，素体难存，机变无留，生化有易，是以敬造阿弥陀像一区，并二菩萨。上为皇帝陛下，师僧父母，见存眷属，一切众生，咸同斯福。

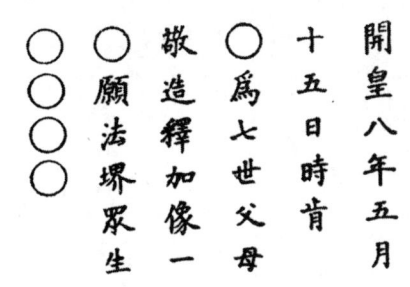

图1721　　　　　　　　　　图1722

---

[1] 《金石萃编》卷三，第1页上；《艺风堂金石文字目》卷二，第41页上。

除了我们在此章所介绍的三则题记之外，《金石萃编》还列举了刻于此处的其他题记，这些题记按照纪年排列如下：1.正光四年七月廿九日（523年8月26日）；2.此题记应比前一题记早几年；3.孝昌二年九月八日（526年9月29日）；4.建义元年五月四日（528年6月6日）；5.元象二年三月廿三日（539年4月26日）；6.兴和二年九月十七日（540年11月1日）；7.开皇元年（581）；8.开皇七年四月。

关于刻于元象二年三月廿三日（539年4月26日）的那则题记，《艺风堂金石文字目》（卷二，第26页上）收录了两则题记：

伏波将军**姚敬遵**造佛发愿。元象二年三月廿三日（539年4月26日）。

车骑将军**乞伏锐**造佛。与前一题记刻于同一日。

[2] 《金石萃编》卷三，第1页上；《十二砚斋金石过眼录》卷八，第4—5页；《艺风堂金石文字目》卷二，第41页上。廿日（587年6月1日）；9.开皇九年九月（587年8月10日—9月7日）；10.开皇十一年五月廿三日（591年6月20日）；11.开皇十二年五月十九日（592年7月4日）；12.开皇癸丑年三月（593年4月7日—5月5日）；13.开皇十三年四月廿四日（593年5月29日）；14.开皇十三年九月十二日（593年10月12日）；15.开皇十五年一月（595年2月15日—3月16日）；16.开皇十五年（595）；17.开皇廿年二月十三日（600年4月1日）；18及19.这两则题记没有注明纪年，但应刻于开皇年间；20.贞观十八年（644）；21.显庆二年九月十五日（657年10月27日）；22.显庆二年；23.显庆三年（658）六月；24.显庆三年；25—38.这十四则题记没有注明纪年；39.永淳二年（683）六月；40.文明元年（684）四月。

第五章　石窟以外的佛教雕塑

第一节　少林寺里的两尊石碑
第二节　碑林里的佛教浮雕画
第三节　刻于武定元年（543）的画像石
第四节　刻于北魏正光六年（525）的佛座石刻画
第五节　图437
第六节　图434
第七节　图430和图431

在展示过云冈石窟、龙门石窟、巩县石窟寺及济南府千佛山的照片之后，我又把拍摄于石窟之外的石刻画照片及拓片副本也纳入到图谱卷里，这些石刻画是以单体形式出现在各个不同地区的。

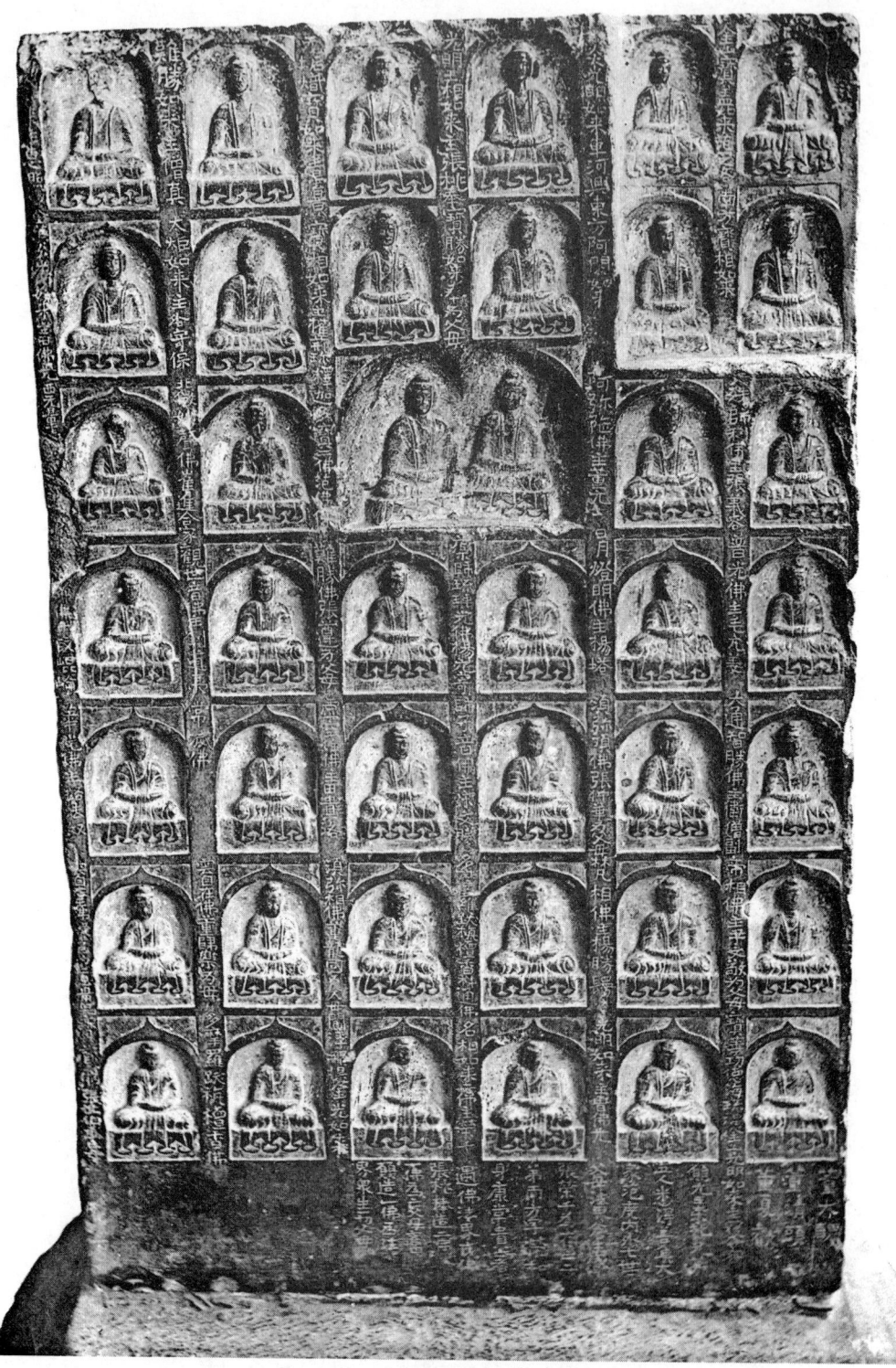

图 419　河南登封县少林寺所存的刻于 535 年的石碑

图 420　河南登封县少林寺所存的 535 年的石碑之一的侧面

图 421　河南登封县少林寺所存的刻于 535 年的石碑的正面

图 422　河南登封县少林寺所存的刻于 535 年石碑之一的侧面

图 423　河南登封县少林寺所存刻于 535 年的石碑背面边框

第一节　少林寺里的两尊石碑

少林寺坐落在河南省**登封县**西北**小室**山脚下，寺内保存着两尊刻于6世纪的佛教石刻画，这两尊石碑被安置在南院房的挡雨披檐下，寺内僧人大多住在南院房里。放在屋檐下的石碑虽然可以免遭风吹日晒，但其不便之处也很明显：我们仅能看到石碑的外面及侧面，而背面则因距离墙面太近，根本无法拍照，我们先来看一下西侧的这座石碑，此碑历史更悠久。

刻于535年的石碑（图419、图420、图421、图422、图423）

此碑由单块碑石刻成，呈四边形，但上面略宽些，碑高95厘米，上宽60厘米，下宽58厘米，厚度为22厘米。

石碑的每一面上都刻着一幅无量寿佛像（图420和图422），在石碑的侧面上，如果能看清楚的话，应该在照片的右侧（图419），可见一题记，题记铭文这样写道：[1]

夫灵真玄廓，妙绝难测，非言莫能宣其旨，非像无以表其状。言宣二六之教[2]，像迹四八之璃[3]。岂不渊玄冲漠，巍巍惟极者哉？是以务圣寺檀主张法寿，能于五盖重罗之下，契断恩爱尘劳之缯网，于熙平二年（517），舍宅造寺，宿愿鏊像，[4]福不止已，规度法界，寻其罗络，情苞圣境。自非借因积劫，莫贵累世者，孰能发兹宏阔善行者焉。息[5]荣迁、修和行慈仁孝，世习精懿，志慕幽寂，妙真遐愿，刊石建像释迦文佛、观音、文殊。[6]仰述亡考平康旧愿，复于像侧隐出无量寿佛[7]。福洽法界考妣等神，舍兹质形，悉禀[8]净境，同晓薛云，觉道成佛。大魏天平二年岁次乙卯四月十一日（535年5月28日），比丘洪宝铭。

---

[1] 布舍尔曾将此题记译成英文，并将拓片刊载在《中国艺术》第一卷当中（图20，第44—45页），但他并未说明此题记的出处。《金石萃编》（卷三十，第3页上）也收录了这则题记，因此我认为不必再抄录此题记了。参阅《平津读碑记》卷二，第19页上；《授堂金石文字续跋》卷一，第16页下；《艺风堂金石文字目》卷二，第24页上。

[2] 即十二因缘论。

[3] 此指三十二相，即佛陀所具有的庄严德相。我们由此可以看出，题记作者所表达的意思是佛教教义只能通过讲道和图像来传播。

[4] 不过我们在后文看到，过了十七年之后，他的愿望才在儿子们的辅佐下得以实现。

[5] 我们在北魏碑铭里常常能看到"息"字，这个字的意思是"儿子"。

[6] 这段文字介绍的是石碑靠墙一面的图案，但我无法拍摄此图案，也不能制作拓片。

[7] 这就是我们在图420和图422上所看到的无量寿佛像。

[8] 我们在此看到**悉禀**两字之间并无缺字，而《金石萃编》的作者却认为这里缺少一字。

在石碑靠墙那一面上，刻的是正佛画像，画面表现的是释迦牟尼佛，观音和文殊分列在其两侧。在正佛画像下方（图423），刻着一只香炉，香炉两边各有一头狮子。在石碑的右下方，**刻着像主"录事参军张法寿"**的画像，他前面是**比丘僧洪宝**，我们刚看过的这篇铭文就是他撰写的。石碑左下方，刻着"张录事参军妻卫清如"，她前面也有一僧人，是**比丘尼慧润**。在正佛画像上方（图423），左右两侧还刻着两个小天神，右边那位是**梵天王**，左边这位是**毗沙门**。在石碑的最上方（图423），还刻着过去七佛，每一佛均刻在一个小佛龛里，而且都有一单独的像主，每位像主还写了一则题记，题记就刻在石碑的左右边缘处（图423），题记文字是这样写的：

石碑右侧边缘处：

天平二年岁次乙卯三月卅日（535年5月17日）。

[毗]钵尸佛主董永和为亡父。

尸弃利佛主权荆珍为亡二弟。

□□□佛主庶羌为亡父。

石碑左侧边缘处：

[释迦]牟尼佛主朱舍兴为父母。

勾楼秦佛主董崇基为亡父母。

仇那舍佛主董青为亡夫。

加叶佛主杨华鲜为亡父母。

在石碑的另一面（图419和图421），可见七行小佛像，每一行六佛，总共有四十二尊小佛像。佛像旁刻着佛的名字及佛主的名字，我们从右至左、从上到下看一看都有哪些佛。我们用汉字数字来表示行数，用阿拉伯数字来表示佛在一行当中的位置，对如来和佛陀的称谓也作了相应的区别，但未把佛主的名字列入下述名单当中，因为此名单意义不大，而且说不定还会让读者感到十分困惑：

第一行1号位：金山宝盖

第一行2号位：□炎光明[1]

第一行3号位：光明王相

第一行4号位：无垢炽宝

第一行5号位：难胜[2]

第一行6号位：□□

第二行1号位：南方宝相

第二行2号位：东方阿閦[3]

---

[1] 《妙法莲华经》克恩英译本，《东方圣书》第二十一卷，第142页。

[2] 在第四行4号位上亦见难胜佛，两佛表面看起来完全一样，这是因为他们都用了缩写名。

[3] 《东方圣书》第二十一卷，第177—178页。在八方十六佛中，此佛为东方第一佛。

第二行3号位：宝胜[1]

第二行4号位：宝相

第二行5号位：大炬

第二行6号位：金花炎光

第三行1号位：文殊师利

第三行2号位：阿弥陀[2]

第三行3号位：多宝[3]

第三行4号位：释迦[4]

第三行5号位：北微妙声

第三行6号位：西无量寿

第四行1号位：普光[5]

第四行2号位：日月灯明[6]

第四行3号位：药师琉璃王[7]

第四行4号位：难胜

第四行5号位：观世音[8]

第四行6号位：□□

第五行1号位：大通智胜[9]

---

[1] 《东方圣书》第二十一卷，第429页。

[2] 我们注意到阿弥陀佛（第三行2号位）和无量寿佛（第三行6号位）是两个完全不同的佛。

[3] 《东方圣书》第二十一卷，第229页。有关释迦、多宝二佛联袂讲经说法的描述。

[4] 在主八方十六佛中，释迦牟尼是东北方向第二佛（《东方圣书》第二十一卷，第177—178页）。

[5] 《东方圣书》第二十一卷，第198页。

[6] 《东方圣书》第二十卷，第18页。

[7] 参阅伯希和的文章，载《法国远东学院学报》第三卷，第30页。

[8] 我们注意到观世音在此被看作是佛。

[9] 《东方圣书》第二十一卷，第153页；艾特尔：《中国佛教指南》之"大通智胜"词条，艾特尔指出，佛教空间八个方向，每方向上下两佛的观点就源于大通智胜佛。这十六佛为：第二行1号位；第三行4号位、6号位；第五行2号位、3号位、4号位、5号位；第六行1号位、2号位、3号位、4号位、5号位、6号位。另外三佛为师子相佛、度一切世间苦恼佛和坏一切世间怖畏佛。

第五行2号位：须弥顶[1]

第五行3号位：师子音[2]

第五行4号位：虚空住[3]

第五行5号位：常灭[4]

第五行6号位：华光[5]

第六行1号位：帝相[6]

第六行2号位：梵相[7]

第六行3号位：多摩罗跋檀栴神通[8]

第六行4号位：须弥相[9]

第六行5号位：云自在[10]

第六行6号位：云自在[11]

第七行1号位：宝华功德海琉璃金山光明

第七行2号位：光明

---

[1] 《东方圣书》第二十一卷，第177—178页。在八方十六佛中，此佛为东方第二佛。

[2] 《东方圣书》第二十一卷，第177—178页。在八方十六佛中，此佛为东南方第一佛。

[3] 《东方圣书》第二十一卷，第177—178页。在八方十六佛中，此佛为南方第一佛。

[4] 《东方圣书》第二十一卷，第177—178页。在八方十六佛中，此佛为南方第二佛。

[5] 《东方圣书》第二十一卷，第65页。

[6] 《东方圣书》第二十一卷，第177—178页。在八方十六佛中，此佛为西南方第一佛。

[7] 《东方圣书》第二十一卷，第177—178页。在八方十六佛中，此佛为西南方第二佛。

[8] 《东方圣书》第二十一卷，第177—178页。在八方十六佛中，此佛为西北方第一佛。

[9] 《东方圣书》第二十一卷，第177—178页。在八方十六佛中，此佛为西北方第二佛。

[10] 我们在此注意到，在云自在佛后面，紧跟着又有另一云自在佛，造成两佛难以分辨的根本原因是人们并未写他们的全名，仅采用缩写名，其实这是两个完全不同的佛，虽然都主持北方，但一名云自在佛，另一名云自在王佛。李维提醒我注意，两佛的中文名字与原名的词根完全相同，这一词根也得到《剑桥大学图书馆佛教梵文手稿目录》的证实（克恩-南条文雄版第184—185页）。

[11] 同上注。

第七行3号位：**名相**[1]

第七行4号位：**阎浮那提金光**[2]

第七行5号位：**多摩罗跋栴檀香**[3]

第七行6号位：**宝藏**[4]

在石碑最下方（图421），有三则短小的题记。第一则题记由董姓家族三人撰写，他们愿[5]**王崇礼**兄弟五人悉得善上；愿大家**范度**内外七世父母，法界苍生成佛。

第二则题记是一个名叫张荣千的人立下的，为存亡二弟**南方**字**荣和**而立，愿其身康常贵，亡者遇佛，法界成佛。张荣千还是第七行3号位佛的佛主。

而这位名叫张桃奉的人则是第一行3号位和第二行3号位佛的佛主，他宣称造二佛，一佛为实现亡母遗愿；另一佛为法界众生一切父母。

刻于570—571年的石碑

此石碑刻于北齐时代，北齐是一个小王朝，定都**邺都**，即今河南省临漳县西南四十里处。此石碑置于我们刚介绍过的石碑另一边，即置于南院房挡雨披檐下的东侧。石碑由两块碑石组成，下碑石高85厘米，上宽60厘米，下宽58厘米。石碑中央可见一佛像，结跏趺坐在台座上，两个背靠背的人物用肩头撑着台座，并用一只手托着躬下的头。坐佛身后有两个背带光环的弟子头像，弟子前面有四位菩萨，他们都站在盛开的莲花上。石碑最下面有两头狮子，它们面对面蹲在地上，看着放在它们之间的那只香炉；还有两个赤身裸背的站立者，这是两位天神，负责驱邪避鬼，右边的那个天神手里拿着一支戟。石碑上方刻着两条龙和两个飞天，飞天每人手里拿着一把扇子。上碑石高64厘

---

[1] 李维告诉我，中文"名相佛"一名与《妙法莲华经》喀什版本当中的写法相吻合，但其他出版人均采用印度原始手稿的写法。

[2] 《东方圣书》第二十一卷，第148页。

[3] 《东方圣书》第二十一卷，第150页。

[4] 《东方圣书》第二十一卷，第211页。

[5] 像主在**愿**字后面放了一个**元**字，不明白这个字在此表示什么意思。

图426　少林寺所存公元570—571年石碑刻于571年的铭文

当阳像主伏波将军仪州司马宾武郡
西面都督南颍川郡城局参军石永兴
当阳像主镇远将军加广武太守裴元胜

图1723

弥勒下生主石方憘武平二年十一月廿七日用钱五
百文买都石像主一区董伏恩弥勒下生主闪州骑兵
参军仓州洛陵县令董相胜弥勒下生主董通达

图1724

图425　少林寺所存刻于570—571年石碑右侧铭文

米，上面刻着两条造型怪异的龙，近乎拟人化的龙头落在下碑石上端的两角上。[1] 石碑中间刻着一个小佛龛，佛龛正中刻一坐佛像，坐佛双腿下垂，二菩萨分立在他两旁，佛龛周围还有神兽护佑。

几则短小的题记刻在下碑石的边缘处，在右侧边缘处，我们可以看到这样的文字（图425和1723）：

> 当阳像主伏波将军、仪州司马宾武郡、西面都督南颍川郡城属参军石永兴。

> 当阳像主镇远将军加广武太守裴元胜。

这两句话把出资刻画石碑南面画像的人名告诉给我们。同样，石碑北面也刻着出资雕刻佛像的像主姓名。由此，我们认为石碑南面雕像是石碑最原始的状态，即图427所展现的样子。上述两个人物似乎只是出资雕刻了下碑石上的画像，而另外一些人则出资雕刻了上碑石的画像，并在下碑石的上边缘处刻上自己的名字（图426和图1724）：

> 弥勒下生主石方憘，武平二年十一月廿七日（571年12月29日）用钱五百文，买都石[2]像主一区，董伏恩。

> 弥勒下生主闪州骑兵参军、仓州洛陵县令董相胜。

> 弥勒下生主董通达。

从这几则题记来看，我认为上碑石南面（图427）所表现的是弥勒下生的场景。

石碑背面有一则篇幅很长的题记（图424和图1725），题记分为四层，最上方还刻着一小幅浮雕画，但最后三层刻的都是供养人的名字。第一层是一则造像题记，但很难看得懂，因为通篇文字里有许多字的用法都不正规。参照《金石萃编》（卷三十六，第5—6页）所抄录的文字及评注，我尽量把写错的字纠正过来：[3]

---

[1] 我们可以拿此碑龙饰雕刻技法与图329中碑首龙饰的雕法作一下对比，通过对比我们发现，在图427里，右龙前爪与左龙后爪之间的螺旋纹饰其实只不过是左龙的尾巴；同样，在左侧对称位置上的螺旋纹饰正是右龙的尾巴。但是在图329里，龙看得更清晰，因为这两条龙的后爪收拢到石碑顶上去了。在西安府景教碑上（图1018，或参阅《汉学文集》第七期上刊载的夏鸣雷神父所著《西安府基督碑》之图谱），雕刻者要刻意表现每条龙的前爪和后爪，因此在碑首龙饰右侧，能看到左龙后爪就收拢到石碑顶上去了，这与图329碑首龙饰的表现手法完全一样，而左龙的尾巴则缠绕在右龙的前爪上。除此之外，在远景处，还可隐约看见右龙的另一只前爪，并能看到左龙把另一只后爪搭在右龙的头上，这与图427碑首龙饰图案极为相似。

[2] 我认为"都石"一词是指柱头，因为下碑石背面的题记刻于武平元年，完成于武平二年的石碑不可能是指下碑石，而只能是指上碑石，上碑石是在一年之后叠放在下碑石上的。这样一来，此石碑那奇怪的造型也就说得通了。石碑最初也是由单独一块四边形碑石构成，石碑上宽下窄，与图419所展示的刻于535年的石碑极为相似。一年之后，人们又在下碑石上加了一个柱头，因上碑石体积过大，从而让下碑石看上去显得有些矮小。另外，本题记还有一处很难解释，"买都石像主一区"这句话结构有问题，应该写为"买都石一区像主"。量词"一区"是用来界定"都石"的。至于说"像主"一词，这并不是指佛主，因为在此特定背景下，像主并不是指捐资造像的人，而是指出钱刻碑的人。

[3] 在图1725里，我把正确的字放在题记抄本下方，将错字修改之后，题记才能读得懂。

图 427　少林寺所存刻于 570—571 年石碑

图 424　少林寺所存石碑背面刻于 571 年的铭文

图 1725

　　大齐武平元年岁次庚寅正月乙酉朔廿六日（570年2月6日），盖诸佛智海，本自无崖（=涯），既与法界净（=争）宽，复共虚空竞远。如童[1]尊重卧渥（=泥）而布发，药王思报上天而雨花，暮（=慕）跂前纵（=踪），更开后辙。是以都邑主董洪达其人，可谓暧望远闻，声标遐迹，志超云外，深识无边，体同聚沫，岂齐风露？遂率邑徒卅人等，乃访蓝田[2]美玉，琨璞[3]京珍，敬写灵仪，用深表代，匠思奇端，朝研殊毒，[4]画采金妆，玉镂周毕，众事明丽，寻形叵（=颇）遍。拔若天上降来，后似地中涌出。其处□徘徊，巉岩绝涧，左依山渠，南窥大路，西盼京都。私乃唯非舍利神□之□，实是须达布金之地，[5]自非□见大士十力世雄，安能建斯功业者哉？仰资帝祚永隆，存没父母，因缘着属，普蒙斯善。其辞曰：

---

[1] 这里讲述的是燃灯佛向善慧童子授记的著名故事，中国人往往将善慧童子称作"儒童"，此处错误地写成"如童"。参阅《通报》1904年期，第200页注1。

[2] 蓝田位于今蓝田县（隶属陕西省西安府）城西三十里，周朝时期，此地所出产的玉石极为名贵。

[3] 琨璞似乎应为玉璞的意思，在文学作品里常能看到玉璞一词，作家用此词来形容珍贵的宝物。像主在此要表达的意思是，他找到一块非常宝贵的石头，可用来雕制浮雕画。

[4] 我猜测此指用来图画彩绘的颜料。

[5] 此暗喻须达多购买孤独园，并在园子里撒满黄金的故事。

茫茫法水，眇眇零（=灵）津。惠流无外，化被微尘。三界有润，火宅[1]无辛。杳杳真容，非人弗显。[2]苦乐[3]忧悲，非福不遣。刊石记功，以照（=昭）诸善。邑师比丘□敢起像斋主张黄头。

题记下面三层列举出五十六人的名字，第一层排在最前面的人名叫冯晖宾，紧跟在他后面的人名叫马黄头，他们两人的称谓是"劝化主"。[4]接下来就是八位比丘尼，她们都是"北面像主"，这个称谓与我们在前文所提到过的"当阳像主"完全不同，当阳像主指的是石碑南面的像主。排在比丘尼后面的是邑老，排在邑老后面的四个人是都开光明主。在石碑第三层上，有一位大都邑主，四位都维那，两位忠正，两位维那，七位斋主，十一位邑子。在石碑的第四层上，有八位斋主和七位邑子。

---

[1] 即指人世间。

[2] 如果不用雕像和绘画来展现佛陀的话，那么人们是看不到佛陀的面容的。

[3] 我与王昶的解读略有差异，我认为这个词应该解读为"吉乐"，而非"苦乐"，佛教认为快乐与痛苦都应在修行过程中加以遏制。

[4] 这也表明冯晖宾和马黄头的名字是刻在题记框之外的，因为接下去像主的名字排列得很有规矩，排在其后的是都维那，不过令人感到吃惊的是马黄头的名字又出现在斋主的行列里。

第二节　碑林里的佛教浮雕画[1]

图 428　西安府碑林石碑

---

[1] 在同一张图版上，图430和431展现的是两幅石刻画，这是我在刘家村洪福寺里拍摄的（参阅本书第223页），但我不知道这两幅石刻画的出处及镌刻年代。

图 429　西安府碑林石碑

在西安府碑林的院子当中，大堂里摆放着一尊孔子雕像，我们在大堂里发现一尊石碑，石碑高70厘米，宽50厘米，看上去应是北魏时期的作品，石碑当中刻着一尊交脚坐佛，呈这种姿势的坐佛我只是在7世纪之前的作品里见过，在中央佛龛的上方，还刻着六尊佛像（图428）。在石碑的下方（图435）刻着两行像主雕像，每尊雕像旁均刻着像主的名字，上面一行是十位男像主，下面一行是十位女像主。在石碑的一个侧面上，可见一坐佛，正在宣经讲法，身旁站着两个人物，两人背后均有光环，但仅能隐约看出光环的轮廓。坐佛的下面还有两尊并排坐在一起的佛像。在石碑的另一侧面上，也刻着一尊佛像，佛像下方有一造像题记（图436和图1726），但遗憾的是第一行记录造像年代的文字已残泐，题记这样写道：

□□□□□八日，清信士田僧敬，上为皇帝，下为七世父母，所生父母造玉像一躯，愿眷属身安，行者值佛闻法，三有群生，皆同此愿。

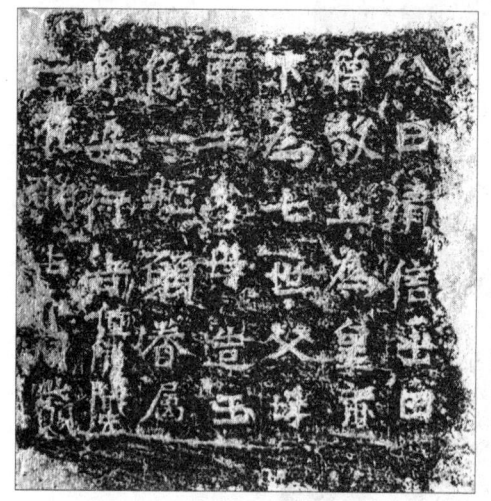

图436　西安府碑林石碑上的铭文　　　　　　　　　　图1726

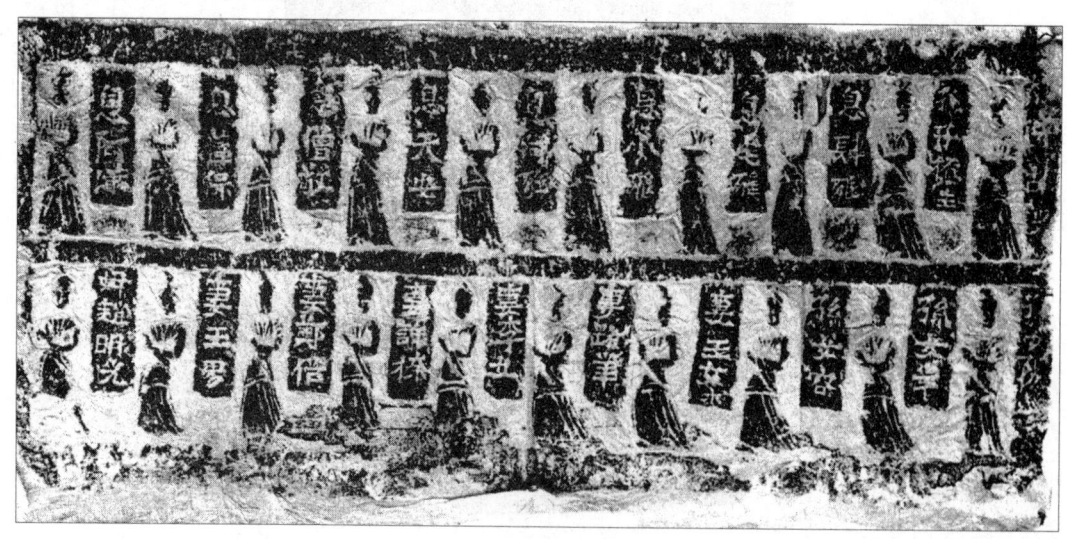

图435　西安府碑林石碑上的铭文

第三节 刻于武定元年（543）的画像石（图432和图1727—图1730）

我从文物贩子手中购得一幅拓片，才知道有这样一块画像石的存在，《河内县志》（卷二十之《金石志》上部，第3—4页）曾提到这块画像石，《金石萃编》（卷二，第4页）也记载了它此石是在北孔村发现的，该村属河南省河内县管辖。

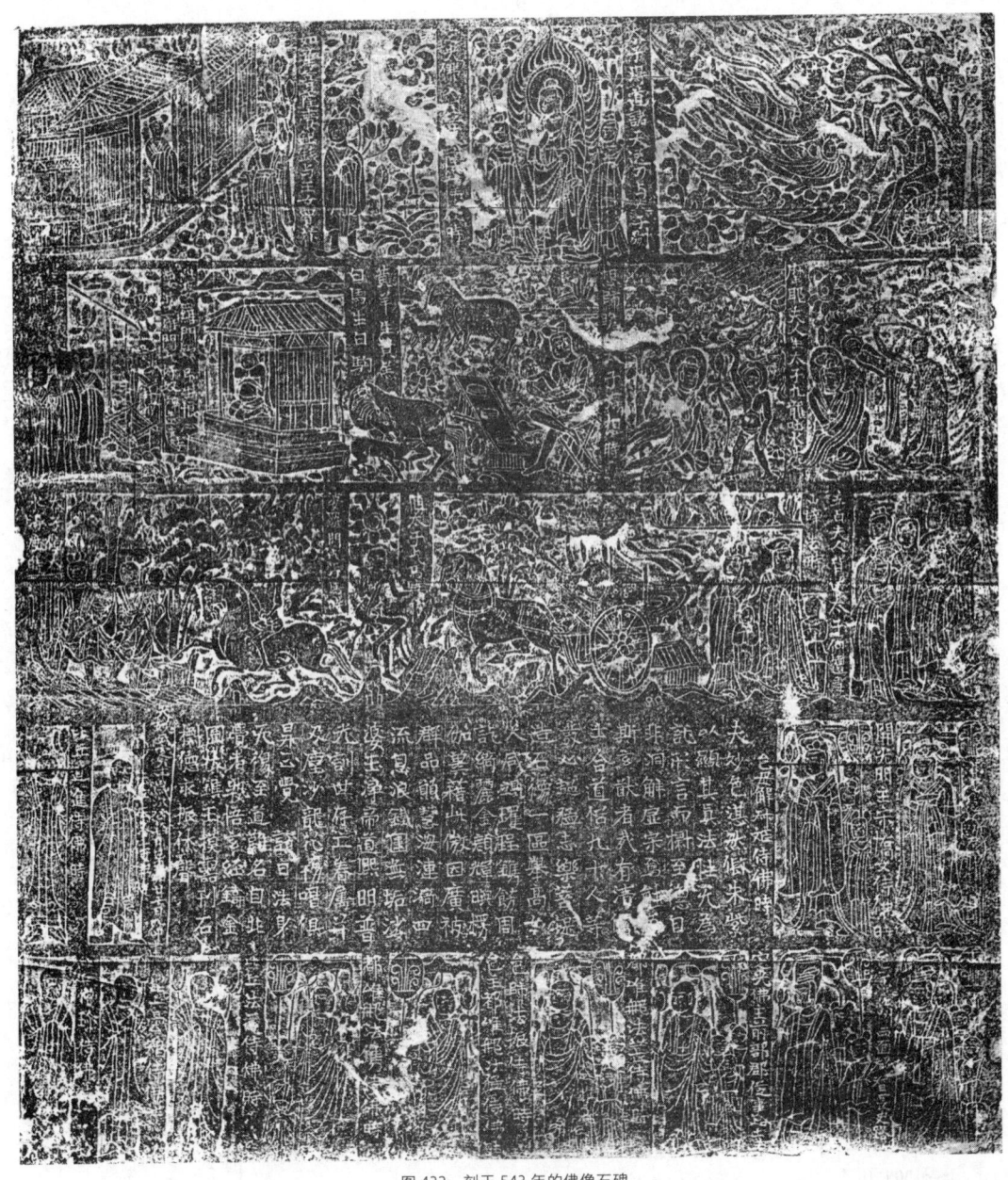

图432　刻于543年的佛像石碑

```
c 太子得道諸天送刀與太子剃
b 定光佛入國童菩薩花時
a 如童菩薩費銀錢與玉女買花時
d 摩耶夫人生太子九龍吐水洗
e 想師瞻○太子得想時
f 黃羊生黃羔白馬生白駒
l 此婆羅門婦卽生恨心要婆羅門乞好奴婢○○時
k 三年少咲婆羅門婦時
g 五百夫人皆送太子向檀毒山辭去時
h 隨太子乞馬時
i 婆羅門乞得馬時
J 太子得度大水時
```

图1727

画像石上刻画的图案有善慧童子本生经，有释迦牟尼佛的生平故事，还有须达拏太子的传说故事。我们注意到，善慧童子的故事讲述了释迦牟尼佛第一次得到授记，预示他将来会成为佛陀。此外，佛陀是以须达拏太子的面目出现在凡人世界的，经过历劫之后又返回凡人世界，最终成为佛陀。因此，我们在画像石上也就看到，这三个故事是如何衔接在一起的，不过要想把画像石上各个不同的画面按照故事顺序排列起来，还真是不容易。

画像石第一层应该从左往右看，我们首先看到：

图1727（a）："如童菩萨费银钱与玉女买花"。[1]

接下来看到的是（b）："定光佛入国，童菩萨[2]花时"。

右边的场景与前面所绘的场景没有任何关联，它讲述了释迦牟尼的生平故事，描绘的恰好是（c）"太子得道，诸天送刀与太子剔（发）"。[3]

第二层画面要从右向左看。在第一图的左侧，书写着这样一行字（d）："摩耶夫人生太子，九龙吐水洗"。在画面上，摩耶夫人抬起右手，抓住一棵娑罗树枝，佛陀从她的右胁降生，一位女子跪在她身边，准备用围裙接住婴儿，[4]这位女子其实就是查克拉。至于说为新生婴儿吐水洗浴的九龙，[5]画面并未描绘这一场面。下一场景就是小菩萨刚一降生，便向前走了七步，并一手指天，一手指地，高声宣称："天上天下，唯我独尊"。跪在他面前的人物很有可能是查克拉。

下一场景两边各有一榜题，右侧榜题是这样写的（e）："想师瞻□太子得想时"。画面上神师

---

[1] 福歇：《犍陀罗国的希腊式佛教浮雕》第274页。

[2] 雕刻者也许此处漏掉一个字。作者在译文里添加了一个"送"字。——译者注

[3] 《太子瑞应本起经》讲述了这段故事（南条文雄：《汉文大藏经目录册》第665册；东京版《大藏经》第十三卷，第十册，第40页）。

[4] 柔克义：《佛陀传》第16页。

[5] 根据流行最广的传说描述，佛陀降生时仅有两龙为其吐水洗浴。福歇：《犍陀罗国的希腊式佛教浮雕》第309页。

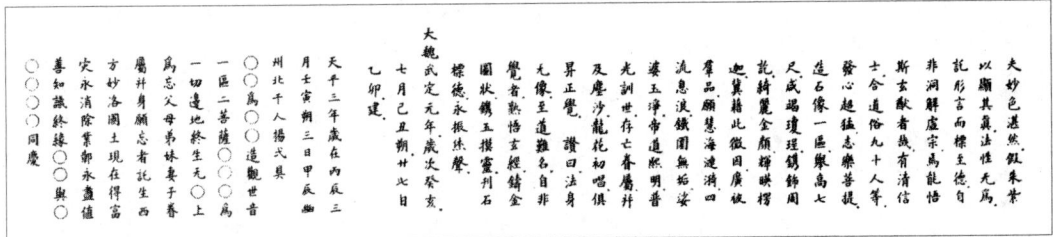

图 1728

坐在一张桌子前，把佛陀抱在怀里，仔细端详他，预测他将来的命运。[1]画面的左侧，有一母羊和一只小羊羔，还有一牝马及一只正在吃奶的小马驹。旁边的榜题上写着（f）："黄羊生黄羔，白马生白驹"。这里描绘的是两只神奇的动物，它们与佛陀同时降生于世。[2]

第二层最后两个场景图是由第三层延伸过来的故事，我们暂且不讲这两个场景图，先来看一看第三层的内容，这里描述的是须达拏太子的故事，要从右往左看，在第一个榜题里，我们看到这样的文字（g）："五百夫人皆送太子向檀毒山辞去时"。榜题右侧刻着一群王室的贵夫人，榜题左侧画着太子和夫人以及他们的儿女。稍微偏左一点，可以看到太子的马车。坐在马车旁边的人是婆罗门（h），他"随太子乞马时"。紧接着，我们看到一人骑着马飞奔，这正是"婆罗门乞得马时（i）"。这样，太子和夫人不得不抱着孩子徒步往前走，[3]画面描绘的恰好是"太子值大水得度时（j）"。现在再回过来看第二层最左边的图像，我们看到的场景是"三年少咲婆罗门妇时"。五百四十七则本生故事（考维尔和拉乌斯译本第四卷，第271页）就讲述了年轻的婆罗门如何嘲弄那个嫁给一个老头子的女子。在中国石刻画上，我们看到三位少年正在嘲笑那位从水井里打水的婆罗门女子。接下来的榜题这样写道（l）："此婆罗门妇即生恨心，要婆罗门乞好奴婢□□时"。而婆罗门则依然踞坐在茅草屋里，但画面并未刻画出婆罗门妇，因为在对丈夫讲这话时，她也许还在水井旁打水。大家知道，后来婆罗门依从妻子的主意，把太子的一双儿女带到自己身边，让他们做奴婢。[4]不过，石刻画并未描述后面的故事，须达拏太子的故事也由此戛然而止。

石碑最下面两层刻着一则题记及像主的画像及名字。题记这样写道：[5]

　　　　夫妙色湛然，假朱紫以显其真；法性无为，讬形言而标至德。自非洞解虚宗，焉能悟斯玄

---

[1] 福歇：《犍陀罗国的希腊式佛教浮雕》第315页。

[2] 福歇：《犍陀罗国的希腊式佛教浮雕》第317页。《太子瑞应本起经》（东京版《大藏经》第十三卷，第十册，第38页）提到与佛陀同时降生的有一男童，他为太子做仆役，负责给太子驾车；有一白马驹，就是后来的白马康特迦；还有一黄羊羔，但没有人知道羊羔后来的命运。

[3] 参阅拙作：《汉文大藏经五百寓言故事集》第三卷，第373页。

[4] 参阅547则本生故事及拙作《汉文大藏经五百寓言故事集》的最后一篇故事。

[5] 《金石萃编》卷二，第4页。图1728最后十二行应删掉，它重复了图1697的内容。

图1729

图1730

猷者哉。[1]有清信士合道俗九十人等，发心超猛，志乐菩提，造石像一区，举高七尺，咸竭琼理，镌饰周讫，绮丽金颜，辉暎楞迦。[2]冀借此微因，广被群品。愿慧海涟漪，[3]四流息浪，[4]铁围无垢，[5]娑婆玉净，帝道熙明，普光训世。存亡眷属，并及尘沙，[6]龙花初唱，俱升正觉。赞曰：法身无像，至道难名，自非觉者，孰悟玄经。铸金图状，镌玉摸灵，刊石标德，永振休声。

　　大魏武定元年岁次癸亥七月乙丑朔廿七日乙卯（543年8月11日）建。

　　题记左右两侧各有两个人物正在"侍佛时"，也就是说，他们前来拜佛时，每个人都极为虔敬。根据榜题文字（图1730）的解释，最靠右侧的人是"开光明主宋桥文"，站在他身旁的是"邑主解叔姬"。站在题记左侧的两位人物分别是"比丘法洛"和"比丘道进"。

　　在题记下方排列着九位人物（图1729），最靠右侧的两个人物是世俗者和官人，这从他们身着的衣冠可以看出来，右侧第一人是"邑主礼州西面都督长史路□"；第二人大概是他兄弟"定光佛主前部郡从事路达"，但他们的榜题上并未注明"侍佛时"。

　　而其他人物都是僧人，因为他们都剃着光头。

---

[1] 看见佛像，读起经文就仿佛看到佛陀本人，聆听佛法一样，只有在领悟佛教教义之后，才能理解佛像和经文的象征意义。

[2] 楞迦其实就是指锡兰岛。作者在此究竟是说像主的功德之举名扬至锡兰岛，还是指《楞伽阿跋多罗宝经》呢？

[3] 此词典出《诗经·国风·魏风·伐檀》，是说河水清且涟猗，作者以此来暗喻智慧之海清澈、纯洁。

[4] 四流是指：欲、有、见、无明。题记作者希望将人引入歧途的四流不再肆孽，让清纯的慧海取而代之。

[5] 此指娑婆世界，即由佛陀主导的世界，这个世界四周围着铁山；毕尔：《中国佛典纪要》第16页。

[6] 尘沙一词是指俗人，俗人就像尘沙一样，渺小繁多，却又无知；参阅小岛编辑的《佛教字典》之"不染污无知"词条。题记作者希望存亡眷属并及道俗众人同至菩提。

右侧第三人是"都维那法苌"，右侧第六人与他相对称，此人是"都维那法儁"。右侧第四人是"邑师法振"，他面对的第五人是"邑主都维那法猛"。最后三位是比丘，分别名叫"法囗"、"昙智"和"僧珍"。

　　第四层右侧的两人与第五层右侧两人应为一组，他们四人都是世俗者；而第四层左侧的两位比丘与第五层左侧的三位比丘构成另一组，他们五人都是僧人。僧人和世俗者的明显特征就是身旁没有为其撑障扇和华盖的侍从。至于说最下层中间那四位僧人，他们也许是在庇护行造像善举的高僧。

第四节　刻于北魏正光六年（525）的佛座石刻画（图433）

图版展现了一尊佛座的四个面，佛座上原本还立着一尊弥勒下生石像。布舍尔先生已撰文（《中国艺术》第一版上卷，图22及45页）介绍过这尊佛座。根据这位学者的说法，佛座是最近才在直隶省发现的，目前掌握在一个陈姓族长手里，此人是山东省潍县最有钱的收藏家之一，图433所展示的拓片就是陈先生特意为我拓制的。

佛座的每一面宽60厘米，高25厘米。佛座正面刻着两头狮子，狮子面对面蹲坐在地，两狮中间有一人物，从一盛开的莲花中露出上半身，头上顶着一个大圆盘，并用双手托着圆盘，圆盘中间有一卵形器皿，我同意布舍尔先生的说法，这是一只香炉。佛座两侧展现的是礼佛图，男女像主分别刻画在两幅礼佛图里，他们的身材比其他人都高大。男像主右手托着一只香炉，身旁左右两侧各有一侍从，他们行拱手礼；随后一人撑着华盖，另一人挚着障扇；再往后一人手里拿着一把长柄礼器，另一人托着香炉；最后有一侍从牵着一匹高头骏马，马披着华丽的鞍鞯，这大概是像主的坐骑。女像主也用右手托着一只香炉，礼佛队列里的侍从与男像主队列人员构成相似，但没有人撑华盖，队列最后有一軿车，由牛牵引，车前面支一棚架，用以遮阳，如今华北地区依然在使用这种遮阳棚架。榜题已完全残泐，榜题上也许刻着男女像主的名字。佛座背面刻着一则题记，下面是题记的原文：

大魏正光六年岁次乙巳三月巳朔廿日甲子（525年4月27日）。夫法道初兴，则十方趣一，释迦创建，则含生归附。然神潜涅槃，人于空境，形坐玄宫，使迷后轨。襄威将军柏仁[1]令齐州魏郡[2]曹望憘，是以仰思三宝[3]之踪，恨未逢如来之际。减已家珎，玄心独拔，敬造弥勒下生石像一躯。愿以建立之功，使津通之益，[4]仰为家国，己身、眷属，永断苦因，常与七世先亡，神升净境，亲表内外，齐沐法泽，一切等类，共沾惠液。

堂堂福林，荡荡难名。知财非己，竭家精成。佛潜已久，今方现形。匪直普润，六合扬名。

---

[1]　位于今元城县（隶属直隶省大名府）西南四十里。

[2]　柏仁的常见写法为柏人，古代城市名，相当于今唐山县（隶属直隶省顺天府）。

[3]　指佛宝、法宝、僧宝。

[4]　即指可以跨越凡界抵达彼岸。

图 433　刻于 525 年的佛座石刻画

第五节 图437

这座小石碑高28厘米，宽27厘米，虽不知出自何处，但看上去颇像是北魏时期的作品。上一层画面里绘着一辆牛车，旁有榜题："道民女官王阿善乘车上"。下一层画面两人骑在马上，旁边各有一榜题，上面分别写着"姪冯毋妨乘马上"和"息冯法兴乘马上"。

这块小石碑还是很有意义的，因为通过石碑上所刻画的图案，我们可以更好地理解图433佛座两侧的图案，马是男像主的坐骑，而车则是女像主的乘舆。

图437　出处不详的拓片

第六节 图434

石刻画：高26厘米，宽62厘米

这幅石刻画出处不详，看上去很像一尊佛龛的上楣。石刻画的题记是这样写的：

> 唯大魏普泰二年（532年）岁次壬子七月辛丑[1]朔十五日，镇远将军介休男邢安周，敬造砖浮图一级、石像一区，上为七世所生父母，现存居眷，士进高荣；伏愿国祚延康，浮图主白水郡、沙门都比丘僧进愿道心，坚固四恩，有普蒙斯庆，所愿从心。

图434 刻于532年的石刻画造像题记

---

[1] 辛丑在天干地支排序中列第38位，若按黄历来计算，七月朔日应在天干地支排序中列第30位。

第七节　图430和图431

在刘家村洪福寺的院子里，有两块石碑，上面刻着佛教浮雕画，我给这两块石碑拍摄了照片，浮雕画看上去像是唐代以后的作品。

图430　刘家村寺庙里的两块画像石之一

图 431　刘家村寺庙里的两块画像石之一